田语汉借词研究

王艳红 著

上海教育出版社
SHANGHAI EDUCATIONAL
PUBLISHING HOUSE

本书为教育部人文社会科学研究项目青年基金项目(批准号:15YJC740088)结项成果

本书的出版得到嘉兴学院文法学院出版基金的资助

序　言

　　据历史文献记载,苗族、瑶族等少数民族在中华大地上生息繁衍至少已经有几千年的历史了,他们与这块土地上另一个人口众多的民族——汉族一起交通来往,互相学习,共同生活。在长期的共同交往、学习中,双方的语言——苗瑶语和汉语也多有接触,互有影响,总的来说,由于汉族的经济文化更为先进和发达,因此汉语对苗瑶语的影响更多一些,这种影响的一个重要表现就是存在于苗语、瑶语中的大量汉语借词。

　　当初苗族、瑶族的先民引进汉语借词,当然是为了提高生产能力,提升生活水平,而从我们今天的学术研究来说,这些汉语借词就成为一项重要的语言资源。比如我们研究汉语上古音,我们认为"蓝"字(中古 l-声母)从"监"声(中古 k-声母),因此上古有复辅音声母 kr-,这个假设正可以从泰语的 kraam(靛青)和石门苗语的 ŋgam(蓝草)、标敏瑶语的 klan(蓝草)得到证实;又如鉴于"闻"字,从耳門声(中古 m-声母),金文有写作"䎽"者,从耳昏声(中古 h-声母),我们推测"闻"字上古有轻鼻音声母 m̥-,我们看到复员苗语"嗅、闻"正说成 m̥jen、标敏瑶语"听闻"正说成 m̥oŋ,从而证实了这一推测。反过来,我们如果研究苗族、瑶族的语言史乃至文化史,也可以利用这些借词。比如"甘甜",养蒿苗语说成 qɑŋ,瑶语勉语说成 kaam,从音义来看应该就是汉语的"甘"字,而在汉语中"甘甜"义上古主要用"甘"字表示,魏晋以后到唐代逐渐用"甜"字表示,由此可知,"甘"这个词应该是苗族、瑶族的先民在唐代以前从汉语借来的。又如"筷子",养蒿苗语说成 ʈu,石门苗语说成 ɖau,从音义来看应该就是汉语的"箸"字,而《韩非子·喻老》已经出现"筷子"义的"箸":"昔者纣为象箸而箕子怖。"可见,历史上苗族使用筷子应该是在中古以前。由此可见,苗语、瑶语中的汉语借词是很有科学研究价值的,现在摆在我们面前的王艳红《苗语汉借词研究》一书就是为此而撰写的。

当然,要研究汉语借词,首先一个问题就是如何判别汉语借词。王艳红的方法是:根据"音义相似"——新借词与近现代汉语词语音义相似,老借词与上古、中古汉语词语音义相似——找出最基础的汉语借词,并与《切韵》音系进行比较,归纳两者的语音对应关系,然后寻找更多的符合对应规律的借词。我觉得,这一方法是正确的,也是行之有效的。即以书中所说为例,"涂抹",养蒿苗语说 la,此音与"涂"的中古汉语读定母 d-、现代汉语读 tʻu 相距甚远,但是如果知道"涂"是上古汉语鱼部字,主元音是 a,同时知道汉语中古定母字 d- 有一些是来自上古流音声母字 l- 的塞化,那就可以确定养蒿苗语的 la 就是上古汉语的"涂"字(现代汉语读 tʻ- 是后来定母浊音清化的结果)。知道上古汉语鱼部字现在养蒿苗语仍保留读 a,那么又可以推知养蒿苗语"公狗"pa la、"公鸡"pa qei、"公黄牛"pa lio 中的 pa,其实就是上古汉语的"父"pa。研究汉语借词第二个问题就是如何给借词区分历史层次。王艳红给出的方法有四个:一是通过语音的比较,包括与当地汉语方音的比较,与中古汉语声、韵、调的比较;二是通过语法、词汇的比较;三是看汉语借词在苗瑶语族中的分布情况;四是看苗瑶族群与汉族接触的历史以及苗瑶族群迁徙的历史。我觉得这些方法也是正确的和行之有效的。即以书中所说为例,十二地支在养蒿苗语中的调类,除了"午""亥"两字外,其余都与中古汉语的四声八调一致,而现代汉语的借词在养蒿苗语中只读为 1、8、2、3 调。由此,书中把养蒿苗语的汉语借词分为老借词和新借词两个层次。又如从词汇角度来看,因为上古汉语以单音节词为主,所以苗瑶语中的早期借词一般也是单音节的,如"穿""桃""菅""蓝"等,而晚期借入的汉语词就多为双音节词,如"菩萨""陀螺""端午""告状"等。

另外,如果一种语言具有不同的方言,那么不同的方言往往会有不同的借词,具有不同的特点。例如在我们汉语中,"的士"就是广东粤语对英语 taxi[tæksiː]的音译,其中"的"字是收 k 尾的入声字,正好对译 x[ks]中的前半个音,"沙发"就是上海话对英语 sofa[səufə]的音译,其中"沙"字上海话发音与英语[səu]较近。在中国境内,使用苗语的区域相当宽广,苗语自然形成了湘西、黔东、川黔滇三个方言区,各方言区的借词自然也有所不同,且有不同的特点。为此,王艳红也在书中对不同方言区的汉语借词进行了详细的描写和考证。例如养蒿苗语的汉语借词有把汉语帮组字 p-等读成 ts-类音的,如"丙"读 tsen、"坪"读 tseŋ、"名"读 zaŋ,书中指出,这是因为养蒿苗语的 p-受到后面 j 介音的影响,从而发音部位后移的结果。

由此可见,《苗语汉借词研究》一书在考察汉语借词方面能够区别不同类型,厘清演变脉络,阐明音变原理,不但论证了汉语借词的来龙去脉,同时也为苗语古音和汉语语音史的研究提供了新的证据。

王艳红关注和研究苗瑶语已有多年,当年她的博士论文就是《苗语汉借词和苗汉关系词研究》。她在复旦大学攻读博士学位时,在文字音韵训诂、汉语史、方言学等方面打下了扎实的基础,除了跟随我做一些研究以外,还广泛向潘悟云、陈忠敏、游汝杰、龚群虎、陶寰、陆丙甫等知名学者虚心求教,又多次深入少数民族地区进行实地语言调查,取得了丰富的第一手资料。可以说,《苗语汉借词研究》是王艳红长期以来勤奋向学、刻苦研究而收获的首枚硕果,成绩可喜,精神可嘉! 现在她还很年轻,思想活跃,精力旺盛,相信在不久的将来,我们会看到她更多的学术成果。

杨剑桥

2021 年 12 月 13 日

目　　　录

第一章 绪 论

苗族是历史悠久、人口众多、分布广泛的民族,同时也是与汉族关系密切、接触深刻的民族。这种接触反映在语言里,就是两种语言在语音、词汇、语法等方面会有相互借贷的现象。本书侧重研究汉语对苗语的影响,具体研究苗语里不同时代层次的汉语借词。本书根据汉借词在苗瑶语言里的分布范围、语音表现、词汇时代等,对苗语里的汉借词(包括关系词)进行整理、分层,总结每个层次汉借词的语音特点,进而探讨借词反映的苗汉音韵现象、苗族与汉族的接触历史、苗瑶语言的分化、汉语方言的变迁等问题。本书部分内容来自作者的博士论文,大部分是近些年来的研究成果。

1.1 研究的背景

1.1.1 苗瑶族群与苗瑶语言

苗族、瑶族、畲族有密切的亲缘关系,按大部分相关著作的称述,我们统称这三个民族为"苗瑶族群"。其中苗族是我国的第五大民族,境内主要分布在贵州、湖南、云南、广西、湖北、四川、海南等7个省区和重庆市;境外主要分布在东南亚的越南、泰国、老挝、缅甸以及美国等国家。瑶族在境内主要分布在广西、湖南、广东、云南、贵州和江西等省区,境外分布在东南亚的越南、老挝、泰国北部以及美国等国家。畲族主要分布在福建、浙江、江西、广东、贵州、安徽、湖南等省区。苗瑶族群的亲缘关系体现在多个方面。来源方面,苗瑶族群都有来源于汉晋时代的"长沙蛮""武陵蛮"或"五溪蛮"的说法。图腾信仰方面,苗瑶族群都有槃瓠传说。生活方式方面,苗瑶族群早期都有居山游迁、刀耕火种的习俗（《苗族简史》编写组2008,《瑶族简史》编写组 2008,《畲族简史》编写组 2008,黄钰1983,胡阳全 2001）。遗传特征方面,苗族和瑶族的 Y 染色体几乎没有差异,与藏缅人群的差异为 1.2%,然后从近到远依次为汉族、侗台和阿尔泰(张有隽 2011:913)。语言方面,苗瑶族群主要使用的语言都属于汉藏语系苗瑶语族。

　　苗瑶族群中苗族、瑶族、畲族的关系,瑶族与苗族较为密切,畲族又与瑶族更为密切,这与几个民族的分化先后有关。苗族和瑶族在秦汉至南北朝时期大多数同处长沙和武陵郡地域内,只是具体分布存在地域差异,"武陵蛮"和"五溪蛮"主要由苗族先民构成,瑶族先民多属"长沙蛮",由于这种分布地域的差异,苗族和瑶族自两汉以后开始分离。从汉文献记载看,瑶族的早期称呼"傜"在西晋时代从"蛮"中分离出来,而"苗"自商周以来,重新出现于汉文献,最早是在唐代(伍新福、龙伯亚 1992:81—82)。畲族在隋唐之际,已在闽、粤、赣一带活动,泛称"蛮僚",南宋末年开始被称为"畲民"或"輋民"。畲族与瑶族的分流可溯至唐、宋之前,但是在唐、宋以后才加快分流的步伐,逐步形成今天的畲族和瑶族(《畲族简史》编写组2008,吴永章 2017)。

　　苗瑶族群主要使用的语言属汉藏语系苗瑶语族。按王辅世、毛宗武(1995:2-3),苗瑶语族分苗、畲、瑶三个语支,苗语支有苗语、布努语、巴哼语、炯奈语 4 种语言,畲语支只有畲语支 1 种语言,瑶语支也只有勉语 1 种语言。其中苗语支苗语最复杂。苗语分湘西方言、黔东方言、川黔滇方言 3 种方言。湘西方言不分次方言,只分东部土语和西部土语。黔东方言也不分次方言,只分北部土语、南部土语、东部土语。川黔滇方言分川黔滇次方言、滇东北次方言、贵阳次方言、惠水次方言、麻山次方言、罗泊河次方言、重安江次方言7 种次方言。布努语分布努方言、瑙格劳方言。巴哼语分三江方言、黎平方言。炯奈语不分方言。畲语支语言只有畲语,分莲花方言和罗浮方言。瑶语支勉语分勉方言、金门方言、标敏方言、藻敏方言4种方言。以上的划分，不同学者有些地方处理不同，后人也有所增订。如李云兵(2018:20-21)认为畲语应划归苗语支，苗语支语言还有唔奈语、优诺语、坝那语。苗语支苗语川黔滇方言除了上面举的7种次方言，还有平塘次方言。黔东苗语除了上面举的3种土语，还有西部土语。详细划分参看李云兵先生著作第二章。

本书研究苗语汉借词。但苗瑶族群在唐代以后才分化为不同的单一民族，因此苗语里唐代以前的早期汉借词，实际是苗瑶语汉借词(或苗瑶汉关系词、苗汉关系词，参见本书1.3.2节"苗语汉借词的层次")。需要说明的是，本书的"苗语"，如无特别说明，都是指苗瑶语族苗语支的苗语，不包括布努语、巴哼语等。本书的"苗瑶语"，是苗瑶语族语言统称。

1.1.2　苗族与汉族的接触

苗族与汉族在起源上有什么关系？分子人类学的研究成果显示，东亚人群是从非洲迁入的，后来随着进一步的迁移而分化为不同族群。其中汉藏、南亚、苗瑶语族群同时拥有Y染色体单倍群O3-M122较高频率的分布，而孟高棉族群与苗瑶族群又同时拥有Y染色体单倍群O3a3b-M7较高频率的分布，其次是汉藏族群，在侗台族群中则分布很少，说明苗瑶族群与孟高棉族群关系最近，与汉藏族群关系相对较远，与侗台族群关系最远(蔡晓云 2009)。

从文献只能看出，苗族与汉族有史以来是不同的民族，同时，苗族与汉族有长期密切的接触。下面根据《苗族简史》(《苗族简史》编写组 2008)、《苗族史》(伍新福、龙伯亚 1992)、《中国苗族通史》(伍新福 1999)等资料，简要概述苗族的来源及其发展，尤其是与汉族的接触。

苗族最早来源于蚩尤领导的"九黎"集团，活动于黄河下游与长江中下游一带，后与向东发展的炎、黄部落集团发生激烈的冲突和角逐，战败以后向南流徙。大约与尧、舜、禹三代同时，又有与苗族先祖有关的"三苗"集团兴起，活动于江汉、江淮流域和长江中下游南北、洞庭彭蠡之间，后遭舜、禹等征伐，三苗集团衰落，大部分族人避入山林沼泽,向西南山区迁徙。但关于苗族来源于"九黎""三苗"的说法,学界有不少争论。如张永国(1980)认为苗族来源于九黎、三苗的说法,在学术上没有什么根据。

商周时期,苗瑶族群与向南发展的汉族发生较为直接的接触,应是比较可靠的。史书上出现"南蛮""荆蛮"等对南方少数民族的称呼,这些民族集团应也包括苗瑶先民。该时期南方民族可能也有较大的发展,与商周王朝的冲突也较为激烈。如《诗·小雅·采芑》:"蠢尔蛮荆,大邦为仇",记录的是周宣王命方叔南伐蛮方的事情,诗里的"蛮荆"应就是以苗瑶为主体的民族。又有史籍里记载的春秋战国时楚国对"南蛮"的统治和"南蛮"对楚国的反抗,也应与苗瑶族群有关,并且,不少学者都认为楚国的主体民族就是苗瑶族群。

秦汉至魏晋南北朝时期,实施郡县制,苗瑶族群所在大部分地域纳入中央集权的版图,这是苗瑶族群大发展时期,也是苗瑶族群与汉族全面深入接触的时期。秦代,在苗瑶族群主体居住的武陵地区,即今湘、鄂、川、黔地区正式建立黔中郡,加强了对苗瑶族群的管理,苗瑶族群被称为"黔中蛮"。汉代,黔中郡改为武陵郡,苗瑶族群又被称为"武陵蛮",东汉开始又称为"五溪蛮",又因他们崇拜神犬盘瓠,被称为"盘瓠蛮"。东汉时期,苗瑶族群得到较大的发展,南朝范晔《后汉书·南蛮传》:"光武中兴,武陵蛮夷特盛。"魏晋南北朝时期,苗瑶族群更为活跃。一方面,是战乱导致汉民族人口减少,少数民族有不少涌入原来的汉地;另一方面,也有不少汉族人民由于汉地赋税苛重,避入苗瑶等少数民族地区,甚至融入当地。这个时期,苗瑶族群虽已有分化的趋势,但还没有完全分化。

隋唐宋时期,实施羁縻政策①,中央对苗瑶地区的管理进一步加强,汉文化对苗瑶文化的影响更为深刻。瑶族作为单一的民族逐

---

①　唐代,州郡分隶部"经制州"和"羁縻州"两类,由吏部正式委任刺史治理的叫经制州,由各都督府推荐的当地土著首领代理的叫羁縻州。苗族所在地域,有的属于经制州,有的属于羁縻州。

渐见于典籍，《隋书》卷三说，"长沙郡又杂有夷蜒，名曰莫徭"。"苗"也逐渐从少数民族混称"蛮"中脱离出来，作为单一民族的称呼重现于文献，如唐代樊绰《蛮书》卷十说，"黔、泾、巴、夏，四邑苗众"。说明这个时期苗瑶族群已完成分化，汉族对苗瑶族群的认识也已渐渐清晰。这个时期苗族主要还是居住在五溪地区，但是已有不少苗族不断地南迁和西迁。唐代晚期，安史之乱后，特别是唐期后期至五代，由于藩镇军阀割据，战火四起，苗族历史上又出现了一个新的迁徙浪潮。武陵、五溪地区的苗族又有一部分迁入贵州各地，以及川南、桂北；有的经贵州、川南、桂北继续向各地迁徙，以至远达云南。实际上，苗族大迁徙时期，也是汉族大迁徙时期，这也促成了民族之间进一步的接触和融合，但也有部分苗族由于迁入偏远地区，与汉族的接触减少，与其他苗族地区的交流也受到阻隔，开始初步形成不同的苗语方言区域。宋代，羁縻州制得到进一步发展，对苗瑶地区的管理也进一步加强。

元明到清康熙改土归流前，苗族地区有相当一部分建立了土司制度，与中央王朝的关系更为密切，社会经济得到巨大的发展，与汉族的交流自然也更多。也有一部分苗族，继续从武陵五溪地区和牂牁地区向西向南迁徙迁入偏远地区，苗语方言区域性差异也更加明显。清康熙改土归流，虽然遭到苗族人民的激烈反抗，但还是在鄂尔泰等的强力推行下，得以实现。苗族地区，包括以往的生苗、熟苗地区，完全纳入了中央王朝的管辖范围。苗族地区一方面矛盾激化，一方面也与其他民族，尤其是与汉族的联系空前加强。中华人民共和国成立以后，各民族的发展都进入了一个新阶段，苗族与汉族发生了全面、深入的接触。

1.1.3 苗瑶语与汉语的关系

与苗族和汉族在起源上有什么关系这个问题相关，苗瑶语和汉语从来源来看，是同一种语言的不同分支，还是从来就是不同的语言？对此，学界有不同的看法。P. Ф.伊茨（1960）就比较详细地引证了学界关于苗瑶语属于南亚语系和汉藏语系的两种观点。下面举出几种代表性观点：

一是大部分国内学者都认为苗瑶语和汉语是有直接的发生学关系的。以李方桂(Li 1973)为代表，认为苗语属于汉藏语系苗瑶语族，以下是孙宏开(1998)在李方桂先生拟定框架的基础之上，对汉藏语的谱系框架的划定：

汉藏语系：(1)汉语；(2)侗台语族；(3)苗瑶语族 A.苗语支：包括苗语、布努语、巴哼语，B.瑶语支：包括勉语，C.畲语支：包括畲语；(4)藏缅语族。

关于苗瑶语与汉语的关系，王辅世(1986)，陈其光、李永燧(1981)，陈其光(2001)都同意李方桂的观点，并试图从同源词的角度进一步证明。

二是与第一种观点一样，也认为苗瑶语和汉语是有发生学关系的，但是外延与第一种观点还有所不同。沙加尔(Sagart)(1990)认为汉语和南岛语是同源的，邢公畹(1991)支持、补充了沙加尔的观点，并与郑张尚芳和潘悟云进一步提出汉语、藏缅语、侗台语、苗瑶语、南亚语和南岛语都有同源关系，这些语言合起来称为"华澳语系"。郑张尚芳(1995)认为"将华澳语系视为包括汉藏语、南亚语、南岛语的上位语系是适宜的"，潘悟云(2002)列举了若干华澳语系的支持材料，并专文(潘悟云 2007a)讨论了苗瑶语与汉藏语有同源关系。

三是认为苗瑶语和汉语没有发生学关系，与其他语言有关系。白保罗(Benedict)(1942，1975，1976)认为苗瑶语属于澳泰语系，不属于汉藏语系。还有一些学者认为苗瑶语与南亚语系的孟高棉语有关[①]。

四是认为系属未定。鉴于各家观点互不一致，且各家所给出的证据都还不够充分，Ratliff(2010：3)认为在苗瑶语核心词还没有与其他语言进行系统比较之前，最谨慎的做法还是把苗瑶语看成一支独立的语言。

以上各家的观点，结合分子人类学的研究来看，第二种观点应最为

---

① 关于苗瑶语属于南亚语系的观点，可以参看 P. Ф.伊茨(1960)，王辅世(1986)，李炳泽(1996)的相关介绍。

全面。不过,如果仅从语言学的角度来看,可能还需要积累更多的材料才能得出更为人所信服的结论。这也是本书把苗语和汉语有音义关系、但无严格语音对应规律的词语,称为"关系词"的原因①。

苗语与汉语在起源关系上还没有确切的结论,但在历史上有密切的接触,应是毋庸置疑的,这也是本书的研究前提。

1.2　前人的研究

对苗语汉借词进行系统研究的文章或著作较少,我们主要介绍Mortensen(2000)和Ratliff(2010)关于苗语汉借词的研究成果。

Mortensen(2000)的文章是学界第一篇系统研究苗语汉借词的论文。该文分析了两个苗语方言的汉借词及其历史层次,这两个苗语方言分别是 Daw(又称 White Hmong,作者选用的是当地苗族的自称)和 Mong Leng(又称 Green Hmong),是泰国、老挝、越南苗族使用的语言,从方言划分上属于苗语川黔滇方言。作者把两个苗语方言的汉借词分为现代层(Modern Loans)、前现代层(Pre-Modern Loans,实际相当于中古层)和古代层(Ancient Loans,相当于上古层)。现代层作者认为来源于西南官话,与西南官话的大部分语音特点一致。该层次汉借词还包含近代层和现代层两个层次,但是因为两个层次的借词大部分语音特点较为相似,难以清楚地进一步切分,只能放到一起讨论②。前现代层与《切韵》为代表的中古汉语语音特点一致,主要是声调与中古四声八调基本对应。古代层则反映了上古汉语的语音特点,如以母字读 l,来母字读 ʒ,但声调方面苗语与汉语对应关系不明显,声调的对应比较杂乱。Mortensen 对两个苗语方言点每个借词的时间层次定位,是比较正确的,关于汉借词

---

① 关于"关系词"的更详细的解释,参考本书 1.3.2 节。

② 实际上,作者认为语音特点与现代西南官话不一致的借词,与大南山苗语里的近代汉借词语音特点是一致的,应是两个方言点的苗族人迁入泰国、老挝之前,与大南山苗族一样,从四川方言借入的汉借词,详细讨论参见本书第七章。

语音特点的讨论,也较为充分,为我们进一步研究苗语汉借词提供了很好的参考,文章里两个方言现代汉借词的材料,也是我们研究大南山苗语近现代汉借词的重要参照,但现代层汉借词还需要进一步切分。

　　Ratliff(2010)的主要内容是构拟苗瑶语古音,但同时也清理了苗瑶语共同词、苗语共同词以及瑶语共同词中的汉借词①,并定位了每个汉借词所处的历史层次,主要是上古层和中古层②。Ratliff总结,汉语对苗语的影响是全面而深刻的,著作除了梳理了苗语中的汉借词,还全面总结了汉语对苗语音系、句法、词法等的影响。Ratliff还指出,虽然汉语对苗语的影响最大,但藏缅语、侗台语、孟高棉语、南岛语在不同历史时期,也对苗语产生了不同程度的影响,书中都举出了对应的例证。Ratliff的著作,是近些年来研究苗瑶语最全面、最深刻的成果,但就汉借词的研究来说,Ratliff虽然把汉借词与固有词明确区分开来,但并没有给出判断上古汉借词和中古汉借词的标准,从语音的角度来看,很多作者断定为上古层的汉借词我们看不出具有上古音的特征,并且作者也未对这些借词进行系统的语音分析。另外,该著作只关注了早期的借词,未关注中古以后的借词。

　　下面是针对一部分苗语汉借词进行考察的文章:最早关于苗瑶语汉借词分层研究的应是应琳(1962)《苗语中的汉语借词》,该文观察了9个苗语方言点的汉借词表现,把苗语里的汉借词初步分成现代汉借词、早期汉借词两个层次,某些从词义上来看是近现代的,但

----

①　"共同词"的含义,参见本书1.3.2节。

②　这批汉借词的成果,沙加尔(L. Sagart)和白一平(W. H. Baxter)的 OC onsets in the Baxter-Sagart 1.00 system: tables of correspondences and examples 加以引用,白一平和沙加尔最新修订的上古音声母系统使用了三项材料:汉越语里的汉借词、苗瑶语里的汉借词以及罗杰瑞构拟的原始闽语。其中苗瑶语的材料就是来自Ratliff(2010)。参考二人相关数据的网页:http://crlao.ehess.fr/document.php?id=1217.％20Accessed％20(date)。

是语音表现又与现代汉借词不同的,归为近代层次。应琳的划分是基本正确的,从当时的年代来看,是非常难能可贵的,也为后人的研究开创了道路。不过应琳的文章只是一个初步的研究,对古代汉借词没有进一步的划分层次,也没有对每个具体的方言做详细深入的研究,只是举了一些代表性的例子。Downer(1973)的文章,也是较早研究苗瑶语里汉借词的历史层次的文章。文章主要研究了瑶语勉方言里的汉借词,把这些汉借词划分为官话层和早期的借词层。Downer 还认为苗语里的汉借词除了原始苗瑶语的少数老借词外,都是很近代的,但实际情况并不是如此,具体参看本书第四章到第八章关于苗语汉借词的讨论。Ballard(1985)认为苗瑶语里的一些借词借自古吴语或湘语,并认为长江流域苗族、瑶族的部分先民融入汉民族,对该地域的汉语产生了一定影响。与大部分学者认为苗语从汉语借入了大量词汇的观点不同,Haudricourt & Strecker(1991)认为是汉语从苗语借入了"田、秧、稻、面粉、买、卖"等词。沙加尔(1995)则对 Haudricourt & Strecker 所举的词逐条反驳,证明这些词都是苗瑶语言从汉语借入的。如"买、卖"两个词在汉语里,"卖"是"买"的派生词,前者是去声,后者是上声,在中古早期汉语里,用去声表示"出"的方向是比较普遍的,汉语里还有一系列相同形态的词语。另外,苗语除了从汉语借入了"买、卖"这两个商业类词,还借入了"价、钱"等词。这些词有可能是战国晚期以及秦汉时候汉族往南扩张的时候,苗瑶语言从汉语借入的。沙加尔结合古汉语的语音、形态、文字、文献等材料对苗语里的一批古汉借词进行考证,无疑是很有说服力的,他的考证方法也是值得我们借鉴的。李炳泽(1994)《黔东苗语 s^h、ɕ^h 声母的产生时间》,利用精组、章组汉借词在黔东苗语中读为 s^h、ɕ^h 的现象,探讨 s^h、ɕ^h 产生的大致时间,文章用苗语汉借词解决苗语语音史问题,对我们很有启发。李炳泽(2003)《黔东苗语的天干地支》,认为中古时期苗语从汉语借入了天干地支词,大部分词的读音表现比较规律,但有些词表现混乱,一是借入以后随固有词发生了音变,一是受近现代汉语的影响,启

发我们讨论汉借词的时候,要注意苗语本身的历史音变。石德富
(2008)《黔东苗语帮系三等汉借字的形式》,利用帮组字在黔东苗语
里的特殊读音,讨论汉语重组字是否带 r 介音的问题,虽然作者的
观点我们并不完全同意,但是作者用汉借词解决汉语史有关问题的
思路,也是值得我们借鉴的。曾晓渝主编(2010)《苗瑶壮侗汉借词
研究》,有两章讨论了柘山瑶语和博罗畲语里的汉借词。

　　另有一些硕士、博士论文也开始关注苗瑶语里的汉借词,如龙
国贻(2011)的博士论文《藻敏瑶语语音研究》第二篇研究大坪瑶语
汉借词的历史层次,作者认为大坪瑶语汉借词基本可分为上古汉借
词层、中古汉借词层(主体层次)和现代汉借词层(非主体层次,方言
层)。①笔者 2013 年的博士论文《苗语汉借词与苗汉关系词研究》的
部分内容,另有近些年的相关研究论文,已纳入本书,具体参看相关
章节和参考文献部分,在此不再赘述。

　　最后,有一些文章是专门或者部分讨论苗瑶汉同源词的,但是
实际上不少词是汉借词,我们也可以参考这些成果来确定哪些词是
更可靠的汉借词。如陈其光、李永燧(1981)《汉语苗瑶语同源例
证》、王辅世(1986)《苗瑶语的系属问题初探》、郑张尚芳(1995)《汉
语与亲属语同源根词及附缀成分比较上的择对问题》、邢公畹
(1995)《汉苗语语义学比较法试探研究》、沙加尔(2004)《上古汉语
词根》、陈其光(2001)《汉语苗瑶语比较研究》、潘悟云(2002)《对华
澳语系的若干支持材料》等。

1.3　民族语汉借词层次划分方法及
苗语汉借词的层次

1.3.1　民族语汉借词层次划分方法

我们上文提到,苗瑶语汉借词及其历史层次的研究,开始时间

---

　　①　该论文已于 2016 年由中西书局出版,读者也可以参考。

还是比较早的,从20世纪70年代就开始了,之后的讨论也越来越深刻。关于语言历史层次的研究,并不止于苗瑶语,其他民族语汉借词研究的成果也不少,如侗台语(曾晓渝 2003a,2003b,2003c,2003d,2004a,2006,2009,蓝庆元 2005a,龚群虎 2002)、藏缅语(沙加尔、徐世璇 2002)。尤其是汉语方言历史层次的研究,从20世纪二三十年代赵元任、罗常培等简单的文白异读研究开始(何大安 2007),到70年代历史层次观念的引入,80年代的初步展开,90年代以后全面而热烈的探讨(陈忠敏 2013),其加入学者的规模、理论探讨的深度、实践操作取得的成果,都是民族语的研究所不能比拟的。因此,我们在借鉴其他民族汉借词研究成果的同时,也有必要借鉴汉语方言历史层次研究的成果。不过,民族语汉借词的研究和汉语方言历史层次的研究还是有所区别的,我们下文在具体分析的时候会加以辨别。以下我们围绕民族语汉借词、汉语方言历史层次都有可能涉及的几个问题来讨论民族语汉借词的分析:(1)借词历史层次的定义。(2)民族语不同层次汉借词的来源。(3)借词的识别。(4)借词层次的划分。

1.3.1.1 借词历史层次的定义

方言中的历史层次,王福堂(2007)认为,"层次大多由从异方言(不同地区或不同时间的其他方言)借入的部分和本方言原有的部分叠置而成",又说"语音层次具体表现为同一古音来源的字(一个字或一组字)在方言共时语音系统中有不同的语音形式的若干音类"。这些音类有的来自异方言,叫异源层次,还有因本方言演变而构成的音类叠置,叫同源层次。潘悟云(2007b)也认为层次分"借词造成的历史层次与内部音变造成的历史层次"。陈忠敏(2007)则认为,"语言学里的层次是不同的语言(方言)系统的叠置,是语言接触的产物"。在分析方言历史层次的时候,要"排除训读、误读、避讳、形态音变、滞后音变等其他原因造成的非语音层次的变异"。

民族语中的历史层次,龚群虎(2002)认为,历史层次又称"时间层次"或"时代层次",表现是"某一语言或方言中同一词而有两个或多个语音形式,即异形词"。另外,"任何一组表面形式呈现差异而又具有共同属性的共时的语言现象,都可能是长时间积淀形成的,而差异正可能是同源(或异源)的语言事实在不同时间层面上的反映,这种不同的层次往往反映出语言间的多次或多边的接触"。

以上的观点,基本都是认为语言中的层次一是不同时期与异语言(可以是一种以上的语言)接触的结果,二是自身演变不整齐带来的,当然也有学者不同意把后一种现象纳入层次的概念。就苗语汉借词的研究来说,我们的定义比较简单,就是苗语不同时期与汉语接触造成的借词叠置,借词叠置的表现可以是异形词,也可以是同一古音来源的音类(以《切韵》为参照的音类)有不同的语音表现。我们主要研究后一种情况,即音类的不同语音表现。所以本书的层次都是指异源的层次,本书讨论的"异语言"即汉语。

1.3.1.2　民族语不同层次汉借词的来源

关于汉语方言不同层次读音的来源,潘悟云(2004)认为,南方方言在进行自身的历史演变的同时,历史上还不断地接受中原权威官话的影响,这也是南方方言语音层次的主要来源。以下是文章关于这一模式的示意图:

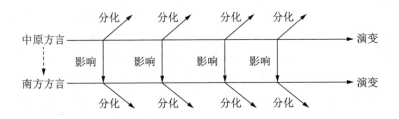

陈忠敏(2008)认为,汉语方言的演变特点是一中心多层次。所谓一中心,就是多种语言分布的区域,因政治、经济、文化强大而形成的强势权威语言,多层次就是权威语言对周边语言持续不断不同层次的影响和渗透。陈忠敏先生认为,在东亚和东南亚地区,中原汉语就是这样一种权威语言。以下是这种一中心多层次特点的示意图：

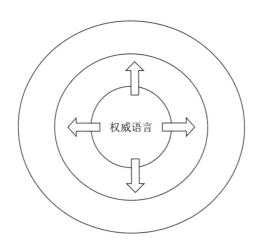

那么民族语中不同层次汉借词的来源是什么？根据我们的材料，我们认为有两种来源：一是中原权威官话来源。既然汉语南方方言的层次是受中原官话不同时期的影响累积而成的，与汉族毗邻而居的南方民族语言也应可能处于中原官话的辐射圈，从而借入中原官话的汉借词。二是邻近的南方汉语方言。苗瑶族群从古以来的主要居住地，从目前的研究来看，主要是长江以南地带。苗瑶语言一方面可能也会受到中原官话的辐射或者说间接影响，但更大的可能是通过与南方汉民族的直接接触而借入借词，这与南方汉语方言通过文教系统接受中原官话大规模的影响是不同的。这种情况，越到晚期越为清晰。本书第五章到第八章研究的四个苗语方言，中古以后的汉借词，都可以确定是从邻近的当地汉语方言借入的。

但是从研究的可行性角度来说，我们只能主要参照《切韵》为代表的中原官话古音系统。这一方面是由于关于古代汉语方言的研究，目前还没有系统、成熟的成果，我们无法参照；另一方面即使影响苗瑶语言的汉语方言是古南方方言，这种或这些南方方言与《切韵》系统的关系，也是同源关系，并且差异不会太大。从本论文的实践来看,古汉借词的研究以《切韵》为参照基本是可行的,苗语里的古汉借词,基本能和《切韵》为代表的声类、韵类、调类,形成系统的语音对应关系,只是不同时代层次的汉借词,相对于《切韵》,音类分合规律有所不同,这也为我们判断借词的层次提供了最好的参照。当然,在研究过程中,我们也尽力在《切韵》之外,找到更切合借词语音面貌的借源汉语方言。

1.3.1.3　借词的识别

西方历史语言学识别汉借词的方法如 Campbell(2008)所举的:一是音系线索。音系线索包括语言音系模式及音系演变历史。根据音系模式标准,语音形式与本族词语音形式不同的词,多半是外来词;凡违反典型音系模式(指典型形式和语素结构、音节结构、音位结构与配列)的词也可能是外来词。若一个语族的音系演变史是已知的,那么,它们所经历的语音变化信息有助于确定借词、借用方向及借出语。二是形态线索、同源词线索、地理与生态学线索等。

陈忠敏(2013)提到西方历史语言学两种情形的异源成分的鉴别。"第一种情形是在土语的共时音系里出现异质成分,这些异质包括增加新音位、边界音位(marginal phonemes)、非常规的音节结构、音位组合(atypical syllable structures, clusters)和异常音变。"关于通过增加新音位来鉴别异源成分,这点在少数民族语里比较好鉴别。如苗语一般都是声母多韵母少,而汉语官话是韵母多声母少,所以苗语在大量借用现代汉语借词的时候,会有汉语借词专用的韵母。如养蒿苗语汉语借词专用的韵母有 io、in、ua、uei 等。关于用音位组合来辨别异源成分,苗语里同样有相关例子。苗语里,声母和声调是有配合规律的,如养蒿苗语固有词的送气声母只能和阴调33、35、44、53 相配合,现代汉借词的声调不管送气与否,阴平配33,阳平配31,上声配55,去声配35调,那么与阳调31、55 相配合的那些送气音汉借词,就很容易鉴别出来。

"语言与语言接触的第二种情形是输出语言和接受语言的读音经过一番整合(integration),两者水乳交融,外来读音本土化,异质成分消失。"对于这种异源成分的识别,无法从共时音系来判断,这也是民族语汉借词识别的难点和重点。陈忠敏(2013)提到的识别方法是西方印欧语借词的研究方法,即通过亲属语里其他语族的同源词比较,与同源词形成常规语音对应关系的是本土层,与同源词形成非常规语音对应关系的,则是外来层。这种方法的结果比较可信,但是比较适合印欧语系,印欧语系各语族分开以后没有发生大规模的、长久的接触,只有同源词能形成常规的、正常的语音对应关系。汉藏语系不少语言则不同,汉语与一些民族语、汉语共同语和汉语方言,接触非常频繁、持久和深刻,所以早期的汉借词之间也可能形成系统的语音对应关系。比如苗语,不同方言里的系统的语音对应关系,老借词和固有词表现是一样的。如"价":养蒿 qa⁵,腊乙坪 ɢɑ⁵,大南山 ɴqe⁵,这个词是中古早期汉借词,但是在苗语方言之间的语音对应非常整齐。当然,苗语里近现代汉借词,用这种方法还是可行的。

对于这种异源成分的鉴别,就汉语方言来说,主要是观察文白异读或者相同来源古音类的不同表现。如王福堂(2007)认为,"汉语方言中,一个字的异读中往往有异源的。这类异读具有不同的风格,并有语音上的对应性,一般称为文白异读。"又"……同一古音来源的字在方言共时系统中有不同语音形似的若干音类。有的音类来自异方言,就叫作异源的。"就民族语来说,曾晓渝(2003a)提到新老汉借词的辨别,新借词比较容易辨别,老借词的辨别比较难。判别侗台语里古汉借词的主要依据是:(1)在语音上成批量地与《切韵》音系形成对应规律的词。(2)古代汉民族代表当时先进文化的词,如天干地支。(3)非侗台语自身固有的、与汉语有音义关系的词。

我们根据寻找苗语汉借词的经验,认为以下两点值得注意:(1)最基础的都是音义相似:新借词和近现代汉语词语音义相似,老借词和上古、中古汉语词语音义相似。(2)寻找出相当数量的借词以后,与《切韵》为代表的中古音系进行比较,找出语音对应关系,寻找更多的符合规律的借词,并去除不符合对应关系的词。从这个角度来说,这种方法和寻找同源词的方法反而比较相似。

对于第(1)点,我们只能根据调查到的词汇材料,一个个词音与汉语词进行比对。上文也说过,一般来说近现代汉语借词比较容易确定:一是因为我们对近现代汉语的语音系统比较熟悉,对应规律比较好找;二是近现代汉语借词的时代特点也比较容易识别;三是近现代汉语借词借入民族语以后一般还不会发生什么音变,借词读音和汉语读音是比较近似的。而确定中上古汉语借词则会复杂很多,要想比较顺利地确定借词或者关系词,研究者应该具备以下知识:一是要对中上古汉语的音系及其演变比较熟悉。如养蒿苗语的"涂、抹"读 la^{35},这个音和我们现在熟知的现代音 t^{h}u^{35} 有很大的区别,我们如果不知道中古定母有一部分来自塞化的流音(郑张尚芳2003),鱼部字上古主元音为 *a,我们如何能把养蒿苗语的这个读音和汉语联系起来,归入苗汉关系词讨论的范围呢? 二是我们要对民族语本身的语音演变要有所了解。如苗语有的方言保留古苗语音比较多,有的则变化比较大。如王辅世构拟的古苗语声母之一 *mbr,湘西腊乙坪今音是 mʐ,大南山是 ŋʈʂ,养蒿是 ʐ,如果我们直接用苗语今音对应汉语词汇读音,识别这个词是否是苗汉关系词,可能会导致错误的结果。

关于第(2)点,我们有两点需要说明:(1)为何要与中古音而不是上古音或现代音比较? 我们主要有以下三点理由:一是民族语与汉语大规模的接触,应该主要发生在中古或中古以后时期,因此中古以后借入的汉借词数量应该比较多一些,以中古音的代表《切韵》音系为参照,能最大规模地找到汉借词及其和汉语的语音对应关系;二是《切韵》音系上承上古,下启近现代,无论是上古的同音类字,还是近现代的同音类字,都不会被《切韵》音系打得很散很乱;三是上古音与《切韵》音、近现代音与《切韵》音的演变脉络,都很清楚,因此只要找到民族语借词与《切韵》音的对应关系,也就等于找到与上古音、近现代音的对应关系。(2)就苗语来说,借词声母与汉语的对应不会太复杂,而与韵母的对应却会比较奇怪。其一,苗语一般声母多、韵母少,借用汉借词的时候,一般都能找到合适的声母对应汉借词的声母,而对韵母可能就会按照本民族的音进行改造。其二,韵母的演变可能会更快。如汉语鱼韵从上古到中古,经历了从 $a > \gamma > y$ 的演变。所以我们在寻找对应关系的时候,首先要注重汉借词与中古韵类的对应关系。如鱼韵字若反复与借词的一个音对应,即使这个音与上古、中古、近代音的构拟并不相似,我们也可以确定读这个音的字就是汉语借词,这样就免于把看起来读音不相似的借词舍弃。

1.3.1.4　借词层次的切分

通过上面的方法,找到了足够量的汉借词,接下来的工作就是理清借词的层次,理清每个汉借词所处的历史层次,才能进一步研究不同层次汉借词的音韵特点及其反映的苗汉音韵、历史文化等现象。因此,如何确定汉借词的历史层次,是本书面临的最重要的问题。本书主要参考曾晓渝(2003a)的总结,结合笔者分析苗语汉借词的实践,讨论如下:

第一,语音的比较,这也是最重要的参照标准。具体来说有:

(1) 与当地汉语方音比较。一般来说,民族语里的现代汉借词,都是借自当地或邻近的汉语,语音上自然也与该汉语方音相似,通过比较,就能较快识别出现代汉借词。

(2) 以中古汉语四声八调为参照,找出借词声调与汉语四声八调的对应关系,由此进一步分出老借词层和新借词层。曾晓渝(2003a)指出:壮傣、侗水语里汉语老借词的调类一致,整齐对应,但调值差异较大;新借词的声调则分别与壮傣、侗水诸语言的相似调值对应,调类参差不齐。苗语也存在这样的现象,老借词在调类上与《切韵》系统的四声八调系统形成对应,新借词与当地方言形成调值相似的对应。如养蒿苗语老借词就是八个声调分别与汉语的四声八调对应,下面是十二地支在养蒿苗语里的读音以及与中古汉语拟音的对应:

汉字	子	丑	寅	卯	辰	巳	午	未	申	酉	戌	亥
养蒿苗语	sɛ^3	ɕʰu^3	zen^2	mo^4	ɕen^2	sei^4	ŋu^2	me^6	ɕʰen^1	zu^4	ɕʰen^7	ha^5
中古拟音	tsi^3	tʰiu^3	jin^2	mɣæu^4	dzin^2	zi^4	ŋuo^4	mʷii^6	ɕin^1	jiu^4	sʷit^7	ɦiəi^4

可以看出,除了"午"和"亥"两个词,其他词养蒿苗语读音调类与中古汉语调类都是一致的。养蒿苗语现代汉语借词则是阴平归入33调,阳平归入21调,上声归入55调,去声归入35调,也就是养蒿苗语的1调、8调、2调、3调。虽然有例外,但总体趋势是这样的,我们可以依据声调的对应,大体把苗语的汉借词分为老借词层和新借词层。以上现代汉借词和中古汉借词养蒿苗语都是用1调来对应汉语阴平,因此除了阴平调不能用声调对应来判别新老借词,必须结合其他的方式来判别外,其他调类基本都可以依据声调来判别。

(3)以中古汉语的声类和韵类为参照,找出每个声类、韵类与苗语汉借词的对应关系,用声类、韵类对应关系进一步确定借词的层次。以养蒿苗语为例,全浊声母字、老借词无论平仄都不送气,新借词则平声送气,仄声不送气;精、知、庄、章组字,老借词的表现是,汉语不送气塞擦音,养蒿苗语读擦音,汉语擦音和送气塞擦音,养蒿苗语读送气擦音,新借词的则是与当地汉语方言一样,读对应塞擦音、擦音;又有见组字,老借词的表现是,洪音前读小舌音 q、qʰ 等,新借词则读软腭音 k、kʰ 等;又有果摄字,老借词一般读 u,新借词读 o。

当然,我们也需要注意判别,相同音类来源的字读不同读音类型是否确实代表了不同层次的读音,即排除由某些原因造成的非语音层次的变异。"某些"原因,陈忠敏(2007)提到有训读、误读、避讳、形态音变、滞后音变等非语音层次的变异,又有古音来源相同,但出现的语音环境是互补的,也不是层次的不同,也就是黄行、胡鸿雁(2004)所说的语音分歧互补。这种语音分歧互补,我们观察到的有两种类型:

一种是只能从汉语角度看得出来是互补的,从苗语角度看不出来是否互补。如以下是汉语帮组(不包括非组),养蒿苗语汉借词对应的读音类型及例字:

帮 p	p	百 pa^5 班 paŋ^1 包 po^1 宝 po^3 保 po^3 补 pu^3 崩 paŋ^1 锛 pen^1 本 pen^3
	ts	丙(天干)tsen^3 笔 tsen^7
滂 pʰ	pʰ	劈 pʰa^1 破 pʰu^5 胈 pʰo^1 炮 pʰo^5 配 pʰi^5 漂 pʰu^1
並 b	p	傍 paŋ^6 耙 pa^2 抱 po^6 牌 pa^2 败 pa^6 蒲 pu^2
	ts	平(～坦)tsen^2 坪 tsaŋ^2

以上 ts 类音的读音是比较特殊的,但是其韵母的表现与 p 类音没有什么不同,只是从汉语的角度来看,ts 类音一般是分布在帮组三等开口后面。因此这些汉借词应是养蒿苗语借入以后,声母受三等介音的影响发生了进一步的音变,ts 类音与 p 类音应是同一个层次的读音。具体讨论参见本书 6.3.2 节养蒿苗语帮组汉借词的讨论。

另外一种是从汉语和苗语角度都能看出来是互补的。以下是汉语之韵,养蒿苗语和开觉苗语的读音。

中古	养蒿	例　　　字	开觉	例　　字
开三之ɿ	i	理 li^4 里 li^4 时 ɕʰi^1 起 tɕʰi^3 己(天干)tɕi^5 试 ɕʰi^5	e	理 le^4 时 ɕʰe^1 子 se^3 巳 se^4
	ɛ	丝 sʰɛ^1 子(地支)sɛ^3 巳(地支)sɛ^4		

从汉语来看,ɛ 类音也只分布在精组后面。从养蒿苗语声母来看,以上养蒿苗语 ɛ 类音只分布在 s 类音后面,ɛ 类音应是与 i 互补的。至于为什么 s 类音后面接的是 ɛ,和养蒿苗语的声韵配合规律有关,养蒿苗语的 i 是不能与 s 搭配的。由此我们也可以看出来,民族语声韵调的配合,对帮助判断借词的层次也是有用的。

第二,语法、词汇的比较。曾晓渝(2003a)举到水语早期的汉借词是符合水语的“正偏”规则的,现代汉借词则有不少和汉语一样,是"偏正"规则。陈忠敏(2007)认为可以"用词语的新旧来判断层次的先后"。我们认为可以从两个方面来看：

（1）早期汉借词，一般是单音节词，如原始苗瑶语时期借入的词语：穿（～针）*cʰuen、桃*ɡlæw、菅（茅草）*NKan、蓝（～靛草）*ŋglam；而晚期借入的词语，双音节词就明显增多，如甲定苗语中的近代汉借词：菩萨 pə² sʰa¹、灯笼 tō¹ləŋ⁶、陀螺 tu⁴ lu⁶、便宜 pʰi² ji¹，清明 sʰɛ¹ mlɛ⁶、告状 ko⁵ tʂaŋ⁵、端午 tuɪ¹ vuɪ⁴、枇杷 pi³ pa² 等。

（2）从词汇的新旧或词汇的历史来看借词的借入时间。语言里的词汇，有新词的出现，旧词的消亡，意义的变迁等变化，这些变化都发生在一定的年代，又往往和当时的社会历史背景密切相关，因此我们也可以据以判断某个词被借的最早或最晚年代。本书4.1.2 节研究了原始苗瑶语时期的部分汉借词在汉语史上的时代，发现有些词是较早出现，唐代以后改变了说法的，如"甘"表示甜，是魏晋以前比较普遍的说法，到了魏晋时期，"甜"的用例已经超过了"甘"，至迟到唐代，"甜"已经代替了"甘"，因此，我们可以认为"甘"是唐代以前苗瑶语从汉语借入的。

第三，从汉借词在语族中的分布范围以及是否在所分布的语言里能形成语音对应关系来看借词的早晚，实际上也就是上文所说的通过亲属语里与其他语族的同源词比较。曾晓渝(2003a)提出：借词可以分为三个大的层次：一是语族共同时期借入的，二是语支共同时期借入的，三是各现代语言分化后借入的。苗瑶语的汉借词，大体也可以按照这个标准来分：如果一个词，能与苗瑶各方言的同源词形成语音对应关系，同时又是汉语借词，那么从理论上来说这个词的借入时间比较早；相对而言，如果一个词，只在苗语各方言里形成对应，不与瑶语各方言的同源词形成语音对应关系，那么从理论上来说，这个词应属于苗语、瑶语分化后借入的；如果一个词，只见于某个苗语方言，不见于其他苗语方言，那么这个词，应是更晚从汉语借入的。当然，也不排除有些词不见于其他方言，是由于在其他方言都丢失了，只在一些方言或某一个方言中保留，但是从我们的研究来看,大部分借词都是符合这个规律的。本书划分湘西腊乙坪、凯里养蒿、毕节大南山、贵阳甲定苗语汉借词的历史层次,我们就把苗瑶语共同词与苗语共同词里的汉借词,看作中古早中期汉借词,把独属于这些方言或者与其周边方言共有的汉借词,划分为中古晚期或近、现代汉借词。另外如切分苗语川黔滇方言川黔滇次方言毕节苗语里的近、现代汉借词,我们也是通过与泰国难府苗语汉借词的比较来切分的。

第四,从苗瑶、汉的接触历史和苗瑶族群的迁徙、移民历史来看汉借词的借入时间。民族语与汉语的接触,大部分时候是源于少数民族与邻近的汉民族有直接的接触,苗瑶语里的汉借词,也主要是通过与汉民族直接交流而借入的,因此,了解苗瑶族群在什么阶段与汉民族有较为密切的关系,有助于我们正确判断借词的借入时间。如本书判断苗瑶共同汉借词的具体借入时间,就参照了苗瑶族群在隋唐以前与汉民族的接触历史。另外,苗瑶族群自身的迁移历史,也是我们判断借词借入时间乃至借源汉语方言的重要参照。如本书切分苗语川黔滇方言川黔滇次方言大南山苗语和泰国难府苗语里的近代汉借词和现代汉借词,就参考了泰国苗族迁出中国的时间节点。

以上是关于苗语汉借词历史层次划分方法的讨论。可以看出,判断汉借词的历史层次是一个复杂的工程,但在我们分析汉借词历史层次的实践过程中,依据以上的标准,我们基本能较为准确地定位大部分汉借词的时代层次。

1.3.2 苗语汉借词的层次

上面我们讨论了民族语汉借词层次的划分方法,在讨论过程中也举例提到了苗语汉借词的层次,为了让读者对苗语汉借词有一个整体的认识,本节对本书关于苗语汉借词的层次划分进行概括介绍。

本书关于苗语汉借词的分析实际上分为两大部分,第一部分是以王辅世(1994)《苗语古音构拟》,王辅世、毛宗武(1995)的《苗瑶

语古音构拟》，Ratliff（2010）的 *Hmong-Mien Language History*，陈
其光（2001）的《汉语苗瑶语比较研究》的词条材料为参照，来看苗语
里的早期汉借词。由于要对这些材料里的词条的来源进一步分类，
我们把这些材料里的词条总称为共同词，又分苗瑶共同词、苗语共
同词、瑶语共同词。苗瑶共同词是分布于苗瑶语各语支的，苗语
共同词是只分布于苗各方言、但不见于勉语各方言的词，瑶语共
同词是分布于勉语各方言、但不见于苗各方言的词。这些共同词
按来源又都可以分为苗瑶固有词、与汉语有音义关系的词、汉借词。
所谓"苗瑶固有词"，是我们暂时没有确定是否与其他语言有关系的
词，暂看作苗瑶语言真正的"同源词"。所谓"与汉语有音义关系的
词"，是指这些词在读音和意义上与汉语有相似之处，但又不能与汉
语形成严格的语音对应关系，大部分属于基本词汇，语音面貌古老，
有可能是汉借词，也有可能是苗瑶汉同源词或苗汉同源词，我们暂
不能下确切结论，但如果是汉借词，应是最早的汉借词。根据词条
在苗瑶语言中的分布，苗瑶语共有词层面的为"苗瑶汉关系词"，苗
语支语言（主要为苗语）层面的为"苗汉关系词"。具体讨论参看本
书第三章"苗瑶共同词里的苗瑶汉关系词与苗语共同词里的苗汉关
系词讨论"。所谓"汉借词"，是与汉语音义关系明确，与中古汉语存
在较为严密的语音对应关系，语音特点大部分表现为上古汉语晚期
或中古早中期的语音特点。其中，苗瑶语共同词层面的，为"苗瑶共
同汉借词"，苗语共同词层面的，为"苗语共同汉借词"。具体讨论参
看本书第四章"苗瑶共同词里的汉借词与苗语共同词里的汉借词
研究"。

在第一部分分析的基础上，本书关于苗语汉借词分析的第二部
分，也即本书的第五章到第八章，是分析苗语四个具体方言点的汉
借词，即湘西方言腊乙坪苗语、黔东方言养蒿苗语、川黔滇方言川黔
滇次方言大南山苗语、川黔滇方言惠水次方言甲定苗语的汉借词。
这些方言点里的汉借词，基本可以分为上古、中古、近代、现代四个
基本的层次。上古层汉借词，主要是本书第三章讨论的苗瑶汉关系

词或苗汉关系词。这些词,从共同词层面的拟音出发来研究,更易于看出与汉语的关系。在具体方言点的层面,由于各个方言相对苗瑶语古音都发生了较为剧烈的音变,关系词的语音面貌也跟固有词一样发生了较大的变化,我们很难看出这些词与汉语的关系。因此,我们不在四个具体的方言点里讨论上古汉借词。中古层汉借词,实际主要是本书第三章讨论的苗瑶共同汉借词或苗语共同汉借词,另有少部分词从语音面貌上看属于该层次,但未纳入苗瑶共同词或苗语共同词。这些词,虽然也随固有词发生了变化,但大部分还是能看出与汉语有明显的音义关系,并且由于是成批量的词与中古汉语形成语音对应关系,只要找到对应规律,我们就能判断这些词是中古汉借词。分析了中古汉借词,我们才能对各个方言的近代汉借词再进行分析,因此我们对四个方言点的中古汉借词的语音特点都进行了归纳。四个方言点的上古层汉借词和中古层汉借词,因为主要也是苗瑶共同词或苗语共同词,也就是古苗瑶语或古苗语未分化时借入的。四个方言的近代汉借词,则一般都是次方言或土语共同词,也就是古苗语分化为不同方言、次方言甚至土语以后才借入的,借源方言可能是各个苗语方言近代时期与当地苗族杂处的汉族所说的方言。因借源汉语方言的语音特征不同,各方言点近代汉借词的语音特征也有很大的差异,如养蒿苗语的近代汉借词借源方言可能保留中古汉语的语音特征较多,近代层汉借词与中古层汉借词语音特征差异不大,尤其是声调方面,与中古汉借词一样,有 8 个调类,与中古汉语四声八调形成一一对应。而大南山苗语的近代汉借词,只有 5 个调类。各方言的现代层汉借词,主要是中华人民共和国成立以来,各方言点从邻近汉语方言借入,从词汇意义、语音面貌上来看,大部分较容易辨别,但也有一些难以与近代汉借词区分,具体参看各章节内容。

以上是本书关于苗语汉借词层次的整体划分情况。我们总的思路是,从苗瑶共同词和苗语共同词入手,找出早期的汉借词(包括关系词和汉借词),再分析具体的方言。在对各方言早期汉借词有充分认识的基础上,对近、现代汉借词进行分析。我们在研究中发现,近代汉借词是一个最为复杂的层次,可能包含中古到近代的过渡层汉借词,也可能包括近代到现代的过渡层汉借词,这是我们在研究过程中需要进行仔细分辨和斟酌的。

1.4　研究的意义

本书对苗语里的汉借词进行研究,有以下几个方面的意义:

第一,对民族语汉借词历史层次分析理论的意义。民族语汉借词的历史层次分析,经过学者们几十年的研究和总结,已越来越理论化和系统化,本书的研究,在前人的基础上,结合苗语汉借词研究具体实践,细化和深化汉借词历史层次分析理论。

第二,对探讨苗语、汉语关系的意义。我们认为,不管认为苗瑶语和汉语是接触关系还是同源关系,都是需要证明的。而借词的研究是解决这个问题的一个重要入口。实际上同源词和借词是一个问题的两面,同源词的确定就是借词的否定,而借词的确定也是同源词的否定。借词的确定,是从一个反面的过程来确定同源词,只有无法确定为借的那些关系词,才可能是同源词。本书正是从正反两面来研究苗汉关系词。

第三,对研究苗语音韵、苗语方言的意义。苗瑶语历史上缺乏可靠的、系统的文献,以往研究苗语历史音韵,只能依靠零星的汉语文献的记载、苗族口头传说、苗语方言的历史比较,而对苗语中的汉借词包含的价值挖掘较为欠缺,实际上,汉语借词对研究苗语是很有参考价值的。汉语的历史音韵发展,已经研究得比较充分,确定了苗语里每个时代的汉借词,我们就可以从汉借词的语音特征,直接观察某个历史时期苗语的语音特征。早期借入的汉借词,随固有词一起发生历史音变,这些汉借词还可以与固有词一道,用于判断音变的起点和音变发生的年代。如 Ratliff(2010)的书中,就较为充分地利用了汉借词的音值,用以构拟苗瑶古音。苗语汉借词里有苗瑶语、苗语共同时期借入的汉借词,也有苗语分化后各自从汉语里借入的汉借词,各自借入的汉借词又能反映各个苗语方言某个历史时期的读音。

第四,对研究汉语音韵、汉语方言的意义。苗语汉借词是研究苗语音韵、苗语方言的重要材料,反过来对研究汉语音韵、汉语方言也有重要意义。域外译音,如朝鲜汉字音、汉越语、日语吴音、日语汉音等,已为音韵学家所普遍利用用以研究汉语音韵。民族语汉借词与域外译音一样,也是不同历史时期,从汉语里借入的,与域外译音具有同等价值,需要深入挖掘和加以研究利用。与域外译音一样,通过苗语里的古汉借词读音,我们也可以观察或者推断对应历史时期汉语音韵面貌。如曾晓渝的(2003b)《见母的上古音值》,用水语里的汉借词见母非三等读小舌音 q 来证明汉语见母一、二、四等来自 *q,三等来自 *k,是用汉借词研究汉语上古音的一个非常成功的范例。苗语里汉借词,尤其中古以后的汉借词,我们已可以比较确切地推断其借源汉方言。不同地域的苗语方言,借源汉语方言也是不同的,通过汉借词,我们可以推知该时期当地汉语方言的语音面貌。

第五,对研究苗族、汉族文化历史变迁的意义。苗语里的汉借词,不仅是研究汉语和苗语音韵的重要材料,也是研究苗族、汉族历史文化变迁的重要材料。苗族在不同时间,借入的借词数量是不同的,由此我们能推知不同历史时期苗瑶族群与汉族的接触程度。不同时期,汉族的精神、物质文化面貌是不同的,苗族借入的词汇面貌也是不同的,因此通过观察不同时期的汉借词,我们可以推知汉族在哪些方面对苗族产生影响,当然也可以反推汉族该时期的文化面貌。原始苗瑶语时期借入的汉借词、原始苗语时期以及各苗语方言分化以后的时期,借入的汉借词不同,我们可以由汉借词的层次划分,推知苗族分化、变迁的时间。

以上列出的只是苗语汉借词的研究意义的几个方面,本书限于笔者的学力、时间的限制,对以上几个方面都只是粗浅涉猎,将来还需要调查更多的材料,进行更细致的分析,做更深入的研究。

1.5　本书的框架、符号、术语、材料说明

1.5.1　本书的框架

本书总共九个章节。

第一章,绪论,介绍研究的背景、前人关于苗语汉借词研究,结合前人关于民族语层次分析的理论和本书关于苗语汉借词层次分析的实践,论述苗语汉借词层次的划分方法以及确定苗汉关系词的方法和原则,举出本书研究课题的意义,最后交代本书的研究框架、使用符号、材料来源。

第二章,苗瑶语、苗语及汉语的古音构拟,给出本书使用的苗瑶语、苗语古音构拟和上古汉语、中古汉语拟音。

第三章,苗瑶共同词里的苗瑶汉关系词与苗语共同词里的苗汉关系词讨论,主要梳理了苗瑶共同词、苗语共同词里与汉语有音义关系,但与汉语语音对应关系不够严密,语音特征也较为古老的苗瑶汉关系词和苗汉关系词,总结了关系词的语音特点,并对一些关系词进行了具体的讨论。

第四章,苗瑶共同词里的汉借词与苗语共同词里的汉借词研究,梳理了苗瑶共同词、苗语共同词里与汉语有明确音义关系,与汉语也有较为严密的语音对应关系,语音特征主要表现为早期中古汉语特征的汉借词,总结了汉借词的语音特点,并通过汉借词语音的时代、词汇时代、苗瑶族群与汉族接触的历史,考察苗瑶语从汉语借入这批词的具体时间是秦汉到唐代初期。

第五章到第八章四个章节是本书的主体,在前面章节对苗语里的早期汉借词分析的基础上,对四个苗语方言点的汉借词进行全面的梳理。四个方言点分别是:苗语湘西方言代表音点花垣腊乙坪苗语、黔东方言代表音点凯里养蒿苗语、川黔滇方言川黔滇次方言代表音点毕节大南山苗语、川黔滇方言惠水次方言代表音点贵阳甲定苗语。本书主要通过语音特征、与其他方言的比较、词汇特征等,对

汉借词进行了分层。通过考察发现,这些方言点里的汉借词,基本可以分为上古、中古、近代、现代四个基本的层次。上古汉借词,主要包含在苗瑶语共同词里的苗瑶汉关系词和苗语共同词里苗汉关系词里,与同源词难以区分,因此我们不再在各个方言里讨论。中古汉借词,主要是苗瑶语共同词里的汉借词和苗语共同词里的汉借词,苗瑶语共同汉借词比苗语共同汉借词语音特征古老,借入时间也要早,但是由于数量不多,我们合并为中古汉借词进行讨论。近代汉借词,四个方言点该层次的汉借词数量都较为丰富,但可能由于借源方言不同,四个方言点近代汉借词的语音面貌也有所不同。其中腊乙坪苗语、大南山苗语近代汉借词语音特征较新,与中古汉借词有 8 个调类并与中古汉语四声八调一一对应不同,这两个方言点的近代汉借词都只有 5 个调类,另外就是与现代汉借词相比,虽然有重要的差异,但也有不少与现代汉借词相同的语音特征。养蒿苗语和甲定苗语的近代汉借词语音特征保留中古汉语的语音特征较多。尤其是养蒿苗语的近代汉借词,从语音特征来看,与中古汉借词非常相似,如声调方面,与中古汉借词一样,也有 8 个调类,并与中古汉语四声八调一一对应。养蒿苗语近代汉借词与中古汉借词的主要区别,主要在于近代汉借词在同族亲属语言中的分布范围较小,以及不少近代汉借词的词汇意义较为晚近。本书总结了四个方言点不同层次汉借词的语音特点,并对汉借词一些特殊的语音现象进行了分析,也就汉借词反映的苗汉方言变迁、苗族迁移历史等进行了探讨。

　　第九章,苗语汉借词反映的几个苗汉音韵现象研究,主要以苗语汉借词材料为基础,讨论了三个问题:一是探讨苗语古汉借词与中古汉语调类对应的一致性特征及其形成原因;二是总结了几个苗语方言中古层见组汉借词的读音类型,并讨论了这些读音类型的来源;三是以汉借词为参照,试构拟几组黔东苗语韵母的构拟。

　　本书还有附录部分,包括苗(瑶)汉关系词表、苗(瑶)共同词里的汉借词表、不同方言各个层次的汉借词表。

1.5.2　本书的符号、术语、材料来源

（1）本书参考的苗语词典材料都是拉丁字母苗文，本书采用时使用国际音标转写，调查材料也都使用国际音标，为行文方便，如非必要，一般不标[ ]。

（2）声母送气符号标写以"h"表示，上标于声母后。属于声母发音特征的"w"也上标于声母后。

（3）苗语声调如非必要，一般使用调类，在音节后用上标表示。苗语一般有8个调类，本书以1、2、3、4、5、6、7、8分别表示。书中阴调类是指奇数调类，阳调类是指偶数调类。也有的苗语方言点只有4个调类或者3个调类，一般材料以A、B、C、D等表示，本书遵循材料来源的标调方法。古苗语的声调拟音各家都是4个调类，分别以A、B、C、D表示，本书遵循各家标调。古苗瑶语的声调拟音，我们一般引用Ratliff(2010)的拟音系统，Ratliff认为古苗瑶语有-X, -H, -p/-t/-k等韵尾，我们也遵循Ratliff的拟音，作韵尾处理，不上标。行文标调值的，以五度标调制标调，也在音节后以上标表示。

（4）引用中古汉语、上古汉语拟音，声类、韵类、调类名称都遵循一般音韵学术语，此处不作特别说明，但引用中古拟音时为方便比较和简明起见，我们一般在表格里的拟音后上标A、B、C、D表示平声、上声、去声、入声，有时为了更方便对比，使用1、2、3、4、5、6、7、8分别表示阴平、阳平、阴上、阳上、阴去、阳去、阴入、阳入。具体参看行文说明。

（5）音标后星号"﹡"表示该音是古音构拟形式，行文表格里一般省略星号，正文中为避免混淆一般标出，具体参看行文中的说明。

（6）"＞"表示"演变为"，如ts＞s，表示ts演变为s。

（7）本书关于发音部位的称述，有些使用传统术语，如"舌尖前音"指ts类音，"舌尖中音"指t类音，"舌尖后音"指ʈ、tʂ类音，"舌面音"指ȶ、tɕ类音，但以"软腭音"代替传统的"舌根音"，表示k类音。

（8）由于本书各章内容相对独立，使用的材料也各不相同，材料来源在各章分别交代。

第二章　苗瑶语、苗语及汉语的古音构拟

苗瑶语、苗语及汉语的古音构拟是研究苗语汉借词和苗汉关系词的基础。本书的苗瑶语、苗语古音构拟使用 Ratliff(2010)和王辅世(1994)的研究成果,上古汉语拟音采用郑张—潘悟云上古拟音系统,中古汉语拟音采用潘悟云、张洪明(2013)拟音系统,有必要的时候再参考其他学者的构拟。由于 Ratliff(2010)的研究成果国内学界还未普遍引用,本章将对王辅世(1994)拟音和 Ratliff(2010)的拟音进行简单的比较。

2.1　苗瑶语和苗语古音音系

国内外关于苗瑶语、苗语古音构拟成果从数量上来说是较为丰富的,如 Purnell(1970),张琨(1973,1976),王辅世(1980),王辅世(1994),王辅世、毛宗武(1995),陈其光(2001),Ratliff(2010),李云兵(2018)等。但由于苗瑶族群人口多、分布广,并且大部分苗瑶族群都与其他民族交错而居,造成苗瑶语言虽然在研究上作为一个整体看待,但实际上苗瑶语各方言之间语音差异非常大,受其他语言的影响也较深,很难分辨哪些音变是自然音变,哪些音变是接触引起,因此,关于苗瑶语及苗语的古音构拟,各家观点都有所不同。本节主要通过比较介绍王辅世(1994)拟音和 Ratliff(2010)的拟音①。

---

① 本书在写作时参考的是 Ratliff(2010)英文原版著作,该书已于 2019 年由余金枝等翻译出版,读者也可参考。

2.1.1　Ratliff 和王辅世拟音之比较

王辅世(1994)的《苗语古音构拟》使用了 9 个方言点的材料,590 多个单音节词或词素,构拟了 130 个苗语古声母,30 个古韵母。Ratliff(2010)采用了 7 个苗语方言点的材料,4 个瑶语方言点的材料,构拟了 145 个古苗语声母(同时代表古苗瑶语、古瑶语声母),28 个古苗语韵母,122 个古苗瑶语韵母(同时基本代表古瑶语韵母)。145 个主要声母,Ratliff 还构拟了 *N-、*S-、*n-、*m-等前置辅音,用以解释苗瑶语的特殊对应关系,Ratliff 未纳入声母表,我们下文声母表也未列出,但在行文中会加以引用。

本节要重点对比王辅世(1994)与 Ratliff(2010)古苗语声类的构拟。古苗语韵母构拟,由于二人构拟音类差异较小,也没有多少需要说明的地方,本节只列出 Ratliff(2010)的韵母表,在 2.1.2 小节,我们会进一步列出王辅世(1994)古苗语韵母拟音、Ratliff(2010)古苗语韵母拟音、古苗瑶语韵母拟音与四个现代苗语方言的对应表,可供参照对比。古苗语和古苗瑶语调类方面,大部分学者都是构拟了四个调类,Ratliff 的构拟有所不同,我们在本节最后进行简略介绍。

Ratliff 对王辅世(1994),王辅世、毛宗武(1995)的材料也多有借鉴,下文引用的时候如果是 Ratliff 和王辅世(1994)重合的方言点材料,以王辅世的称述为准,与王辅世、毛宗武(1995)重合的方言点材料,王辅世(1994)没有运用,以王辅世、毛宗武(1995)的称述为准,王辅世(1994)和王辅世、毛宗武(1995)都没有使用的材料,以Ratliff 的称述为准。

2.1.1.1　Ratliff 声母拟音及与王辅世拟音的对比

Ratliff 声母拟音表

表格说明:(1)Ratliff 按照无介音(medials)①、有介音 *-j-,有介

---

① Ratliff 的 medials 这个概念包括半元音 j 和流音 l、r 等,属于声母部分,我们直接译作介音,实际上相当于上古汉语的垫音(郑张尚芳 2003)成分,与汉语介音一般属于韵母韵头部分的概念不一样。

音 *-l-,有介音 *-r-四个表格列出她的苗语声母拟音表。(2)表中括号里的声母表示相比王辅世(1994)拟音增加的声母。(3)横行1—7 表示 7 个不同的发音部位,纵行 1—57 表示发音方法的不同。具体某个声母的序号横行纵行数字相拼,如 *p-的序号是 1.1, *pʰ-的序号是 1.2。其正文对每个声母进行阐释,都以该表格的序号为准。我们下文引用到某个声母的时候,也都列出序号,方便查找。(4)原文的纵行序号旁边还标出每一行声母的发音方法,本书省略。

	1	2	3	4	5	6	7
1	p	t	ts	c	k	q/qʷ	ʔ
2	pʰ	tʰ	tsʰ	cʰ	kʰ		
3	b	d	dz	ɟ	g	ɢ	
4	mp	nt	nts	ɲc	ŋk	ɴq	
5	mpʰ	ntʰ	ntsʰ	ɲcʰ	ŋkʰ		
6	mb	nd	ndz	ɲɟ	ŋg	ɴɢ	
7	ʔm	ʔn		ʔɲ			
8	hm	hn		hɲ			
9	m	n		ɲ/(ɲʷ)	(ŋ)/(ŋʷ)		
10	ʔw			ʔj			
11	(hʷ)			hj			
12	w			j			
13		s		ɕ			h
14							
15					(ɣ)		(ɦ)

-j-

	1	2	3	4	5	6	7
16	pj	tj	tsj		kj(kʷj)		
17	pʰj	(tʰj)	tsʰj		kʰj		
18	bj	dj	dzj		gj(gʷj)		
19	(mpj)	ntj	ntsj		ŋkj		

	1	2	3	4	5	6	7
20	mpʰj	ntʰj	ntsʰj				
21	mbj	(ndj)	ndzj		ŋgj		
22							
23	hmj	hnj					
24	mj				(ŋj)		
25							
26							
27	wj						
28		sj			(xj)		
29							
30					(ɣj)		

l-, -l-

	1	2	3	4	5	6	7
31	pl/plj				kl(klj)	ql	
32	pʰl				kʰl		
33	bl/blj				gl/glj	ɢl/(ɢlj)	
34	mpl/mplj				ŋkl/ŋklj		
35	mpʰl						
36	mbl/mblj				ŋgl/ŋglj	ɴɢl	
37							
38							
39	ml						
40		ʔl/ʔlj					
41		hl/hlj					
42		l/lj					

r-, -r-

	1	2	3	4	5	6	7
46	pr	tr			kr	qr	
47	pʰr	(tʰr)					

48	br	dr		gr	ɢr
49	mpr	ntr		ŋkr	
50		ntʰr			
51	mbr	ndr		ŋgr	
52					
53		hnr			
54	mr				
55		ʔr			
56		hr			
57		r			

Ratliff 和王辅世拟音的声母对照及区别说明

我们按王辅世(1994:6)的声母表排列方式来列出二人的声母系统对照表。古苗瑶语声母数目较多,按有无介音分成两个表格来比较。表格说明:①声母序号依照王辅世(1994:6)表格的序号;②清晰起见不再列王辅世(1994)所拟定的声类名称;③声母表框里第一行为王辅世拟音,第二行为相对应的 Ratliff 拟音;④拟音不同的用粗体标出;⑤省略表示拟音的 * 号。

不带介音的声母

1	2	3	4	5	6	7	8	9	10	11	12
p	pʰ	b	ʔm	**m̥**	m	mp	mpʰ	mb	**ʔv**	**f**	**v**
p	pʰ	b	ʔm	**hm**	m	mp	mpʰ	mb	**ʔw**	**pʰr**	**w, ŋʷ**
42	43	44				45	46	47		48	
ts	**tsʰ**	dz				nts	ntsʰ	ndz		s	
ts	**(tʰj) tsʰ**	dz				nts	ntsʰ	ndz		s	
49	50	51	52	53	54	55	56	57	58	59	60
t	tʰ	d	ʔn	**n̥**	n	**nt**	ntʰ	nd	ʔl	**l̥**	l
t	tʰ	d	ʔn	**hn**	n	**nt (ntj)**	ntʰ	nd	ʔl	**hl**	l

（续表）

84	85	86	87	88	89	90	91	92	93	94	95
tɕ	tɕʰ	dʐ	ʔɳ	ɳ̥	ɳ	ɳtɕ	ɳtɕʰ	ɳdʐ	ʔʐ	ɕ	ʐ
c, kʷj	cʰ	ɟ	ʔɲ	hɲ (hnj)	ɲ, ɲʷ, ŋ	ɲc	ɲcʰ	ɲɟ	ʔj	ɕ	j
96	97	98				99	100	101			
c	cʰ	ɟ				ɲc	ɲcʰ	ɲɟ			
k, kj	kʰ, kʰj	gj				ŋkj		ŋgj			
102	103	104	105		106	107	108	109		110	
k	kʰ	g	ʔŋ		ŋ	ŋk	ŋkʰ	ŋg		x	
kl, kʰl		g				ŋk	ŋkʰ				
111	112	113				114	115	116			
q	qʰ	ɢ				ɴq	ɴqʰ	ɴɢ			
K, q	Kʰ	G, ɢ				ɴK, ɴq	ɴKʰ	ɴG			
129										130	
ʔ										h	
ʔ										h	

从上表我们可以看出，王辅世和 Ratliff 构拟的 *p、*t、*ts 以及 *ʔ 组音区别不大。其中，有区别的几个音：

（1）*m̥/*hm（"/"左为王辅世拟音，右为 Ratliff 拟音，下文仿此），*l̥/*hl。关于清响音的构拟，王辅世拟成 *C̥，Ratliff 拟成 *hC，这是 Ratliff 拟音的创新之一。Ratliff 认为古苗瑶语一是有更多的双音节词汇，二是曾具有某些词汇层面的、代表一定形态意义的前置辅音（pre-initials）①。比如，Ratliff（2010:13）认为表示"割"义的古

---

① 潘悟云（2000:116）认为西方学者所称的前置辅音就是其上古拟音系统里的次要音节。

苗瑶语 *hlep(2.41/10)相当于藏缅语的 s-lep,古苗瑶语的 *h-相当于藏缅语表示方向、致使、强调义的 *s-前缀。另外,王辅世和 Ratliff 的构拟都有一套有喉塞音 *ʔ 作为前置辅音的鼻音、流音,如 *ʔm、*ʔl 等,*hC 这样的构拟在音系上能与之对称。

（2）*ʔv/*ʔw、*f/*pʰr、*v/*w、*ŋʷ。王辅世 *f(11)所辖的共同词是"头、树",Ratliff 把这两个词并入了王辅世拟音的 *pʰtʂʰ(24),也就合并了这两个声母,拟为 *pʰr(1.47)。王辅世 *pʰtʂʰ 声母所辖的共同词也只有"吹火,吹芦笙"两个。词数虽少,两组词的声母演变在相同方言的演变并不相同,Ratliff 未交代其从同一声类演变为不同声类的条件,因为例词较少,我们暂从 Ratliff 的构拟。Ratliff 的构拟取消了唇齿清擦音 *f,因此也就取消了对应的唇齿浊擦音,改成与双唇塞音对应的擦音 *w(1.12)。王辅世 *v(12)所辖的共同词有"菜园,瓦,芋头,万",Ratliff 把"菜园,芋头,万",另加"我,天"①两词,拟为 *w(1.12)。"瓦"在苗语支语言里声母为 v 或 w,在瑶语支语言里读为 ŋ,Ratliff 以其为唯一的例词拟为 *ŋʷ(5'.9)。

（3）*tsʰ/(*tʰj)、*tsʰ、*nt/*nt、(*ntj)。王辅世 *tsʰ(43)所辖的共同词有"钢,千,疮,米,骨头,锡,漆"7 个,Ratliff 拟"漆"的声母为 *tʰj(2.17),其他字的声母为 *tsʰj(3.17)。"漆"Ratliff 认为是汉借词,这个词的中古音声母各家都拟为 *tsʰ,上古高本汉、李方桂、王力、白一平拟为 *tsʰ,郑张尚芳、潘悟云拟为 *sʰ,都不是塞音。Ratliff 拟为塞音可能是由于这个词在其使用的瑶语方言材料大坪瑶语(11)里声母为 t,而拟为 *tsʰ 的,大坪瑶语读为 h。虽然有实际语言的材料的根据,我们还是认为拟为与汉语一致的 *tsʰ 比较好,大坪瑶语的读音可能是一种例外读音。王辅世 *nt(55)所辖的共同词之一"树",Ratliff 拟其声母为 *ntj(2.19),其余为 *nt(2.4)。Ratliff 拟

---

　　①　"我"字王辅世(1994)拟音采用的音是大南山、石门坎等方言点声母读为 k-系列的音,Ratliff(2010)此处采用的音是养蒿、腊乙坪等方言点声母读为 v-或 w-的音;"天"字王辅世认为养蒿的读为 v-的音与其他点读为 nt-或 Nq-等的音是古音同声类的音,Ratliff 认为不是。

为 *nt 的词在瑶语支语言里读为 d,拟为 *ntj 的"树"则读为 dj 或 gj。

以下是区别比较大的拟音。

(4) *tɕ 组音。王辅世拟的 *tɕ(84),Ratliff 拟为 *c(4.1),是由于两人所用的材料不同。该声母所辖的共同词,王辅世所用的 9 个苗语方言点的材料基本都读为 tɕ,Ratliff 使用白苗语(3),则都读为 c。同部位其他发音方法的音,情形相同。这组音里的几个还需要说明的:

*tɕ/*c,(*kʷj)。王辅世 *tɕ 所辖的共同词"斤",在其使用的方言点都读为 tɕ,Ratliff 使用的吉卫苗语(2)和巴哼语(7)读为 k,东山(10)读为 ƚʷ,因此拟为 *kʷj(5.16)。

*ȵ/*hȵ(*hnj)。王辅世 ȵ 所辖的共同词"重",在其使用的苗语方言点基本都读为 ȵ,Ratliff 拟为 *hnj,理由是其使用大部分的瑶语点包括览金(9)读为 n、东山(10)ȵ、大坪(11)n。

*ʔʑ/*ʔj,*ʑ/*j。王辅世 *ʔʑ,*ʑ 所辖的共同词声母都分别标为浊擦音 ʔʑ,ʑ,在 Ratliff 的所有瑶语方言点和几个苗语方言点都标为通音 j。

(5) *k 组音,*q 组音。王辅世构拟的这两组音,Ratliff 改动比较大,这与 Ratliff 关于苗语软腭音(velars)和小舌音(uvulars)的来源的观点有关。苗语是有小舌音和软腭音的区别的,瑶语则只有软腭音。学界一般都把苗语小舌音和软腭音的区别看成是古苗瑶语的语音特征,瑶语只有软腭音是因为小舌音和软腭音合并了。Ratliff 则认为苗语的小舌音有部分来源于古苗瑶语的软腭音。如下图所示(Ratliff 2010:17):

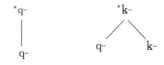

根据是:首先,不少软腭音的汉借词苗语用小舌音对应。如:

甘   OC*[k]ˤam＞MC kam＞Man.gan
      HM*Kam＞H*qaŋᴬ(5-6.1／24)

苗语当时是有软腭音的,为什么要用小舌音来对应汉语的软腭音呢?Ratliff 认为,如果这些汉借词是中古汉借词,说明*k＞*q 的这条音变在借入这些借词的时候正在进行。如果这些词是上古汉借词,说明苗语是用*q 来对应汉语咽化的*[k]ˤ。其次,类似的音变在其他语言里也存在。如 Ratliff 引用 Matisoff(2003:20),藏缅语的软腭后音(post-velars)是次生的。最后,Ratliff 认为阻碍软腭音变为小舌音的条件是当软腭音后接流音、舌位靠后的圆唇元音和后高滑音(u, o, ʉ, u)等音时,这是一种异化作用。如此,可以解释王辅世、毛宗武(1995)构拟中的一个不符合类型学的现象(Maddieson 1984:32),即*q 类声母所辖的共同词远远多于*k 类声母所辖的共同词。

不过,由于找到的条件是:当*k 后接流音、舌位靠后的圆唇元音和后高滑音(u, o, ʉ, u)等音时,*k 不会变为*q,也就是说,这两个音位只有在这种条件下才不会合并,在其他条件下,*k 就合并到*q 了,在没有找到在所有条件下,都保留原始的*k 和*q 这样的苗语方言之前,这些合并到*q 里的*k,是没有办法分离出来的。Ratliff 把这批词拟为*K。这是王辅世构拟的*q(111)对应 Ratliff*K(5-6.1)、*q(6.1)的原因。同组其他发音方法的音同此。王辅世*q 声母所辖的共同词,只有"嫁"Ratliff 拟为*q,另有"脖子,老"两个词来自王辅世、毛宗武(1995),其他为*K。王辅世*qʰ(112)所辖的共同词,Ratliff 为*Kʰ(5-6.2)。王辅世*ɢ(113)所辖的共同词,"布谷鸟,醉倒,脊背",Ratliff 拟为*ɢ(6.3),其他为*G(5-6.3)。王辅世*ɴq(114)所辖的共同词,"吞,鸽子",Ratliff 拟为*ɴq(6.4),其他为*NK(5-6.4)。王辅世*ɴqʰ(115)所辖的共同词,Ratliff 都为*NKʰ(5-6.5)。王辅世*ɴɢ(116)所辖的共同词,Ratliff 为*NG(5-6.6)。

Ratliff 以上的观点,应是有道理的,但是本书 9.2 节会讨论到,养蒿苗语不少见组非三等汉借词都读 q 类音,我们认为借入的时候,就是用*q 借的,并没有如上面所说,发生过音变,也不是上古时

期汉语见组非三等读为咽化的 k，q 和咽化的 k 更接近。具体参见
9.2 节的讨论。

关于王辅世构拟的 *k 组音，正如 Ratliff 所说的，从类型学的角度
看，k 类音相对于 q 类音是无标记的，是更具优势的音，苗语的 k 类音
却处于弱势。王辅世这组音所辖的共同词非常少。王辅世 *k(102) 所
辖的共同词有 9 个，但只有"沟，斗笠，晴"三个词 Ratliff 拟为 *k(5.1)，
其他 6 个词，"热"在养蒿(1)，长垌(6)保留 kʰ 的读音，拟为 *kʰl(5.32)，
另外 5 个词在 Ratliff 使用的东山瑶语(10)里都保留了 kl 这样的读音，
拟为 *kl(5.31)。而王辅世拟音 *kʰ(103)，*ʔŋ(105)，*ŋ(106)，*ŋkʰ
(108)都没有确切的共同词。剩下的 *g(104)只有"蚱蜢"一词，Ratliff
也拟为 *g(5.3)，*ŋk(107)只有"泥泞"一词，Ratliff 也拟为 ŋk(5.4)，*ŋg
(5.6)只有"牛圈"一词，Ratliff 没有采用。

Ratliff 构拟的 *k 组音，包含的词实际上也非常少，因为依照
Ratliff 的说法，*k 后接流音、舌位靠后的圆唇元音和后高滑音(u，
o，ʉ，u)等音时，才保留下来，其他都与 *q 合并了。Ratliff 所确定
的 *k(5.1)所辖的共同词，除了上面所举来源于王辅世 *k 所辖的共
同词 3 个，还有来自王辅世拟音 *c(96)所辖的"弟弟，我"两个词。
Ratliff 的 *kʰ(5.2)所辖共同词，只有"李子、捡"两个，这两个词来源
于王辅世拟音 *cʰ(97)；*g(5.3)所辖共同词，除了"蚱蜢"，还有
"你"，来自 Ratliff 采用的白苗苗语。Ratliff 的 *ŋkʰ(5.5)所辖共同词
"弯曲"，来源于王辅世拟音 *ɲcʰ(100)。Ratliff 所拟 *ŋ(5.9)所辖共
同词"水牛"，对应王辅世拟音 *ɳ 声母词(89)。

带介音的声母

13	14	15	16	17	18	19	20	21	22
pts	pʰtsʰ	bdz	m̥n̥	mn	mpts	mpʰtsʰ	mbdz	fs	vz
pj	pʰj	-b	hmj	mj	mpj (mplj，mpl)	mpʰj	mbj (mblj)	S-pʰ，S-pʰj	wj

（续表）

40	41						
pl̩	bl̩						
plj	blj						

77	78	79		80	81	82	83
tʂ	tʂʰ	dʐ		ɳtʂ	ɳtʂʰ	ndʐ	ʂ
tsj	tsʰj	（dj）dzj		ntsj	ntsʰj	ndzj	sj

96	97	98		99	100	101	
c	cʰ	ɟ		ɲc	ɲcʰ	ɲɟ	
k, kj	kʰ, kʰj	gj		ŋkj	ŋkʰ	ŋgj	

126	127	128
qʷj	qʰʷj	ɢʷj
K	Kʰ	ɢ, G

33	34	35	36	37	38	39
pl	pʰl	bl	ml	mpl	mpʰl	mbl
pl	pʰl	bl	ml	mpl	mpʰl	mbl

117		118		119		120
ql		ɢl		ɴql		ɴɢl
ql, qr		ɢl				ɴɢl

123		124		125
qlʷ		ɢlʷ		ɴɢlʷ
Kʷ, qʷ		ɢʷ		

23	24	25	26	27	28	29	30	31	32
ptʂ	pʰtʂʰ	bdʐ	m̥ʂ	mʐ	mptʂ	mbdʐ	ʔvʐ	fʂ	vʐ
pr	pʰr			mr	mpr	mbr	ʔr	hr	r

(续表)

61	62	63	64	65	66	67	68	69	
t	tʰ	d̪	ʔn̠	n̠	n̠	nt	ntʰ	nd̪	
tr	tʰr	dr	hnr	hnr		ntr	ntʰr	ndr	
70		71		72		73	74	75	76
tl		dl		ntl̠		ndl̠	ʔl̠	l̠	l
kr		gr		ŋkr		ŋgr	ʔlj	hlj	lj
121		122							
ql		ɢl							
qr		ɢr							

从上表我们可以看出,二人关于带介音声母构拟的差别很大。王辅世拟了 *l、*l̠, *j 三个介音,另外还有一个 *w 成分王先生没有交代是介音还是声母特征,Ratliff 有些声母也有 *w 成分,为声母的发音特征,我们一并看成声母的发音特征。Ratliff 构拟了 *l, *r, *j 三个介音,其中 *l 和 *j 还可以结合而成 *lj 这样的复杂介音。在王辅世的构拟里,*j, *l 和 *l̠ 还可以单独做声母,Ratliff 构拟的 *l, *r, *j,也都可以单独做声母。我们按 Ratliff 构拟的介音 *l, *r, *j 来讨论。

(6) 先来看 *l。这个介音两人基本没有异议。需要说明的仅有几处:王辅世 *ql(117) 所辖的共同词"黑色,熊"Ratliff 拟为 *qr(6.46),其他为 *ql(6.31)。王辅世 *Nql(119) 没有例词。王辅世 *qlʷ(123),Ratliff 取消了声母中的 l,拟为 *Kʷ(5-6'.1),*qʷ(6'.1)。*qʷ 所辖共同词只有"远",其他都为 *Kʷ。我们认为 Ratliff 取消 l 是正确的。王辅世先生采用的大南山(3),石门坎(4)显示是有 l,是因为这两个方言点的 qʷl 听感上与 qʷ 很接近。具体可看本书 9.2 节的讨论。

(7) *r。*r 的构拟是 Ratliff 拟音与王辅世拟音很大的一个不同之处。王辅世(1980)[①]的拟音系统中,*r 还可以既做介音,也做声

---

① 该论文是王辅世先生 1979 年参加法国巴黎召开的第 12 届国际汉藏语会议的论文《苗语方言声韵母比较》的摘要,我们没有找到原论文,因此参照这篇摘要。

母,以上的 *ptʂ(23)组声母,王辅世(1980)都构拟成 *pr 等,以上的 *ʔl̥(74)、*l̥(75)、*l(76),王辅世(1980)拟成 *ʔr、*r̥、*r。但在王辅世(1994)的拟音系统中,包括后来王辅世、毛宗武(1995)的拟音系统中,都完全取消了 *r 的存在。Ratliff 认为一种语言中有 l, l̥ 两套流音的对立,却没有 r,是不自然的,因此重新构拟了 *r,不过分布与王辅世(1980)的构拟区别很大。由上表我们可以看到,王辅世的 *ptʂ(23)、*t̥(61)、*tl̥(70)、*ql̥(121)四组音,Ratliff 分别以 *pr(1.46)、*tr(2.46)、*kr(5.46)、*qr(6.46)四组音代替。

王辅世拟音 *ptʂ,王辅世和 Ratliff 所采用的材料中,有的方言介音为 l,有的为 ʐ,有的为 j,还有方言为单辅音声母 tʂ,王辅世可能为了方便解释塞擦音 tʂ 的来源,从 1980 年的 *pr 改拟为 1994 年的 *ptʂ。我们认为取 r 这个音作为介音是比较合适的。如郑张尚芳(2003:48)所说,汉藏语的古老文字藏文、缅文、泰文中的垫音(即此处的介音)都只有简单的 j、w、r、l 四种,另外上古汉语拟音系统里,各家对 *r 的构拟也是没有争论的。苗瑶语的系属虽然还有争论,但从基本语音面貌上来看,与汉藏语非常相似,拟成 *pr 更合适也更利于与汉藏语进行对比。

王辅世拟音 *ptʂ 组的 *ʔvʐ(30)、*fʂ(31)、*vʐ(32),Ratliff 改拟成简单的 *ʔr(2.55)、*hr(2.56)、*r(2.57),对这几个音的改拟,Ratliff 还不是很有把握。*ʔvʐ 所辖的共同词,在王辅世所使用的苗语方言材料中,都读为擦音,因此构拟为主要辅音是擦音的声母。在王辅世、毛宗武(1995)的几个瑶语方言点读为软腭音,长垌读为 ŋk,因此构拟为 *ŋkl。Ratliff 也使用了长垌(6)材料,以及读软腭音的瑶语方言罗香(8)、览金勉语(9)材料,Ratliff 认为瑶语方言的软腭音是从流音演变而来的,但是长垌一般是保留软腭音对立的最完整的方言,因此可能在原始苗瑶语里有前置辅音 K,可能可以构拟成 *K-r。这是一个还需要继续研究的问题,我们暂时遵从 Ratliff *ʔr 的这样的构拟。其他两个音也同此。

*t̥/ *tr。王辅世拟音系统里有不少含有卷舌音特征的拟音,

Ratliff 都以 *j 或者 *r 取消了卷舌特征。其他同部位音同此。另外，这组音里 *ʔn̩(64)，辖共同词"种子"和 *n̩(65)，辖共同词"饭"，Ratliff 合并为 *hnr。王辅世拟音 *n̩，没有例词。

*tl̩/*kr。王辅世拟的 *tl̩(70)Ratliff 改动比较大，不但改变了介音，主要辅音的发音部位也改变了。这是由于王辅世使用的苗语方言点的材料都是卷舌音或者舌面音，Ratliff 使用的几个瑶语方言点的材料都显示有软腭音成分。王辅世、毛宗武(1995)使用的瑶语方言点的材料也显示有软腭音成分，不过该书依然构拟成 *tl̩。

*ql̩/*qr。同上，Ratliff 用 r 取代了 l̩。

(8) *j。王辅世、Ratliff 都拟有 j，但是王辅世拟的 j 分布非常有限，仅有 *qʷj(13)，*qʰʷj(14)，*gʷj(128)三个声母有 j 成分，并且 *qʷj 所辖词"蛋"Ratliff 拟为 *K，qʰʷj 所辖词"姜"Ratliff 拟为 *Kʰ，*gʷj 所辖词"蜗牛"Ratliff 拟为 *G，"芦笙"Ratliff 拟为 *G，都取消了 j 成分以及合口成分。Ratliff 拟的 j 则分布范围比较广。上文第(4)点我们提到 Ratliff 的 *j 可以单独做声母，我们这里讨论作为介音的 *j。与前面的情况一样，Ratliff 一般只改变拟音形式，不改变音类，因此我们重点看那些音类发生改变的词。

*pts/*pj。这组音里，王辅世拟音 *bdz(15)，只有一个共同词"手"。这个词在各点韵母、声调都能对应，但是声母差别很大，有 p、t、k、ʂ 等多种不同的读音。Ratliff 拟为 *b，同时认为这个词之所以声母多样，是由于其原始读音的声母前有前置辅音，后来在演变的过程中，前置辅音导致声母的主要辅音发生改变。王辅世拟音 *mpts(18)所辖共同词，"补锅"Ratliff 拟为 *mpj(1.19)，"蝴蝶"拟为 *mpl(1.34)，"双生子"拟为 *mplj(1.34.1)，"名字"拟为 *mp(1.4)。王辅世拟音 *mbdz(20)所辖共同词，"辫子"Ratliff 拟为 *mbj(1.21)，"疯，就菜下饭"拟为 *mblj(1.36.1)。王辅世拟音 *fs(21)所辖共同词，"雷，线，搓绳子"Ratliff 拟为带前置辅音的 *S-pʰ(1.2)，"糠"拟为带前置辅音的 *S-pʰj(1.17)，如此可以解释这组词有不同方言，有 pʰ，s，fʰ 等迥然有别的读音。

*pl̩/*plj。这组音共同词的音类没有改变。

*tʂ/*tsj。这组音里，王辅世拟为*dʐ(79)的词，"七"Ratliff 拟为*dj(2.18)，"匠人"拟为*dz(3.3)，其他拟为*dzj(3.18)。

*c/*k，*kj。这组音除了上文第(5)点列举了那些 Ratliff 拟为*k，*kʰ 的词，其余的 Ratliff 都拟为相应的*kj 类。

2.1.1.2　Ratliff 的韵母拟音

就苗语部分的韵母的构拟来说，与声类一样，Ratliff 对王辅世的韵类改动较小，每个韵类所辖的共同词改动也很小。王辅世构拟了 30 个苗语韵类，Ratliff 合并了其中的 12 和 17 韵，并认为 26 韵仅用来借用汉借词，因此固有词是 28 个韵类。Ratliff 还以苗语的韵类为准绳，来构拟苗瑶语的韵母，认为苗语的韵母，是经由苗瑶语的复杂韵母系统合并而来的，因此苗瑶语韵母的构拟，要能合理地解释古苗语韵母的由来。Ratliff 构拟了 127 个苗瑶语韵母，相比王辅世、毛宗武(1995)的 210 个韵类，减少了 83 个韵类。以下我们列出 Ratliff 的古苗语韵母表，古苗瑶语韵母见下文 2.1.2 节"韵母对应表"。Ratliff 主要修改的是韵类的具体语音形式，其修改的理由，大体是以每个韵类中的汉借词读音为借鉴，同时还要照顾到音类之间的语音区别，以及对现代方言读音的解释力。但是苗语或者苗瑶语的每个韵类，现代苗语方言和瑶语方言读音非常多样和复杂，相对于声类的语音构拟来说，确定性的规律相对比较难找一些，对于 Ratliff 拟音的见解，我们目前也很难做具体的论述。以下只列出 Ratliff 构拟的古苗语韵母表，其与王辅世拟音的对比，与古苗瑶语拟音的对应，可看参 2.1.2 节的"韵母对应表"。

Ratliff 韵母拟音表

韵母表说明：表格按 Ratliff(2010:109)的表格形式列出。括号内的序号是对应的王辅世(1994:7)韵母表的序号。

阴声韵(Oral)				阳声韵(Nasal)	
i(1)	i̵(2)u̵(8)	u(16)	in(18)	iŋ(23) u̵ŋ(30)	uŋ(27)

e(10)	o(7)	en(20)/ein(25)		oŋ(28)
	ɔ(6)	εŋ(22)	əŋ(21)	ɔŋ(29)
æ(5)	a(4)	æn(19)		aŋ(24)/i̯aŋ(26)
uw(9)	u̯u(14)			
ow(13)	u̯ei(12/17)			
æw(3)	u̯ε(11)			
	u̯a(15)			

2.1.1.3　Ratliff 的声调构拟

自张琨(1973)正式为古苗瑶语构拟了 A、B、C、D 四个调类以后,王辅世(1994),王辅世、毛宗武(1995)、陈其光(2001)等大部分学者关于古苗瑶语或古苗语的声调构拟都是四个,现代各苗语方言,或者保持古调类,或者在这四个调类的基础上,主要根据声母的清浊进一步分化为八个调类,有些方言在八个调类的基础上进一步分化或者合并。Ratliff 关于古苗语的声调构拟也是四个,但是古苗瑶语的声调,Ratliff 的观点与其他学者不同,另外,关于苗瑶语声调的演变,Ratliff 也有更为系统和详细的讨论,本书在此略作介绍。

Ratliff(2010)主要借鉴 Haudricourt(奥德利古尔)关于越南语声调起源的观点,即越南语早期并无声调,而是具备乐音韵尾或无韵尾,*-ʔ, *-h(<*-s)等不同的韵尾,不同的韵尾引起音节音高的差异,随着韵尾的丢失,伴随性特征音高的差异,成为区别性特征,也就产生了声调。苗语声调的产生,Ratliff 也认为是同样的原理,除 *-p, *-t, *-k 韵尾的 D 类声调外,其他的 A、B、C 三类声调的产生和演变,Ratliff 分为以下四个阶段:

首先是和越南语一样,苗语在最早阶段没有声调,所有的音节按韵尾的不同可以分为不同的类别。A 类为开韵尾和乐音韵尾,B 类为 *-ʔ 韵尾,C 类为 *-h 韵尾。

	A	B	C
阶段一：	CV(N)	CV(N)ʔ	CV(N)h

第二阶段是韵尾丢失，A 类无韵尾丢失，保持常声，B 类丢失喉塞韵尾，音节发声态变为嘎裂声，C 类变为气嗓，韵尾的差异转变为各音节发声态的差异。

	A	B	C
阶段二：	CV(N)	CV̰(N)	CV̤(N)

第三阶段是声调开始产生，但各音节发声态的差异还没有消失，同时声母清浊开始合流，导致声调或者说不同类型的发声态进一步分化，即原来的声母清浊的差异又开始转变为发声态的差异，浊声母音节的"浊声"转变为音节的非常声发声态——气嗓，与原韵尾丢失导致的发声态差异叠加。对于该阶段的苗瑶语到底有无以音高差异为区别特征的声调，Ratliff 态度是有点模糊的，从她的叙述来看，她是认为该阶段还是没有真正的声调，如果有，可能也是伴随特征。

	A	B	C
阶段三：	CV(N)	CV(N)	CV(N)
	CɦV(N)	CɦV̰(N)	CɦV̤(N)

第四阶段是现代苗瑶语阶段，大部分苗瑶语方言都是典型的声调语言，无发声态的差异，声调以音高的区别为主，但也有一些方言依然有保留古有的非常态发声，其中，C2 气嗓发声最常见，B2 次之，A2 最少见，B2 还有可能有嘎裂声。

	A	B	C
阶段四：	CV(N)	CV(N)	CV(N)
	CV(N)～CV̰(N)	CV(N)～CV̰(N)～CV̤(N)	CV(N)～CV̤(N)

Ratliff 以上关于苗瑶语各阶段与声调有关的构拟，主要基于以

下一些证据：首先是低调调类在现代苗瑶语中的分布。现代苗语方言，大部分浊声母来源的 B2 和 C2，在调值上都要低于对应清声母来源的 B1、C1 调，但 A2 调却并不一定比 A1 调调值低。为什么同样是浊声母来源，A2 不能保持低调类和气嗓呢？Ratliff 认为是由于 A 调音节原本无喉塞韵尾或 *-h 韵尾，是常声音节，不利于保持低调，而 B 和 C 调音节原本分别有喉塞韵尾和 h 韵尾，进而变成了非常声音节，与浊声母来源的气嗓相叠加，更容易使调值变低。其次是伴随或者羡余的发声态特征在现代苗瑶语各调类的分布。不少现代苗瑶语方言，是否保留气嗓有一定的蕴含关系：如果一个方言 A2 调类是气嗓发声，那么 B2 和 C2 一定是气嗓发声，如果 B2 是嗓发声，那么 C2 一定是气嗓发声，其中 B2 还有嘎裂发声。这也是由于 A 调音节原本就是常声发声，不容易保持浊声母演变而来的气嗓发声。第三，气嗓发声态和常声发声态的不同还会导致元音的分化。出现元音分化的音节都是 B、C 调音节，A 调音节不会发生元音的分化，而 B、C 音节都是原非常态发声的音节。第四，苗瑶语里的曲折调往往出现在 B 调音节，这是由于 B 调音节原本有喉塞韵尾或者嘎裂声，容易导致曲折调的产生。

　　以上是 Ratliff 关于苗瑶语声调的产生、发展和演变的论述。在具体的标记方法上，古苗瑶语分化以后的苗语共同语和瑶语共同语阶段，与其他学者一样，Ratliff 认为已有声调，分别标记为 A、B、C、D 四个调类。古苗瑶语阶段，Ratliff 认为还没有产生以音高区别的声调，对应 A、B、C、D，分别是无韵尾或乐音韵尾常声发声态音节，代表喉塞韵尾或嘎裂声的 *-X 韵尾音节，代表 *-h 韵尾或气嗓的 *-H 韵尾音节，以及 *-p、*-t、*-k 的塞音韵尾音节。

2.1.2　四个苗语方言点与王辅世、Ratliff 拟音的对照表

　　下面列出本书主要讨论的四个方言点：腊乙坪、养蒿、大南山、甲定苗语与王辅世(1994)拟音、Ratliff(2010)拟音的对应。表格说明：(1)表内拟音省略"＊"号。(2)"--"表示没有对应读音。(3)某个拟音在方言里有多个对应读音，主要读音之外的音用括号标出。

（4）某个拟音我们在某方言里没有找到例词，但可以推断出该方言的读音，也以括号括出。

声母对应表

序号	王辅世拟音	Ratliff拟音	腊乙坪	养蒿	大南山	甲定
1	p	p	p	p	p	p
2	pʰ	pʰ	pʰ	pʰ	pʰ	pʰ
3	b	b	p(pj)	p	p	p
4	ʔm	ʔm	m	m	m	m
5	m̥	hm	m̥ʰ	m̥ʰ	m̥	m̥ʰ
6	m	m	m	m	m	m
7	mp	mp	mp	p	mp	mp
8	mpʰ	mpʰ	mpʰ	(pʰ)	mpʰ	mpʰ
9	mb	mb	m	m	mp	mp
10	ʔv	ʔw	w	v	v	v
11	f	pʰr	pẓ	fʰ	h	h
12	v	w, ŋʷ	w	v	v	v
13	pts	pj	p	p(ts)	ts(p)	p
14	pʰtsʰ	pʰj	pʰ	pʰ	tsʰ(pʰ)	pʰ
15	bdz	--	t	p	t	k
16	m̥n̥	hmj	ɕ	m̥ʰ	n̥	m̥ʰ
17	mn	mj	m	m	n	m
18	mpts	mpj (mplj, mpl)	mp	p	nts(mp)	mp
19	mpʰtsʰ	mpʰj	mpʰ	pʰ	ntsʰ	mpʰ
20	mbdz	mbj(mblj)	(m)	m	ntsʰ	mp(mpl)
21	fs	s-pʰ(s-pʰj)	s	fʰ	s	sʰ

(续表)

序号	王辅世拟音	Ratliff拟音	腊乙坪	养蒿	大南山	甲定
22	vz̩	wj	w	v～z̩	ʐ̩	v
23	ptʂ	pr	pz̩	ts	tʂ	pl
24	pʰtʂʰ	pʰr	pʰz̩	tsʰ	tʂʰ	pʰl
25	bdz̩	--	(pz̩)	(ts)	tʂ	pl
26	m̥ʂ	--	ɕ	m̥ʰ	m̥	m̥ʰ
27	mz̩	mr	(mz̩)	(z)	n	ml
28	mptʂ	mpr	mz̩	(s)	ɳtʂ	mpl
29	mbdz̩	mbr	mz̩	z	ɳtʂ	mpl
30	ʔvz̩	ʔr	z̩	ɣ(v)	z̩	z̩
31	fʂ	hr	ʂ̥	xʰ	ʂ̥	ʂʰ
32	vz̩	r	z̩	ɣ	z̩	z̩
33	pl	pl	pz̩	l̥	pl	pl
34	pʰl	pʰl	pʰz̩	l̥ʰ	pʰl	pʰl
35	bl	bl	--	--	--	--
36	ml	ml	m	m	n	ml
37	mpl	mpl	--	--	--	--
38	mpʰl	mpʰl	--	--	mpʰl	mpʰl
39	mbl	mbl	n(mj)	n(n̠ʲ)	mpl	mpl
40	pl̠	plj	pj	l̥	pl	pl
41	bl̠	blj	pj	l̥	pl	pl
42	ts	ts	ts	s	ts	s
43	tsʰ	(tʰj)tsʰ	s	sʰ	tsʰ	sʰ
44	dz	dz	ts	s	ts	s
45	nts	nts	nts	s	nts	nz

（续表）

序号	王辅世拟音	Ratliff拟音	腊乙坪	养蒿	大南山	甲定
46	nts^h	nts^h	nts^h	s^h	nts^h	ns^h
47	ndz	ndz	（n）	（n）	nts	nz
48	s	s	s	s^h	s	s^h
49	t	t	t	t	t	t
50	t^h	t^h	t^h	t^h	t^h	t^h
51	d	d	t	t	t	t
52	ʔn	ʔn	n	n	n	n
53	n̥	hn	$n̥^h$	$n̥^h$	n̥	n̥（$ɳ̥^h$）
54	n	n	n	n	n（ɳ）	n（ɳ）
55	nt	nt（ntj）	nt	t	nt	nt
56	nt^h	nt^h	nt^h	t^h	nt^h	nt^h
57	nd	nd	n	n	nt	nt
58	ʔl	ʔl	l	l	l	l
59	l̥	hl	$l̥^h$	$l̥^h$	l̥	$l̥^h$
60	l	l	l	l	l	l
61	ʈ	tr	ʈ	ʈ	ʈ	ʈ
62	$ʈ^h$	t^hr	$ʈ^h$	$ʈ^h$	$ʈ^h$	$ʈ^h$
63	ɖ	dr	ʈ	ʈ	ʈ	ʈ
64	ʔɳ	hnr	ɳ	（ɳ）	n	（n）
65	ɳ̥	hnr	ɳ̥	（ɳ）	ɳ̥	$ɳ̥^h$
66	ɳ	--	--	--	--	--
67	ɳʈ	ntr	ɳʈ	ʈ	ɳʈ	ɳʈ
68	$ɳʈ^h$	nt^hr	$ɳʈ^h$	$ʈ^h$	$ɳʈ^h$	$ɳʈ^h$
69	ɳɖ	ndr	ɳ	ɳ	ɳʈ	ɳʈ

（续表）

序号	王辅世拟音	Ratliff拟音	腊乙坪	养蒿	大南山	甲定
70	tl̩	kr	t	ȶ	t	t
71	dl̩	gr	t	ȶ	t	t
72	ntl̩	ŋkr	ŋt	(ȶ)	ŋt	(ȵt)
73	ndl̩	ŋgr	ȵ	ȵ̥	ŋt	ȵt
74	ʔl̩	ʔlj	(l̩)	l̩	l	l
75	l̥̩	hlj	(l̩ʰ)	l̩̥ʰ	l̥	l̥ʰ
76	l̩	lj	l̩	l̩	l	l
77	tʂ	tsj	tɕ	ɕ	tʂ	s
78	tʂʰ	tsʰj	ɕ	ɕʰ(xʰ)	tʂʰ	sʰ
79	dʐ	(dj)dzj	tɕ	ɕ	tʂ	s
80	ɳtʂ	ntsj	ȵtʂ	ɕ	ɳtʂ	nz
81	ɳtʂʰ	ntsʰj	ȵtɕʰ	ɕʰ	ɳtʂ	nsʰ
82	ɳdʐ	ndzj	--	--	--	--
83	ʂ	sj	ɕ	ɕʰ(fʰ)	ʂ	sʰ
84	tɕ	c, kʷj	tɕ	tɕ	tɕ	tɕ
85	tɕʰ	cʰ	tɕʰ	tɕʰ	tɕʰ	tɕʰ
86	dʑ	ɟ	tɕ	tɕ	tɕ	tɕ
87	ʔȵ	ʔɲ	ȵ̥	ȵ̥	ȵ̥	ȵ̥
88	ȵ̥	(hnj)hɲ	ɕ(h)	ȵ̥ʰ	ȵ̥	ȵ̥ʰ
89	ȵ̥	ɲ, ɲʷ, ŋ	ȵ̥	ȵ̥	ȵ̥	ȵ̥(ŋ)
90	ȵtɕ	ɲc	ȵtɕ	tɕ	ȵtɕ	ȵtɕ
91	ȵtɕʰ	ɲcʰ	ȵtɕʰ	tɕʰ	ȵtɕʰ	ȵtɕʰ
92	ȵdʑ	ɲɟ	ȵ̥	ȵ̥	ȵtɕ	ȵtɕ

（续表）

序号	王辅世拟音	Ratliff拟音	腊乙坪	养蒿	大南山	甲定
93	ʔʐ	ʔj	ʐ	ʐ	ʐ	ʐ
94	ɕ	ɕ	(ɕ)	ɕʰ	ɕ	ɕ
95	ʑ	j	ʑ	ʑ	ʑ	ʑ
96	c	k, kj	k～tɕ	tɕ	k	k
97	cʰ	kʰ, kʰj	ɕ	tɕʰ	kʰ	kʰ
98	ɟ	gj	k(c)	tɕ	k	k
99	ɲc	ŋkj	ŋk	tɕ	n̠tɕ	n̠tɕ(ŋk)
100	ɲcʰ	--	ŋkʰ	tɕʰ	ŋkʰ	ŋkʰ
101	ɲɟ	ŋgj	ŋ(n̠)	n̠	ŋk	ŋk
102	k	kl, kʰl	k(c)	k	k	k
103	kʰ	--	--	--	--	--
104	g	g	(k)	g	k	k
105	ʔŋ	--	--	--	--	--
106	ŋ	--	--	--	--	--
107	ŋk	ŋk	(ŋk)	(k)	ŋk	(ŋk)
108	ŋkʰ	ŋkʰ	--	--	--	--
109	ŋg	--	(ŋ)	ŋ	ŋk	(ŋk)
110	x	h	h	xʰ	h(ɕ)	h
111	q	K, q	q	q	q	q
112	qʰ	Kʰ	qʰ	qʰ	qʰ	qʰ
113	ɢ	G, ɢ	q	k	q	q
114	Nq	NK, Nq	Nq	q	Nq	Nq
115	Nqʰ	NKʰ	Nqʰ	qʰ	Nqʰ	Nqʰ
116	NG	NG, Nq	ŋ(ɲ)	ŋ	Nq	Nq

（续表）

序号	王辅世拟音	Ratliff拟音	腊乙坪	养蒿	大南山	甲定
117	ql	ql，qr	qʷ	l̥(l̥)	tl̥	tl̥
118	ɢl	ɢl	qʷ	l̥	tl̥	tl̥
119	ɴql	--	--	--	--	--
120	ɴɢl	ɴɢl	ŋʷ	n	nt	ntl̥
121	ql̥	qr	qʷ～c	l̥	tl̥	tl̥
122	ɢl̥	ɢr	c	l̥	tl̥	tl̥
123	qlʷ	Kʷ，qʷ	kʷ～q	f	tl̥	k
124	ɢlʷ	Gʷ	kʷ～qʷ	f	tl̥～k	k
125	ɴɢlʷ	--	--	v	nt	ɴq
126	qʷj	--	(q)	k	q	q
127	qʰʷj	--	(qʰ)	kʰ	qʰ	qʰ
128	ɢʷj	ɢ	q	k	q	q
129	ʔ	ʔ	ʔ	ʔ	ʔ	ʔ
130	h	h	h	h	h	h

韵母对应表

序号	王辅世拟音	Ratliff古苗语拟音	Ratliff古苗瑶语拟音	腊乙坪	养蒿	大南山	甲定
1	i	i	i, i̯æn, i̯əu, i̯ɛk	i	en	i	i(in)
2	e	ɨ	ɨ, eu, i̯eu, ik, ek	a	a(i)	i	i
3	æ	æw	æua, əu, au, ɔu, uw	ɯ	a(i)	e	æ
4	a	a	a, at	ɑ(ei, e)	a	i(e)	ɑ
5	ɑ	æ	æ, æw, æp	a(ɑ)	a(en)	ua	ɑ
6	ɔ	ɔ	ɔi, əuk	ɔ	o	ou	ɑ

（续表）

序号	王辅世拟音	Ratliff古苗语拟音	Ratliff古苗瑶语拟音	腊乙坪	养蒿	大南山	甲定
7	o	o	o、ṳo、əw、i̯ou、əp、ət、ṳət、ək	o	o(ə)	o	ə
8	u	ʉ	ʉ、ṳei、ui	ə	ɛ(i)	u	ɯ
9	ə	uw	uj、up、ut、uk、ṳɛp、ṳɛt、ṳɛk	ou	ə(u)	au	ə
10	ei	e	e、ej、ep、et	a(ɑ)	ei(i)	ai	e(i)
11	ai	ṳɛ	ɛj、ṳɛj、ṳai、ṳɔi	e	ɛ	ua	əŋ
12	oi	ṳei (12/17)	ei、æi、ṳəi	ei(i)	u	ou	o
13	eu	ow	ou、op、ot、ok、əut	ə(u)	u	eu	ə
14	au	ṳu	ṳi	ɯ	o	au	ɑ
15	ɑu	ṳa	əj、uəj、aj	ɑ	a	ua	u
16	ɔu	u	u、uə、ow	o	o(ə)	ua	u
17	ou	--	--	ɔ	u	ou	o
18	in	in	im、in、iŋ、i̯mel、i̯ən、i̯əŋ	ɛn	ei(i)	a	ɛ(ɛn)
19	en	æn	æn、an	e	ɛ(i, a)	en	in
20	æn	en	em、i̯em、eŋ、æm	ɛn	aŋ	a	ɛ
21	ɔn	əŋ	əm、i̯me、ən、əŋ、əum、əuŋ、əaŋ	ɑŋ	aŋ	au	oŋ
22	on	ɛŋ	ɛm、ṳɛn、ɛŋ、uɛŋ、ɛɔm、ɛɔŋ、ɛuŋ	e	ɛ(i)	o	əŋ
23	ən	i̯ŋ	euŋ、iəŋ	e	en	o	əŋ
24	eŋ	aŋ	am、aŋ、iaŋ、æŋ、iæŋ、ɔn	en(in, i)	aŋ	aŋ	oŋ(ɑŋ)
25	aŋ	ein	ein	en(in)	oŋ	aŋ	ɑŋ
26	ɑŋ	iaŋ	--	--	aŋ	aŋ	ɑŋ

（续表）

序号	王辅世拟音	Ratliff 古苗语拟音	Ratliff 古苗瑶语拟音	腊乙坪	养蒿	大南山	甲定
27	oŋ	uŋ	un，u̯em，ən	aŋ	aŋ	oŋ	oŋ
28	oŋ	oŋ	oŋ，uŋ	oŋ	oŋ	aŋ	ɑŋ
29	uŋ	oŋ	ɔp，ɔŋ，u̯ɛŋ，ɔk，u̯em，u̯eŋ，u̯em，u̯eŋ	u	ə(u)	oŋ	oŋ
30	əŋ	ɯŋ	iŋ	oŋ	u	oŋ	oŋ

2.2　汉语古音音系

　　本书研究汉语借词的历史分层,参考汉语语音不同历史时期的语音特征。关于汉语语音的历史分期,各家有不同的观点(张渭毅2002)。本书参考王力(1980:35)的划分方法,把汉语语音史划分为上古、中古、近代、现代四期。下面是王力先生的分期:

　　(1)上古期:公元 3 世纪以前("五胡乱华"以前)。

　　　　(3、4 世纪为过渡阶段。)

　　(2)中古期:公元 4 世纪到12世纪(南宋前半)。

　　　　(12、13 世纪为过渡阶段。)

　　(3)近代:公元 13 世纪到 19 世纪(鸦片战争)。

　　　　(自 1840 年鸦片战争到 1919 年五四运动为过渡阶段)

　　(4)现代:20 世纪(五四运动以后)。

2.2.1　上古汉语音系

　　本书使用郑张—潘悟云上古拟音系统,此处列出的汉语古音音系参照郑张尚芳(2003),后文给出的每个字的上古拟音如果郑张尚芳和潘悟云有所不同,使用潘悟云的拟音,并据需要给出郑张的拟音,同时我们还会参照 Baxter(1992),蒲立本(1999),李方桂(1980)等的拟音。我们先来看郑张先生拟的音节结构,再看音节各个部分的构拟。

上古音节最全结构(郑张尚芳 2003:41):

以上 CV 是音节的核心,其他都是可选项。V 前为声母部分,V 及 V 后为韵母部分。这个结构是参照藏、羌等与汉语有亲属关系的语言总结出来的,学者们也努力使用汉语内部的谐声材料和汉语外部的民族语材料证明出上古汉语也具有类似的复杂结构。虽然目前还有争论,但是和我们研究的苗语非常契合。

以下我们根据音节结构来分别给出上古汉语的声母、韵母(郑张尚芳 2003:70—72),详细说明可参照原文。

(1) C 是基本辅音,郑张拟的基本辅音如下(/后面的音表示上古汉语晚期变体):

k	kʰ	g	ŋ	ŋʰ
q/ʔ	qʰ/h	ɢ/ɦ		
p	pʰ	b	m	mʰ
t	tʰ	d	n	nʰ	l	lʰ
s/ts	sʰ/tsʰ	z/dz			r	rʰ

(2) 基本辅音 C 前的 cc 指前置冠音,郑张尚芳拟的前置冠音有 5 类:咝冠 s,喉冠 ʔ、h、ɦ,鼻冠 m、n、ŋ,流冠 r,塞冠 p、t、k。

(3) 基本辅音 C 后的 cc 指后垫音,郑张拟有 4 个垫音:j、w、r、l。其中 w 实际表圆唇喉牙音,故 w、j 可同时出现,也可以与 r、l 同时出现。

(4) V 是主要元音,郑张尚芳构拟的是六元音系统,元音各分

长短,中古一、二、四等来自上古长元音,中古三等来自上古短元音:

$$
\begin{array}{ccc}
i & \text{ɯ} & u \\
e & & o \\
& a &
\end{array}
$$

(5) V后的 cc 表示韵尾。如郑张所述:有 5 个乐音韵尾 m、n、ŋ、l/i(后变 i)、w(等于 u)、开韵尾 ∅,6 个噪音韵尾 b、d、g、wɢ/uɢ、q/ʔ、s/h。六对元音都可与所有韵尾结合。

上古汉语无声调,乐音韵尾形成中古平声,浊塞音韵尾形成中古入声,q(ʔ)韵尾可加在乐音韵尾后形成中古上声,s(h)韵尾可加在乐音韵尾及塞音韵尾后形成中古去声。

2.2.2　中古汉语音系

本书使用潘悟云的中古汉语拟音系统,以下列出的中古汉语音系参照潘悟云(2013)列出的《切韵》声类/韵类拟音表,具体音类及其拟音的说明可参照原文。

声母:潘悟云先生认为《切韵》应有 37 个声母,声类名称和声类拟音如下:

帮滂並明	p	pʰ	b	m	
端透定泥来	t	tʰ	d	n	l
知彻澄娘	ʈ	ʈʰ	ɖ	ɳ	
精清从心邪	ts	tsʰ	dz	s	z
庄初崇山俟	tʂ	tʂʰ	dʐ	ʂ	ʐ
章昌禅日书船	tɕ	tɕʰ	dʑ	ɲ	ɕ ʑ
见溪群疑	k	kʰ	g	ŋ	
影晓匣(云)以	ʔ	h	ɦ	j	

韵母:潘悟云先生的《切韵》韵母拟音系统如下表。

等	一	三	三	二	三	二	三B 三A	四	三B 三A
元音	ɑ	iɑ	ia	ɣæ	iæ ɣiæ	ɣɛ	ɣiɛ iɛ	e	ɣi i
-∅	歌	歌		麻	麻	佳	支		脂
-ŋ	唐		阳	庚	庚	耕	清	青	
-m	谈		严凡	衔		咸	盐	添	侵
-n	寒		元	删		山	仙	先	臻真
-i	泰		废	夬		皆	祭	齐	
-u	豪			肴			宵	萧	

等	一	三	二	三	一	三	一	三
元音	ə	ɨ	ɣɔ	iɣ	o	iʊ	u	iu
-∅		之		鱼	模	虞		尤
-ŋ	登	蒸	江		冬	钟	东一	东三
-m	覃							
-n	痕	殷			魂			
-i	哈	微			灰			文
-u	侯	幽						

声调：中古汉语声调是平、上、去、入四声。此处不多作说明。

第三章 苗瑶共同词里的苗瑶汉关系词与苗语共同词里的苗汉关系词讨论

本章和下章主要以王辅世(1994)《苗语古音构拟》,王辅世、毛宗武(1995)的《苗瑶语古音构拟》,Ratliff(2010) *Hmong-Mien Language History*,陈其光(2001)的《汉语苗瑶语比较研究》的词条材料为参照。正如第一章1.3.2节所交待的,这些材料里面,有一批词,语音特点表现为上古汉语时期的语音特点,但与汉语语音对应不是很严密,有可能是汉借词,也有可能是苗瑶汉同源词或苗汉同源词,我们暂名为苗瑶汉关系词或苗汉关系。另有一批词语,与汉语音义关系明确,与中古汉语存在较为严密的语音对应关系,语音特点大部分表现为上古汉语晚期或中古早中期的语音特点,我们定为汉借词,其中,苗瑶语共有的,为苗瑶共同汉借词,苗语共有的,为苗语共同汉借词。

前人一般根据以上材料,寻找苗瑶汉同源词或者苗汉同源词,如陈其光(2001)的《汉语苗瑶语比较研究》,陈其光、李永燧(1981)《汉语苗瑶语同源例证》,王辅世先生(1986)《苗瑶语的系属问题初探》等,这些研究未能剔除一些明显的汉借词,影响了其结论的可靠性。另有Ratliff(2010)的 *Hmong-Mien Language History*,则在前人的基础上做得更为细致。一方面,Ratliff划分了苗瑶语共同、苗语共同词、瑶语共同词,在此基础上,确定了苗瑶、苗语、瑶语共同汉借词,并为借词确定了中古和上古两个层次。但是,Ratliff的研究还有几个方面的不足:一是基本把苗瑶语和苗语里与汉语有音义关系的词,都看成汉借词;二是还有不少其他学者或者我们认为有音义关系的词,Ratliff未能列入;三是这些词语的语音特点，Ratliff 未能作系统的总结。综合以上，对这批词进行重新整理，是有必要也有参考价值的。

3.1　苗瑶汉关系词

　　本节研究苗瑶汉关系词。如上文所说，苗瑶汉关系词是苗瑶共同词里与汉语有音义关系的词。从意义上来说，这些词由于本身就是苗瑶语共同词，大部分词都是基本词甚至核心词，有天文、地理、身体部位、人体动作、数量、饮食、房舍、器物等词。从读音上来说，我们比较了这些词的古苗瑶语拟音汉语上古拟音，两者存在很大的相似性，但有可能是由于苗瑶语和汉语从上古到现代，语音演变都较剧烈，构拟的古音毕竟不能完全反映两种语言的真实面貌，我们很难找到两种语言非常严格的语音对应关系。从另外一方面来说，这种大规模的音义相似，又很难说是偶然的。下面我们先以中古汉语音类框架为参照，总结苗瑶汉关系词的语音特点，再就部分词进行简单的讨论。

3.1.1　苗瑶汉关系词的语音特点

3.1.1.1　声调

　　上古汉语没有以调值变化为基础的声调系统，与中古汉语平、上、去、入四声对应的是乐音韵尾或开韵尾、*-ʔ 韵尾、*-s 韵尾、*-p/ *-t/ *-k 韵尾。Ratliff(2010)也认为古苗瑶语时期，还没有声调，苗瑶语分化后才产生了 A、B、C、D 四声系统，古苗瑶语时期，与分化后苗语四声对应的是乐音韵尾或开韵尾、*-X 韵尾、*-H 韵尾、*-p/ *-t/ *-k 韵尾，这种对应也是整齐的。也就是说，如果上古时期苗瑶语借入了汉语词汇，或者有些词与汉语同源，其声调与中古汉语也应基本是对应整齐的。但就我们所认定的苗瑶汉关系词来看，对应关系如下表。我们对每个调类的关系词做了一下统计，发现平声字苗瑶语与汉语大部分是对应的，但其他调类的字，对应较为复杂。

中古调类	关系词韵尾	对应数量	例词及苗瑶拟音
平	ø①	21	穿（～针）cʰu̯en 桃 ɢlæw 菅（茅草）NKan 蓝（～靛草）ŋglam
	-X	6	豍（黄豆）N-peiX 蠓（蝇子）məuŋX
	-H	5	枕（～头）ɲcu̯əmH 柔（～软）mlu̯ɛjH
上	-X	11	补（弥～）mpjaX 父（公〈狗〉）pjaX 狗 qluwX 矮 ɢaX
	ø	6	辅（臼齿）pæ
	-H	5	晚 hmənH 断 tɛŋH
	-p、-t	2	趯-jep 哑（笑）krət
去	-H	6	鼻 mbruiH 壮（肥）ɡrəunH 炙（烤火）ntauH
	ø	9	大 hljo 片（一床〈被子〉）pʰəan
	-X	5	路 kləuX 弄（寨子）rənX
入	-p、-t、-k	10	析（割肉）hlep 荅（豆子）dup 涸（旱）NKʰat 六 kruk
	ø	6	发（毛）pljei
	-H	4	夕（月亮）hlaH 目（眼睛）mu̯ɛjH

3.1.1.2　声母

　　苗瑶汉关系词的苗瑶拟音与中古汉语音类对应较为复杂。这有几个方面的原因，一是有些词的苗语拟音和汉语拟音还存有争议；二是有些词是否是确切的苗瑶汉关系词，可能还需要进一步论证；三是上古汉语的声母系统较中古汉语复杂，除了单辅音声母，还有复辅音声母，相同的一个音，因分布的条件不同，又会演变成中古不同的音，因此中古汉语声母与上古汉语声母的对应本来就较为复杂。但是从总体上看，这些词的苗瑶拟音与上古汉语基本对应或有相似之处。下表"MR拟音"是指 Ratliff（2010）拟音，"上古拟音"指上古汉语拟音，"中古拟音"指中古汉语拟音"--"指无对应读音。下文仿此。

---

　　① "ø"表示乐音韵尾或开韵尾。

中古声母	关系词读音	语素	MR 拟音	上古拟音	中古拟音	词　语
帮（非）	p	放	pənX	paŋʔ	pʷiaŋᴮ	打枪/射箭
	pj	父	pjaX	paʔ	piʊᴮ	公狗
	plj	发	pljei	pod	pʷiɐtᴰ	毛
	mpj	补	mpjaX	paʔ	puoᴮ	补锅/弥补
	N-p	豍	N-peiX	pe̞	peiᴬ	黄豆
	j	八	jat	pre̞d	pɣɛtᴰ	八
滂（敷）	pʰ	片	pʰəan	pʰens	pʰenꟲ	一床被子
	pʰl	秤	pʰlei	pʰɯ	pʰɨuᴬ	蛋壳
	mpʰ	喷	mpʰu̞ənH	puuns	piunꟲ	洒水/撒土
並（奉）	p	辅	pæ	baʔ	biʊᴮ	臼齿
		伏	pu̞eiH	bɯg	biukᴰ	睡/卧
	mbj	辫	mbjinx	be̞nʔ	benᴮ	编辫子/辫子
	mbr	鼻	mbruiH	blids	biꟲ	鼻子
明（微）	m	濛	mənX/H	mo̞ŋ	muŋᴬ	面粉细
		蠓	məuŋX	mo̞ŋ	muŋᴬ	蝇子
		目	mu̞ejH	mug	miukᴰ	眼睛
	hmj	闻	hmji̞əm	muun	miunᴬ	动物嗅/嗅
	hm	蔓	hmein	mo̞ns	mʷɑnꟲ	藤子
		晚	hməŋH	monʔ	mʷiɤnᴮ	晚上
	(S-)mr	闻	(S-)mru̞əŋH	muun	miunᴬ	听
	n-m	庞	n-mɛj	mroŋ	mɣʏŋᴬ	有
端	t	答	tau	k-lu̞b	təpᴰ	答
		瘅	təjH	--	tuoꟲ	杀人
	d	荅	dup	k-lu̞b	təpᴰ	豆子

(续表)

中古声母	关系词读音	语素	MR 拟音	上古拟音	中古拟音	词语
定	d	达	daj	da̱d	dɑt^D	客来
	nd	鑪	nduH	--	du^A	麻
	hlj	大	hljo	da̱ds	dɑi^C	大
	t	断	tɛŋH	do̱n?	dʷan^B	线断
	N-t	地	N-təu	lels	di^C	地
	ɢl	桃	ɢlæw	g-la̱w	dɑu^A	桃子
	mpl	蝶	mpleuH	g-le̱b	dep^D	蝴蝶
	lj	田	ljiŋ	g-li̱ŋ	den^A	田
泥	hn	囊	hnom	na̱ŋ	naŋ^A	口袋
来	-ʔr	娈	-ʔroŋH	(b-)ron?	lʷiɐn^A	好
	kl	路	kləuX	(g-)ra̱gs	luo^C	路
	ŋgl	蓝	ŋglam	(g-)ra̱m	lɑm^A	蓝靛草
	r	弄	rəŋX	(g-)ro̱ŋs	luŋ^C	寨子
	S-pʰr	颅	S-pʰreiX	ra̱	luo^A	头
	kr	六	kruk	rug	liuk^D	六
	mbl	秾	mbləuX	--	lai^C	稻子
清	dj	七	djuŋH	snid	tsʰit^D	七
从	ntsj	醝	ntsjəuX	sga̱l	dzɑ^A	盐
心	pl	四	plei	pʰ-ljids	si^C	四
	hl	析	hlep	sle̱g	sek^D	割肉
	s	新	seŋ	sliŋ	sin^A	初一
	-hr	心	-hri̱ən	sluɯ	sim^A	肝
	ɢl	蒜	ɢlənB	slo̱ŋs	sʷan^C	野蒜

（续表）

中古声母	关系词读音	语素	MR 拟音	上古拟音	中古拟音	词　语
邪	hl	夕	hlaH	sɢlag	ziɛk^D	月亮
知	ndr	壴	ndruX	tos	ʈiʊ^C	鼓
	ɲc	竹	ɲcəuk	tug	ʈiuk^D	箉条
澄	ɟ	丈	ɟi̯aŋH	daŋʔ	ɖiaŋ^B	男人
	ɲc	枕	ɲcu̯əmH	g-lum	tɕim^B	枕头
庄	gr	壮	grəunH	skraŋs	tʂiaŋ^C	肥
初	tʰr	插	tʰrep	sʰreb	tʂʰɣɛp^D	插
生	ʔr	蔬	ʔræi	sqra	ʂiɣ^A	菜
章	nt	炙	ntauH	tjags	tɕiæ^C	烤火
		织	ntət	tjɯgs	tɕɨ^A	织布
昌	ntʰ	哆	ntʰu̯aB	kʰljalʔ	tɕʰiæ^A	摊开/解开/散开
	cʰ	穿	cʰu̯en	kʰljon	tɕʰʷiɛn^A	穿针
船	-j	舓	-jep	ɢljeʔ	ziɛ^B	舔
	mbl	秫	mblut	ɢljud	ʑ^wit^D	糯米
		舌	mblet	sbljed	ʑiɛt^D	舌头
书	ɕ	伸	ɕoŋ	lin	ɕin^A	伸
	hnr	饷	hnrəɑŋH	qʰlaŋs	ɕiaŋ^C	饭
	sj	暑	sji̯ouX	qʰljaʔ	ɕiɣ^B	暖和
常	gj	十	gju̯əp	gjub	dʑip^D	十
	-ʔr	石	-ʔrəu	gljag	dʑiɛk^D	石头
	sj	竖	sjouX	gljoʔ	dʑiʊ^B	站起来/起来

（续表）

中古声母	关系词读音	语素	MR拟音	上古拟音	中古拟音	词语
日	ml	柔	mlu̯ɐjH	mlju	ȵiuᴬ	柔软
	ʔn	蚺	ʔnaŋ	njam	ȵiɛmᴬ	蛇
	ʔ	二	ʔui	njis	ȵiᶜ	二
	ȵ	戥	ȵemH	--	ȵianᴵ	偷
见	ql	狗	qluwX	ko̤ʔ	kuᴮ	狗
	K	鳖	KæŋX	kreŋ	kɣiæŋᴬ	青蛙
	NK	菅	NKan	kro̤n	kɣænᴬ	茅草
	Kʰ	槁	Kʰæw	kawʔ	kauᴮ	干枯
	kl	角	klɛoŋ	krog	kɣɔkᴰ	牛角
	ɟ	臌	ɟu̯ɐjH	kṳd	kuotᴰ	膝盖
	N-ɟ	九	N-ɟuə	kuʔ	kiuᴮ	九
溪	gr	阮	gru̯ɐŋ	kʰraŋ	kʰɣæŋᴬ	门
	NKʷ	缺	NKʷet	kʰʷe̤d	kʰʷetᴰ	碗缺口
	ql	骻	qlajX	kʰʷraʔ	kʰʷɣæᴮ	腰
	NKʰ	枯	NKʰæj	kʰa̤	kʰuoᴬ	渴/干燥
群	ŋkj	粔	ŋkju̯əX	gaʔ	giɣᴮ	粑粑
	NG	勐	NGəjH	glas	giɣᶜ	勤快
疑	ŋ	牛	ŋiuŋ	ŋʷɯ	ŋiuᴬ	黄牛
匣	G	号	Gæw	glaw	ɦauᴬ	鸟叫
影	ʔ	一	ʔi	qlig	ʔitᴰ	一
	ql	鹰	qlaŋX	qɯŋ	ʔiŋᴬ	鹰
	kr	哑	krət	qra̤	ʔɣæᴮ	笑
	G	矮	GaX	qro̤lʔ	ʔɣɛᴮ	矮
	N-K	秽	N-KəjX	qʷads	ʔʷiaiᶜ	屎

（续表）

中古声母	关系词读音	语素	MR 拟音	上古拟音	中古拟音	词　语
云	ŋgl	围	ŋgluə	ɢʷul	ɦʷii^A	牛圈
以	l	悠	ləu	luɯw	jɨu^A	久

3.1.1.3　韵母

　　苗瑶汉关系词的苗瑶拟音与上古汉语拟音的韵母对应较为复杂，较无规律，这可能与苗瑶语古音的构拟有关。苗瑶语没有可以依据的文献，完全依靠方言的历史比较，韵母变化较快，变化也较大，构拟难度也比较大，不少音的构拟可能还需要进一步论证。下面是部分例词的苗瑶拟音与上古汉语拟音的对应。

中古摄	上古韵部及拟音	关系词韵母	语素	MR 拟音	上古拟音	中古拟音	词语
果	歌 al	əu	醝	ntsjəuX	sgal	dzɑ^A	盐
假	鱼 a	aj	骻	qlajX	kʰʷraʔ	kʰʷɣæ^B	腰
遇	鱼 a	a	补	mpjaX	paʔ	puo^B	弥补
		a	父	pjaX	paʔ	piʊ^B	公狗
		ou	处	cʰouH	kʰljas	tɕʰiɤ^C	床铺/地方
		æ	辅	pæ	baʔ	biʊ^B	白齿
蟹	支 e	ei	蜱	N-peiX	pe̠	pei^A	黄豆
		əi	鸡	Kəi	ke̠	kei^A	鸡
止	之 ɯ	ei	秖	pʰlei	pʰɯ	pʰiu^A	蛋壳
			四	plei	pʰ-ljids	si^C	四
	支 e	ep	舓	-jep	ɢljeʔ	ʑiᴇ^B	舐
效	宵 aw	æw	桃	ɢlæw	g-la̠w	dɑu^A	桃子
			槁	Kʰæw	ka̠wʔ	kɑu^B	干枯
			号	Gæw	glaw	ɦɑu^A	鸟叫

（续表）

中古摄	上古韵部及拟音	关系词韵母	语素	MR拟音	上古拟音	中古拟音	词语
流	侯 o	uw	狗	qluwX	ko̰?	ku^B	狗
	幽 u	uə	九	N-ɟuə	ku?	kɨu^B	九
		u̯ɛj	柔	mlu̯ɛjH	mlju	ɲiu^A	柔软
咸	谈 am	am	蓝	ŋglam	(g-)ra̰m	lɑm^A	蓝靛草
		aŋ	蚺	?naŋ	njam	ɲiɛm^A	蛇
深	侵 ɯm	ən	心	-hri̯ən	slɯm	sim^A	肝
	缉 um	u̯əm	枕	ɲcu̯əmH	g-lum	tɕim^B	枕头
	侵 ub	u̯əp	十	gju̯əp	gjub	dʑip^D	十
山	月 at	aj	达	daj	da̰d	dat^D	客来
	元 en	in	辫	mbjinX	bḛn?	ben^B	辫子
		u̯en	穿	cʰu̯en	kʰljon	tɕʰʷiɛn^A	穿针
	元 on	ein	蔓	hmein	mo̰ns	mʷɑn^C	藤子
		ɛŋ	断	tɛŋH	do̰n?	dʷɑn^B	线断
臻	真 iŋ	eŋ	新	seŋ	sliŋ	sin^A	初一
	质 ig	i̵	一	?i̵	qlig	?it^D	一
	文 ɯn	i̯əm	闻	hmji̯əm	mɯn	miun^A	动物嗅
宕	阳 aŋ	i̯aŋ	丈	ɟi̯aŋH	daŋ?	ɖiaŋ^B	男人
		ən	放	pənX	paŋ?	pʷiaŋ^B	射箭
		əaŋ	饷	hnrəaŋH	qʰlaŋs	ɕiaŋ^C	饭
	铎 ag	at	涸	NKʰat	ga̰g	ɦɑk^D	旱
江	觉 ug	ɛoŋ	角	klɛoŋ	krog	kɣɔk^D	角
梗	铎 ag	a	夕	hlaH	sɢlag	ziɛk^D	月亮
	耕 eŋ	æŋ	鳖	KæŋX	kreŋ	kɣiæŋ^A	青蛙
	锡 eg	ep	析	hlep	sleg	sek^D	割肉

（续表）

中古摄	上古韵部及拟音	关系词韵母	语素	MR拟音	上古拟音	中古拟音	词语
通	觉 ug	uk	六	kruk	rug	liuk^D	六
		u̯ɐj	目	mu̯ɐjH	mug	miuk^D	眼睛
	东 oŋ	əŋ	弄	rəŋX	(g-)roŋs	luŋ^C	寨子
		əuŋ	蠓	məuŋX	moŋ	muŋ^A	苍蝇

3.1.2　苗瑶汉关系词讨论

本节我们按照王辅世(1994)《苗语古音构拟》的 30 个韵类的顺序,对其中包含的苗瑶汉关系词进行个别的分析,完整的苗瑶汉关系词列表参看本书附录一。分析体例是先给出表格,再进行简单分析。表格体例参考附录说明。分析部分的内容一是在字头后面再注明李方桂和白一平的上古拟音,如果郑张尚芳先生的拟音还和以上各家都不同,并且具有参考意义,我们还引出郑张先生的拟音,分别以李、白、郑张冠。拟音来自"东方语言学"网站的上古音查询系统。为了方便起见,除非必要,拟音一般都省略"＊"号;二是该字在《说文解字》里的意义,引用《说文》,一方面是为了求得该词的本义,另一方面是以《说文》为据来确定该词在汉语里出现的年代是比较早的,如果该字《说文》未录,我们再引用其他的相关材料。如果该词各家有相关的看法,我们加以援引,如果各家没有相关看法或者有相关的研究我们未见,则是我们个人的看法。

（1）第 2 韵：一韵

韵类	声类	关系词	MR拟音	王拟音	上古拟音	中古拟音	词语
2	129	一	ʔɨ	ʔe^A	qlig	ʔit^D	一
2	18	蝶	mpleuH	mptse^C	g-leb	dep^D	蝴蝶

一（上古：李 ʔjit,白 ʔjit）

Ratliff(2010:214—218)指出,苗瑶语 1 到 10 十个数词,不少西

方学者认为,除了 2、3 是苗瑶语固有的,其他都是从藏缅语借的。Ratliff 本人也持基本相同的观点,只是认为 1、10 也有可能和汉语有关系。我们认为,学界既然一般都承认汉语和藏语的同源关系,苗瑶语的数词能和藏缅语有关,未必不能也看成是和汉语有关的。为了看清苗语里的数词,虽然数词所属韵类不同,我们此处一同讨论。并且为了更好地比较,我们还举出了藏缅语拟音及养蒿等三个苗语方言的读音。

韵类	汉字	上古韵部	上古拟音	中古拟音	藏缅拟音	王拟音	MR拟音	养蒿	腊乙坪	大南山
2	一	质2部	qlig	ʔit⁷	--	ʔeᴬ	ʔi	i¹	ɑ³①	i¹
14	二	脂3部	njis	n̪i⁶	--	ʔauᴬ	ʔu̯i	o¹	ɯ¹	au¹
3	三	谈3部	so̜m	sam¹	--	ptsæᴬ	pjou	pi¹	pu¹	pe¹
12	四	质1部	pʰ-ljids	si⁵	-ləɣ	ploiᴬ	plei	l̥u¹	pʐei¹	plou¹
4	五	鱼部	ŋaʔ	ŋuo⁴	-ŋja	ptsaᴬ	pra	tsa¹	pʐɑ¹	tʂi¹
9	六	觉1部	rug	liuk⁸	k-ruk	t̥ɤᶜ	kruk	ɬu⁵	tɔ⁵	tou⁵
28	七	质1部	snid	tsʰit⁷	ni	dzɿoŋᶜ	djuŋH	ɕoŋ⁶	tɕoŋ⁶	ɕaŋ⁶
4	八	月2部	pred	pɣɛt⁷	-rjat	ʑaᴰ	jat	ʑa⁸	ʑi⁸	ʑi⁸
16	九	幽1部	kuʔ	kiu³	gəw	dʑouᴬ	N-ɻu̯ə	tɕɤ²	tɕo²	tɕua²
9	十	缉3部	gjub	dʑip⁸	g(j)ip	ɟəᴰ	gju̯ep	tɕu⁸	ku⁸	kou⁸

以上的数词,有藏缅语拟音的,是 Ratliff(2010:214—215)认为来自藏缅语的数词,藏缅语拟音录自该书。从表格可以看出,Ratliff 认为与藏缅语有关的汉借词,其拟音和上古汉语的拟音也基本都接近。

"三"是苗瑶语固有词,有的学者认为苗瑶语的"三"与其语言中的第一人称代词"我们 *N-pou"有关,因为不少语言"三"和"我们"

---

① 腊乙坪苗语读音《构拟》未录,Ratliff 录为 3 调,与苗语方言点 6 长垌的 3 调对应。

都有关系。

"二"是一个比较特殊的词语,一个词独立成一个韵类,Ratliff 认为其来源不明。不过我们还是认为这个词有可能是个汉借词,之所以这么特殊,可能与其音韵地位特殊有关,该字是个日母脂韵字,日母字在汉语里数量就不多,因此我们找到的日母汉借词也很少,日母可能对韵母的音色也有影响,因此借入的时候与其他脂韵字不太一样,因此该字在苗瑶语里找不到其他语音有对应关系的字。

"五",这个词无论与藏语比,还是与汉语比,都是有一定差距的。Ratliff 引用 Benedict 的解释是,藏缅语"五"的读音 *r-ŋa, *b-ŋa 是相互交替的两个形式,苗瑶语借用这个词的时候,把 b、r 都借入了,融合于一个词形当中,解释也颇为曲折。

"一",Ratliff 和陈其光(2001)都认为与汉语有关系。不过这个词还有需要讨论的两点:首先,如果以李方桂、白一平的拟音为参照,苗语的拟音和汉语的拟音对应是比较整齐的,如果以潘悟云先生的拟音为参照,则声母的对应似乎有点问题。其次,从语音上来说,这个词既可以看成是上古汉借词,也可以看成中古或者中古早期汉借词。声调方面,根据我们上文对养蒿苗语汉借词声调的分析,好几个 7 调汉借词养蒿苗语(也包括不少其他苗语方言点)都用 1 调来对应,而瑶语方言点是用 7 调来对应,可能是苗语借入这些词以后内部发生的语音演变。本韵相同情况的还有"劈"字,该字是滂母锡韵,也是 7 调,所有苗语方言点都用 1 调来对应,瑶语用 7 调来对应,这个词 Ratliff 是看成中古汉借词的。声母方面,"一"保留了影母中古 *ʔ 的读音。此处,我们仍然当作苗瑶汉关系词,是由于数词"一"是比较基本的核心词,但是,也不能完全排除借词的可能。

"四",潘悟云(2007a)有较详细的讨论,潘悟云先生认为汉语、藏语、苗瑶语的"四"都是相关的。潘先生认为"四"是"泗"的初文,上古汉语"泗"与"渎"有关,"渎"是上古以母字,因此应有流音成分 l。跟"泗"同音的词"柶"与帮母字"匕"同族,因此应有唇音 p 成分。

"六"与藏语的对应要好一些,不过明显与汉语也是相关的。

"七",Ratliff 认为该词与藏缅语有关,但也认为学界的解释并不完满,Benedict 拟藏缅语"七"为 *snis,与苗瑶语的拟音 *djuŋH(此处不知 Ratliff 拟苗语该词声母为 d 的根据是什么,从各个方言点的读音来看,都是擦音或者塞擦音)差距比较大。潘悟云(2007a)认为苗语的"七"和汉语有关系,并认为汉语的"七"经过如下的变化: *s-nit＞sn̥it＞stʰit＞MC. tsʰit,而苗瑶语的原始形式应是与藏语相似的 *snis。这个词还需要进一步考证。

"八",汉语有 p 成分,不知道苗语为何会丢失双唇塞音成分。

"九",按照 Ratliff 对该词的拟音,与汉语的对应关系也是比较明显的。

"十",Ratliff 也认为该词与汉语有关系,可能来源于汉语,潘悟云(2007a)对该词也有比较详细的讨论。

下面讨论"蝶"。

蝶(李 diap,白 lep)

《广韵》:"蛱蝶。"(字见汉诗)

这个字汉语读音与苗语读音对应不是很好,但是潘悟云(2002:147)认为表"扁平"义的词是华澳语系的一个重要词族。汉语扁平义的词根如"枼" *leb,《说文》:"枼,楄也。枼,薄也。"段注:"……凡本片之薄者谓之枼。故葉牒镊箂傸等字皆用以会意。《广韵》傸,轻薄美好貌。"苗语里有不少与扁薄义有关的字带流音声母,"蝴蝶"就是其中一个。苗语中其他带流音声母意义与"扁薄"有关的如:

盘子,养蒿 lia¹,大南山 pla¹。大南山 pla¹ 还有"蚌、扁"的意思。这个音可能对应汉语"枼"之类的字。"蚌"在养蒿是 l̥iə⁶,腊乙坪 qɤ¹ pɹɛ⁴。腊乙坪苗语 qɤ¹ 是螺的意思,pɹɛ⁴ 对应"蚌"。但是养蒿苗语的 l̥iə⁶ 和腊乙坪苗语的 pɹɛ⁴ 可能没有关系,因为两个方言没有 ə 对应 ɛ 的其他共同词。尽管如此,两个方言的"蚌"可能都与"扁平"义有关。

木盘,养蒿苗语 laŋ²,可能对应汉语的"盘",郑张拟音 *blan̥。

　　蝴蝶,这是个苗语共同词,王辅世(1995)拟为 *mptse^C,各方言的读法有大南山 ntsi^5,石门坎 ntsi^5,摆托 mpji^5,甲定 mpi^5,绞坨 mpei^{5a},野鸡坡 mʔple^C,枫香 ntsi^5。关于这个词的拟音,从野鸡坡的读音来看,声母应为 mpl-较为妥当,否则无法解释 mpts-如何演变为 mpl-。另外,养蒿 kaŋ^1 pa^2 lia^8,kaŋ^1 是"虫"的意思,pa^2 lia^8 应是"蝴蝶"的意思,和流音有关。苗语的这个词可能对应汉语的"蝶",郑张 *l'eeb,潘悟云 *g-leeb。按照潘悟云先生的拟音,这个词的前冠音是 g,苗语是 p,可能是形态现象。p 前缀和 g 前缀在上古汉语里有很多交替的实例,以"土"字为例,《经典释文》土:敕雅反 *kʰrlaaʔ,又片贾 *pʰ-laʔ、行贾二反 *g-laʔ,又音如字 *kʰ-laaʔ,可以看出词根是 la,不同形式有不同的前缀。小动物的前缀有不少是 g-和 b-的交替,如《尔雅·释虫》"果 g-蠃、蒲 b-卢"。

　　叶子,王辅世拟音 *mbluŋ^A,养蒿 nə^2,腊乙坪 nu^2,大南山 mploŋ^2,石门坎 ndl^ɦau^2,摆托 mplen^2,甲定 mploŋ^2,绞坨 mplaŋ^2,野鸡坡 mploŋ^A,枫香 mploŋ^2,汉语"扁",郑张拟音 *pleenʔ,可能可以对应。

　　"块,张,片"等意思在养蒿苗语是 liu^4,大南山是 tlai^8,也与流音有关。

　　(2)**第 3 韵:地韵**

韵类	声类	关系词	MR 拟音	王拟音	上古拟音	中古拟音	词语
3	49	地	N-təu	tæ^A	lels	di^C	地
3	30	石	-ʔrəu	ʔvʐæ^A	gljag	dʑiɐk^D	石头
3	60	悠	ləu	læ^A	luɯ	jɨu^A	久
3	102	路	kləuX	kæ^B	(g-)raɡs	luo^C	路
3	117	狗	qluwX	qlæ^B	koʔ	ku^B	狗

　　地(李 djarh,白 djejs)

　　《说文》:"元气初分,轻清阳为天,重浊阴为地。万物所陈列也。"

　　该字我们按照李方桂、白一平的拟音。陈其光（2001）以汉字"低"来对应苗语的"地 N-təu"，声调方面比较对应，但是意义差距较大，我们认为不太可取，此处仍然以"地"来对应。这个词在养蒿、腊乙坪、大南山苗语里的读音分别是韵母表现与三个标准音点有些汉借词表现有点相似，不过单独以"地"所在的韵脂韵来看，词数太少，我们参考中古韵母比较接近的止摄四个韵的词。养蒿苗语止摄中古汉借词一般读 i，但有几个字还读 ɑ，除了地 tɑ¹，还有：欺（～压，溪母之韵平声）tɕʰɑ¹，值（～得，澄母之韵去声）tɕɑ⁶，移（～动，以母支韵平声）ʑɑ²，声调表现都符合中古汉借词的特点，只是"值"的声母表现有些可疑，养蒿苗语中古一般用 ʑ 对应汉语的澄母。腊乙坪苗语一般也用 i 对应汉语的止摄字，但有几个字跟"地"tɯ¹ 一样，读 ɯ：鹚（鸬～，从母之韵平声）dzɯ¹，厕（～所，初母之韵去声）sɯ³，捶（打一～，章母支韵合口平声）tɯ²。大南山一般也用 i 对应汉语的止摄字，但"地"读 te¹，止摄读 e 的还有：枝（～儿，章母支韵平声）tse⁶。虽然腊乙坪和大南山的表现不是很规则，但是，这些从词汇层面就可以看出来是汉借词的词，和"地"的韵母表现是一样的。因此我们怀疑，"地"虽然在苗瑶语里分布很广泛，对应也很整齐，并且是个比较基本的词，但也可能是早期的汉借词，只是"地"的声调与汉语并不对应，我们仍然当作苗瑶汉关系词。苗语表"土地"意义的另有 lɑ 类读音，很可能才是本族词。

　　石（李 djiak，白 djʌk）

　　《说文》："山石也。"

　　如果按照潘悟云先生的构拟，这个字应和流音有关。《广韵》从"石"得声的主要有端组字、章组字，另外还有一个来母药韵字：䂮。这个字《广韵》释义是同"䂮"，即"利也"，《玉篇》释义是"石"，因此从内部材料来看，"石"和流音有关也是有可能的。该字苗瑶语有些方言声母也有软腭塞音成分，如巴哼语读 ŋkja¹，罗香瑶语 gau¹，东山瑶语 gjau¹，但是这些方言点的软腭塞音成分都应是后起的，有可能经由 ɣ 塞化而来，《构拟》的声类 32 梨母（Ratliff 拟音 *r）所包含的苗瑶语共同词,这三个方言点都是读软腭塞音,可证这是一个系统的音变。

悠(李 rəgw,白 ljiw)

《尔雅·释诂》:"永、悠、迥、违、遐、逴、阔,远也。永、悠、迥、远,逴也。"

这个字《说文》的释义是"忧也"。我们采用《尔雅》的释义。"久"(*k^{w}luʔ),郑张和潘悟云先生都拟有流音成分,因此苗语这个音对应汉语的"久",从意义上来看似乎更直接,但是限于苗语声母未出现塞音成分,还是以"悠"来对应。

路(上古:李 lagh,白 g-raks)

《说文》:"道也。"

这个字王辅世(1994)所使用的所有苗语材料都没有流音成分,声母拟为*k-,在 Ratliff 使用的材料东山瑶语里读 kla^3,保留了流音成分,因此拟为*kl-。汉语"路"从足,各声,"各"是见母字,因此郑张、潘悟云、白一平三家"路"声母拟音有软腭音成分应是可靠的。陈其光(2001)也认为苗语该词与汉语"路"对应。黄树先(2009)则把苗语该词和汉语有道路意义的"畦街徯"等见组字联系起来,不知确否。

狗(李 kugx,白 koʔ)

《说文》:"孔子曰:'狗,叩也,叩气吠以守。'"

据研究,狗起源于东亚,不少文章在讨论汉藏语时都会提到"狗",王辅世(1986)、吴安其(2002)等都认为苗瑶语的*qluwX 能和汉语的"狗"对应。谭晓平(2006)则认为狗在东亚各种语言的称呼不一,彼此之间很难找到令人信服的语音对应。比如苗瑶语的"狗"是有流音成分的,汉语"狗"的声符"句"构成的形声字都是见系字,未见有上古为流音的以母或者来母字,不能构拟出流音成分,因此两种语言不能形成对应。她最后下结论说不管是苗瑶语、侗台语,还是南岛语,彼此之间对狗的称呼没有关系,"狗"是这些民族各自独立驯化的,可备一说。

（3）第 4 韵 : 借韵

韵类	声类	关系词	MR 拟音	王拟音	上古拟音	中古拟音	词语
4	18	补	mpjaX	mptsa^B	p̠aʔ	puo^B	补锅/弥补
4	13	父	pjaX	ptsa^B	p̠aʔ	piʋ^B	公狗
4	59	夕	hlaH	l̠a^C	sɢlaɡ	ziɛk^D	月亮

补（李 pagx，白 paʔ）

《说文》:"完衣也。从衣,甫声。"

这个字的养蒿苗语读音是 pu³,而不是按规律读为 pa³,我们后文讨论汉借词的时候是把养蒿的这个读音当作近代汉借词的读音来讨论的,不过其他方言的读音,应是与汉语上古音有关系的读音。邢公畹(1995)、陈其光(2001)也用"补"对应苗语该词。

父（上古:李 pjagx,白 pjaʔ）

《说文》:"父,巨也。家长率教者。从又举杖。""牡,畜父也。从牛,土声。"

郑张尚芳(1995)用汉字"父"对应苗语表雄性的"公",邢公畹(1995)也深以为然。苗语该词不仅指雄性动物,也指男性。养蒿苗语和大南山苗语该词可以指父亲、青年男子、叔父、伯父、姨父等,更可以确定苗语该词和汉语"父"是有关系的。

夕（郑张ljag 李 rjiak,白 zjʌk）

《说文》:"莫也。从月半见。"段注:"莫者、日且冥也。日且冥而月且生矣。故字从月半见。旦者、日全见地上。莫者、日在舛中。夕者、月半见。皆会意象形也。"

这个字潘悟云(2007a)有较详细的论述,认为民族语包括苗语的"月亮"对应汉语中的"夕"字,而不是对应汉语的"月"字。具体参看潘先生原文。

（4）**第 5 韵：拍韵**

韵类	声类	关系词	MR 拟音	王拟音	上古拟音	中古拟音	词语
5	1	辅	pæ	pɑ^A	ba?	biu^B	臼齿
5	112	槁	Kʰæw	qʰɑ^B	ka̱w?	kɑu^B	干枯

辅（李 bjagx，白 bja?）

《说文》："《春秋》传曰：'辅车相依'，从车，甫声。人颊车也。"

《释名》："辅，车，其骨强所以辅持口也。或曰牙，车牙所载也。或曰颌，颌，含也，口含物之车也。或曰颊车，亦所以载物也。或曰䶞车，䶞鼠之食积於颊，人食似之，故取名也。"

这个字《说文》的意思是面颊骨，《释名》说还有"牙"的意思，古代的"牙"即大牙，也就是苗瑶语的臼齿。Ratliff（2010：35）说大南山有"颌，下巴"的意思，与《释名》"颌"，即"下巴"的意思也非常对应。

槁（李 kagwx，白 kaw?）

《说文》："木枯也。从木，高声。"

这个字《广韵》记为见母，《经典释文》有"苦老反"，溪母字，如《礼记·乐记》："故歌者上如抗，下如队，曲如折，止如槁木，倨中矩，句中钩，累累乎端如贯珠。"意思也是"枯槁"，苗瑶语对应的应是溪母的读音。Ratliff 认为是个上古汉借词。与"枯"意义有关的本韵还有"干燥""枯"两条，Ratliff 认为这两条词是同一个词，拟音 *NKʰæj，从意义与语音来看，似乎都应与"干枯"是同族词，可能和汉语的"枯" *kʰa̱ 对应。

（5）**第 8 韵：髓韵**

韵类	声类	关系词	MR 拟音	王拟音	上古拟音	中古拟音	词语
8	29	鼻	mbruiH	mbdʐu^C	blids	bi^C	鼻子

鼻（李 bjidh，白 bjits）

《说文》："所以引气自畀也。从自畀。"

从韵母来看,苗瑶语的拟音与汉语拟音似难对应。这个字的韵母表现也比较多样,除了我们表格所列,还有宗地(4)mpẓ̩u⁶,复原(5)mpju⁶,长垌(6)mpjau⁶,巴哼(7)mjɔ⁶,罗香(8)pa⁶,东山(10)bli⁶,可以考虑别的拟音形式。

(6) 第 10 韵：窄韵

韵类	声类	关系词	MR 拟音	王拟音	上古拟音	中古拟音	词语
10	95	餂	-jep	ʑei^D	ɢlje?	ʑiɐ^B	舔

餂(李 grjigx,白 lɜje?)

《说文》："以舌取食也。从舌,易声。""訍,餂或从也。"段注："或作舓,或作狧。《汉书》：'狧康及米。'"

"易,也"都是以母字,因此"餂"字上古应有流音成分。Ratliff引用的长垌读 ŋklai⁸,因此这个字在苗瑶语里应该也曾有流音成分。

(7) 第 12 韵：毛韵

韵类	声类	关系词	MR 拟音	王拟音	上古拟音	中古拟音	词语
12	34	秠	pʰlei	pʰloi^A	pʰɯ	pʰɨu^A	蛋壳

秠(李 pʰjəg,白 pʰjə)

《说文》："一稃二米,从禾。丕声。《诗》曰：'诞降嘉谷,惟秬惟秠。'天赐后稷之嘉谷也。"段注："按此解当云稃也……秠之本义与稃同,故必先之曰稃也……秠稃穅糠四篆同义。"

《说文》："稃,穅也。从禾,孚声。""穅,穅也。从禾,会声。读若裹。""穅,谷之皮也。从禾米,庚声。"

从《说文》可以看出,"秠稃穅穅"四字都是谷类的壳的意思,应可以引申为一般的"壳"。从语音上看,从"丕"得声的字大部分都是脂韵重纽三等字,有流音成分-r-,如"怌丕邳伓狉"等,"秠"字本身在《广韵》里有"匹尤"切,滂母平声尤韵,"芳妇"切,滂母尤韵上声,"匹鄙"切,滂母脂 B 上声,从声调上看,苗语读音与"匹尤"切对应要好一些,从声母上看,则与"匹鄙"切对应要好一些。

Ratliff 认为苗语该词和原始侗台语的 *pl-k[①] 有关系。

（8）**第 15 韵：搓韵**

韵类	声类	关系词	MR 拟音	王拟音	上古拟音	中古拟音	词语
15	51	达	daj	dɑu^A	dạd	dɑt^D	客来
15	111	秽	N-KəjX	qɑu^B	q^{w}ads	ʔ^{w}iai^C	屎
15	49	殍	təjH	tɑu^C	tạs	tuo^C	杀人

达（李 dat,白 lat）

《说文》:"行不相遇也。从辵。羍声。《诗》曰'挑兮达兮'。"段注:"此与水部滑、泰字音义皆同,读如挞。今俗说不相遇尚有此言,乃古言也。读徒葛切。训通达者,今言也。"但是《汉语大字典》引钮树玉校录:"《诗·子衿》:'挑兮达兮。'毛传:'挑达',往来相见貌。'此云'不相遇',与传正相反。窃疑'行不'二字为'往来'之讹,盖达未有作不遇解者。"

苗语的"归来"和"客来"用的词语不一样,"归来"是 *ləwX,"客来"是 *daj,看来"客来"应不是普通的"来"。养蒿苗语的 tɑ² 还有"下雨、冒气、发芽、以来"等意思,在大南山苗语里,有"来齐了,丛生,从哪儿来"的意思,腊乙坪苗语下雨也用 tɑ²。

秽（李 ʔwjadh,白 ʔ^{w}jats）

《说文》:"薉,芜也。从艸,岁声。"段注:"今作秽。"

潘悟云（2000:336）举到藏缅语中的"屎"与苗瑶语的读音相似:藏文 skjag,纳西语$_{水宁}$ k^{h}a^{31},普米语$_{兰坪}$ xqa^{55},普米语$_{箐花}$ sqa^{55},史兴语 q^{h}a^{55},潘先生用汉语的"恶"*qạgs 来对应,也有可能,但是我们认为-d 尾对应苗瑶语的-i 韵尾或者转变为-i 韵尾更容易一些,因此以"秽"*q^{w}ads 来对应。"秽"也有粪便的意思,《汉语大字典》引《晋

书·欣浩传》:"官本臭腐,故将得官而梦尸;钱本粪土,故将得钱而梦秽。"

殢(李 tɑgh,白 tɑks)

《说文》:"败也。从歺,罨声。《商书》曰'彝伦攸殢'。"

苗语的"杀"和"死"是一对依靠声调或者声母清浊来区别意思的同根词,苗语"死"拟为 *dəjH,Ratliff 认为这对词可能和南岛语的 *ma-aCay(死)和 *pa-aCay(杀)有关。潘悟云(2000)认为苗语该词与汉语"歹"对应,但是"歹"字在《说文》里是歺 *ŋaad:"列骨之残也。"该字读 tai³ 的音,根据《汉语大字典》,在宋代才出现。不过形旁从"歺"的字,基本都与"杀""死"的意思有关,我们取"殢"与苗语对应。从语音上来说,该字没有-d 韵尾,但声调、声母与苗语对应都很好。从语义来看,"殢"是"败"的意思,与苗语的"杀"对应不甚理想,但是养蒿苗语的 ta⁶,还有"败色"的意思,说明"死"和"败"的引申也是有可能的。

(9)第 16 韵:粑韵

韵类	声类	关系词	MR 拟音	王拟音	上古拟音	中古拟音	词语
16	99	粔	ŋkjuəX	ɲcouᴮ	gaʔ	giɤᴮ	粑粑
16	69	壴	ndruX	ŋdɔuᴮ	tos	ȶiuꟲ	鼓

粔(李 gjagx,白 gjaʔ)

《广韵》:"《新字解训》曰'粔籹膏糫'。"

Ratliff 认为这个字和苗语的"粑粑"对应,是个上古汉借词,但是从语音上来看,"粔"不管是上古音还是中古音,与苗语拟音都不甚对应,与"兔"一样,我们怀疑该词应属于搓韵,只是该字在养蒿苗语里韵母读 ə,与搓韵同系列的字读 a 不同,如果要放入搓韵,就需要假设这个字在养蒿苗语里发生了特殊的音变,因此仍然放在此处。

壴(李 trjugh,白 trjos)

《说文》:"陈乐立而上见也。从中豆。"

也有认为该字是"鼓"的初文的,《汉语大字典》引清徐灏《说文解字注笺·壴部》:"戴氏侗曰:'壴,乐器类,艸木笣豆,非所取象。其中盖象鼓,上象设业崇牙之行,下象建鼓之虡。'伯曰:'疑此即鼓字。'"郭沫若《卜辞通纂·世系》:"壴,乃鼓之初文,象形。"

从语音来看,如果按照白一平的拟音,苗语与汉语声母、韵母似乎还是能对应的。

(10) 第 18 韵:新韵

韵类	声类	关系词	MR 拟音	王拟音	上古拟音	中古拟音	词语
18	76	田	ljiŋ	lin^A	g-liŋ	den^A	田
18	16	闻	hmjiə̯m	m̥n̥in^C	muun	miun^A	动物嗅/嗅
18	31	心	-hriə̯n	fʂin^A	sluum	sim^A	肝

田(郑张 lˀiiŋ,李 din,白 din)

《说文》:"田,敶也。树谷曰田。象形。"《段注》:"各本作陈。今正。敶者,列也。田与敶古皆音陈,故以叠韵为训,取其敶列之整齐谓之田。凡言田田者,即陈陈相因也,陈陈当作敶敶。陈敬仲之后为田氏,田即陈字,段田为陈也。"也就是说,"田"和"陈"在上古是一对通假字,读音是非常近似的。

Ratliff 认为苗瑶语的田和汉语的"田"字可能有关系,同时也举出来藏缅语是 *liŋ(Martisoff 2003), Haudricourt and Strecker (1991),沙加尔(Sargart)(1999:183—184)认为这个词是汉语借自苗语。这个字潘悟云先生(2007a)也讨论了,文中详细论证了"田"的流音声母拟音的根据,不过文中举了王辅世、毛宗武《苗瑶语古音构拟》中的苗瑶语其他几个点的读音:青岩 len^54,高坡 le^55,文界 lñe^33,江底 li:ŋ^31,览金 giŋ^31,东山 gi:ŋ^22,三江 ljaŋ^55。潘先生认为苗瑶语有的点丢失 g,有的点丢失了 l,也就是说,苗瑶语的"田"古音可构拟成 *gliŋ 这样的音。潘先生文中提到 Benedict 原始藏缅语拟音是 *gliŋ,如此,苗瑶语的古音与原始藏缅语的拟音则非常一致,但是实际上览金和东山的 g 我们上文提到过,应不是原生的,而是后起的,原始声母读音应为 l。

闻(李 mjənh,白 mjuns)

《说文》:"知声也。从耳,门声。"

《汉语大字典》"闻"的第 10 条解释是:"嗅;嗅到。《韩非子·十过》:'共王驾而自往,入其幄中,闻酒臭而还。'"说明"闻"很早就从"耳闻"引申到"鼻嗅"了。

从读音对应来看,汉语的"闻"是-n 韵尾而苗语是-m 韵尾,似乎不能对应,我们认为可能"闻"在汉语里有可能原本是-m 韵尾,受唇音声母 m-的异化作用的影响,变为-n 韵尾,中古汉语里也没有一个-m 韵尾的 m-声母字,可能也是这个原因。Ratliff 认为苗语的"嗅"和藏缅语的 *s-nam 有关系,但是声母难以对应。

心(李 sjəm,白 sjəm)

《说文》:"人心,土臧也,在身之中,象形。博士说以为火臧。"

şia1 在大南山苗语里除了指"肝",还出现在"安心,齐心,多心,心肠,心意,内心"等跟"心"有关的词条里,养蒿苗语和腊乙坪苗语也是如此,因此,虽然苗语"心脏"也有专门的词条 *pljow^B,我们怀疑苗语表示抽象意义的"心"可能与汉语的"心"是有关的。

(11) 第 21 韵:放韵

韵类	声类	关系词	MR 拟音	王拟音	上古拟音	中古拟音	词语
21	1	放	pənX	pon^B	paŋʔ	p^{w}iaŋ^B	打枪/射箭
21	6	蝇	məuŋX	mon^B	moŋ	mun^A	苍蝇
21	32	弄	rəŋX	vz̪on^B	(g-)roŋs	luŋ^C	寨子
21	5	晚	hməŋH	m̥on^C	monʔ	m^{w}iɤn^B	晚上

放(李 pjaŋx,白 pjaŋʔ)

《说文》:"逐也。从攴,方声。"

意义对应应没有问题,"射箭"和"放箭"在汉语里都是比较常用且意义相通的。语音方面,"放"《广韵》有两个读音,上声读音是

"放"与"做"通假时的读音,去声读音是放逐的意思,也有可能"放"原本就有两种读法,我们选用上声读音,与苗瑶语对应更好。但是该词在瑶语方言点都是前鼻音的读法,Ratliff 认为前鼻音的读法是更早期的读法,该词拟音为前鼻音。

Ratliff 认为和南岛语的 *panaq 或者孟高棉语的 paɲʔ(Shorto♯905)有关。

蠓(李 muŋ,白 moŋ)

《说文》:"蔑蠓也。从虫,蒙声。"

蠓是类似蚊子的动物,腊乙坪苗语里,mɑŋ⁴ 可以指"苍蝇、蚊子、牛虻"等,大南山苗语则只指苍蝇。方言也有蚊子和苍蝇不分的情况,如湖南洞口话都叫 men⁴⁵,本字应是"蚊"。

弄(李 luŋh,白 c-roŋs)

《汉语大字典》引《字汇》:"弄,巷也。"引《南史·齐郁林王记》:"(帝)出西弄,遇弑。"段玉裁注《说文》"朙"字:"十七史言弄者,皆即巷字,语言之异也。今江苏俗尚云弄。"

Ratliff 以"里 *(mə.) rəʔ"来对应苗语该词,《说文》:"里,凥也。从田,从土。一曰士声也。"从意义上来看,"里"与苗语对应更好,但是从语音来看,"里"没有鼻音韵尾,似难对应。"弄"字《说文》里是"玩也",与"巷弄"有关的意思可能如段玉裁所说,是十七史才开始兴起的,并且是"巷"字的方言读音。即便如此,我们也可以认为,"巷 *grooŋs"很早就有流音的读法,有些方言继承了这种流音的读法而读"弄",苗语也可能是承用了这种读法。

晚(李 mjanx,白 mjonʔ)

《说文》:"莫也。从日,免声。"

Ratliff 认为与汉语的"晚"有区别,可能与藏缅语的 *s-muːŋ(Martisoff 2003)或者孟高棉语的 *m[h][ɯə]h(Shorto♯264)或者 *maŋ(Shorto♯638)有关,但是苗汉两个词的语音联系也是比较明显的。

（12）第 24 韵：疮韵

韵类	声类	关系词	MR 拟音	王拟音	上古拟音	中古拟音	词语
24	53	囊	hnom	n̥eŋ^A	naŋ	nɑŋ^A	口袋
24	117	鹰	qlaŋx	qleŋ^B	quŋ	ʔɨŋ^A	鹰

囊（李 naŋ，白 naŋ）

《说文》："橐也。从橐省，襄声。"

Ratliff 把苗瑶语的"谷穗"和"口袋"看成是一对来源相同的词，"口袋"是从"谷穗"引申而来的，因此认为汉语的"囊"可能借自苗语，因为汉语仅保留了该词的引申义，另外，藏缅语的"谷穗"也是*s-nam（Matisoff 2003）。

鹰（李 ʔjiəm，白 ʔrjəm）

《说文》："雁，鸟也。从隹，从人，瘖省声。"段注："《左传》：'如鹰鹯之逐鸟雀。'《释鸟》：'鹰，来鸠。'"郭云：'来当为爽。'按《左传》，爽鸠氏司寇也。杜曰'爽鸠，鹰也。'"《汉语大字典》："雁，同'鹰'。"

按李方桂、白一平拟音，苗语与汉语"鹰"的韵尾不甚对应，按郑张、潘悟云拟音，则汉语没有流音成分。潘悟云先生（2002：213）认为苗语的"鹰"和汉语的"鹰"是对应的，文中还举了藏语 glag，格曼僜语 glǎŋ^{53}，南亚语里的佤语 klaŋ 等。Ratliff 也认为苗语"鹰"的读音与孟高棉语的*klaŋ（Shorto＃714）和藏缅语的*(g)laŋ（Matisoff 2003）有关。

（13）第 29 韵：桶韵

韵类	声类	关系词	MR 拟音	王拟音	上古拟音	中古拟音	词语
29	30	娈	-ʔroŋH	ʔvz̩uŋ^C	(b-)ron?	lʷiɛn^B	好
29	94	稔	hn̥uəŋH	ɕuŋ^C	ŋljum?	nʲim^B	年
29	27	闻	(S-)mruəŋH	mz̩uŋ^C	muun	miun^A	听

娈（李 ljuanx，白 b-rjon?）

《说文》："娈，籀文嬌。""嬌，顺也。从女，羉声。《诗》曰'婉兮娈兮。'"段注:"《邶风》传曰'娈,好貌'。《齐风》传曰'婉娈,少好貌。义与许互相足'。"

"娈"在《广韵》里有上声和去声的读法,"美好",去声读法,"顺也",因此该字上声和去声读法应都是可取的。该词在苗语里不但指人长得漂亮,也泛指一般的好,与"好"在汉语里的用法是一样的,汉语"好"在《说文》里的本义是"媄也。从女子"。段注:"好本谓女子,引申为凡美之称。凡物之好恶,引申为人情之好恶。"

稔(李 njəmx,白 njəmʔ)

《说文》:"谷孰也。从禾,念声。《春秋传》曰'不五稔是'。"

"年 ⁎niŋ"《说文》的解释也是"谷孰也"。应和苗语有一定关系,只是主元音的对应要差一些。Ratliff 认为与汉语的"年"有关,但是据 Mortensen(2002),可能与藏缅语 s-niŋ(Martisoff 2003)对应更好一些。

闻(李 mjənh,白 mjuns)

《说文》:"知声也。从耳,门声。"

"闻"意义上与苗语对应很好,语音对应方面,韵尾对应可能有点问题,但应是和汉语有关系的。汉语的"闻"在《广韵》里有平声和去声两个读音,平声是动词,去声是名词,"《诗》曰'令闻令望'"。苗语从声调上看应与汉语的去声对应。

3.2　苗汉关系词

本节举出苗汉关系词。如上文所说,苗汉关系词是苗语共同词里与汉语有音义关系的词。与苗瑶汉关系词一样,从意义上来说,这些词大部分都是基本词甚至核心词,词汇类别也有天文、地理、身体部位、人体动作、数量、饮食、房舍、器物等词。从读音上来说,我们比较了这些词的古苗语拟音和汉语上古拟音、中古拟音,发现这些词大部分还是与上古汉语拟音较为相似,尤其是声母方面,还有很多词是复辅音声母。另外一方面,苗汉关系词也有与苗瑶汉关系词不一样的地方,从词汇类别来说,苗汉关系词里的房舍、器物类文化词明显增多,而身体部位词这类核心词减少。下面我们也先以中古汉语音类框架为参照,总结苗汉关系词的语音特点,再就部分词进行简单的讨论。

3.2.1　苗汉关系词的语音特点

3.2.1.1　声调

苗汉关系词,从理论上来说,应该与苗瑶汉关系词一样,也还处于没有声调的阶段,但是构拟所依据的材料,都是苗语共同词,只能构拟到原始苗语阶段,原始苗语阶段是有声调的,因此 Ratliff 构拟出来的音,也都是有声调的。从我们所据的材料来看,苗汉关系词的声调,与苗瑶汉关系词一样,与中古汉语并不完全一致,也就是中古汉语的每个调类,苗汉关系词都会用几个不同的调类来对应。但是从总的趋势来看,对应还是比较一致的,即中古汉语平、上、去声,关系词主要分别用 A、B、C 调来对应,只有入声,关系词主要用 C 调来对应,而不是用 A 调来对应,可能因为我们数据包含的 D 调词较 C 调词要少有关,也可能因为上古时期,D 调词与 C 调词关系本来就比较密切。

中古汉语调类	关系词调类	对应数量	例词及苗语拟音
平	A	37	都(秧密/厚)tæ^A 葫(蒜)Ga^A 桥 hlæ^A 赔(还账)bɥei^A
	B	10	鸠(布谷鸟)ɢu^B 流(水～)ɴɢlu^B 穷(完)dʑuŋ^B
	C	16	迟 li^C 豝(猪)mpæ^C
	D	5	蜉(蚂蚁)mbrɔ^D 狸(野猫)plji^D
上	B	19	弩 hnæn^B 滚(～下)qləŋ^B 下(～去)ɴqa^B
	A	9	髓(脑～)hlɯ^A 皦(白)qlow^A
	C	6	拊(抚摸)pʰlɯ^C 写 hrɥei^C
	D	2	少(年轻)hljæ^D 母(～狗)min^D

（续表）

中古汉语调类	关系词调类	对应数量	例词及苗语拟音
去	C	10	肺 mpru̵^C 葬（坟）ntsaŋ^C 炙（燃/烤粑粑）ʝi^C
	A	4	壮（油）grən^A 铸（油）ʔljuei^A
	B	5	兔 ʔlju^B 燹（烧柴）krue̬i^B
	D	3	撊（夹菜）te^D
入	D	15	锡 tsʰæ^D 狭（窄）ɴɢe^D 烨（打闪）lje^D 曲（弯～）ŋkʰuw^D
	A	6	魄（魂）blja^A 拍（～手）mbæ^A
	B	2	浊（水浑）ŋgro^B 岜（山）bæw^B
	C	18	麦（～子）muŋ^C 索（绳子）hlæ^C 铁 hluw^C

3.2.1.2　声母

与苗瑶汉上古关系词一样，苗汉上古关系词的声母，与中古汉语声母的对应较为复杂，但与上古汉语拟音也基本相似或对应。下表"王拟音"指王辅世（1994）拟音，其他与 3.1.1 节表格体例同。

中古声母	关系词读音	语素	MR 拟音	王拟音	上古拟音	中古拟音	词语
帮（非）	p	崩	pu̵ŋ^A	pən^A	pɯŋ	pən^A	落
	b	髆	bu̵^C	bu^C	pɑg	pɑk^D	肩
	pʰ	掊	pʰu̵^A	pʰu^A	pɯʔ	pu^B	猪拱土
	mp	豝	mpæ^C	mpɑ^C	pra	pɣæ^A	猪
滂（敷）	pʰr	嘌	pʰru^A	pʰtʂʰou^A	pʰew	pʰiɐu^A	吹火
	blj	魄	blja^A	blɑ^A	pʰrɑg	pʰɣæk^D	魂
	mb	拍	mbæ^A	mbɑ^A	pʰrag	pʰɣæk^D	拍手
	pʰl	拊	pʰlu̵^A	pʰlu^C	pʰoʔ	pʰiʊ^B	抚摸
	mpr	肺	mpru̵^C	mptʂu^C	pʰods	pʰwiai^C	肺

（续表）

中古声母	关系词读音	语素	MR拟音	王拟音	上古拟音	中古拟音	词语
并（奉）	p	赔	buei^A	boi^A	bɯ	buoi^A	还账
		妇	bo^A	bou^A	blɯ?	biu^B	女人
	mp	被	mpu̯a^C	mpau^C	bal?	bɣiɛ^B	披衣服
	mb	覆	mbo^C	mbo^C	bugs	biu^C	盖锅/盖瓦
	mbr	蜉	mbrɔ^D	mbdzɔ^D	bu	biu^A	蚂蚁
明（微）	m	麦	muŋ^C	mɔŋ^B	mrɯg	mɣɛk^D	麦子
	hm	蛮	hmɯŋ^A	m̥ʂəŋ^A	mron	mɣæn^A	苗族
端	t	都	tæ^A	ta^A	k-la	tuo^A	秧密/厚
		剁	tu̯ei^C	tou^C	tog	tuk^D	斧头
	d	等	dəŋ^B	dɔn^B	tɯɯ?	təŋ^B	等候
	nt	多	ntɔ^C	ntɔ^C	k-lal	ta^A	多
	ʔl	短	ʔleŋ^B	ʔlon^B	k-lon?	tʷan^B	短
	ʔlj	倒	ʔlju̯ei^A	ʔ̥ou^A	taw?	tau^B	倒茶水
透	d	踏	dæ^D	da^D	tʰub	tʰəp^D	蹬/踩
	ndr	摘	ndru̯ei^C	ŋɖoi^C	tʰeg	tʰek^D	摘猪草
	ʔlj	兔	ʔlju^B	ʔ̥ɔu^B	las	tʰuo^C	兔
	hl	铁	hluw^C	l̥ə^C	lig	tʰet^D	铁
定	d	题	de^B	dei^B	--	dei^C	碗
	dr	筒	drɔ^C	ɖoŋ^A	g-lon	duŋ^A	笛子/管子
泥	n	馕	nuŋ^A	nɔŋ^A	--	nuoŋ^A	吃
	hn	弩	hnæn^B	n̥en^B	na?	nuo^B	弩
	ɲ	姆	ɲen^B	nʑæn^B	nem?	nem^B	薄

（续表）

中古声母	关系词读音	语素	MR拟音	王拟音	上古拟音	中古拟音	词语
来	lj	敛	ljən^B	ɭɔn^B	(g-)rom?	liɛm^B	埋人
	hlj	燎	hljow^B	ɭeu^B	(g-)rew	liɛu^A	烧山
	ŋgr	漏	ŋgro^C	ŋdlo^C	ros	lu^C	滴下来
	plj	狸	pljɨ^D	pɭeu^C	(m-)rɯ	li^A	野猫
	Nql	楼	Nqlu^C	Nɢlɔu^C	(g-)rɔ̰	lu^A	褴褛
	NGl	流	NGlʉ^B	NGlu^B	ru	liɨu^A	水流
	-ʔr	岭	-ʔrɔŋ^B	ʔvz̩uŋ^C	reŋʔ	liɛŋ^B	树林
精	ts	接	tsæ^D	tsɑ^D	skeb	tsiɛp^D	接绳子
	tsj	纵	tsjən^C	tʂon^C	soŋ	tsiʋŋ^A	释放
	nts	葬	ntsan^C	ntsen^C	saŋs	tsaŋ^C	坟
	ntsj	稷	ntsju^C	ŋtʂou^D	sklɯg	tsɨk^D	高粱
清	tsʰ	粲	tsʰɛŋ^B	tsʰon^B	sʰa̠ns	tsʰan^C	米
	S-pʰ	搓	S-pʰua^A	sau^A	skʰal	tsʰɑ^A	搓绳子
从	dz	惭	dzaŋ^A	dzeŋ^A	sga̠m	dzɑm^A	害羞
心	sj	飧	sjɛŋ^C	ʂon^C	slu̠n	suon^A	午饭
	hl	髓	hlʉ^A	ɭu^A	ljolʔ	sʷiɛ^B	脑髓
	hr	写	hruei^C	fʂoi^C	slaʔ	siæ^B	写
	tsʰ	锡	tsʰæ^D	tsʰɑ^D	sleg	sek^D	锡
知	tr	张	traŋ^A	ʈeŋ^A	taŋ^A	ʈiaŋ^A	一把锄头
彻	tʰr	抽	tʰro^C	tʰo^C	rluw	tʰɨu^A	拔刀

（续表）

中古声母	关系词读音	语素	MR拟音	王拟音	上古拟音	中古拟音	词语
澄	dr	着	drɔ^C	ɖɔ^C	g-lag	ɖiak^D	打中
	tr	着	trɔ^C	tɔ^C	g-lag	ɖiak^D	穿鞋
	ndr	呈	ndroŋ^B	ŋɖoŋ^B	rleŋ	ɖiɐŋ^A	平坝
	nd	长	ndaŋ^A	ndeŋ^A	daŋ	ɖiaŋ^A	长刀
	l	迟	li^C	li^C	rlil	ɖi^A	迟
	ŋkr/ŋgr	浊	ŋkro^B/ŋgro^B	ŋtl̥o^B	rdo̱g	ɖɣɔk^D	水浑
庄	gr	壮	grən^A	dlɔn^A	skraŋs	tʂiaŋ	油
生	hl	索	hlæ^C	l̥a^C	sre̱g	ʂɣɛk^D	绳子
	hr	爽	hre^C	fʂei^C	srib	ʂip^D	快
章	c	炙	ci^C	tɕi^C	tjags	tɕiæ^C	烤粑粑/燃
	ɲc	正	ɲciaŋ^A	n̪tɕɐn^A	tjeŋ	tɕiɐŋ^A	直
	ʔlj	铸	ʔljuei^A	ʔlou^A	tjos	tɕiʊ^C	铸
昌	ntr	触	ntruw^C	ŋ̊ʈə^C	tʰjo̱g	tɕʰiʊk^D	牛打架
	tsʰ	车	tsʰjua^A	tʂʰɑu^A	kʰlja	tɕʰiæ^A	纺车
船	hl	绳	hlaŋ^A	l̥eŋ^A	sbljɯŋ	ʑiŋ^A	带子
书	hlj	少	hljæ^D	l̥a^D	mʰjew?	ɕiɛʊ^B	年轻
	ʔr	守	ʔro^B	vzʐo^B	qʰlju?	ɕɯu^B	看守
	ɢl	水	ɢlæw^A	ɢlæ^A	qʰʷlji?	ɕʷi^B	河
日	n	人	næn^A	næn^A	njiŋ	ȵin^A	人
	hn	荏	hnaŋ^B	n̥eŋ^B	njum?	ȵim^B	苏麻
		日	hnɛŋ^A	n̥on^A	mljig	ȵit^D	太阳

（续表）

中古声母	关系词读音	语素	MR拟音	王拟音	上古拟音	中古拟音	词语
见	k	江	koŋ^D	kaŋ^A	kroŋ	kɣɔŋ^A	沟
	ɢ	管	ɢæn^A	ɢwjen^A	kon?	k^{w}an^B	芦笙
		蜗	ɢʉ^A	ɢwju^A	k^{w}rol	k^{w}ɣɛ^A	蜗牛
	ql	滚	qləŋ^B	qlɔn^B	klun?	kuon^B	滚下/滚石头
		皦	qlow^A	qleu^A	klew?	keu^B	白
	Nq	钩	Nqæw^C	Nqæ^C	ko	ku^A	钩
溪	ŋk^h	曲	ŋk^{h}uw^D	ɲc^{h}ə^D	k^{h}og	k^{h}iʊk^D	弯曲
	c^h	刲	c^{h}e^D	tɕ^{h}ei^D	k^{hw}e	k^{hw}ei^A	削
群	kj	针	kjoŋ^A	cuŋ^A	gom	giɛm^A	针
	ɟ	穷	ɟɔŋ^B	dzuŋ^B	guŋ	giuŋ^A	完
	ŋgj	舽	ŋgjəŋ^A	ɲɲɔn^A	gloŋ	giʊŋ^A	船
	ŋk^h	堀	ŋk^{h}ow^A	ɲc^{h}eu^A	glud	giut^D	扬尘
疑	hɲ	颜	hɲen^A	n̥æn^A	ŋran	ŋɣæn^A	额头
晓	h	斛	he^D	hei^D	--	h^{w}at^D	舀水
匣	ɢ	葫	ɢa^A	ɢa^A	ga	ɦuo^A	蒜
	NG	下	NGa^B	NGa^B	gra?	ɦɣæ^B	下去
		狭	NGe^D	NGei^D	greb	ɦɣɛp^D	窄
	q	项	qoŋ^B	--	groŋ?	ɦɣɔŋ^B	脖子
影	ʔj	要	ʔju^B	ʔʐou^B	qew	ʔiɛu^A	要钱
		幼	ʔjuw^C	ʔʐə^C	qrɯws	ʔiu^C	小
	NG	咽	NGəŋ^B	NGɔn^B	qens	ʔen^C	吞一
	k	娾	keŋ^B	con^B	qaŋ	ʔɑŋ^A	我
云	lj	烨	lje^D	ḽei^D	ɢwrɯb	ɦip^D	打闪

（续表）

中古声母	关系词读音	语素	MR拟音	王拟音	上古拟音	中古拟音	词语
以	hl	圯	hlæ^A	l̥ɔ^A	lɯ	jɨ^A	桥
	-ʔr	饴	-ʔra^A	vz̻a^A	lɯ	jɨ^A	蜂蜜
	ʔj	蝇	ʔjaŋ^C	ʔʐuŋ^B	(b-)lɯŋ	jiŋ^A	蚊子

3. 韵母

苗汉上古关系词的韵母，与中古汉语和上古韵部的对应也比较复杂，但是也有部分对应比较整齐，如鱼部字，苗汉上古关系词大部分都是用 æ、a 对应，阳部字，大部分用 aŋ 对应。

中古摄	上古韵部及拟音	关系词读音	语素	MR拟音	王拟音	中古拟音	上古拟音	词语
果	歌 al	ɔ	多	ntɔ^C	ntɔ^C	k-lal	ta^A	多
		u̯a	搓	S-pʰu̯a^A	sɑu^A	skʰal	tsʰɑ^A	搓绳子
假	鱼 a	a	下	Nɢa^B	Nqa^B	graʔ	ɦɣæ^B	下去
		æ	豝	mpa^C	mpɑ^C	pra	pɣæ^A	猪
		i	櫘	gji^B	ji^B	kraʔ	kɣæ^B	茶
遇	鱼 a	æ	跦	pæ^A	pa^A	pa	piʊ^A	大腿
			都	tæ^A	tɑ^A	k-la	tuo	秧密/厚
			梳	ræ^C	vz̻ɑ^C	sqra	ʂiɣ^A	梳子
			哺	mpæ^C	mpɑ^B	bas	buo^C	含一口水
			麸	spʰjæ^C	fsa^C	pʰa	pʰiʊ^A	糠
		u̯a	车	tsʰju̯a^A	tʂʰɑu^A	kʰlja	tɕʰiæ^A	纺车
		a	粗	ntsʰa^A	ntsʰa^A	sgaʔ	dzuo^B	粗糙
			葫	ɢa^A	ɢa^A	ga	ɦuo^A	蒜
	侯 o	ʉ	拊	pʰlʉ^C	pʰlu^C	pʰoʔ	pʰiʊ^B	抚摸
		ɔ	屦	kʰjɔ^C	cʰɔ^C	klos	kiʊ^C	鞋

（续表）

中古摄	上古韵部及拟音	关系词读音	语素	MR拟音	王拟音	中古拟音	上古拟音	词语
蟹	之 ɯ	ṳei	赔	bṳeiᴬ	boiᴬ	bɯ	buoiᴬ	还账
	月 ed	e	㧒	teᴰ	nteiᴰ	de̠ds	deiᶜ	夹菜
			遭	ŋgreᴰ	ŋdl̥eiᴰ	de̠ds	deiᶜ	避雨
	月 od	ʉ	肺	mprʉᶜ	mptʂuᶜ	pʰods	pʰʷiaiᶜ	肺
止	之 ɯ	æw	己	cæwᴮ	tɕæᴮ	kɯʔ	kɨᴮ	身体
		a	饴	-ʔraᴬ	vz̩aᴬ	lɯ	jɨᴬ	蜂蜜
		æ	坝	hlæᴬ	l̥aᴬ	lɯ	jɨᴬ	桥
	歌 al	ṳa	被	mpṳaᶜ	mpɑuᶜ	balʔ	bɣieᴮ	披衣服
	歌 ol	ʉ	髓	hlʉᴬ	l̥uᴬ	ljolʔ	sʷieᴮ	脑髓
	脂 il	i	迟	liᶜ	liᶜ	rlil	ɖiᴬ	迟
效	宵 ow	ow	皦	qlowᴬ	qleuᴬ	kle̠wʔ	keuᴮ	白
			燎	hljowᴮ	l̥euᴮ	(g-)rew	lieuᴬ	烧山
		u	嘌	pʰruᴬ	pʰtʂʰɔuᴬ	pʰew	pʰieuᴬ	吹火
			要	ʔjuᴮ	ʔz̩uᴮ	qew	ʔieuᴬ	要钱
	幽 ɯw	o	拗	ʔloᴮ	ʔloᴮ	qrɯwʔ	ʔɣæuᴮ	扁担断
流	侯 o	æw	钩	Nqæwᶜ	Nqæᶜ	ko̠	kuᴬ	钩
		o	漏	ŋgroᶜ	ŋdl̥oᶜ	ro̠s	luᶜ	滴下来
		ṳɛi	蹴	ɢṳɛiᶜ	ɢouᶜ	sgos	dzuᶜ	醉倒
	幽 u	ʉ	鸠	ɢʉᴮ	ɢuᴮ	ku	kɨuᴬ	布谷鸟
			流	Nɢlʉᴮ	Nɢluᴮ	ru	lɨuᴬ	水流
		ɔ	蜉	mbroᴰ	mbdz̩ɔᴰ	bu	bɨuᴬ	蚂蚁
	幽 ɯw	o	抽	tʰroᶜ	tʰoᶜ	rlɯw	tʰɨuᴬ	拔刀

（续表）

中古摄	上古韵部及拟音	关系词读音	语素	MR 拟音	王拟音	中古拟音	上古拟音	词语
咸	谈 am	aŋ	惭	dzaŋ^{A}	dzeŋ^{A}	sga̱m	dzɑm^{A}	害羞
	谈 em	en	姌	ɲen^{B}	ȵæn^{B}	ne̱mʔ	nem^{B}	薄
	盍 ep	e	狭	ɴɢe^{D}	ɴɢei^{D}	gre̱b	ɦɣɛp^{D}	窄
深	缉 ip	e	翜	hre^{C}	fʂei^{C}	srib	ʂip^{D}	快
	缉 ɯp	e	烨	lje^{D}	ɭei^{D}	ɢwrɯb	ɦip^{D}	打闪
	侵 um	aŋ	荏	hnaŋ^{B}	n̥eŋ^{B}	njumʔ	ȵim^{B}	苏麻
山	元 an	æn	懒	ŋglæn^{B}	--	ra̱nʔ	lɑn^{B}	懒
		ɛŋ	粲	tsʰɛŋ^{B}	tsʰon^{B}	sʰa̱ns	tsʰɑn^{C}	米
	元 on	æn	管	ɢæn^{A}	ɢʷjen^{A}	ko̱nʔ	kʷɑn^{B}	芦笙
		ʉŋ	蛮	hmʉŋ^{A}	m̥ʂəŋ^{A}	mro̱n	mɣæn^{A}	苗族
臻	真 iŋ	æn	人	næn^{A}	næn^{A}	njiŋ	ȵin^{A}	人
	质 ig	ɛŋ	日	hnɛŋ^{A}	n̥on^{A}	mljig	ȵit^{D}	太阳
	文 un	ɛŋ	飧	sjɛŋ^{C}	ʂon^{C}	slu̱n	suon^{A}	午饭
	物 ud	ow	堀	ŋkʰow^{A}	ɲcʰeu^{A}	glud	giut^{D}	扬尘
宕	阳 aŋ	aŋ	长	ndaŋ^{A}	ndeŋ^{A}	daŋ	ɖiaŋ^{A}	长刀
			葬	ntsaŋ^{C}	ntseŋ^{C}	sa̱ŋs	tsɑŋ^{C}	坟
			量	ɢraŋ^{A}	ɭon^{A}	(g-)raŋ	liaŋ^{A}	量米
			昜	ʔjaŋ^{C}	ʔʑeŋ^{C}	laŋ	jiaŋ^{A}	飞
		əŋ	壮	grəŋ^{A}	dɭən^{A}	skraŋs	tʂiaŋ^{C}	油
	铎 ag	ʉ	髆	bʉ^{C}	bu^{C}	pa̱g	pɑk^{D}	肩
江	东 oŋ	oŋ	项	qoŋ^{B}	--	gro̱ŋʔ	ɦɣɔŋ^{B}	脖子
			江	koŋ^{D}	kaŋ^{A}	kro̱ŋ	kɣɔŋ^{A}	沟
	屋 og	o	浊	ŋkro^{B}/ŋgro^{B}	ɳʈɭ̥o^{B}	rdo̱g	ɖɣɔk^{D}	水浑

（续表）

中古摄	上古韵部及拟音	关系词读音	语素	MR拟音	王拟音	中古拟音	上古拟音	词语
曾	蒸 ɯŋ	aŋ	绳	hlaŋ^A	l̥eŋ^A	sbljɯŋ	ʐɨŋ^A	带子
			蝇	ʔjaŋ^C	ʔʑuŋ^B	(b-)luŋ	jɨŋ^A	蚊子
		ʉŋ	崩	pʉŋ^A	pəŋ^A	pɯŋ	pəŋ^A	落
	职 ɯg	u	稷	ntsju^C	n̠tʂou^D	sklɯg	tsɨk^D	高粱
	铎 ɑg	a	魄	blja^A	bla^A	pʰrɑg	pʰɣæk^D	魂
		æ	拍	mbæ^A	mbɑ^A	pʰrɑg	pʰɣæk^D	拍手
梗	耕 eŋ	i̯aŋ	正	ȵci̯aŋ^A	n̠tɕɑŋ^A	tjeŋ	tɕiɛŋ^A	直
		aŋ	灵	qraŋ^A	qleŋ^A	reŋ	leŋ^A	鬼
	锡 eg	æ	索	hlæ^C	l̥ɑ^C	sreg	ʂɣɛk^D	绳子
		æ	锡	tsʰæ^D	tsʰɑ^D	sleg	sek^D	锡
通	东 oŋ	əŋ	纵	tsjəŋ^C	tʂoŋ	soŋ	tsiuŋ^A	释放
			艒	ŋgjəŋ^A	ȵuɕ^A	gloŋ	giuŋ^A	船
		oŋ	陇	qroŋ^A	qloŋ^A	--	ɦiuŋ^A	槽
			风	poŋ^C	poŋ^C	plum	piuŋ^A	水汽/空气
		ɔŋ	穷	ɟɔŋ^B	dzʉŋ^B	guŋ	giuŋ^A	完
	屋 og	uw	曲	ŋkʰuw^D	ȵcʰə^D	kʰog	kʰiʊk^D	弯曲
			触	ntruw^C	n̠tə^C	tʰjog	tɕʰiʊk^D	牛打架

3.2.2　苗汉关系词讨论

本节关于苗汉关系词讨论的体例,参考苗瑶汉关系词讨论部分。

(1) 第 1 韵：果韵

韵类	声类	语素	MR 拟音	王拟音	上古拟音	中古拟音	词语
1	60	迟	li^c	li^c	rlil	ɖi^A	迟
1	98	檟	gji^B	ʝi^B	kraʔ	kɣæ^B	茶

迟（李 drjid，白 drjij，郑张 l'il）

《说文》："徐行也。"

《汉语大字典》义项 3："晚。与早相对。《广雅·释诂三》：'迟，晚也。'"

《说文》另有"邌"（郑张 riil，潘[b]riil，李 lid，白 c-rij）："徐也。从辵，黎声。"段注："或假黎为之。《史记·卫霍传》：迟明。迟，待也，一作黎。……邌，徐也，又或假犁为之。《史记·尉佗列传》：犁旦，城中皆降伏。犁旦即黎明。《汉书》犁旦为迟旦。《晋世家》：重耳妻笑曰：'犁二十五年，吾冢上柏大矣。'益可见犁之为迟也。"也就是说，上古"迟"和"邌"是声音很接近的两个字，"邌"是中古来母，所以郑张—潘悟云先生"迟"拟音为流音，应是可靠的。还可参照腊乙坪苗语ʐe⁵，腊乙坪苗语的 ʐ 来源于古苗瑶语的 *r，该音由于声调与其他方言不对应，《构拟》和 Ratliff（2010）未收。

檟（上古：李 kragx，白 kraʔ；中古：蒲立本 ka）

《说文》："楸也。"

《尔雅》："苦荼。郭璞注：'树小似栀子，冬生叶可煮作羹饮。今呼早采者为荼，晚取者为茗。一名荈，蜀人名之苦荼。'"

从韵母上来看，似乎与汉语不够对应。但苗语该韵还有"烤粑粑" *ci^c、"燃" *ʝi^c 两个词语，Ratliff 用"炙"来对应，认为是中古汉借词，现代苗语这两个词只有声调的不同，苗语古音就是声母清浊不同，是形态音变所致，我们也同意 Ratliff 的意见。"炙"字在《广韵》里的读音比较特殊，有两个读音，一个是章母麻三去声，拟音 *tɕia⁵，意思是"炙肉"，一个是章母昔韵入声，拟音 *tɕiɛk，意思引用《说文》"炮肉"，也就是两个读音意思是一样的。Ratliff 选用昔韵读音与苗语对应,单独来看诚然是更有道理,但是结合"槚"来看,未必不可以是麻韵读音,当然也反过来说明"槚"能与苗语的"茶"对应。

"茶"潘悟云先生多处有讨论(本书参考潘悟云 2002:338),认为"茶""荼""槚"是同源异式词,"荼"可拟成 *grla,"槚"可拟成 *kra,相比较而言,苗语可能遗失了流音成分。另外,李锦芳(2005)专门考证过茶称"槚""皋卢"的语源,侗台语的德保壮语 kja²,西双版纳傣语 la¹,雅郎布央语 kjau³¹等读音与"槚""皋卢"的上古汉语拟音较接近,汉语记载的这两种说法应与侗台语关系更为密切,我们认为李锦芳先生的考证是可靠的,但是李文又说苗语茶的读音和汉语"槚"似乎没有关系,据我们上文的考察,李文的说法是值得商榷的。黄树先(1999)也讨论过"茶",与李锦芳的观点基本相似,即都认为茶应不是原产于中原,而是最先起源于西南民族,同时黄树先也认为苗语的"茶"与汉语的"槚"有关系。从理论上来说,茶作为亚洲如此广泛流行并且历史悠久的一种饮品,据李文,藏缅、南亚以及苗瑶族的瑶语支,都是或者借自汉语,或者与侗台语有关,唯独与汉民族、侗台民族如此接近的苗族,其语言中的"茶"另有来源,不大可能。

(2)第 2 韵:一韵

韵类	声类	语素	MR 拟音	王拟音	上古拟音	中古拟音	词语
2	40	狸	plji^D	pḷeu^C	(m-)rɯ	li^A	野猫

狸(郑张 p.rɯ,李 ljəg,白 c-rjə)

《说文》:"伏兽,似貙。"段注:"伏兽,谓善伏之兽。《郑注·大射》云:'《狸首》,逸诗。狸之言不来也,其诗有射诸侯首不朝者之言,因以名篇。'皇侃以为旧解云:'狸之取物,则伏下其头,然后必得,言射亦必中,如狸之取物矣。'上文云'貙似狸',此云'狸似貙',言二物相似,即俗所谓野猫。"

段注提供了两点重要的启示,一是"狸"又称"不来",说明该字可能曾经有过 p 这样的前置辅音或者前缀,因此郑张的构拟可能更为贴切。二是"狸"就是"野猫",与苗语的该词的意思完全一致。该字 Ratliff 也认为与汉语的"狸"有关,但是该字在苗语里读为 D 调,是入声调,可能曾经有过 p 尾或者 t 尾,因此从语音的复杂程度来看,可能是汉语从苗语借入的,汉语借入的时候丢失了韵尾。

(3) 第 3 韵:地韵

韵类	声类	语素	MR 拟音	王拟音	上古拟音	中古拟音	词语
3	3	岜	bæw^B	bæ^B	pra̠	pɣɐ^A	山
3	114	钩	Nqæw^C	Nqæ^C	ko̠	ku^A	钩

岜(李、白无拟音)

该字起源似乎很晚,《汉语大字典》解释该字引用的文献材料来自明代《徐霞客游记》。《说文》《广韵》等都未录此字。该字的上古和中古拟音我们都是参照潘悟云关于该字声旁的拟音。不过曾晓渝(2004b)也将此字与壮侗语的"石山"对应,引壮侗语的三洞水语 pja¹,武鸣壮语 pla¹,并引藏语 brag。郑张尚芳(1990)认为,《左传·哀公元年》"吴王夫差败越于夫椒",就是太湖的椒山,"夫"上古音 *pa,就是侗台语的"石山"或"岩石",也就是后来的"岜"。郑张还提到了两个《左传》的例子:"夫于"相当于"於陵","夫钟"相当于"龚丘"。"夫"都对应于"岜",是山的意思。还可以参考苗瑶语"岩石",《苗瑶语方言词汇集》养蒿 tsa⁵,大南山 tʂuɑ⁵,滇东北苗语 ɑ³tsa⁵,布努瑶语 tsai⁵,养蒿 ts 而大南山读 tʂ 的词,都是来源于古苗瑶语的 *pr,也就是说,苗瑶语的岩石就是 *pra,与汉语、侗台语也都是对应的。

钩(李 kug,白 ko)

《说文》:"曲钩也。从金句,句亦声。"

Ratliff 认为这个词是个中古汉借词(2010:118)。但是养蒿苗语侯韵中古汉借词韵母一般读 o,而不是此处的 a,养蒿苗语另有一个汉借词"钩"读 qo¹,因此该词我们认为应是个苗汉关系词。"钩"

是具有"弯曲"特征的物件,而"弯曲"义这个词族是华澳语系的一个重要词族。潘悟云(2002)《对华澳语系假说的若干支持材料》专门举了这个词族,华澳语系中这个词族的词根在语音上的特征是,都带软腭或小舌塞音声母,主元音为后高圆唇元音,韵尾则有 Ø, k, ŋ, t, n, p, m 等多种变化。苗语也有相同的语音特征:除了这里的"钩",还有苗语共同词"弯曲",Ratliff 拟音 *ŋkʰuwᴰ,王辅世拟音 *ɲcʰəᴰ,我们用汉字"曲"*kʰog 对应,可参见下文韵类 9 对该词几个方言里的读音举例。又养蒿苗语"弯腰"读 qoŋ⁴。又"膝盖"具有弯曲的特征,是个苗瑶语共同词,Ratliff 拟音 *ɟɹiəꟾ,王辅世拟音 *dʐouᶜ,可能可以用汉字"樞"对应。

(4) 第 4 韵:借韵

韵类	声类	语素	MR 拟音	王拟音	上古拟音	中古拟音	词语
4	41	魄	bljaᴬ	bḷaᴬ	pʰrag	pʰɣækᴰ	魂
4	30	饴	-ʔraᴬ	vz̯aᴬ	luɯ	jiᴬ	蜂蜜

魄(李 pʰrak,白 pʰrak)

《说文》:"阴神也。从鬼,白声。"

Ratliff 认为与本尼迪克特(1972)举的藏缅语 *b-la"魔鬼,灵魂"对应,我们认为与汉语的"魄"也应有对应关系。这个字的声调和韵母都有点零乱,声调方面,王辅世(1994)举的材料有大南山、摆托、甲定读 6 调,养蒿、腊乙坪、枫香读 2 调,石门坎读 1 调,韵母方面养蒿、腊乙坪、野鸡坡不合规律,Ratliff 认为可能和表尊敬有关。

饴(李 ləg,白 ljə)

《说文》:"米糵煎者也。从食,台声。"

《说文》解释"蜜":"蜂甘饴也。"其他甜的食物,也大都用"饴"来解释,可见,"饴"是较通用的甜的东西的代称。养蒿苗语的 va¹ 除了指蜂蜜,还可以指"甜"qaŋ¹ va¹,前一个音节对应汉语"甘",是中古汉借词,"甜酒"叫 tɕu³ qaŋ¹ va¹。大南山苗语的甜也

叫 $\underset{\cdot}{z}i^1$，因此，我们怀疑，苗语也可能用跟汉语有关的"饴"来代指蜂蜜。但是这个字从上古到中古都没有读为 a，所以可能此字很难与苗语对应。

（5）**第 5 韵：拍韵**

韵类	声类	语素	MR 拟音	王拟音	上古拟音	中古拟音	词语
5	1	跗	pæ^A	pɑ^A	pa	piʊ^A	大腿
5	9	拍	mbæ^A	mbɑ^A	p^{h}rag	p^{h}ɣæk^D	拍手
5	7	哺	mpæ^C	mpɑ^B	b$\underset{\cdot}{a}$s	buo^C	含一口水
5	7	豝	mpæ^C	mpɑ^C	pr$\underset{\cdot}{a}$	pɣæ^A	猪
5	21	麩	sp^{h}jæ^C	fsɑ^C	p^{h}a	p^{h}iʊ^A	糠
5	59	索	hlæ^C	ḷɑ^C	sreg	ʂɣɛk^D	绳子
5	32	梳	ræ^C	vẓɑ^C	sqra	ʂiɣ^A	梳子
5	59	圯	hlæ^A	ḷɑ^A	lɯ	ji^A	桥
5	49	都	tæ^A	tɑ^A	k-l$\underset{\cdot}{a}$	tuo^A	厚
5	43	锡	ts^{h}æ^D	ts^{h}ɑ^D	sl$\underset{\cdot}{e}$g	sek^D	锡

跗（李 pjag，白 pja）

《广韵》："跗，同跗。跗，足止也。"《说文》段注："柎……柎跗正俗字也。凡器之足皆曰柎。"

潘悟云（2002），举出的侗台语里侗语读 pa^1，毛难语读 pja^1，另外藏缅语藏文 brla，却域语 bla，格曼僜语 pla^{55}，大方彝语 bɯ^{21} p^{h}a^{33}，丽江纳西语 nad^{33} ba^{31} ＞ Nbla^{33} ba^{31}，基诺语 a^{33} pɹɑ^{33}。苗语的 *pæ^A 与该词应也有关系。

拍（李 p^{h}rak，白 p^{h}rak）

《释名》："拍，搏也。手搏其上也。"

Ratliff 以汉字"拍"对应苗语该词，并认为该词是个上古汉借词。《说文》"拍"字形为"㧱"，邢公畹（1995）以"㧱"对应，认为是个苗汉关系词。我们从邢公畹的观点。另外，与"拍"有关的词，汉语还有好几个，且都是唇音声母：抚m̥ʰaʔ/pʰjaʔ，《说文》："安也。从手，无声。一曰揗也。"捪 mrɯinʔ，《说文》："抚也。从手，昏声。一曰摹也。"拊 pʰoʔ，《说文》："揗也。从手，付声。"擗 beg，《尔雅》："拊心也。"这些词，既有鼻音，又有口塞音，不知是否可以设想上古汉语有声母为 mb 的词根，后来随着意义的分化，或者语音的变迁，才演化出鼻音声母和非鼻音声母的不同词语。

哺（李 bagh，白 bas）

《说文》："哺咀也。从口，甫声。"段注："哺咀盖叠韵字。释玄应引许《淮南》注曰'哺，口中嚼食也'。又引《字林》'哺咀，食也'。凡含物以饲曰哺。《尔雅》'生哺，鷇'。"

从段注可以看出，"哺"是咀嚼食物的意思，又引申为口中含着食物。

豝（李 prag，白 pra）

《说文》："牝豕也。从豕，巴声。一曰二岁豕。能相杷挐者也。"

Ratliff（2010：126）认为苗语该词和 Matisoff（2003）指出来的藏缅语的 *pʷak 有关，但同时与汉语有关，也应是可能的，邢公畹（1995）也用"豝"对应苗语该词。曾晓渝（2004b）还认为汉字"豝"和侗台语的猪有关，并举水语m̥u⁵，侗语 ŋu⁵，武鸣壮语 mu¹，泰语 mau¹，黎语 pou¹。

麸（李 pʰjag，白 pʰja）

《说文》："小麦屑皮也。从麦，夫声。"

苗语该词的声母比较多样，有唇齿的 fʰ，ɣ，还有双唇的m̥，还有舌尖的 s，因此具体拟音形式有点难以定夺，王辅世（1994）拟为 *fsɑᶜ，陈其光（2001）拟为 *ʍjaᶜ，我们认为 Ratliff 的拟音 *spʰjæᶜ 应是比较合适的。邢公畹（1995）也以"麸"对应苗语该词。曾晓渝（2004b）认为汉字"麸"也与壮侗语的糠对应，三洞水语读 pja⁶，侗语读 pa⁶，毛南语读 pa⁶。

索（李 sak，白 sak）

《说文》："艸有茎叶可作绳索。从朩糸。杜林说：朩亦朱木字。"

这个字汉语有三个读音,心母铎韵,《广韵》:尽也,散也,又绳索;生母陌韵,同"索",索取的意思;生母麦韵,同"索"。郑张和潘悟云对应于心母铎韵的上古拟音有流音声母 l,二等字各家的拟音都有流音 r。流音 r 在苗瑶语里似乎更容易演变为别的音,因此我们选用心母铎韵的音。另外,现代苗瑶语没有前置辅音 s,可能原始苗瑶语是有的,后来消失并导致流音声母清化,但 Ratliff 不能确定是否是 s-,拟为 h-。邢公畹(1995)先生用汉字"纾"来对应苗语该词,《说文》该字意为"布缕也",与"绳索"的意思似有一定差距。

梳(李 srjag,白 srja)

《说文》:"所以理发也。从木,疏省声。"段注:"所以二字今补。器曰梳,用之理发因亦曰梳,凡字之体用同称如此。《汉书》亦作疏。"

汉语的"梳"既可以作名词,也可以作动词,苗语的动词"梳"和名词"梳"似乎也应有关系。借韵(4)有动词梳(～头),养蒿 ɕa⁷,腊乙坪 ȵtɕi⁷,大南山 ŋtʂi⁷,王辅世拟为 *ŋtʂaᴰ,Ratliff 似乎没有收取这个字,按照对应关系应拟为 *ntsja。但大南山的卷舌音声母往往和 r 有关,陈其光(2001)这个声母就是拟为 *ntsr,因此这个音也可能拟为 *ntsraᴰ。

圯(李 rəg,白 ljə)

《说文》:"圯,东楚谓桥。从土,巳声。"

"桥"王辅世(1994)使用的材料有 5 个苗语方言点石门坎、摆托、甲定、绞坨、枫香有读音,都是读为流音声母。其他几个方言如养蒿 tɕu²,腊乙坪 cɯ²,是中古汉借词,大南山 tɕʰɑo²,是近代汉借词。不过养蒿苗语另有"石桥",读 lu⁴,可能与其他方言读为流音声母的音有关。邢公畹(1995)用汉字"舆" *la 与苗语对应,"舆"在《说文》里的解释是"车舆也",与"桥"的意义有一定差距,邢先生引用的书证是《孟子》里的"舆梁"意为桥的说法,不过我们还是认为直接用与桥有关的"圯"对应要好些。"圯"从"巳"得声,从该声旁得声的主要是以母、邪母,也有个别的晓母:熙婴,与晓母谐声的以母,郑张尚芳拟为 hl,正与 Ratliff 的苗语拟音对应。黄树先(1998)考证了"梁、圯、厉"三个词,"梁"是上古汉语对桥的称呼,"圯"如《说文》所释,是南方楚国对桥的特殊称呼,"厉"是西部漠北的吐谷浑对桥的称呼,这三个词有语音关系,也说明三个民族在来源上是有关系的。

都(李 tag,白 ta)

邢公畹(1995)用汉字"都"同时对应苗语的"厚"和"稠密"。参考《汉语大字典》,这个字在《广雅》里有"大""聚集"的意思,与苗语似乎有一点差异,不过"厚"和"稠密"意义可以相互关联应是可靠的,笔者母语湖南洞口话说稻子很密,就是说"厚"。

锡(上古:李 sik,白 slek)

《说文》:"银铅之间也。从金,易声。"段注:"……经典多假锡为赐字。凡言锡予者,即赐之假借也。"

该字从"易"得声,"易"是以母字,因此郑张、潘悟云、白一平拟音都有流音成分,不过苗语并没有包含流音,可能流音成分在汉语里丢失较早。不过这个字苗语声母为 *tsʰ-,正如段注所说,"锡"经常与"赐"通假,"赐"在《广韵》里也是心母读音,但是该字现代声母读 tsʰ,不知是否是韵书失收的一个读音的保留。声调方面,这个字读 7 调,与汉语调类一样,可能苗语早期也是有-k 韵尾的。

(6)第 6 韵:凿韵

韵类	声类	语素	MR 拟音	王拟音	上古拟音	中古拟音	词语
6	29	蜉	mbroᴰ	mbdz̠o̠ᴰ	bu	bɪuᴬ	蚂蚁

蜉(李 bjəgw,白 bju)

《方言》:"蚍蜉,大螘。"邢昺疏:"螘,通名也。其大者,别名蚍蜉,俗呼马蚍蜉。"

蚂蚁在古代汉语里不同的种类有不同的说法,我们怀疑"蚍蜉"可能对应苗语的 *mbroᴰ,鼻冠音可能和"马"有关系。

(7) 第 7 韵：笑韵

韵类	声类	语素	MR 拟音	王拟音	上古拟音	中古拟音	词语
7	23	扭	pro^C	ptʂo^C	m-luʔ	ȵiu^B	拧毛巾
7	62	抽	tʰro^C	tʰo^C	rluɯ	tʰɨu^A	拔刀
7	9	覆	mbo^C	mbo^C	bugs	bɨu^C	盖锅/盖瓦
7	73	漏	ŋgro^C	ɳdlo^C	roˢ	lu^C	滴下来
7	72	浊	ŋkro^B/ŋgro^B	ɳtḷo^B	rdoɡ	ɖɣɔk^D	水浑
7	3	妇	bo^A	bou^A	blɯʔ	bɨu^B	女人

扭（李 trjəgwx，白 trjuʔ）

《广韵》："手转貌。"

这个字《广韵》有两个读音，一个是女九切，娘母字，手转拧东西的意思，一个是陟柳切，知母字，案的意思。从意思上来看，苗语应对应娘母字，但是我们采用的是潘悟云先生中古知母字的上古拟音，这个音似能和苗语对应。

抽（李 tʰrjəgw，白 hlrjiw）

《说文》："擂或从由。""擂，引也。从手，留声。"

这个字从"由"得声，"由"是以母字，因此各家拟音都有流音成分，Ratliff 苗语拟音也有流音成分。

覆（李 bjəgwh，白 bjuks）

《说文》："罨也。从襾，復声。一曰盖也。"

这个字《说文》就有两个意思，一个是反复，《广韵》的注音是芳福切，滂母入声，一个是盖，《广韵》敷救切，滂母去声。我们选用的是扶富切，並母去声，伏兵的意思，这个音和苗语的声调对应最好，都是 6 调。

漏（李 lugh，白 c-ros）

《说文》："以铜受水，刻节，昼夜百节。从水扁，取扁下之义，扁亦声。"

从意思上来说，"漏"引申为滴漏是可以的，但是从语音上来看，苗语比汉语形式复杂。可以考虑"涿"＊rtog（白一平 ＊trok），《说文》："流下滴也。从水，豕声。"Ratliff 拟音为 ＊ŋgr- 的词，只有苗语有读音，实际上没有任何一个点有软腭塞音的成分，因此也可能读为 ＊ndr-，下面的"浊"也是这样。

浊（李 druk，白 drok）

《说文》："浊水。出齐郡。"段注："按浊者，清之反也。"

这个字大部分方言点读 3 调，有的方言点读 5 调，还有的方言点读 4 调，因此 Ratliff 拟了清音和浊音两种读音。和"滴下来"这个词对应的汉字一样，我们认为这个词也可能是 ＊ndro。

妇（李 bjəgx，白 bjəʔ）

《说文》："服也。从女持帚，洒扫也。"

Ratliff 认为苗语该词可能和汉语的"妇"对应，虽然声调方面不对应。苗语里与女性有关的词，我们做一个简单的梳理。

苗语共同词的"女儿"Ratliff 拟音 mpʰjed，在养蒿苗语里还指"姑娘"，在大南山苗语也是如此，在腊乙坪苗语里意义比较宽泛，可指所有女性。如果古苗语和养蒿和大南山一样，专指未婚少女，不知是否可以和汉语的"妭"对应，《说文》："少女也。从女，毛声。"该词郑张拟音 ʔlʼaags，潘悟云拟音 k-lags，白一平 taks，但从"毛"得声的除了知组、端组字，还有并母字"毫"，可能该谐声系列上古与唇音也有关系。

潘悟云（2007a）还讨论过一个苗汉关系词，即指女生殖器的"屄"，举了大南山 pi^{33}，兴发 pi^{44}，石门坎 pɛi^{11}，野鸡坡 pja^{24}，洞头寨 pæ^{35}，牛石坝 pje^{35}，同样来源的应还有养蒿苗语 pu^7，fʰɑ^7。

养蒿苗语的 me^6 是一个使用最广泛的词语，可以指"妇女，妻子，母亲，婶婶"等，似乎指已婚妇女的比较多。养蒿苗语的 ɛ 来源于古苗语的韵类 8 ＊ʉ、韵类 1 ＊ʮɛ、韵类 19 ＊æn、韵类 22 ＊ɛŋ，较多来源于韵类 8，因此该词可拟音 ＊mʉ^6，因此应可和汉语的"母"＊mɯɯ^4 比较。养蒿苗语"姑娘，女子"还有 ki^8 这样的说法，不知是否能和汉语的"姬"*klɯ 比较。

（8）第 8 韵：髓韵

韵类	声类	语素	MR 拟音	王拟音	上古拟音	中古拟音	词语
8	59	髓	hlʉ^A	lʉ^A	ljol?	s^{w}iɐ^B	脑髓
8	28	肺	mprʉ^C	mptʂʉ^C	p^{h}ods	p^{hw}iai^C	肺
8	34	拊	p^{h}lʉ^C	p^{h}lu^C	p^{h}o?	p^{h}iʉ^B	抚摸
8	3	髆	bʉ^C	bu^C	pɑg	pɑk^D	肩

髓（郑张：slol?，李 stjarx，白 sjoj?）

《说文》："髓，骨中脂也。从骨。陏声。"段注："……隶作髓。"

从陏得声的字有：鬌（澄）鬌惰𢤱褚堕隋𡣿㻏隋鐥鰆堉（定）鬌（端）陻婧堕𡣿鰆褅隋𧨾楕毻毻（透）陻堕𤫩𡎶（晓）隋随𪕭猗（邪）𣶏饎𪇰髓（心）鰆鰆𢱬蒵蒵𪇰𪇰撨（以），因此这个谐声系列应和流音有关。如果按照郑张和潘悟云的拟音，这个词苗语与汉语语义和语音上的对应都是比较贴合的。

肺（李 p^{h}jadh，白 p^{h}jots）

《说文》："金藏也。从肉，市聲。"

这个词潘悟云（2002）举出来用以证明侗台语与汉语的发生学关系，其中提到一种藏缅语的一种语言卡林语读 prap，是带-r-介音的。不过 mpr-和汉语的读音还是比较远的，可能苗语保存的是比较古老的读音。

拊（李 p^{h}jugx，白 p^{h}jo?）

《说文》："揗也。从手，付声。"段注："揗者，摩也。"

Ratliff 认为这个音可能对应汉语的"抚"，该字潘悟云拟音m̥^{h}a?，白一平拟音 p^{h}ja?，如果按照白一平的拟音，声母方面似能对应，考虑到已经有几个字是对应汉语主元音为 o 的，我们认为对应汉语的"拊"更好一些。不过这个词苗语有流音成分，汉语没有，从谐声来看，从"付"得声的字也都是帮组字。有可能汉语丢失了流音成分，陕西扶风方言"摩"叫 $p^hu^{21}la^{51}$，不知是否是流音成分的保留。

髆(李 pak，白 pak)

《说文》："肩甲也。从骨，尃声。"

《说文》："肩，髆也。从肉。象形。"

潘悟云(2002)认为原始南岛语可能是 *qabala 或 *qabalaq 之类的音。举出壮傣语支为一类 ba^5，保留了第二个音节，侗水语支为 ha< *qa，保留了第一个音节。另外藏缅语族中也有读 pa 之类的音。汉语为"膊" *plak，"髆" *phlak，"膀(髈)" *blaŋ。

(9) **第 9 韵:收韵**

韵类	声类	语素	MR 拟音	王拟音	上古拟音	中古拟音	词语
9	102	笠	kuw^D	kə^D	(ɢ-)rɯb	lip^D	斗笠
9	59	铁	hluw^C	lə^C	liɡ	t^{h}et^D	铁

笠(李 ljəp，白 c-rjəp)

《说文》："簦无柄也。从竹，立声。"

从"立"得声的大部分字都是来母字"拉菈砬立苙岦茳溂"，但也有部分见系字"蒞苙(群)泣(溪)位(云)"，因此"笠"字潘悟云先生拟有塞音成分是可信的。与汉语不同的是，苗语可能是保留了塞音成分。

铁(李 t^{h}it，白 hlit)

《说文》："黑金也。从金，截声。"

《说文》："銕，古文铁。从夷。"段注："按夷盖弟之讹也。"

虽然苗语和汉语韵母并不对应，Ratliff 还是把这个词看成上古汉借词。这个词前辈学者也多有讨论，张琨(1980)就专门讨论过，认为"铁"字侗台语、苗瑶语、汉语、藏缅语有共同的来源，并为"铁"拟音 *qhleks，从张琨先生所举的材料看，侗台语(khət，hjət，lit，let，lek，lik，lɛk)①与苗瑶语(lhiak，lhiet，lhɯ，苗语拟音还以回溯到苗瑶语阶段 *hluɐk< *hluw^C)的"铁"有相同来源应是有可能的，但是藏缅

①　具体方言点不一一列举，参看张琨先生原文。

语的"铁"都是读擦音声母,与苗语、侗台语的"铁"应没有关系。汉语方面,张琨先生以"铁"从"失"得声,从"失"得声的大批字在方言里的读音证明汉语的"铁"和苗瑶、侗台的"铁"有关系是不对的,因为"铁"是个简化字,"铁"不是从"失"得声的。从别的证据来看,汉语的"铁"声母各家基本都拟为流音,根据应是"铁"的异体字"銕","銕"从"夷"得声,"夷"是以母字(段玉裁认为"夷"是"弟"的误写,应不大可能,因为"銻"在《说文》里是"镵銻"的意思,"弟 𢎺"和"夷"𢎬字形也并不容易相混)。从韵母来看,汉语的 *ḷiig 和苗语 *hluwᶜ 或者苗瑶语的 *hlṵek 是有比较大的差异的,因此我们怀疑苗瑶语的"铁"可能不是直接从汉语借入的。

(10) 第 10 韵:窄韵

韵类	声类	语素	MR 拟音	王拟音	上古拟音	中古拟音	词语
10	49	撺	teᴰ	nteiᴰ	de̠ds	deiᶜ	夹菜

撺(李 tiadh,白 tets)

《说文》:"撮取也。从手,带声。读若《诗》曰'蟊蜍在东'。"

从"带"得声的字既有中古入声字,也有中古属于阴声韵的去声字,这部分上古与入声韵密切的阴声韵字,各家都拟为塞音韵尾加 s 韵尾,在汉语里塞音韵尾后来失落,与其他 s 韵尾的字一样变成了去声字。但是在苗语里这两个字保留了入声声调。相类似的还有大南山苗语的"帝(皇~)" *teg̠s,读为 tai⁷,"借" *skjag̠s 读为 tsai⁷ (Ratliff 以"接"对应),养蒿苗语的"渡(涉水)" *g-lag̠s 读为 tu⁸。

(11) 第 12 韵:毛韵

韵类	声类	语素	MR 拟音	王拟音	上古拟音	中古拟音	词语
12	61	蹢	truₑiᶜ	ṭoiᴮ	deg	ɖiɛkᴰ	爪
12	3	赔	buₑiᴬ	boiᴬ	bṵ	buoiᴬ	还账
12	31	写	hruₑiᶜ	fṣoiᶜ	sla?	siæᴮ	写

蹄(李 tik,白 tek)

《广雅》:"足也。"

在《说文》里,相同意思的字是"蹢"字,段玉裁注"俗字做'蹄'"。但是"蹢""蹄"两个字都是佳部平声字,从声调来看,"蹄"与苗语对应更好一些,该字是入声字,是 7 调字,苗瑶语 7 调字不少都比较有规律地演变为苗语的 5 调字。不过从意思上来看,"爪"和"蹄"的引申还是有待考证的。腊乙坪苗语 ta⁵ 这个字音就是表示"蹄"的意思,似乎可以证明这种引申的可能性,但是这个字音与其他苗语的韵母不对应,腊乙坪苗语有在声母韵母与其他苗语对应的词,即表示"指甲"意思的 tei⁵。当然,可能在腊乙坪苗语里,ta⁵ 是从 tei⁵ 分化而来的。

赔(李 bəg,白 bə)

《汉语大字典》引《字汇》:"赔,古无此字。俗音裴,作赔补之字。"又引钱大昕《恒言录》:"赔,此字不见《玉篇》《类篇》等书,古人多用备字,或作陪。""赔"字本身很晚起,但是用与"赔"相近的音表示赔偿应该比较早。

该词养蒿苗语的读音可能受现代汉语的影响,韵母读 ə,而不是和同音类其他词一样读 u,现代汉借词"培养"读培 phə⁸,中古汉借词"配颜色"读 phi⁵。

写(李 sjiagx,白 sjʌʔ)

《说文》:"置物也。写之则安矣。故从宀,舄声。"段注:"按凡倾吐曰写,故作字作画皆曰写。"

Ratliff 认为和汉语的"镂 *[g]ros"有关系。我们猜想苗语该字音和汉语有关系,也仅仅是根据该字苗语拟音声母为 *hr-,汉语拟音潘悟云先生拟为 *sl-,正如前文提到过的 Ratliff 的看法,苗语的 h-前缀可能和藏缅语的 s-是有关系的。

(12)第 13 韵:酒韵

韵类	声类	语素	MR 拟音	王拟音	上古拟音	中古拟音	词语
13	75	燎	hljowᴮ	l̥euᴮ	(g-)rew	lieuᴬ	烧山
13	77	鶺	tsjowᴰ	tʂeuᴰ	skruɯ	tʂɨᴬ	野鸡

燎(李 ljagwh,白 c-rjew?)

《说文》:"放火也。从火,寮声。"

这个字在《广韵》里有三个读音,力昭切,来母宵韵平声,"庭火也";力照切,来母宵韵去声,"照也,一曰宵田,又放火也";力小切,来母宵韵上声,"《说文》曰放火也,《左传》曰若火之燎于原","烧山"应取放火的意思,对应《广韵》上声的意思比较好。这个字潘悟云和白一平都拟有塞音前缀,有可能在苗语里转变为h-前缀。

甾(李 tsrjəg,白 tsrjə)

《说文》:"雉,有十四种,卢诸雉,鹬雉,卜雉,鷩雉,秩秩海雉,翟山雉,翰雉,卓雉,伊雒而南曰翚,江淮而南曰摇,南方曰畴,东方曰甾,北方曰稀,西方曰蹲。从隹,矢声。"《广韵》:"鶅,东方雉也。"

"鶅"是"甾"的后起字。从语音上来看,潘悟云先生的拟音和其他精庄组一样,有塞音成分,依照白一平的拟音,有r成分,苗语没有,似乎不能对应,但这个声母,在陈其光(2001)是拟成*tsr-的。

(13) 第 15 韵:搓韵

韵类	声类	语素	MR 拟音	王拟音	上古拟音	中古拟音	词语
15	7	被	mpua^{C}	mpɑu^{C}	balʔ	bɣiᴇ^{B}	披衣服

被(李 bjarh,白 brjajs)

《说文》:"寝衣,长一身有半。从衣,皮声。"段注:"《论语·乡党篇》曰'必有寝衣,长一身有半。'孔安国曰'今被也。'郑注曰'今小卧被是也'。引申为横被四表之被。"

这个字在《广韵》里有两个读音,一个是皮彼切,并母支韵上声,对应"被"名词寝衣的意思,一个是平义切,并母支韵去声,对应"被"动词覆盖的意思,我们取的是去声的读音。虽然苗语该词读音与汉语"被"的拟音声母清浊对应有问题,但是这个字从意思上来看与汉语对应很好,并且与"破"声符相同,两个词应是按照相同的韵母读音借入的。

（14）第 16 韵：粑韵

韵类	声类	语素	MR 拟音	王拟音	上古拟音	中古拟音	词语
16	80	稷	ntsjuᶜ	ŋtʂouᴰ	skluɯg	tsikᴰ	高粱
16	28	绿	mpruᴬ	mptʂouᴬ	rog	liʊkᴰ	绿
16	120	楼	Nqluᶜ	Nɢlouᶜ	(g-)rǫ	luᴬ	褴褛

稷（李 tsjək，白 tsjək）

《说文》："稷，齌也。五谷之长。从禾，畟声。"段注："程氏瑶田《九谷考》曰，'稷，齌，大名也。粘者为秫，北方谓之高粱，通谓之秫秫，又谓之蜀黍，高大似芦。《月令》：'首种不入。'郑云：'首种谓稷。'今以北方诸谷播种先后考之，高粱最先。"

"稷"是不是高粱是有争论的（张亮 1993，张波 1984），把"稷"的本义解为高粱，如我们所引的段注，段玉裁又是引用程瑶田的说法，该说法程瑶田是集大成者，据张亮（1983），现代农学家起初认为高粱原产非洲，魏晋才引入我国，因此先秦以前的"稷"字不可能代表高粱，但是后来考古发现，在山西、陕西、河南、江苏、甘肃等地都发现了炭化的高粱，我国的高粱栽培可以上推到四五千年以前，程瑶田的说法就再次得到关注了。从苗语看，如果"*ntsjuᶜ"可以对应汉语的"稷"，则无疑可以为"稷"为高粱说增加一条证据。从语音的对应来看，如果按照白一平和李方桂的拟音，除了韵母的对应可能有问题外，声母和声调方面的对应还是相当严密的。

绿（李 ljuk，白 b-rjok）

《说文》："帛青黄色也。从糸，录声。"

苗语该词拟音*mpruᴬ，声母是比较复杂的，汉语"绿"是来母字，声母比较简单，但是白一平拟音*b-rjok，还有*b-前缀，与苗语可能可以对应。汉语还有"碧*prag"，声母方面与苗语对应更好一些，只是韵母对应有点困难。养蒿苗语的no²除了可以指绿色，还可以指"蓝色，青天，青菜，墨"，大南山苗语也如此，与汉语"青"意义的外延相似。

褛(李 ljugx,白 c-rjoʔ)

《说文》:"衽也。从衣,娄声。"段注:"衽者,杀而下者也,故引申之衣被丑弊。或谓之褛裂,或谓之褴褛,或谓之緻。"

从"娄"得声的有见组字,如:屦窶婁,因此潘悟云和白一平的拟音都有塞音成分,应是有根据的。Ratliff 认为苗语该词可能和汉语的"陋(潘悟云 roos,白一平 c-roos)",声调与苗语对应更好,也有可能,只是意思和声母"褛"和苗语对应更好一些。

(15)第 17 韵:烧韵

韵类	声类	语素	MR 拟音	王拟音	上古拟音	中古拟音	词语
17	113	躟	ɢ̠ʷei^C	ɢou^C	sgos	dzu^C	醉倒

躟(李 dzjugh,白 dzjos)

《广韵》:"醉倒貌,出《埤苍》。"

《广韵》明确指明出自三国时的《埤苍》,应该不是《广韵》时代才出现的一个字。

该字上古音查询系统未载,我们参考其声旁"聚"的拟音。与其他精组字一样,潘悟云先生也拟该字声母为 sg-。《说文》:"勼,聚也。从勹,九声。读若鸠。""勼"上古拟音是 *ku,"勼"与"聚"是同族词,"聚"与"勼"的声母接近应是有可能的。

(16)第 18 韵:新韵

韵类	声类	语素	MR 拟音	王拟音	上古拟音	中古拟音	词语
18	51	汀	din^A	din^A	tʰ̩eŋ	tʰeŋ^A	平

汀(李 tʰiṇh,白 tʰeŋ)

《说文》:"平也。从水,丁声。"

虽然苗语拟音和汉语"汀"不太对应,但是从"丁"得声的字,不少都是与"平"意有关的,如《广韵》:町,田亩(段玉裁《说文》注:"《释名·州国篇》曰'郑,町也,其地多平,町町然也。'")。订,平议也。庁,平庁。㝎,定息。圢,坦也。圢,平也。另外,"摆托"的

ten² 和"枫香"的 ten² 都是"头顶"的意思,作为与"平"对应的词,王辅世注明是因为苗族认为"头顶"是头的平坦的部位。汉语的"顶"从"丁"得声,也有可能是相同的起因。

(17) **第 21 韵:放韵**

韵类	声类	语素	MR 拟音	王拟音	上古拟音	中古拟音	词语
21	101	舼	ŋgjəŋᴬ	ɲɲɔŋᴬ	gloŋ	giuŋᴬ	船
21	118	蒜	ɢləŋᴮ	ɢlɔŋᴮ	sloŋs	sʷɑŋᶜ	野蒜
21	121	滚	qləŋᴮ	qlɔŋᴮ	kluŋʔ	kuoŋᴮ	滚下/滚石头

舼(李 gjuŋ,白 gjoŋ)

《广韵》:"舼船。"

《汉语大字典》引《广雅·释水》:"舼,舟也。"

另可参考"航 *gaaŋ",《广韵》:"航,船也。"或《说文》"斻 *gaaŋ":"方舟也。从方,亢声。《礼》:'天子造舟,诸侯维舟,大夫方舟,士特舟。'"

蒜(李 suanh,白 sons)

《说文》:"荤菜也。菜之美者云梦之荤菜。从艸,祘声。"段注:"《大戴礼·夏小正》:'十二月纳卵蒜。卵蒜者何?本如卵者也。纳者何?纳之君也。'案,经之卵蒜,今之小蒜也。凡物之小者称卵。《礼》之卵酱,即鲲酱。《诗》之'总角卝兮',谓幼稚也。卝者,《说文》卵字也。陶贞白云:'小蒜名薍子,薍音乱。'即《小正》卵字。其大蒜,乃张骞始得自西域者。《本艸》:'大蒜名葫,小蒜名蒜。盖始以大蒜别于蒜,后复以小蒜别于大蒜,古只有蒜而已。'"

段注的话有两层意思:(1)蒜有大蒜小蒜,大蒜是从西域引进的,小蒜才是中土本有的;(2)小蒜也称"卵蒜""薍子",段玉裁认为是因小得这两个名。对于第二层意思,我们认为或可认为是"蒜"的古音与"卵 *[g]roŋʔ"近似,或者苗语引入的就是"蒜"的"卵蒜"的名称,如此,苗汉的蒜则是语音和意义都比较对应的关系词了。

另,参考腊乙坪苗语:大蒜 qwaŋ⁴ qwen¹,大葱 qwaŋ⁴ toŋ²,野葱 qwaŋ⁴ qa³ tʰu⁵,小葱 qwaŋ⁴ toŋ²,则 qwaŋ⁴ 应是跟蒜葱类有关的植物,与其他方言点的野蒜对应。

滚(李 kwənx,白 kunʔ)

《汉语大字典》引《集韵》:"滚,大水流貌。"说明这个字形比较晚起,《说文》里,该意义的字形是"混":"丰流也。从水,昆声。"段注:"盛满之流也。孟子曰:'源泉混混。'古音读如衮,俗字作滚。"

(18) 第 22 韵:断韵

韵类	声类	语素	MR 拟音	王拟音	上古拟音	中古拟音	词语
22	111	亢	qeŋ^A	qon^A	kaŋ	kaŋ	星

亢(李 kaŋ,白 kaŋ)

《尔雅·释天》:"寿星,角、亢也。"郭璞注:"数起角、亢,列宿之长,故曰寿。"

本书以汉字"亢"与苗语的"星"对应,但是也可参考"星",潘悟云拟音 *sqeeŋ,郑张尚芳拟音 *sleeŋ,白一平拟音 *seŋ,如果按照潘先生的拟音,"星"似也可以和苗语对应。陈其光(2001)就是用汉字"星"对应苗语"星"。黄树先(2010)也持相同观点。另外,黄文还提到,汉语"星"和"精/睛"是有关系的,"睛"是眼珠子,细究是指瞳孔,是眼珠中的"闪光点"(黄引用吴金华的说法),"精"则原本就是可以指和"睛"一样的意思。苗语里"星"和"睛"也是一样的说法,腊乙坪苗语"星星"是 te¹ qe¹ lʰɑ⁵,te¹ 是词头,lʰɑ⁵ 是月亮的意思,qe¹ 就是星星,"眼珠"叫 pi³ ntɕe¹ qe¹,pi³ 是表身体部位的词头,ntɕe¹ 是珠子的意思,qe¹ 就是像星星一样的"睛"。养蒿苗语"星星"tse¹ qɛ¹,tse¹ 应是词头,qɛ¹ 是星星,"眼珠"叫 tsɛ¹ qɛ¹ mɛ⁶,mɛ⁶ 是"目"的意思,qɛ¹ 也应是像星星一样的"睛"。

（19）第 27 韵：冷韵

韵类	声类	语素	MR 拟音	王拟音	上古拟音	中古拟音	词语
27	6	麦	muŋ^C	məŋ^B	mrɯg	mɣɛk^D	麦子/大麦

麦（李 mrək，白 mrək）

《说文》："芒谷。秋种厚薶，故谓之麦。麦，金也。金王而生，火王而死。从来，有穗者也。从夂。"

苗语是鼻音韵尾，汉语是塞音韵尾，似乎不能对应，但是我们怀疑苗语的-k 在某些情况下能变为鼻音韵尾，如：墨水，大南山 mi^8，腊乙坪 me^8，养蒿 maŋ^8，养蒿的鼻音韵尾应就是从-k 变来的。

苗语几种关于麦子的说法参考大南山、腊乙坪、养蒿，"麦子"三个点分别是：mao^8，tɕaŋ^1 me^4（tɕaŋ^1 在腊乙坪可指"账，仗，浆"等，在这个词语里应指"浆"），maŋ^4。"大麦"三个点分别是：mao^6 mpua^5（mpua^5 指猪，可能在大南山，这种麦子是专门用来喂猪的），qo^3 moŋ^4（qo^3 应是词头），ka^3 maŋ^4（ka^3 指饭）。"小麦"三个点分别是：mao^4 ʂəu^1（ʂəu^1 还出现在菜籽 noŋ^1 ʂəu^1 里，noŋ^1 是种子的意思），tɕaŋ^1 me^4（me^4 还指马，与麦子无关，应是专门指小麦，与指大麦的 qo^3 moŋ^4 区别），ka^3 maŋ^4 tɕaŋ^7（tɕaŋ^7 不知何意）。"荞麦"（与大麦小麦不同属，列于此处供参考）三个点分别是：tɕe^2，qo^3 men^4，ɣo^1 paŋ^1，似乎不同的"麦"说法还不太相同。

表格里的麦子可能和"大麦"关系更大一些，因为腊乙坪、大南山和石门坎都专门指大麦。汉语的"大麦""小麦"也有不同说法，段注《说文》"来"字："古无谓来小麦，麰大麦者，至《广雅》乃云'麳小麦，麰大麦'，非许说也。刘向传作麰麳，《《文选》典引注》引《韩诗内传》：'贻我嘉麳。'薛君曰：'麳，大麦也。'与赵岐《孟子注》同。然韩传未尝云来小麦。"但郑伟（2007）说于省吾、陈梦家等文字学家认为来指小麦，麦是大麦。从苗语大麦、小麦说法不同来看，要么大麦、小麦原本是相同的说法苗语不同时间引入，要么原本两种作物的说法不一样，同一时间引入，导致说法不一样。

第四章　苗瑶共同词里的汉借词与苗语共同词里的汉借词研究

　　第三章我们讨论了苗瑶语共同词和苗语共同词里与上古汉语存在音义关系,但语音对应关系不太严密的苗瑶汉关系词和苗汉关系词,本章研究苗瑶语共同词里一批与汉语有明显音义关系,并与中古汉语存在较为严密的语音对应关系的词。国内学者一般把这些词当成苗汉同源词(陈其光 2001,王辅世 1986,邢公畹 1995),美国学者 Ratliff(2010)则认为相当一部分词是上古汉借词或中古汉借词。我们基本赞同 Ratliff 的观点,但是 Ratliff 并没有详细地证明为什么一些词可以判断为上古汉借词,一些词可以判断为中古汉借词,其关于一些词的分期我们也有不同看法。下面分别来看苗瑶共同词里的汉借词和苗语共同词里的汉借词,为叙述方便,下文分别称为苗瑶共同汉借词和苗语共同汉借词。

4.1　苗瑶共同汉借词

　　我们确定的苗瑶共同汉借词,总共有 56 条。苗瑶共同汉借词与苗瑶语汉关系词的差异,有两个方面:一是上文所说语音面貌上的差异,即关系词语音面貌与上古汉语更为接近,但没有严格的语音对应关系,汉借词语音特征与中古汉语接近,并与中古汉语有较为严格的语音对应关系;二是词汇面貌方面,关系词有不少是与人体部位、自然地理、十以内的数量等有关的核心词,汉借词大部分都是房舍、器物、十以上的数量、商业等有关的文化词。下面我们先总结苗瑶共同词里的汉借词的语音特点,再通过语音、词汇、苗瑶族群与汉族接触的历史,考察这批词的借入年代。通过考察,我们认为这批词是秦汉魏晋六朝时苗瑶族群与汉民族发生深刻接触后借入的。

4.1.1　苗瑶共同汉借词的语音特点

4.1.1.1　*声调*

Ratliff(2010)认为在古苗瑶语时期,汉语和苗瑶语都还没有产生声调。其中无韵尾或乐音韵尾,对应汉语的平声;*-X 对应上古汉语的*-ʔ 韵尾,中古的上声;*-H 对应上古汉语的*-h 韵尾,中古的去声;p、t、k 韵尾对应中古汉语的入声。至于*-X 和*-H 具体指什么,Ratliff 认为早期与越南语和汉语一样,分别是*-ʔ 和*-h,后来分别变为音节发声态的不同,即嘎裂声和气嗓音,最后变为声调的调值高低的不同。苗瑶共同汉借词在古苗瑶语时期与其他苗瑶共同词一样,还没有以调值变化为特征的声调,但不同韵尾与中古汉语的四声是相对应的。下面是中古汉语调类与借词韵尾的对应及例词,表格内拟音省略"＊"号,下同:

中古调类	借词韵尾	借词举例
平	∅	梨 rəj 铜 doŋ 千 tsʰien 龙-roŋ 镰 ljim
上	X	买 mɛjX 捣 tuX 廪 rɛmX 里 ljiX 早 ntsi̯ouX
去	H	破 pʰajH 沸 mpu̯æiH 炭 tʰanH 利-rajH 匠 dzi̯əŋH
入	p, t, k	百 pæk 劈 pʰek 得 təuk 力-rək 接 tsep

4.1.1.2　*声母*

苗瑶语共同汉借词的声母特点,主要有以下几点:(1)与中古汉语的 36 字母对应,声母分清浊;(2)部分塞音有鼻冠音,看不出来有分布的语音条件,我们推测有可能是当时汉语还有部分词有鼻冠音,苗瑶语用相同的读音来借,也有可能只是苗瑶语的一种发音习惯,偶然地为一些原本没有鼻冠音的词语带上鼻冠音;(3)非组读为重唇音;(4)来母汉借词读音分两套,一套是上古或者中古早期的 r,另外一套是中古中晚期的 l;(5)知组与端组读音同;(6)精庄组读音相同;(7)见组三等和非三等读音有差别。

中古声母	借词拟音	借词	借词拟音	中古拟音	上古拟音
帮 p	p	百	pæk	pɣæk^D	praɡ
滂 p^h	p^h	劈	p^{h}ek	p^{h}ek^D	p^{h}e̲ɡ
		破	p^{h}ajH	p^{hw}ɑ^C	p^{h}als
並 b	b	抱	buəH	bɑu^B	bu̲ʔ
明 m	m	买	mɛjX	mɣɛ^B	mre̲ʔ
		卖	mɛjH	mɣɛ^C	mres
非 p	mp	沸	mpu̯æiH	p^{w}iɤi^C	pɯds
端 t	t	捣	tuX	tɑu^B	tu̲ʔ
		得	təuk	tək^D	tɯɡ
透 t^h	t^h	炭	t^{h}anH	t^{h}ɑn^C	t-ŋ^{h}ans
		桶	t^{h}ɔŋ(X)	t^{h}uŋ^B	l̲oŋʔ
定 d	d	铜	dɔŋ	duŋ^A	ɡ-l̲oŋ
来 l	r	梨	rəj	li^A	(b-)ril
		力	-rək	lik^D	(ɡ-)rɯɡ
		利(锋～)	-rajH	li^C	(b-)rids
		廪(仓库)	rɛmX	lim^B	b-rɯmʔ
		龙	-roŋ	liʊŋ^A	(ɡ-)roŋ
	l	镰	ljim	liɛm^A	(ɡ-)rem
		里(一～)	ljɨX	li^B	(ɡ)rɯ
精 ts	ts	接	tsep	tsiɛp^D	skeb
		甑	tsjɛŋH	tsiŋ^C	sɯŋs
	nts	早	ntsi̯ouX	tsɑu^B	sklu̲ʔ
		澡(洗锅)	ntsæwX	tsɑu^B	s̲aw̲ʔ
		灶	N-tsoH	tsɑu^C	sus

（续表）

中古声母	借词拟音	借词	借词拟音	中古拟音	上古拟音
清 tsʰ	tsʰ	千	tsʰi̯en	tsʰenᴬ	sni̯ŋ
		漆	tʰjet	tsʰitᴰ	sʰig
	ntsʰ	清	ntsʰji̯ən	tsʰiɐŋᴬ	skʰen
从 dz	dz	匠	dzi̯ɔŋH	dziaŋᴬ	sbaŋs
		钱	dzi̯en	dziɐnᴬ	sgen
		凿	dzəuk	dzɑkᴰ	zowG
心 s	s	送	suŋH	suŋᶜ	sloŋs
知 ʈ	ntr	中	ntroŋ	ʈiuŋᴬ	tuŋ
澄 ɖ	dr	箸	drouH	ɖiɤᶜ	g-las
庄 tʂ	ntsj	眨	ntsjep	tʂɣɛpᴰ	sprɔb
初 tʂʰ	tsʰ	疮	tsʰi̯en	tʂʰiaŋᴬ	sʰraŋ
昌 tɕʰ	cʰ	处	cʰouH	tɕʰiɤᴮ	kʰlja?
书 ɕ	sj	暑（暖和）	sji̯ouX	ɕiɤᴮ	qʰlja?
见 k	K	甘	Kam	kɑmᴬ	kɑm
		瓜	Kʷa	kʷɣæᴬ	kʷra
		广（宽）	Kʷi̯aŋX	kʷaŋᴮ	kʷaŋ?
		过	KʷajH	kʷɑᶜ	klol̪s
		假（借）	KaX	kɣæᴮ	kra?
		鸡	Kəi	keiᴬ	ke
	k	斤	kʷjan	kɨnᴬ	kɯn
		金	kjeəm	kɣimᴬ	krɯm
	q	故（旧）	quoH	kuoᶜ	kas
溪 kʰ	Kʰ	客	Kʰæk	kʰɣækᴰ	kʰrag
	NKʰ	渴	NKʰat	kʰɑtᴰ	kʰad

（续表）

中古声母	借词拟音	借词	借词拟音	中古拟音	上古拟音
群 g	ɟ	骑	ɟɛj	gɣiᴇᴀ	gal
		桥	ɟow	gɣiᴇᴜᴬ	grew
		荞	ɟæu	kɣiᴇᴜᴬ	krew
		茄	ɟa	kɣæᴬ	kral
疑 ŋ	ŋ	瓦	ŋʷæX	ŋʷɣæᴮ	ŋʷral?
	ɲ	银	ɲʷi̯ən	ŋɣinᴬ	rŋɯn
晓 h	h	喝	hup	həpᴰ	qʰo̰b
影 ʔ	ʔ	鸭	ʔap	ʔɣæpᴰ	qrab
云 ɦ	w	芋	wouH	ɦiʊᶜ	ɢʷas
以 j	j	羊	juŋ	jiaŋᴬ	(g-)laŋ

4.1.1.3　韵母

苗瑶共同汉借词的韵母，有部分韵对应好几个读音，不如声调和声母整齐，如豪韵几个字：抱 ˟buəH/澡 ˟ntsæwX/早 ˟ntsi̯ouX/灶 ˟N-tsoH，东韵几个字：送 ˟suŋH/铜 ˟doŋ 桶 ˟thoŋ(X)/中 ˟ntroŋ。这些不同，也不是上古韵部不同导致，如"抱早灶"都是上古幽部字。我们认为，这种现象，一方面可能是一些借词是不同历史时期借入的；另一方面可能是苗瑶语拟音的问题。苗语和瑶语的韵母，苗语极为简单，瑶语极为复杂，Ratliff 关于原始苗瑶语韵母的拟音，主要是依据较为复杂的瑶语，其结果就是拟出一套较为复杂的韵母系统。如"匠"的韵母，Ratliff 拟为 ˟i̯oŋ，但是"匠"在《苗瑶语古音构拟》里各个方言的读音，大部分都是 aŋ 或者 ɑŋ，只有瑶里读 ē，罗香读 ɛŋ，三江读 oŋ，从音理上来看，我们很难理解为什么会构拟成 ˟i̯oŋ 而不是与汉语一致的 ˟iaŋ。但是，总的来看，这些汉借词的韵母，主要是与中古汉语读音接近。

中古韵摄		中古拟音	借词拟音	借词	借词拟音	中古拟音	上古拟音
果	合一戈	uɑ	aj	过	KʷajH	kʷɑ^C	klols
				破	pʰajH	pʰʷɑ^C	pʰals
假	开二麻	ɣæ	a	假(借)	KaX	kɣæ^B	kraʔ
				茄	ɟa	kɣæ^A	kral
	合二麻	uɣæ	a	瓜	Kʷa	kʷɣæ^A	kʷra
			æ	瓦	ŋʷæX	ŋʷɣæ^B	ŋʷralʔ
遇	合一模	uo	u̯o	故(旧)	quoH	kuo^C	kas
	开三鱼	iɣ	ou	箸	drouH	ɖiɣ^C	g-las
				处(地方)	cʰouH	tɕʰiɣ^C	kʰljas
			i̯ou	暑(暖和)	sji̯ouX	ɕiɣ^B	qʰljaʔ
	合三虞	iu	ou	芋(~头)	wouH	ɦiu^C	ɢʷas
蟹	开二佳	ɣɛ	ɛj	买	mɛjX	mɣɛ^B	mreʔ
				卖	mɛjH	mɣɛ^C	mres
	开四齐	ei	əi	鸡	Kəi	kei^A	ke
止	开三之	ɨ	ɨ	里(一~)	ljɨX	li^B	(g)rɯʔ
	开三脂	i	əj	梨	rəj	li^A	(b-)ril
			aj	利(锋~)	-rajH	li^C	(b-)rids
	开三支	iE	ej	骑	ɟej	gɣiE^A	gal
	合三微	uɨi	u̯æi	沸	mpu̯æiH	pʷiɣ^C	pɯds
效	开一豪	ɑu	uə	抱	buəH	bau^B	buʔ
			æw	澡(洗锅)	ntsæwX	tsau^B	sawʔ
			i̯ou	早	ntsi̯ouX	tsau^B	skluʔ
			o	灶	N-tsoH	tsau^C	sus
	开三 b 宵	iEu	æu	荞	ɟæu	kɣiEu^A	krew
			ow	桥	ɟow	gɣiEu^A	grew

(续表)

中古韵摄		中古拟音	借词拟音	借词	借词拟音	中古拟音	上古拟音
咸	开一谈	ɑm	am	甘	Kam	kɑmᴬ	kɑm
	开一合	up	əp	喝	hup	həpᴰ	qʰ̬ob
	开二洽	ɣɛp	ɛp	眨	ntsjep	tʂɣɛpᴰ	sprɔb
	开二狎	ɣæp	ap	鸭	ʔap	ʔɣæpᴰ	qrab
	开三盐 叶	iᴇm	im	镰	ljim	liᴇmᴬ	(g-)rem
		iᴇp	iᴇp	接	tsep	tsiᴇpᴰ	skeb
深	开三侵	im	ɛm	廪(仓库)	rɛmX	limᴮ	b-rɯm?
			eəm	金	kjeəm	kɣimᴬ	krɯm
山	开一寒	ɑn	an	炭	tʰanH	tʰanᶜ	t-ŋ̊ans
	开三仙	iᴇn	iᴇn	钱	dzien	dziᴇnᴮ	sgen
	开四先 薛	en	en	千	tsʰien	tsʰenᴬ	sniŋ
		at	at	渴	NKʰat	kʰatᴰ	kʰad
臻	开三欣	in	an	斤	kʷjan	kinᴬ	kɯn
	开三真 质	ɣin	ɣin	银	ɲʷi̯an	ŋɣinᴬ	rŋɯn
		it	it	漆	tʰjet	tsʰitᴰ	sʰig
宕	合一唐	uɑŋ	i̯ɑŋ	广(宽)	Kʷi̯ɑŋX	kʷɑŋᴮ	kʷɑŋ?
	开一铎	ɑk	əuk	凿	dzəuk	dzɑkᴰ	zɔwɢ
	开三阳	iaŋ	i̯en	疮	tsʰi̯en	tʂʰiaŋᴬ	sʰraŋ
			i̯ɔŋH	匠	dzi̯ɔŋH	dziaŋᶜ	sbaŋs
			uŋ	羊	juŋ	jiaŋᴬ	(g-)laŋ
曾	开一德	ək	əuk	得	təuk	təkᴰ	tɯg
	开三蒸 职	iŋ	ɛŋ	甑	tsjɛŋH	tsiŋᶜ	sɯŋs
		ik	ək	力	-rək	likᴰ	(g-)rɯg

（续表）

中古韵摄		中古拟音	借词拟音	借词	借词拟音	中古拟音	上古拟音
梗	开二陌	ɣæk	æk	百	pæk	pɣæk^D	praɡ
				客	K^{h}æk	k^{h}ɣæk^D	k^{h}raɡ
	开三清	iɛŋ	i̯əŋ	清（水～）	nts^{h}ji̯əŋ	ts^{h}iɛŋ^A	sk^{h}eŋ
	开四锡	ek	ek	劈	p^{h}ek	p^{h}ek^D	p^{h}eɡ
通	合一东	uŋ	uŋ	送	suŋH	suŋ^C	sloŋs
			ɔŋ	铜	dɔŋ	duŋ^A	g-loŋ
				桶	t^{h}ɔŋ(X)	t^{h}uŋ^B	loŋʔ
	合三东	iuŋ	ɔŋ	中	ntrɔŋ	ʈiuŋ^A	tuŋ
	合三钟	iʊŋ	ɔŋ	龙	-rɔŋ	liʊŋ^A	(g-)roŋ

4.1.2　苗瑶共同汉借词借入年代讨论

上面我们总结了苗瑶共同汉借词的语音特点。那么具体是什么年代，苗瑶族群与汉民族有过密切的接触，并从汉语借入了这批词？下面我们通过考察这批词的语音特点、词汇时代，并结合苗瑶族群与汉民族接触的历史，来探讨这个问题。本章节的内容，也可参看王艳红（2020）。

4.1.2.1　从语音特征看苗瑶共同汉借词的借入年代

汉语的语音，从古到今发生了不少变化，这些变化及变化产生的年代，大部分已经研究得比较清楚，因此，我们可以根据借词的语音特点符合哪个时代的特点，来判断借词的借入时代，这也是研究民族语借词时代的主要方法。总体来看，苗瑶共同汉借词体现的主要是早于《切韵》时代晚于《诗经》时代的语音特点。

声调方面。苗瑶语和汉语，包括东亚其他有声调的语言，如泰语、越南语等声调产生的时间，Ratliff 说根据沙加尔的观点，大概是在公元前 500 年和公元 500 年之间，根据蒲立本的观点，还可以晚到公元 600 年，也就是说，在春秋战国到魏晋南北朝之间。关于苗瑶语借入这批汉借词的时候没有声调的观点,Ratliff 主要的根据是,如果两种语言都有声调,很难得到这样整齐的对应关系。如果 Ratliff 的观点正确,那么这批汉借词的最晚借入时间,应是汉语和苗语产生声调的南北朝以前。

声母方面。苗瑶共同汉借词声母有时间标识性的特点,主要有以下几点:

(1)非组读为重唇音。一般认为,《切韵》时代轻重唇音还没有分化,王力(2010:259-261)认为,晚唐五代的时候,轻重唇音才分化。杨剑桥(1996)认为,根据黄淬伯《慧琳〈一切经音义〉反切考》,慧琳时代,也就是中唐时候的 8 世纪末、9 世纪初(慧琳撰写《一切经音义》一般认为是 788—810 年左右),轻、重唇音已经完成分化。也有学者认为更早,施向东(2009)《玄奘译著中的梵汉对音研究》(玄奘 602—664)发现梵语 p、pʰ、b、bʰ、m 的汉语对译用字,很少用非组字。

(2)大部分来母字读为 r。关于来母上古读 *r 而不是读 *l,学界已经有充分的讨论,具体可参看潘悟云(2000)的相关论述。潘先生文章还引用雅洪托夫的说法,认为汉语的 *r 演变为 *l 的时间应该是 5 世纪初。施向东(2009:94)也举到,"日语中的 r,据日本学者的描写,音值在[r][l]之间,舌部稍一紧张就会变成[d]。汉语汉字在魏晋时传入日本,后来日本学者创制假名的时候,就用汉字的来组字'良利留流礼吕'作为 r 行假名的材料",可见,日本当时借汉语的时候,汉语的来母还是 r 或者接近 r 的读法。施向东(2009:106-107)还指出,在鸠摩罗什(344—413)的译经里,来母字虽然同时用来对应梵语的 r 和 l,但是也很频繁地用来对应 ṭ 组辅音,并用"罗"译 ra,用"逻"译 la,"罗"更为常用,应是因来母与梵语的 r 更接近,才用最常用的字来对译。但是六朝以下的经师译经时就常常用加口字旁来表示不常有的音。由上,我们基本可以确定,雅洪托夫说的 5 世纪初来母 *r 才变 *l 应是可信的。

(3)知组读同端组。关于知组上古的读音,自从钱大昕提出

"古无舌上音"，各家对此争论不大，不过各家的拟音是有区别的，高本汉、王力直接拟为 *t，李方桂、白一平拟为 *tr，潘悟云、郑张尚芳拟为 *rt。不过这个时期不管知组有没有 r 成分，知组有 t 音素则是肯定的。知组和端组不分，王力(2010:191-195)认为唐代中期以前都是如此，因为唐初的《经典释文》、玄应《一切经音义》中端知组还是混切的，唐代中期何超的《晋书音义》则已经分化。

（4）精庄组读音相同。《切韵》以前，由于庄组和精组有很多相谐的现象，不少学者主张庄组可以并入精组。庄组李方桂(1980)拟为 *tsr 类音，郑张尚芳、潘悟云等也是基本相似的处理。我们认为《切韵》以前精庄组的读音至少应是非常相近的，古苗瑶语才以相同的读音借入。

韵母方面。总的来说，苗瑶语共同汉借词的读音与上古音已有距离，与《切韵》音系框架较为一致，而南北朝的古汉语音系与《切韵》已经非常一致了。如以上古鱼部字来看，上古鱼部包括中古模韵、麻韵、鱼韵字，但这三个韵的借词读音都已分离，且鱼韵与虞韵读为一类。又上古支部包括中古歌韵、麻韵、支韵字，但是这三个韵的借词读音也不一样。另外，借词读音里也有一些特殊现象，如歌韵字还保留 j 韵尾。据王力(2010:92)，歌韵字在汉代就失去 i 韵尾，由 ai 变为 a，则这个现象是非常早的现象了，与总体的音系框架所属的时代不符，不知是否为方言现象，或者是这两个歌韵字借入的时间较其他的词要早。又如阳韵字有部分和东韵读音相同的现象，罗常培、周祖谟(2007)指出阳东相押在周代铜器铭文里比较常见，《老子》里也很多，西汉、东汉一些作家的诗文里也有东阳押韵的现象，作者认为可能是在个别方言里这两个韵比较相近。则苗瑶共同汉借词阳、东韵韵母相同，也可能借源方言的特点。

总的来说，从语音特点来看，这批词的主要特征反映的都是《切韵》及比《切韵》稍早的汉语语音特点，也就是秦汉到唐代初期之间的汉语语音特点。

4.1.2.2　从词汇史看苗瑶共同汉借词的借入年代①

语言里的词汇,有新词的出现,旧词的消亡,意义的变迁等变化,这些变化都发生在一定的年代,又往往和当时的社会历史背景密切相关,因此我们也可以据以判断某个词被借的最早或最晚年代。下面是部分词出现或消亡的年代考察。

"金银铜。"《说文》:"金,五色金也,黄为之长。""银,白金也。""铜,赤金也。"但"金"春秋战国时期以前一般指铜,"铜"最早见于战国金文,"金"和"铜"分别指黄金和青铜最早要到战国时代(吴清河1997)。实际上,古代重要的金属应有五金,《说文》"金"还泛指"五金",除了以上三种,还有"铁,黑金也","铅,青金也",另外还有"锡,银铅之间也",似不被当成一种独立的重要金属,古时也有"铅"指"锡"的,如《玉篇》"铅,黑锡也"。五种金属,原始苗瑶语时期借入了"金银铜"三种,而不借"铁铅"两种。铅作为一种制作合金的材料,没有铜铁等重要,没有引入可以理解,但铁没有在原始苗瑶语时期从汉语引入,我们认为应是反映了该时期铁在汉族社会没有普遍使用。我国出土的铁制品时代最早的是周初,但到春秋时期,铁器还不太多,战国以后,有大量铁器出土,汉代开始广泛使用(北京钢铁学院《中国冶金简史》编写组1978)。但是,宫崎市定(1963)认为,汉民族这时期的铁,是依靠较好的原料而不是发达的技术。而三国以后,由于连年的战乱,生产遭到严重的破坏,铁制品的产量严重萎缩,汉族已经感到铁不足用了,就连脚镣和长枷这样的刑具,也用木制品来代替,因此也没有余力向周围输出铁。一直到唐末宋初,煤炭开始得到充分的利用,铁的冶炼有了足够的燃料,汉民族铁产量才开始激增。苗瑶语借入"金银铜"的时期,应正好是魏晋南北朝汉民族铁器制品缺乏的时期。不过,苗语和瑶语里"铁"的读音非常古老,Ratliff 分别拟为 *hluwC 和 *hrekD,这两个读音和汉语铁的

---

　　　①　本节古文引用,查询自北京爱如生数字化技术研究中心研制的"中国基本古籍库"。

上古音 *ljig 相似,张琨(1980)也专门讨论过,认为"铁"字在侗台语、苗瑶语、汉语、藏缅语里的读音对应,有共同的来源,但鉴于该词跟苗语和瑶语都不能严格对应,我们认为苗语和瑶语的"铁"的读音并不一定出自汉语,可能是这些语言分别向某种其他的语言借入的。关于这点,宫崎市定(1963)书中举了一节有意思的材料,说朝鲜语借入了汉语的"金银铜铅"的读法,唯独没有借入"铁"的读法,而是用了朝鲜语固有的读法,因为"铁"自古以来就是朝鲜的土特产,可能女真语还借入了朝鲜铁的读法:sé-léh,后来满语读为 sele,这和苗瑶侗台语的读法都有相似性,不知是否有相同来源。综上,我们认为苗瑶语"金银铜"的借入年代应是魏晋南北朝时期。

"鸭"。《说文》未收。据佟屏亚、赵国磐(1990)鸭是我国最早驯化的家禽之一,可能距今 2500—3000 年,我国南北就已经有很多地方养鸭。但"鸭"在秦汉以前,一般是叫"鹜"或"凫",前者是家鸭,后者是野鸭。如《楚辞·抽思》:"凤凰在笯兮,鸡鹜翔舞。"《尔雅·释鸟》:"舒凫,鹜也",晋郭璞注:"鸭也。"东汉以后,出现"鸭"字,东汉班固《汉武帝内传》:"须臾以盘盛桃七枚,大如鸭子,形圆色青。"这个字的使用可能也不是很广泛,所以《说文》未收。"鸭"字的借入时间,最早应在东汉以后。

"梨"。《汉语大字典》:"'梨'又作'棃'。"《说文》:"棃,果名。"辛树帜(1983)对梨有比较详细的考证,认为我国古代梨的品种丰富,《诗经》时代的甘棠、棠棣都是梨类。他引用文献里的"棃",比《说文》更早的有战国时期的《庄子·天运》:"故譬三皇五帝之礼仪法度,其犹柤、棃、橘、柚邪,其味相反,而皆可口。"又有《山海经·五藏山经》:"洞庭之山……其木多柤、棃、桔、柚。"辛树帜根据书里出现的果树名,认为《山海经》是战国后期的作品。因此,"梨"也应是战国以后才被苗瑶语借用的。

"荅"。Ratliff 以"荅"对应苗瑶语里的"豆",从语音上来看是合理的,因为"豆"在苗瑶语里都是入声调来源,而"荅"是古入声字,"豆"是去声字。不过,"荅"在汉语里是指红小豆,《说文》:"荅,小卡也",在苗瑶语里是泛指各种豆,从意义上来看稍有出入。豆类植物是我国重要的农作物,在秦汉以前,大豆一般叫"菽",如《诗经·七月》:"七月烹葵及菽",魏晋时应主要是以"豆"泛指各种豆了,如《广雅》:"小豆,荅也。"用"豆"字而不是像《说文》一样用"尗"字来解释"荅"。又曹植《七步诗》"煮豆燃豆萁",不像《诗经》里,凡是"豆"都称"菽"。因此,如果对应正确,这个词最晚借入时间大概应在魏晋及以前。

"芋"。最早记录"芋"的文献是《管子·轻重篇》:"春日事耜,次日获麦,次日薄芋,古教民种芋者,始此矣。"但是关于《管子》的著作年代,有很多争论,不少学者认为是西汉时代的作品(赵宗正,陈启智 1995)。鉴于春秋战国以前"芋"作为一种作物在其他著作里没有出现,我们也认为《管子》的年代是值得商榷的。"芋"作为一种作物广泛栽种,应是西汉以后,如《史记·项羽本纪》:"今岁饥民贫,士卒食芋菽。"东汉许慎《说文》也有解释:"芋,叶大根实,骇人,故谓之芋也。"到北魏的《齐民要术》,则有专门的章解说芋的种植,说明"芋"的栽培技术已经非常成熟。因此,"芋"的借入时间,最早应是西汉以后。

"茄"。《说文》收录的是:"茄,芙蕖茎。"《广韵》注相同意思的"茄"注音为"古牙切",今音就是[tɕia⁵⁵]。李璠(1984)认为"茄子"作为一种蔬菜可以上溯到秦汉以前,但从其引用的文献及我们查找的文献来看,确切指"茄子"的是晋代的嵇含编的《南方草木状》:"茄树,交、广草木,经冬不衰,故蔬圃之中种茄。"这个时期的茄子还是多年生的,树形也较大,采摘的时候需要搭梯子。到北朝后魏贾思勰的《齐民要术》,对茄子的种植方法有详细的描述,则茄子在这个时代应该已经得到广泛的种植。由上,"茄"的最早借入年代,应是魏晋时期。

"荞"。《说文》未收。《广韵》:"荞,荞麦。"李璠(1984)举出文献里最早记录荞麦的是战国时期的《神农书》,但该书原书亡佚,同时期其他书籍也未有关于荞麦的记载,因此难以据信。我们查找到的最早文献是东汉的《金匮要略》,字作"蕎":"蕎麦面,多食之令人发落。"但《金匮要略》流布情况复杂,且我们暂未发现东汉其他的文献有关于荞麦的记载,也不能轻用。南朝梁陶弘景《养性延命录》:"荞麦和猪肉食,不过三顿,成热风。"又有稍晚的顾野王《玉篇》记录:"荞,荞麦也。"因此,荞麦大概应是南北朝开始得到广泛种植的作物,"荞"的借入时间最早为南北朝时期。

"镰"。又作"鎌"。《说文》:"鎌,锲也。"最早出现于《管子》:"一农之事,必有一耜,一铫,一镰,一耨,一椎,一铚,然后成为农。"但管子的成书年代是有争论的(参上),因此该字的出现可能要晚至汉代。西汉扬雄《方言》:"刈钩,江淮陈楚之间谓之铚,或谓之钺。自关而西或谓之钩,或谓之镰,或谓之锲。"到东汉许慎,"鎌"应该是一个常用词了,所有跟镰刀有关的农具,都用"鎌"来解释了。因此,"镰"的借入,可能是汉代以后。

"箸"。《说文》:"箸,饭攲也。"据刘云(2006)考证,我国筷子的使用非常古老,目前出土最早的"箸"在距今7 000年左右的新石器时代,是用骨头做成。文献上"箸"字最早出现在战国后期秦石刻《诅楚文》里,但并不是指"筷子",而是"著"的通假字。稍后的《荀子》:"从山上望木者,十仞之木若箸,而求箸者不上折也,高蔽其长也",这里的"箸"是"筷子"的意思,又有《韩非子》:"昔者纣为象箸而箕子怖。"所以"箸"的出现,最早应是战国后期,而"箸"广泛使用,并被其他民族借入,应是更晚的事情。

"欱"。Ratliff以"欱"对应苗瑶语里的"喝水",从语音上来看是正确的,因为"喝"中古拟音是 *hɑt 或 *ʔɣɛi,"欱"中古拟音是 *həp,后者与苗瑶语的拟音 *hup 更一致。另外,从意义上来看也应是"欱"更合适。如《说文》:"喝,濄也。"是声音嘶哑的意思。又《说文》:"欱,歠也。"是饮用的意思。王力(1980)甚至认为,用"喝"表示"饮"的概念,要到明代以后,现代"喝"的概念,上古用"饮"表示,直到南北朝还是如此,唐代以后,"饮"的概念可以用"吃"字表示。不过我们认为,口语或方言里面可能一直有用"欱"的情况,但是文字上没有一直使用这个字形,后来干脆假借"喝"字形来表示。文献里除了《说文》里用该字,又有东汉班固《东都赋》"欱野喷山",张衡《西京赋》"欱澧吐镐",唐代柳宗元《河东先生集》"呀呷欱纳",玄应《一切经音义》,多处注解经文里的"欱"字。因此,苗瑶语里的"欱"可能是东汉以后从汉语借入的。

"甘"。《说文》:"甘,美也。""甘"在苗语里面除了指"甜",还指"肉香""胃口好""高兴"等意义。汪维辉(2000)研究了汉语史上"甜"替换"甘"的历史,提到"甘"在上古"甘"的意义也比"甜"宽,这一点和苗瑶语是一致的。另外,指"像蜜或像糖那样的味道"上古主要用"甘",东汉开始文献里有"甜"的用例,魏晋南北朝时期"甜"的用例慢慢超过"甘",至迟在唐代的时候,"甜"替代了"甘"。所以,苗瑶语应是在唐代以前借入了"甘"。

"广"。《说文》:"广,殿之大屋也。"《说文》解释的应是"广"的本义,但早在上古时期,"广"就不仅指屋子大了,如《诗经·卫风·河广》:"谁谓河广,一苇杭之。"汪维辉(2000)研究了汉语史上"广、阔、宽"的演变过程,指出上古时期主要用"广",到西汉《史记》也主要以用"广"为常,晚汉魏晋"阔"开始逐渐多见,但一般用于形容词,名词用法还是使用"广",但到六朝后期,"阔"已占据主导地位。"宽"在东汉以后也开始出现,但主要出现在北方文献中。则苗瑶语"广"的借入,应是在六朝后期以前。

从以上的讨论可以看出,这批词有的是汉魏以后出现的,我们就可以据以判断其被借的时间是汉魏以后,有的是唐代以前才有的,我们可以据以判断其被借的时间是唐代以前。综合来看,这批词的借入时间定为秦汉到唐代初期以前借入,是较为合适的。

4.1.2.3　秦汉到魏晋六朝时期苗瑶族群与汉族的接触

根据《苗族简史》(《苗族简史》编写组编 2008),《苗族史》(伍新福,龙伯亚 1992)等材料,魏晋六朝时期,是少数民族与汉民族大融合时期,也是苗瑶族群大发展并开始逐步分化的时期。秦代,在苗瑶族群的主体居住的武陵地区,即今湘、鄂、川、黔地区正式建立黔中郡,加强了对苗瑶族群的统治,苗瑶族群被称为"黔中蛮"。汉代,黔中郡改为武陵郡,苗瑶族群又称"武陵蛮"。其中阮江流域面积最广,苗族分布最集中,阮江有五条支流,统称"五溪",因此,东汉开始"武陵蛮"又称"五溪蛮",又因他们崇拜神犬盘瓠,被称为"盘瓠蛮"。东汉时期,苗瑶族群得到较大的发展,南朝范晔《后汉书·南蛮传》:"光武中兴,武陵蛮夷特盛。"魏晋南北朝时期,苗瑶族群更为活跃。一方面,是战乱导致汉民族人口减少,少数民族有不少涌入原来的汉地,如《魏书·蛮僚》:"蛮之种类,盖盘瓠之后。……在江、淮之间依托险阻,部落滋蔓,布于数州,东连寿春,西通巴、蜀,北接汝、颍,往往有焉。其于魏氏,不甚为患,至晋之末,稍以繁昌,渐为寇暴矣。自刘、石乱后,诸蛮无所忌惮,故其族渐得北迁,陆浑以南,满于山谷,宛、洛萧条,略为丘墟矣。"另一方面,也有不少汉族人民由于汉地赋税苛重,避入苗瑶少数民族地区,甚至融入当地的。这个时期,苗瑶族群虽已有分化的趋势,但还没有完全分化。

综合以上材料,我们认为,苗瑶语共同汉借词,应是秦汉到唐代初期这个阶段,苗瑶族群与汉民族发生深刻接触而借入的。

4.2　苗语共同汉借词及其语音特点

我们确定的苗语共同汉借词,只有 30 个不到,比苗瑶语共同汉借词少得多,这可能说明古苗瑶语时期,苗瑶族群与汉族接触比较密切,借入的汉借词较多,后来苗族和瑶族逐渐分化,大部分苗族可能迁往了离汉族较远的地区,与汉语接触变少,共同借入的汉借词自然变少。下面我们从声调、声母、韵母三个方面总结这些词的语音特征。总的来说,这些词的语音特征,较苗瑶共同汉借词的语音特点要新得多,应是唐代中期左右借入。

4.2.1　声调

Ratliff(2010)为古苗语拟了 A、B、C、D 四个声调,苗语共同汉借词的这四个声调,与中古汉语的四声对应,下面是例词。

汉语	苗语	例　　词
平	A	聋 loŋ^A 鬃 tsuŋ^A 收 sjuw^A 黄 G^ʷaŋ^A 秧 ʔjɛŋ^A 园 waŋ^A 杨 jiaŋ^A 炀 jaŋ^A 崩 puŋ^A 蓑 si^A
上	B	腐 hʉ^B 老 lu̠ei^B 孔 qʰəŋ^B 白 ɟo^B
去	C	万 wi̠aŋ^C 价 Nqa^C 露 lʉ^C 嫁 qua^C 养 jeŋ^C
入	D	接 tsæ^D

4.2.2　声母

苗语共同汉借词的声母表现,较苗瑶语共同汉借词要新。特点有:(1)非组读轻唇音①;(2)来母读 l;(3)章组书母字读 s,应是知庄章组合流的表现;(4)见组三等、非三等读音有区别。

中古声母	借词拟音	借词	借词拟音	中古拟音	上古拟音
帮 p	p	崩(落)	puŋ^A	pəŋ^A	pu̠ŋ
奉 b	h	腐(豆~)	hʉ^B	biu^B	boʔ
微 m	w	万	wi̠aŋ^C	m^ʷivn^C	mlans
端 t	d	等②	dəŋ^B	təŋ^B	tu̠ŋʔ
来 l	l	聋	loŋ^A	luŋ^A	(g-)roŋ
		露(~水)	lʉ^C	luo^C	(g-)rags
		老	lu̠ei^B	lɑu^B	(g-)rʉ
精 ts	ts	鬃	tsuŋ^A	tsuŋ^A	skoŋ
		接(~绳子)	tsæ^D	tsiɛp^D	skeb
心 s	s	蓑(~衣)	si^A(W)	s^ʷɑ^A	slol̠
书 ɕ	sj	收	sjuw^A	ɕiu^A	qʰjuw

---

① 奉母"腐"读 h,应是与不少方言 h、f 不分的现象一致。

② 声母不符合规律,但韵母符合规律。

（续表）

中古声母	借词拟音	借词	借词拟音	中古拟音	上古拟音
见 k	Nq	价	Nqa^C	kɣæ^C	kra̠s
	q	嫁	qu̠a^C	kɣæ^C	kra̠s
溪 kʰ	qʰ	孔	qʰ ə̠ŋ^B	kʰuŋ^B	kʰloŋʔ
群 g	ɟ	臼	ɟo^B	gɨu^B	guʔ
匣 ɦ	ɢ	黄（太阳亮）	ɢʷaŋ^A	ɦʷɑŋ^A	gʷa̠ŋ
影 ʔ	ʔ	秧	ʔjeŋ^A	ʔiaŋ^A	qaŋ
云 ɦ	w	园	waŋ^A	ɦʷiɤn^A	ɢʷan
以 j	j	杨（柳树）	ji̠aŋ^A	jiaŋ^A	laŋ
		养	jeŋ^C	jiaŋ^B	laŋʔ
		炀（融化）	jaŋ^A	jiaŋ^A	laŋ

4.2.3　韵母

与苗瑶语共同汉借词一样,苗语共同汉借词的读音与汉语对应
不是很整齐,有的同一个韵的借词有多种读法。可能是拟音本身的
原因,也可能是这些借词是不同时间借入的。但总的来说,与中古
时期汉语的读音较为接近。

中古韵摄		中古拟音	借词拟音	借词	借词拟音	中古拟音	上古拟音
果	开一戈	ɑ	i	襄	si^A（W）	sʷɑ^A	slo̠l
假	开二麻	æ	u̠a	嫁	qu̠a^C	kɣæ^C	kra̠s
			a	价（～钱）	Nqa^C	kɣæ^C	kra̠s
遇	合一模	uo	ʉ	露（～水）	lʉ^C	luo^C	(g-)ra̠gs
	合三虞	iʊ	ʉ	腐（豆～）	hʉ^B	biu^B	boʔ
蟹	开二夬	æi	u̠a	败（坏了）	bu̠a^B	pɣæi^C	prads

（续表）

中古韵摄		中古拟音	借词拟音	借词	借词拟音	中古拟音	上古拟音
效	开一豪	ɑu	o	造(到达)	dzoᶜ	dzɑuᴮ	sgṵʔ
			u̯ei	老	lu̯eiᴮ	lɑuᴮ	(g-)ru̯ʔ
流	开三尤	ɨu	ow	酒	cowᴮ	tsɨuᴮ	skluʔ
			uw	收	sjuwᴬ	ɕɨuᴬ	qʰjuɰ
			o	臼(碓)	ɟoᴮ	gɨuᴮ	guʔ
咸	开三叶	æ	iE	接(~绳子)	tsæᴰ	tsiɛpᴰ	skeb
深	开三侵	im	in	沉	dinᴬ	ɖimᴬ	g-lum
山	合三元	ui̯ɣn	i̯aŋ	万	wⁱi̯aŋᶜ	mʷiɣnᶜ	mlans
			aŋ	园	waŋᴬ	ɦʷiɣnᴮ	ɢʷan
宕	合一唐	uɑŋ	aŋ	黄	Gʷaŋᴬ	ɦʷɑŋᴬ	gʷa̯ŋ
	开三阳	iaŋ	i̯aŋ	杨(柳树)	ji̯aŋᴬ	jiaŋᴬ	laŋ
			aŋ	炀(融化)	jaŋᴬ	jiaŋᴬ	laŋ
			ɛŋ	秧	ʔjɛŋᴬ	ʔiaŋᴬ	qaŋ
			ɛŋ	养	jɛŋᴮ	jiaŋᴮ	laŋʔ
梗	开二庚	ɣaŋ	in	潷(冰凉)	dzinᴮ	tʂʰɣaŋᶜ	skʰrens
曾	开一登	əŋ	əŋ	等	dəŋᴮ	təŋᴮ	tɯ̯ŋʔ
			ʉŋ	崩	pʉŋᴬ	pəŋᴬ	pɯ̯ŋ
通	合一东	uŋ	əŋ	孔	qʰəŋᴮ	kʰuŋᴮ	kʰloŋʔ
			oŋ	聋	loŋᴬ	luŋᴬ	(g-)roŋ
			ʉŋ	鬃	tsʉŋᴬ	tsuŋᴬ	skoŋ
	合三屋	uk	ow	竹	drowᴰ	ʈiukᴰ	tug
	合三钟	iʊŋ	ʉŋ	蛩(蚱蜢)	gʉŋᴬ	giʊŋᴮ	goŋ

第五章　湘西方言花垣腊乙坪苗语汉借词研究

　　本章到第八章我们讨论苗语四个方言点的汉借词,即湘西方言腊乙坪苗语、黔东方言养蒿苗语、川黔滇方言川黔滇次方言大南山苗语、川黔滇方言惠水次方言甲定苗语的汉借词,这些方言点里的汉借词,基本可以分为上古、中古、近代、现代四个基本的层次,但不同方言点汉借词的具体表现又有所不同,具体参看相应章节。另外,上古层汉借词我们不在四个方言点中讨论。下面先来看腊乙坪苗语的汉借词。

　　湘西州花垣县吉卫镇腊乙坪苗语是苗语湘西方言的代表音点,本章研究腊乙坪苗语中的汉借词,观察的苗语材料有三种:一、石如金(1997)《苗汉汉苗词典》(下文简称《词典》),该词典是以花垣县吉卫地区广泛通行的语音为标准,收入词条有一万九千四百余条,材料非常丰富。但该词典没有具体标明词的方言来源,因此,有可能有些词条并不是腊乙坪当地使用的词条。二、为了避免材料一的问题,我们还分析了中央民族学院苗瑶语研究室(1987)《苗瑶语方言词汇集》(下文简称《词汇集》)湘西方言3 000余条词汇材料。经过比对,除了音系处理上的一些不同,《词汇集》材料与《词典》材料语音面貌高度一致。《词汇集》的词条数量较《词典》要少,但记录的应是单方言点的词汇。三、我们根据需要作的针对性调查的材料。

　　通过语音特征、词汇特征、与其他方言的比较等方面的考察,除去上古汉借词,我们把腊乙坪苗语汉借词分为中古、近代、现代三个层次,其中近代汉借词又可以分近代早期和近代晚期两个层次。腊乙坪苗语里的中古层汉借词主要是苗瑶语和苗语共同汉借词,非共同词的中古层汉借词较少,应是由于中古到近代时期腊乙坪苗族与汉族接触较少所致。腊乙坪苗语里的近代汉借词较为丰富,近代早期的汉借词基本与中古汉语的四声八调对应,但声母、韵母特征与中古时期的汉借词有较大差异,近代晚期的汉借词,声调特征与现代汉借词一致,但有一些借词的声母、韵母特征与近代汉借词是一致的。腊乙坪苗语的近代汉借词,由于不少词条说法与现代汉语是一致的,因此有逐渐被现代汉借词取代的趋势。腊乙坪苗语的现代汉借词,与当地汉语方言读音基本一致。另外,从我们对汉借词的观察来看,花垣县汉语方言近代以来应存在较大规模的方言更替,在更替过程中,有一些新旧读音的交错现象,汉借词也存在相同的现象。最后,近代晚期汉借词和现代汉借词大部分语音特征是一致的,有些汉借词我们无法判别是现代借入还是近代借入。

5.1 花垣腊乙坪苗语音系与花垣县汉语方言音系

腊乙坪苗语音系,《词典》《词汇集》的处理与王辅世(1985)《苗语简志》(下文简称《简志》)不同,我们认为《简志》归纳的音系要相对合理,因此我们使用《简志》音系,《词汇集》与《简志》音系不同之处,我们调整为《简志》音系。

5.1.1 腊乙坪苗语音系

声调:6 个

1	2	3	4	5	6
35	31	44	33	53	42

说明:

《简志》说明:古苗语四个声调因声母清浊不同分别分化为阴平、阳平,阴上、阳上,阴去、阳去,阴入、阳入等八个声调以后,在腊乙坪苗语里,第 7 调阴入和第 3 调阴上合并,第 8 调阳入和第 4

阳上合并,合并的调我们分别记为第 3 调和第 4 调。

声母:67 个

p	pʰ	mp	mpʰ	m	m̥ʰ	w
pj	pjʰ			mj		
pʐ	pʰʐ		mpʰʐ	mʐ		
ts	tsʰ	nts	ntsʰ			s
t	tʰ	nt	ntʰ	n	n̥ʰ	l	l̥
ʈ	ʈʰ	ɳʈ	ɳʈʰ	ɳ		ʐ	ʂ
tɕ	tɕʰ	ɳ̟tɕ	ɳ̟tɕʰ	ɳ̟		ʑ	ɕ
c	cʰ	ɲc	ɲcʰ			lj	ljʰ
k	kʰ	ŋk	ŋkʰ	ŋ			x
kʷ	kʷʰ	ŋkʷ	ŋkʷʰ	ŋʷ			xʷ
q	qʰ	Nq	Nqʰ				
qʷ	qʷʰ	Nqʷ	Nqʷʰ				

说明:

(1)《简志》说明:固有词中,p、m、w 各列声母可以出现在各个调的音节,其余各列声母只能出现在 35、44、53 各调(即第 1、3、5 调)的音节。固有词中,p、m、w 各列声母出现在 33、42(即第 4、6 调)的音节时,带有浊送气成分。pʐ 行声母的中的 ʐ,实际音值为 ɹ。没有声母的音节(叹词、语气助词和 ɚ 除外)在韵母前实际都有一个喉塞声母。

(2)《简志》音系的鼻冠音声母,《词典》《词汇集》都处理为浊音声母,从我们针对性的调查来看,应为鼻冠音声母,而不是普通浊音声母,我们采用鼻冠音声母的处理。

韵母:16 个

i	in	e	ei	en	ɛ	a	ɑ
ɑŋ	o	ɔ	u	oŋ	ə	ɚ	ɯ

说明：

《简志》说明：in、en、ɑŋ、oŋ的实际读音分别为 ĩ、ẽ、ã、õ。in 是专拼现代汉借词的。en 基本上也是现代汉借词专用的韵母，只有以鼻音和 h 为声母的固有词和 en 相拼而不和 ei 相拼，en 是 ei 的条件变体。当 i 接在 ts 列声母的后面时读作 ɿ，接在 t 列声母的后面时读作 ʅ。从我们的调查来看，《简志》提到的鼻化元音 ĩ、ẽ、ã、õ，除了 ã 是典型的鼻化元音外，其他的鼻音韵尾都没有完全失落，而是带一定的鼻韵尾。我们在行文中仍保留鼻音。

5.1.2 花垣汉语方言音系

关于花垣汉语方言的归属，有三种不同的观点：一种是认为花垣方言属湘方言吉溆片，如鲍厚星、颜森(1986)；一种是认为花垣方言属西南官话，大部分学者都是这种观点，如周振鹤、游汝杰(1985)，李蓝(1994)，陈晖、鲍厚星(2007)；还有一种认为花垣方言属于湘语和西南官话过渡性或混合性方言，如邹晓玲(2012)。花垣汉语方言，据石雯莉(2007)："全县汉语方言内部基本一致，通话毫无问题，但内部也有细微差别"。花垣方言可以分为三片：第一语片以花垣镇为代表，主要分布在花垣县东北部；第二语片以边城镇为代表，主要分布在花垣县西北部；第三语片以吉卫镇为代表，主要分布在镇、乡政府所在地。吉卫镇的汉语方言还未有直接的描写记录，但花垣县内部方言差异不大，我们参照石雯莉(2007)、邹晓玲(2012)关于花垣镇方言的音系，并根据我们的调查进行调整。

声调：4 个

阴平	阳平	上声	去声
44	22	54	35

说明：

(1) 阴平字邹晓玲(2012)记为 34，石雯莉(2007)记为 55，我们听腊乙坪汉话读音，不是邹晓玲记录的升调 34，也并不是一个跟普通话一样的高调55,我们记为44。阳平字邹晓玲(2012)记为22,石雯莉(2007)记为11,我们同邹晓玲记音。上声字邹晓玲(2012)记为54,石雯莉(2007)记为53,我们同邹晓玲记音。去声邹晓玲(2012)记为214,石雯莉(2007)记为35,我们听腊乙坪话读音,没有明显的曲折,我们同石雯莉记音。

(2)腊乙坪话声调的中古来源,与邹晓玲(2012)、石雯莉(2007)分析基本一致,主要特点是古平声按清浊分阴平、阳平两类,全浊上声归去声,入声大部分归阳平,但也有少部分归去声。

声母:30 个(包括零声母)

p	pʰ	b	m	f	
t	tʰ	d			l
ts	tsʰ	dz		s	z
tʂ	tʂʰ	dʐ		ʂ	ʐ
tɕ	tɕʰ	dʑ	ȵ	ɕ	
k	kʰ	g	ŋ	x	

说明:

腊乙坪话的声母系统与基本音韵特点与花垣话大部分一致,但也有下面的不同。

(1)邹晓玲(2012)、石雯莉(2007)都记录花垣话有浊音声母,且带音性质非常明显,这套浊音来源于古全浊平声塞音和塞擦音,腊乙坪话相同。不过如果是苗族人说腊乙坪汉话,说话人可能会受苗语的影响,把浊音发为鼻冠音。

(2)邹晓玲(2012)、石雯莉(2007)都记录花垣话精组洪音与知庄章组相混,一律读 ts 组声母,腊乙坪话则有 ts、tʂ 的区别,腊乙坪话知庄章组字主要读 tʂ 类音,但也有些字可能受花垣话的影响读 ts 类音。

韵母:32 个

ʅ	ɿ		a	ə˞	əu	ai	o		ɤ	ɛ̃	ē	aŋ	oŋ
i		ie	ia		iəu			ei	iɤ	iē	ĩ	iaŋ	ioŋ
u			ua		uai	io		ui		uɛ̃	uē	uaŋ	
											yɛ̃	yĩ	

说明:

腊乙坪话的韵母系统与基本音韵特点与花垣话有一些不同,主要有以下几点:

(1)花垣话遇摄邹晓玲(2012)记为 ɥ,石雯莉(2007)记为 y,腊乙坪话读 ʅ。止摄知庄章组字邹晓玲(2012)、石雯莉(2007)都为 ɿ,腊乙坪苗话主要读 ʅ。

(2)花垣话麻韵三等邹晓玲(2012)记为 i,石雯莉(2007)记为 i,腊乙坪话读 ie。

(3)效摄邹晓玲(2012)记为 ʌ 或 iʌ,石雯莉(2007)记为 au 或 iau,腊乙坪话读 əu 或 iəu。

(4)流摄邹晓玲(2012)记为 ɤ 或 iɤ,石雯莉(2007)记为 əu 或 iəu,腊乙坪话同邹晓玲记音。

(5)咸山摄邹晓玲(2012)记为 ā,石雯莉(2007)记为 an 的词,腊乙坪话读 ɛ̃。

5.2　花垣腊乙坪苗语的现代汉借词

5.2.1　腊乙坪苗语现代汉借词的来源及其判别

腊乙坪苗语的现代汉借词,主要来源于吉卫地区的汉语方言,另外随着普通话的推广,也有普通话的来源。就我们主要观察的材料,词汇面貌较新的现代汉借词较少,主要有以下几个方面的原因:(1)《词典》在体例里说明,对汉语借词收入的原则是 20 世纪前借入

的汉借词,还有现在还在苗区中通行的除苗族和汉族外的,其他
54 个少数民族名称汉语译音。从《词典》所收词条来看,确实很少
有从意义上看非常具有现代文化色彩的词语,如"电影、电话"这类
词语《词典》都未收录。(2)《词汇集》成书时间也较早,所收录的有
现代文化意义色彩的词也较少。(3)腊乙坪苗语里有不少近代时期
的汉借词,很多新事物,腊乙坪苗语还用意义差不多的老说法来称
呼,如"香皂",《词汇集》的说法是较早的"$zaŋ^4$ $tɕɛ^5$ 洋碱",其他的如
赌博—za^2 po^5 押宝,老师—$ɕɛ^3$ sei^3 先生。(4)腊乙坪苗语很多词语
的说法并不照搬汉语的说法,而是喜欢用苗汉合璧的说法或者用苗
语来意译,如,石油—$ɕɛ^1$ $zaŋ^4$ $ɯ^4$,按字面翻译是"油洋油",$ɕɛ^1$ 为腊
乙坪苗语固有词,鞭炮—$pʰo^5$ $ntɤ^3$,按字面翻译为"炮纸",意为纸炮,
$pʰo^5$(炮)是近代早期汉借词,$ntɤ^3$(纸)是固有词。以上的情况,如果
我们调查的时间比较晚近,并且调查的对象年纪较轻的话,所得到
的词汇面貌可能就很不一样了。如:"替",在《词典》和《词汇集》里,
都是近代早期的读音 $tɕʰi^5$,但是我们新近调查的发音合作人,就是
读作 $tʰi^1$,是现代的读音。"账",在《词汇集》里出现在"赖账"和
"账"两个词条里,都是 $tɕaŋ^1$,声母 $tɕ$ 是知组字近代时期的读音,但
我们新近调查的发音合作人,读为 $taŋ^1$,声母 t 是现代汉借词的
读法。

尽管如此,我们还是能从《词汇集》和《词典》里确定一定数量的
现代汉借词,我们判别的标准是:(1)有明显现代文化意义、语音面
貌也比较晚近的词。有现代文化意义的词,《词汇集》收了一部分,
《词典》虽然收得不多,但是也有一些,如"火车 ho^5 $tʰe^3$、飞机
hui^3 $tɕi^3$"等。另外《词典》还收了少数民族名称汉语译音。(2)语音
面貌上和我们判定的近代汉借词有明显差异,并且与腊乙坪汉话读
音较为一致的词,《词典》和《词汇集》里都有不少。虽然《词典》在体
例里说明了不收 20 世纪以前的汉语借词,但是,从我们的观察来
看,不少词已有明显的现代汉借词语音特征。一方面可能是由于编
者对词的时代断定有一定的主观性;另一方面,可能由于方言的更

替在 19 世纪晚期已经完成,那些按新音借入的词,即使是 20 世纪以前借入的,也算是现代汉借词。现代汉借词与近代汉借词具体的语音差异,参看 5.3.1 节中近代汉借词的来源与判别标准。

下面从声调、声母、韵母三个方面看腊乙坪苗语现代汉借词的语音特点。

5.2.2 腊乙坪苗语现代汉借词的语音特点

5.2.2.1 声调

腊乙坪苗语现代汉借词的声调,从与当地汉语方言的对应来看,是分别用 3、4、5、1 调来对应当地汉语方言的 1、2、3、4 声,从与中古汉语调类的对应来看,借词和当地汉语方言都是平分阴阳,入声主要归阳平,全浊上归去声。另外,从具体的调值来看,也可以看出借词和借源汉语方言的调值基本是一致的,只有阳平和入声字的调类,腊乙坪汉语是 22,腊乙坪苗语是 33,但这只是记音的不同。下面是腊乙坪苗语现代汉借词的声调与当地汉语方言及中古汉语调类的对应规律,表格中我们用"腊乙话"指腊乙坪汉语方言,下文仿此。

中古汉语调类	阴平	阳平、入声	上声(阴上、次浊上)	全浊上、去声、部分入声
腊乙话调类/调值	1/44	2/22	3/54	4/35
借词调类/调值	3/44	4/33	5/54	1/35

下面按中古调类举出例字。

中古调类	借词调类	借词举例
阴平	3	飞机 xʷi³ tɕi³ 火车 xo⁵ tʰe³ 西瓜(to¹)ɕi³ kʷɑ³
阳平	4	电池 tɕɛ¹ nts̩⁴ 车轮 tʰe³ len⁴ 培养 mpei⁴ zaŋ⁵ 崩龙族 pen³ luŋ⁴ tsu⁴
阴上	5	火车 ho⁵ tʰe³ 党(~派)taŋ⁵ 电影 tɕɛ¹ zi⁵ 纸烟 ts̩⁵ ze³
阳上(次浊)	5	培养 mpei⁴ zaŋ⁵ 理由 lji⁵ zɯ⁴

中古调类	借词调类	借词举例
阳上（全浊）	1	部（一～书）pu¹
阴去	1	布依族 pu¹ʑi³ tsu⁴ 冬至 tuŋ³ ʈʂ¹
阳去	1	保卫 po⁵ wei¹ 害 hɛ¹ 癫子 lɛ¹ tsʅ⁵ 电灯 tɕɛ¹ ten³
阴入	4	笔 pi⁴ 发痧 xʷɑ⁴ ʂɑ³ 犯法 xʷɛ¹ xʷɑ⁴
阳入	4	独龙族 tu⁴ luŋ⁴ tsu⁴

5.2.2.2　声母

腊乙坪苗语现代汉借词的声母读音，与当地汉语方言基本一致，从中古音类演变特点来看，与当地汉语方言也基本一样，即全浊平声读不送气浊音，全浊仄声读不送气清音，尖团不分，知庄章组合并读 tʂ 类音，与精组洪音读 ts 类音有别。下面是例词[1]：

腊乙话读音	借词读音	借词举例
p	p	笔 pi⁴ 保卫 po⁵ wei¹ 崩龙族 pen³ luŋ⁴ tsu⁴ 本事 pen⁵ sʅ¹
pʰ	pʰ	普米族 pʰu⁵ mi⁵ tsu⁴ 普通 pʰu⁵ tʰuŋ³ 偏心 pʰjɛ³ ɕen³
b	mp	培养 mpei⁴ zɑŋ⁵ 平常 mpjen⁴ ŋtɑŋ⁴
m	m	芒种 mɑŋ⁴ ʈuŋ¹ 满族 mɛ⁵ tsu⁴ 毛重 mo⁴ ʈuŋ¹
f	xʷ	飞机 xʷi¹ tɕi³ 费力 hʷi¹ lji¹ 发痧 xʷɑ⁴ ʂɑ³
t	t	电灯 tɕɛ¹ ten³ 大暑 tɑ¹ ʂu⁵ 冬至 tuŋ³ ʈʂ¹ 党（～派）tɑŋ⁵
	tɕ	电池 tɕɛ¹ ntsʅ⁴ 店子 tɕɛ¹ tsʅ⁵
tʰ	tʰ	讨厌 tʰo³ zɛ¹ 褪色 tʰei¹ sɛ⁴ 土族 tʰu⁵ tsu⁴
	tɕʰ	挑花 tɕʰo³ xʷɑ³

---

① 有些当地汉语方言的声母和韵母，腊乙坪苗语汉借词没有对应的例词，我们不列举，我们只列出有对应借词的。

腊乙话读音	借词读音	借词举例
d	nt	白糖 pe⁴ ntaŋ⁴ 堂屋 ntaŋ⁴ wu⁴ 团圆 ntɛ⁴ʑɛ⁴ 投降 ntɯ⁴ɕaŋ⁴
	ȵdʐ	条（～子）ȵdʐo⁴
l	l	崩龙族 pen³ luŋ⁴ tsu⁴
	lj	理由 lji⁵ʑɯ⁴ 立春 lji⁴ tʰen³
ts	ts	崩龙族 pen³ luŋ⁴ tsu⁴ 柚子 ʑɯ¹ tsʅ⁵ 灾 tsɛ³ 指挥 tsʅ⁵ xui³
tʂʰ	tsʰ	草烟 tsʰo⁵ʑɛ³
dz	nts	电池 tɕɛ¹ ntsʅ⁴ 词典 ntsʅ⁴ tɕɛ⁵
s	s	本事 pen⁵ sʅ¹ 算术 sɛ¹ su¹ 搜索 sɯ³ so⁴
tʂ	t	蜡烛 la⁴ tɯ⁴ 油纸 ʑɯ⁴ tʅ¹ 壮族 taŋ¹ tsu⁴ 值 tʅ⁴
tʂʰ	tʰ	车子 tʰe³ tsʅ⁵ 春分 tʰen³ xun³ 处暑 tʰu⁵ ʂu⁵
ʂ	ʂ	油水 ʑɯ⁴ ʂei⁵ 处暑 tʰu⁵ ʂu⁵ 法术 hʷa⁴ ʂu¹
ʐ	ʐ	让步 ʐaŋ¹ pu¹ 惹 ʐe⁵
tɕ	tɕ	街 tɕɛ³ 借口 tɕɛ¹ kʰɯ⁵
tɕʰ	tɕʰ	牵连 tɕʰɛ³ lje⁴ 气色 tɕʰi¹ se⁴ 清楚 tɕʰen³ tsʰu⁵
dʑ	ȵtɕ	齐崭 ȵtɕi⁴ tse⁵ 情节 ȵtɕen⁴ tɕe⁴
ȵ	ȵ	情义 ȵtɕen⁴ ȵi¹
ɕ	ɕ	西瓜（to¹）ɕi³ kʷa³ 锡伯族 ɕi⁴ pe⁴ tsu⁴ 心思 ɕen³ sʅ¹
k	k	西瓜（to¹）ɕi³ kʷa³ 功课 kuŋ³ kʰo¹ 官司 kʷɛ³ sʅ³
kʰ	kʰ	功课 kuŋ³ kʰo¹ 考（～试）kʰo⁵ 口才 kʰɯ⁵ ntsɛ⁴
x	x	电话 tɕɛ¹ xʷa¹ 火车 xo⁵ tʰe³ 回族 xʷi⁴ tsu⁴
Ø	w	保卫 po⁵ wei¹
	ʐ	培养 mpei⁵ ʐaŋ⁵ 理由 lji⁵ʑɯ⁴ 草烟 tsʰo⁵ʑɛ³

需要说明的有两点：

第一，腊乙坪苗语用鼻冠塞音和鼻冠塞擦音对应当地方言的浊塞音和浊塞擦音,这是因为腊乙坪苗语没有与当地汉语方言一致的浊塞音和浊塞擦音,鼻冠塞音和鼻冠塞擦音是与当地汉语方言浊音最相似的音①。

第二,当地汉话的 t 类音,腊乙坪苗语用 t 和 tɕ 类音来对应,基本条件是在洪音前读 t 类音,在细音前读 tɕ 类音,这是因为腊乙坪苗语固有词 t 不出现在细音前,因此腊乙坪苗语汉借词,也遵循这个声韵配合规律,把借源细音前的 t,读成了 tɕ。不过,从我们新近的调查来看,我们调查的发音合作人汉语水平可能较高,细音前的 t 仍然保持 t。

5.2.2.3　韵母

腊乙坪苗语现代汉借词的韵母的读音,也与当地方言基本一致,下面是例词:

腊乙话读音	借词读音	借词举例
ɿ	ɿ	官司 kʷɐ³sɿ³　心思 ɕen³sɿ¹　本事 pen⁵sɿ¹　电池 tɕɛ¹ntsɿ⁴
ʅ	ʅ	冬至 tuŋ³tʅ¹　油纸 ʐɯ⁴tʅ⁵　值 tʅ⁴
i	i	西瓜 (to¹)ɕi³kʷɑ³　理由 lji⁵ʐɯ⁴　立春 lji⁴tʰen³
u	u	崩龙族 pen³luŋ³tsu⁴　让步 ʐɑŋ³pu¹　处暑 tʰu⁵ʂu⁵
a	ɑ	大暑 tɑ¹ʂu⁵
əu	o	保卫 po⁵wei¹　考(～试)kʰo⁵　草烟 tsʰo⁵ʐɛ³
ai	ɛ	害 xɛ¹　癞子 lɛ¹tsɿ⁵
o	o	火车 xo⁵tʰe³　功课 kuŋ³kʰo¹
ei	ei	培养 mpei⁴ʐɑŋ⁵
	e	火车 xo⁵tʰe³　气色 tɕʰi¹se⁴

---

①　"相似"体现在腊乙坪苗语的鼻冠音声母与当地汉语方言浊音声母,发音部位相同,鼻冠音的鼻音部分也与浊音一样,有声带的振动,另外,据余金枝老师告知,描写腊乙坪苗语的鼻冠音声母,由于协同发音,塞音和塞擦音部分的实际读音也为浊音。

（续表）

腊乙话读音	借词读音	借词举例
ɤ	ɯ	借口 tɕe¹kʰɯ⁵ 投降 ntɯ⁴ɕaŋ⁴ 搜索 sɯ³so⁴
ā	ɛ	满族 mɛ⁵tsu⁴ 齐崭 n̩tɕi⁴tsɛ⁵
ē	en	崩龙族 pen³luŋ⁴tsu⁴ 本事 pen⁵sʅ¹
aŋ	ɑŋ	让步 ʐɑŋ¹pu¹ 白糖 pe⁴ntɑŋ⁴ 堂屋 ntɑŋ⁴wu⁴
oŋ	uŋ	毛重 mo⁴ʈuŋ¹ 普通 pʰu⁵tʰuŋ³
ie	(i)e①	情节 n̩tɕen⁴tɕe⁴
ia	(i)ɑ	夏至 ɕɑ¹tsʅ¹ 下凡 ɕɑ¹xʷɛ⁴
iao	(i)o	挑花 tɕʰo³xʷɑ³ 条(~子)n̩dzo⁴
iɤ	(i)ɯ	油水 ʐɯ⁴ʂei⁵
iē	(i)ɛ	电池 tɕe¹ntsʅ⁴ 牵连 tɕʰɛ³lje⁴ 偏心 pʰje³ɕen³
ī	(i)en	清楚 tɕʰen³tsʰu⁵ 情节 n̩tɕen⁴tɕe⁴
iaŋ	(i)ɑŋ	乡 ɕaŋ³ 香瓜(to¹)ɕaŋ³kʷɑ³
ioŋ	(i)uŋ	凶险 ɕuŋ³ɕɛ⁵
ua	(u)ɑ	电话 tɕe¹xʷɑ¹ 西瓜(to¹)ɕi³kʷɑ³ 法术 xʷɑ⁴ʂu¹
ui	(u)ei	保卫 po⁵wei¹
	ei	油水 ʐɯ⁴ʂei⁵
uē	(u)ɛ	官司 kʷɛ³sʅ³ 算术 sɛ¹su¹ 犯法 xʷɛ¹xʷɑ⁴
uē	en	立春 lji⁴tʰen³
uaŋ	(u)ɑŋ	放学 xʷɑŋ¹ɕɔ²
yē	(i)ɛ	团圆 nte⁴ʑɛ⁴ 花垣 xʷɑ³ʑɛ⁴

从上表可以看出，腊乙坪苗语汉借词的韵母，与当地方言韵母

---

① 《简志》把腊乙坪苗语的介音，都处理为声母的发音特征，本书在汉语韵母和借词韵母的对应部分，用括号把介音标示出来。

基本一致。当地汉语方言有些韵母,腊乙坪苗语音系里没有完全对应的读音,腊乙坪苗语用相似音来代替。如当地汉语的撮口呼韵母yē,腊乙坪苗语用对应的齐齿呼韵母来对应。腊乙坪苗语除了软腭音声母和小舌音声母可以与 w 搭配,其他声母不与 w 搭配,因此,当地汉语方言齿龈音(舌音前音)声母与合口呼相拼的汉借词,腊乙坪苗语用开口呼韵母对应。

5.3　花垣腊乙坪苗语的近代汉借词

5.3.1　腊乙坪苗语近代汉借词的判别及其与现代汉借词的语音差异

腊乙坪苗语近代汉借词,应与现代汉借词一样,也是来源于腊乙及其周边地区的汉语方言,但是近代时期,腊乙地区的汉语方言应与现在腊乙地区的汉语方言面貌不同,具体讨论见 5.5 节。腊乙坪苗语的近代汉借词,又可分为近代早期和近代晚期两个小层。从语音上来看,近代早期和晚期汉借词都与现代汉借词不同,但近代早期和晚期汉借词彼此又有差别,尤其是声调方面,近代早期的更接近湘语辰溆片,近代晚期汉借词则与现代汉借词相同。这可能由于腊乙坪汉借词的借源汉语方言更替是一种连续性的更替,并不是一下就从一种方言转换为另一种方言,因此近代晚期汉借词,就兼具近代和现代的特点,即具有过渡性。近代汉借词与中古汉借词语音特征有显著差异,并且大部分可以以是不是苗瑶语或苗语共同词为参照,因此较为容易区分,具体参看 5.4 节部分关于腊乙坪苗语中古汉借词的讨论。近代汉借词与现代汉借词有不少差异,但也有很多相同之处,因此要完全清楚地划分较为困难,我们依据的主要有以下几个方面:

一是根据《词典》,《词典》的收词原则是只收 20 世纪以前借入的汉借词,因此,《词典》里那些从词汇面貌上来看比较晚近,但又没有现代文化色彩的词,一般就为近代汉借词。二是根据我们针对性的调查,我们对一些汉借词进行调查,要求发音人分别用苗音和汉音来读,大部分词发音人发的"苗音",就是近代汉借词的读音,汉音是当地方言的读音,与"苗音"有显著差异。如"韭菜","苗音"是 qʷɑŋ⁴ cɯ⁵ tsʰa¹(蒜韭菜),汉音是 tɕɤu⁵ tsʰɛ¹,这里的"苗音"明显就是近代时期的读音。三是从语音特征进行判断,近代汉借词与现代汉借词语音上的明显差异有以下几点:

近代早期汉借词,与现代汉借词声调上有明显差异:近代汉借词阴平字读第 1 调,现代汉借词读第 3 调;近代汉借词阳平字读第 2 调,现代汉借词读第 4 调;近代汉借词阴上声字读第 3 调,现代汉借词阴上字、包括次浊上声字读第 5 调;近代汉借词阳上包括全浊上与次浊上以及阳去字读第 6 调,现代汉借词全浊上、阳去、阳去字读第 1 调;近代汉借词入声字部分读第 2 调,部分读第 3 调,现代汉借词入声字与阳平字声调相同,读第 4 调。

声母方面,近代汉借词与现代汉借词的差异主要在于知章组和见组细音读音:近代汉借词知章组读 tɕ 类音,与庄组读 ts 类音或 t 类音有别,现代汉借词主要读 t 类音或 ts 类音,与庄组字相同;近代汉借词见组细音前读 k 类音(音系处理上把 ki 类音处理为 c 类音)。

韵母方面,近代汉借词与现代汉借词的差别有:果摄合口字近代汉借词读 u,现代汉借词读 o;遇摄近代汉借词读 ɯ,现代汉借词读 u;蟹摄开口一二等近代汉借词读 a,现代汉借词读 ɛ。

以上是近代早期汉借词都具备的特点,另有一部分词,声调方面与现代汉借词一致,但是声母或韵母与近代早期汉借词一致,我们看作近代晚期汉借词。

根据以上标准,我们确定的腊乙坪苗语近代汉借词有 350 余条。有些汉借词,无论从语音上,还是词汇面貌上,我们无法确定是近代汉借词还是现代汉借词的词,我们一般存疑,不进行时代层次的划分。下面来看腊乙坪苗语近代汉借词的语音特征。

5.3.2　腊乙坪苗语近代汉借词的语音特征

腊乙坪苗语的近代汉借词,根据语音表现的差异,可以分为近代早期和近代晚期两个层次。这两个层次的汉借词,声母和韵母语音特征基本相同,声调方面存在差异。因此声调的例词我们分开举出,声母、韵母的例词我们合并举出。

5.3.2.1　声调

中古四声八调在腊乙坪苗语近代早期汉借词里的表现主要是,平分阴阳,上声阴上保持不变,次浊上声和全浊上声归入阳去,去声分阴去、阳去,入声主要归阳平,部分阴入字归上声。下面是腊乙坪苗语与中古汉语调类的对应规律。

中古调类	阴平、阳平擦音	阳平、入声	阴上、部分阴入	阴去	次浊上、全浊上、阳去
借词调类	1	2	3	5	6

下面我们按中古调类的顺序来举例:

中古调类	借词调类	借词举例
阴平	1	催 ts^hei^1 街 ca^1 斋堂(plɯ³ 房子)tsa^1
阳平	2	赢 $\textit{z}en^2$ 城 $ȵtɕen^2$ 堂 $ntaŋ^2$ 图(贪～)$ntɯ^2$ 傩公(pa³)nu^2
	1	时(～辰)$ɕi^1$ 旋 $ɕɛ^1$ 房 $x^waŋ^1$
阴上	3	斗(一～)$tɯ^3$ 伞 se^3 锁 su^3 板(棺材)pe^3
阳上	6	柜 ce^6 件(一～)$cɛ^6$ 理(～词)lji^6 礼 lji^6
阴去	5	皇帝 $waŋ^2tɕi^5$ 炮(各种枪炮总称)p^ho^5 替 $tɕ^hi^5$
阳去	6	样(模～)$\textit{z}aŋ^6$ 庙 mju^6 夜 zi^6 怒 nu^6
	5	害(诗歌中用)xa^5
阴入	2	节气 $tse^2c^hi^1$ 刮 k^wa^2 急 ci^2 夹子(qo¹)ca^2
	3	尺子(qo¹)$tɕ^hi^3$ 发(～芽)x^wa^3
阳入	2	钥匙 $\textit{z}u^2ɕi^1$ 押(～宝)za^2 学 $ɕo^2$
	3	合理 xo^3li^6 罚 x^wa^3 服(～气)xu^3

下面有三点需要说明：

第一，部分全浊阳平字，与阴平字读为相同调类，读为第 1 调。其形成原因，可能与借源汉语无关，而应与腊乙坪苗语自身的声韵调配合规律有关。这些字的共同特点是声母都为擦音，腊乙坪苗语固有词擦音声母，不与阳调类即 2、4、6 调配合，只出现在阴调类，即 1、3、5 调，借词在近代早期被借入的时候，受该规律影响，也只出现在阴调类。但是，一种语言向另外一种语言借用词语，一般应遵循语音相似原则，如果语音差异过大，苗族人能听出差别，即使不符合固有词声韵配合规律，应也不能用差异较大的音来借相同的音，现代汉借词就是如此。我们推测，这时借源汉语的阴平和阳平调值差异应不是很大，苗语 1 调和 2 调差异也不大。凯里养蒿苗语、贵阳甲定苗语的古汉借词也有这样的现象，可参看相关章节。

第二，全浊上声、次浊上声汉借词与全浊去声汉借词读为相同调类，都为第 6 调。应是借入的时候，借源汉语全浊、次浊上声都已与全浊去声合并。大部分汉语方言次浊上声都是与阴上读为相同调类，腊乙坪苗语近代汉借词的借源汉语与阳上读为一类，较为特殊。

第三，入声字大部分与阳平字读为相同调类，读第 2 调，部分阴入字还与阴上读为相同调类，读第 3 调，因此，借入这批汉借词的时候，借源汉语方言的入声调应已与非入声调合并。不过，读第 3 调的入声字，我们不能确定是借入以前在借源汉语里就是这样的读的，还是借入的时候借源汉语还保持入声，借入以后随苗语固有词发生音变变为第 3 调，因为腊乙坪苗语固有词的第 7 调，也是与第 3 调合并。

近代晚期汉借词的声调与现代汉借词表现一样，声母或韵母与现代汉借词不同，我们不单独列出对应规律，下面按中古调类的顺序来举例：

中古调类	借词调类	借词举例
阴平	3	车(～谷子)tɕʰe³ 砖 tɕe³ 充(冒～)tɕʰuŋ³ 斋 tsa³
阳平	4	排(木～)mpa⁴ 场(赶～)n̥tɕaŋ⁴
	3	逢(遇到)xuŋ³ 荷包 xu³po¹ 还是 xɑ³ʂ̩¹
阴上	5	改 ca⁵ 火(～镰)xu⁵ 打赌 ta⁵tu⁵ 狡猾 co⁵xʷa³
阳上	1	待(招～)ta¹ 黄鳝 waŋ²ɕɛ¹
阴去	1	菜 tsʰa¹ 带 ta¹ 架(～子)cɑ¹ 串 tɕʰɛ¹ 货 xu¹
阳去	1	害 xa¹ 忌(禁～)ci¹ 芋(洋～)ʑi¹ 赖 la¹

需要说明的有两点：

第一，与现代汉借词不同，该层部分擦音声母的阳平字，与阴平字读为同一调类，都用第 3 调来借，其原因应与近代前期汉借词一样，是由于腊乙坪苗语的擦音声母不出现在阳调类。

第二，该时期的入声字汉借词，有可能与现代汉借词一样，与阳平字读为同一调类，读为第 4 调，但我们没找到声母、韵母有明显近代汉借词特点的例词，因此不能判断读第 4 调的入声字哪些是近代汉借词，表格中也未举出相应例字。

5.3.2.2　声母

腊乙坪苗语近代汉借词声母表现，不少与现代汉借词一样，如全浊平声读浊音，仄声读不送气塞音或塞擦音，端组在细音(或三四等)后读 tɕ 类音[1]，但也有几个重要的特点。下面我们先举出例词，再对近代汉借词的几个语音特点进行说明。表格里举出的例词包括近代早期汉借词和近代晚期汉借词，我们以"／"隔开，"／"前的为近代早期汉借词，"／"后的为近代晚期汉借词。"--"表示无对应例词。

---

[1]　最新的端组汉借词，在细音前读 t，不再腭化。

中古声类	借词读音	借词举例
帮 p	p	板(棺材)pɛ³ 拜(～年)pa⁵ 堡(城～)po³/百(～合)pa³ 摆 pa⁵ 败 pa¹ 逼 pje³
滂 pʰ	pʰ	炮 pʰo⁵ 骗 pʰje⁵ 片(木～)pʰjɛ⁵ 铺 pʰu¹ 漂(～洗)pʰjo¹/--
並 b	mp	陪 mpei² 坪(～地)mpi² 凭 mpjen²/排(量词)mpa⁴ 牌 mpa⁴
明 m	m	磨(折～)mo² 茅厕 mo²sɹ³ 模(～子)mo² 麻(蓖～子) ma² 木(～马)mu² 棉花 mi²xua¹/--
非 p	xʷ	--/发(～苋)xʷa²
奉 b	xʷ	烦 xʷɛ¹ 肥 xʷei¹ 浮 xu¹ 房 xʷaŋ¹/服(～气)xu³ 罚 xʷa³ 逢(遇到)xuŋ³
微 m	w	网 waŋ⁶ 舞(～动)wu⁶/--
端 t	t	东(～西)toŋ¹ 冬(～月)₊₋月 toŋ¹ 斗(量词)tɯ³/赌 tɯ⁵ 多 tu³
	tɕ	皇帝 waŋ²tɕi⁵ 点(～种)tɕɛ³/--
透 tʰ	tʰ	--/太平 tʰa¹mpi⁴ 探(侦查)tʰɛ¹
	tɕʰ	替 tɕʰi⁵ 铁 tɕʰe³/--
定 d	nt	糖 ntaŋ² 堂 ntaŋ² 投(～奔)ntɯ² 图 ntɯ² 同 ntuŋ² 屠 夫 ntɯ²xu¹/--
	ȵtɕ	提 ȵtɕi²/--
	t	洞 tuŋ⁶/待(招～)ta¹ 台(级)ta⁴
	tʰ	抬 tʰa²/--
泥 n 娘 ȵ	n	难 nɛ²/--
来 l	l	楼 lɯ² 鸬(～鹚)lɯ² 笋 lu² 骡子 lu² 捞 lɯ⁶ 老实 lo⁶ɕi¹ 拢 (归～)luŋ⁶/赖账 la¹tɕaŋ¹ 癞 la¹ 绿(～豆)lɯ²
	lj	上粮 ɕaŋ¹ljaŋ² 八角莲 pa³ko³ljɛ² 梁 ljaŋ² 犁 lji² 淋 lji² 连 枷 ljɛ²ȵca¹ 礼(～物)lji⁶ 理(～词)lji⁶ 里子 qo¹lji⁶/火 镰 hu⁵ljɛ⁴

（续表）

中古声类	借词读音	借词举例
精 ts	ts	--/节（～气）tse^2
	tɕ	蕉（芭～）tɕɤ^1/--
清 tsʰ	tsʰ	清（水～）tsʰen^1/韭菜 cɯ^5 tsʰa^1 漆 tsʰei^2 青 tsʰei^3 请 tsʰen^5
从 dz	nts	鸬鹚 lɯ^2 ntsɯ^2/--
	tsʰ	裁缝 tsʰa^2 xuŋ^1 财喜 tsʰa^2 ɕi^5/--
心 s	s	伞 se^3 锁 su^3 惜（可～）sei^3/心慌 sen^3 xʷaŋ^3 新鲜 sen^3 ɕen^3 信 sen^1 选 sɛ^5
	ɕ	--/新鲜 sen^3 ɕen^3
邪 z	ɕ	旋（～转）ɕɛ^1/--
知 ʈ	tɕ	--/账（赖～）tɕaŋ^1 帐子 tɕaŋ^1 tsʅ^5
彻 tʰ	tsʰ	--/拆 tsʰe^3
澄 ɖ	ɳtɕ	城池 qo^{1}ɳtɕi^2/场（集市）ɳtɕaŋ^4
	tɕ	--/仗 tɕaŋ^1 值 tɕi^2
庄 tʂ	ts	--/斋 tsa^3 榨 tsa^1
初 tʂʰ	ts	差错 tsʰa^1 插 tsʰa^3/--
章 tɕ	tɕ	--/砖 tɕɛɛ^3 照镜（镜子）tɕo^1 cin^1 招呼 tɕo^3 xu^3 章（文～）tɕaŋ^3 咒（～骂）tɕɯ^1
昌 tɕʰ	tɕʰ	--/充 tɕʰuŋ^3 铳 tɕʰuŋ^1 车 tɕʰe^3 冲（～刷）tɕʰuŋ^3 尺子 tɕʰi^3 串 tɕʰɛ^1 穿方 tɕʰɛ^3 xʷaŋ^3
船 ʑ	ɕ	--/老实 lo^6 ɕi^1 蚀本 ɕe^3 pen^5
书 ɕ	ɕ	声（～音）ɕen^1 收（～回）ɕɯ^1/伤 ɕaŋ^3 商量 ɕaŋ^3 ljaŋ^4 赏（奖～）ɕaŋ^5 世（一辈子）ɕi^1 舍 ɕɛ^5 升 ɕaŋ^3 手（着～）ɕɯ^5
禅 dʑ	ɳtɕ	城（～邑）ɳtɕen^2/常（平～）ɳtɕaŋ^4
	ɕ	时（～辰）ɕi^1/石膏 ɕi^3 ko^3 黄鳝 waŋ^2 ɕɛ^1 钥匙 zu^2 ɕi^1
日 ɳ	z	染 zɛ^6/--

（续表）

中古声类	借词读音	借词举例
见 k	k	沽 ku³/怪 kʷa¹ 过 ku¹
	c	街 ca¹ 件 ce⁶/急 ci² 戒 ca¹（～除）改 ca⁵ 斤 cin³ 救 cɯ¹ 韭菜 cɯ⁵ tsʰa¹ 架子 ca¹ tsٍ⁵
溪 kʰ	kʰ	宽 kʰʷaŋ¹/苦（穷～）kʰɯ⁵ 壳（外～）kʰu¹ 快活 kʰʷa¹ xu³
	cʰ	挂牵（牵挂）qʷa¹ cʰɛ¹/解劝 ca⁵ cʰɛ¹ 起头 cʰi⁵ tɯ² 气（生～）cʰi¹ 开 cʰa³
群 g	ɲc	求 ɲcɯ²/柳旗 li⁶ ɲci⁴
	c	柜 ce⁶ 件 ce⁶/忌（禁～）ci¹ 轿 co¹ 舅 cɯ¹
疑 ŋ	w	玩 wɛ² 端午 tɛ³ wu⁶ 窑瓦（瓦窑）ʐo² wa⁶/--
	ʑ	银（～锭）ʑen²/--
影 ʔ	ʑ	--/押宝（赌博）ʑaˀ² po⁵
晓 h	x	荒 xʷaŋ¹ 棉花 mi² xʷa¹/慌张 xʷaŋ³ n̥tɕaŋ³ 伙（一～）xu⁵ 海 xa⁵ 火镰 xu⁵ ljɛ⁴ 货（～物）xu¹ 犀 xɯ¹
	ɕ	--/学 ɕo² 财喜 tsʰa² ɕi⁵
匣 ɦ	x	害（在诗歌中用）xa⁵/还是 xɑ³ sٍ¹ 合（～意）xu² 洋荷 ʐaŋ² xu³ 壶 xu³
	w	皇帝 waŋ² tɕi⁵ 回（一～）wa²/--
云 ɦ	w	围 wa²/围腰 wei² ʐo³
以 j	ʑ	洋荷 ʐaŋ² xu³ 样（模～）ʐaŋ⁶ 营 ʑen² 赢 ʑen² 油 ʑo² 游（～玩）ʑɯ²/匀（均～）ʑi² 摇架 ʐo² ca¹ 夜 ʑi⁶ 移（～动）ʑi²/钥匙 ʑu² ɕi¹

以上是腊乙坪苗语近代汉借词与中古汉语声母的对应，关于腊乙坪苗语近代汉借词的语音特征，有以下几个方面：第一，古全浊平声字，腊乙坪苗语近代汉借词的主要读音是鼻冠塞音，这与现代汉借词是一致的，说明近代时期腊乙坪苗语的借源方言的全浊平声字应也是浊音读法。第二，近代汉借词深臻曾梗摄精组三四等字主要读为 ts 类音，未腭化，现代汉借词一般腭化为 tɕ 类音。第三，近代

汉借词知三章组字主要读 tɕ 类音，与知二庄组读音有别，现代汉借词知庄章组合流为 t 类音或 ts 类音。第四，近代汉借词见组三等、四等以及少部分一等、二等字读硬颚音 c、cʰ。读 c 类音的一等字，一般限于在前低元音 a 前，如"开"cʰa^3。现代汉借词一等读 k 类音，二三四等读 tɕ 类音。

5.3.2.3　韵母

腊乙坪苗语近代汉借词的韵母，与现代汉借词大部分一致，但也有几点重要的不同，下面我们先列出例词。

中古摄	中古韵	借词读音	借词举例
果	开一歌 ɑ	u	箩 lu^2 傩（～公）nu^2 / 多 tu^3 洋荷 zaŋ^2 xu^3
	合一戈 uɑ	u	骡 lu^2 锁 su^3 / 火镰 xu^5 ljɛ^4 伙（一～）xu^5 货（～物）xu^1
假	开二麻 ɣæ	ɑ	麻（蓖～）mɑ^2 耙 pɑ^2 / 加（参～）cɑ^3 架子 cɑ^1 tsʅ^5
	开三麻 ia	e	--/车（～子）tɕʰe^3 舍 ɕe^5
		ɑ	--/赊 ɕɑ^3
		i	夜 zi^6/--
遇	合一模 uo	ɯ	屠夫 ntuɯ^2 xuɯ^1 图（贪求）ntuɯ^2 鸬鹚 luɯ^2 ntsuɯ^2 掳 luɯ^6 赌（押宝）tuɯ^5 庠 xuɯ^1 股 kuɯ^5 苦（穷～）kʰuɯ^5
	合三虞 iu	ɯ	屠夫 ntuɯ^2 xuɯ^1/输 ʂuɯ^3
蟹	开一咍 əi	a	裁缝 tsʰa^2 xuŋ^1 财喜 tsʰa^2 ɕi^5 抬 tʰa^2/韭菜 cuɯ^5 tsʰa^1 优待 zuɯ^3 ta^1 海 xa^5 开 cʰa^3 改 ca^5
	开一泰 ɑi	a	--/带 ta^1 害 xa^1 赖账 la^1 tɕaŋ^1 太 tʰa^1
	开二皆 ɣei	a	排（量词）pʰa^2 斋 tsa^1 拜 pa^5/戒（～烟）ca^1 排 mba^4
	开二佳 ɣɛ	a	街 ca^1/摆 pa^5 差（～役）tsʰa^3 牌 mpa^4 解劝 ca5cʰɛ^1
	开四齐 ei	i	皇帝 waŋ^2 tɕi^6 礼 lji^6 提（酒～）ntɕi^2 替 tɕʰi^5 犁 lji^2/计 ci^1
	合一灰 uoi	ei	催 tsʰei^1/--

（续表）

中古摄	中古韵	借词读音	借词举例
止	开三支 ie	i	移(～动)ʑi^2 池(城～)nʈɕi^2/钥匙 ʐu^{2}ɕi^1
	开三脂 i	i	--/季(～节)ci^1
	开三之 ɿ	i	理(道～)lji^6 里(～子)lji^6 旗(～子)ci^2 时(～辰)ɕi^1/忌(禁～)ci^1 起头 cʰi^{i5}tɯ^2
	开三微 ii	i	值 tɕi^2 依(～从)ʑi^1/气 cʰi^2 几 ci^5
	合三微 uii	ei	围(包～)wei^2/贵 kei^1
效	开一豪 ɑu	o	堡 po^3 老实 lo^{6}ɕi^1/--
	开二肴 ɣɛu	o	茅厕 mo^{2}sɿ^3 炮 pʰo^5 交 ko^1 巧(技～)cʰo^3/打搅 tɑ^{5}co^5
	开三宵 iɛu	o	窑(瓦～)ʐo^2 摇 ʐo^2 轿 co^1 招呼 tɕo^{3}xu^3 照镜(镜子)tɕo^{1}cin^1
	开四萧 eu	o	--/苕(薯)ɕo^3 缴 co^5
流	开一侯 u	ɯ	斗 tɯ^3 楼 lɯ^2 起头 cʰi^{i5}tɯ^2/--
	开三尤 iu	ɯ	求 ɲcɯ^2 留 ljɯ^2 游(～荡)ʐɯ^2/救 cɯ^1 舅 cɯ^1 收 ɕɯ^3 韭菜 cɯ^{5}tsʰa^1
咸	开一覃 əm	ɛ	楠京木(ntu^5)nɛ^{2}cin^1/探(侦查)tʰɛ^1
	开三盐 iɛm	ɛ	染 ʐɛ^6/火镰 xu^{5}ljɛ^4
	开一合 əp	u	合(～拢)hu^1/--
	开二洽 ɣɛp	ɑ	插 tsʰɑ^3/夹 cɑ^2(～衣)
	开四添 em	ɛ	点(～种)tɕɛ^3/簟(晒席)tɕɛ^1 嫌 ɕɛ^3
深	开三侵 im	i	淋 lji^2/--
		en	--/心(担～)sen^3
	开三缉 ip	i	--/立 lji^2 急 ci^2

（续表）

中古摄	中古韵	借词读音	借词举例
山	开一寒 ɑn	ɛ	伞 sɛ^3 难 nɛ^2/--
	开二山 ɣiɛn	ɛ	--/限 xɛ^1
	开二删 ɣan	ɛ	板 pɛ^3/--
	开三仙 iɛn	ɛ	连枷 ljɛ^2 ɲcɑ^1 件 cɛ^6 片 pʰjɛ^5 钱 tɕɛ^2 篇 pʰjɛ^1/黄鳝 waŋ^2 ɕɛ^1
	开四先 en	ɛ	挂牵(牵挂)qʷɑ^1 cʰɛ^1 八角莲 pɑ^3 ko^3 ljɛ^2/--
	开四屑 et	e	铁 tɕʰe^3/节(~气)tse^2
	合一桓 uɑn	ɛ	盘(~歌)mpɛ^2 玩 wɛ^2 端午 tɛ^3 wu^6
	合三仙 uiɛn	ɛ	旋(回~)ɕɛ^1/砖 tɕɛ^3 选 sɛ^5 劝 cʰɛ^1
	合三元 uiɛn	ɛ	烦 xʷɛ^1/冤枉 ʑɛ^3 waŋ^6
	合一魂 uon	ei	--/寸 tsʰei^1
	合三谆 uin	i	匀均(均匀)ʑi^2 ntsei^1/--
臻	开三真 in	en/in	--/信 sen^1 紧 cin^5
	开三质 it	ei	--/漆 tsʰei^2
	合一魂 uon	en	本(根底)pen^3 盆(~子)pen^2/--
	合三谆 uin	en	匀 ʑen^2/--
	合三文 iun	en	军(~装)cin^1/--
宕	开一唐 ɑŋ	ɑŋ	糖 ntɑŋ^2 堂 ntɑŋ^2/--
	开一铎 ak	e	--/格 ce^2
	开三阳 iɐŋ	ɑŋ	样(那~)ʑaŋ^6 粮 ljaŋ^2 墙 tɕaŋ^2 洋荷 ʑaŋ^2 xu^3/伤 ɕaŋ^3 商(~量)ɕaŋ^3 章(文~)tɕaŋ^2 场(集市)ɲtɕaŋ^4 仗 tɕaŋ^2 账(赖~)tɕaŋ^1 帐子 tɕaŋ^1 tsʅ^5
	开三药 iɐk	u	--/钥(~匙)ʑu^2
	合一唐 uɑŋ	ɑŋ	皇(~帝)waŋ^2 荒 xʷaŋ^1 房(~间)xʷaŋ^1/慌张 xʷaŋ^3 ɲtɕaŋ^3
	合三阳 uiɐŋ	ɑŋ	网 waŋ^6/--

（续表）

中古摄	中古韵	借词读音	借词举例
曾	开三蒸 iŋ	en	升(量器)ɕen^1 凭 mpjen^2 平(～整)mpjen^2/--
	开三职 ik	e	逼 pje^3 色(败～)se^3/--
梗	开二陌 ɣɛk	e	拆 tsʰe^3/--
	开二麦 ɣɛk	e	--/隔 ce^2
	开三庚 ɣiaŋ	en/in	坪 mpjen^2/照镜(镜子)tɕo^{1}cin^1
	开三清 iɛŋ	en	城(～邑)ntɕen^2 清 tsʰen^1 营 ʑen^2 声(～音)ɕen^1 赢 ʑen^2/请 tsʰen^5 姓 sen^1
	开三昔 iɛk	i	尺 tɕʰi^3 石(火～)ɕi^3/--
	开四青 eŋ	in/en	--/经(～受)cin^3
通	合一东 uŋ	uŋ	东(～西)tuŋ^1 洞 tuŋ^6 拢(归～)luŋ^6 同 ntuŋ^2 笼 luŋ^2/--
	合一屋 uk	u	服(～侍)xu^3/--
	合三东 iuŋ	uŋ	--/弓 cuŋ^3 铳 tɕʰuŋ^1 充(冒～)tɕʰuŋ^3
	合三钟 ioŋ	oŋ	裁缝 tsʰa^2 xuŋ^1/--
	合三烛 iok	ɯ	--/绿 lɯ^2

从上表可以看出,腊乙坪苗语近代汉借词的韵母,一方面,近代早期和近代晚期差异较小;另一方面,如果与现代汉借词的韵母相比,也是大部分一致。与现代汉借词不同的有以下几点:

第一,近代汉借词果摄字读 u,现代汉借词读 o。

第二,近代汉借词蟹摄一二等读 a,现代汉借词一般读 ɛ。

第三,近代汉借词遇摄模韵字与流摄侯尤韵字读音基本一样,都读 ɯ,现代汉借词模韵读 u,尤韵读 ɯ,不合流。

5.3.3　腊乙坪苗语近代汉借词的湘语特征

以上我们总结了腊乙坪苗语近代借词的语音特征,可以看出,这些汉借词与现代汉借词存在不小的差异,其借源方言,应也是与现代汉借词属西南官话的借源方言有巨大的差异。通过与邻近方言的比对,我们发现腊乙坪苗语近代汉借词的特征,与属湘方言的湘语辰溆片语音特征有不少共同之处。下面我们根据瞿建慧(2008)《湘语辰溆片语音研究》对湘语辰溆片语音特征的总结,进行初步的比较。更细致深入的研究,还需要结合更多的材料进行探讨。

5.3.3.1　腊乙坪苗语近代汉借词的湘语特点

瞿建慧(2008)《湘语辰溆片语音研究》总结出了 20 条湘语辰溆片的语音特点,经过比较,腊乙坪近代汉借词与之符合的占大多数,有些我们找不到足够的例字,看不出来是与辰溆片语音特点符合还是不符合,有些虽与辰溆片语音特点不一致,但也并不重要。下面列出腊乙坪近代汉借词与辰溆片汉语方言语音相同的 6 条主要特点:

第一,辰溆片古全浊声母平声字今逢塞音、塞擦音时读不送气浊音,仄声字清化,腊乙坪苗语近代汉借词表现相同。

这条特征是湘语辰溆片非常重要的语音特点,不过不能仅凭该条特征判断其方言归属,因为除了花垣,吉首、保靖、古丈、沅陵的方言也都具备这个特征,但学者一般都认为花垣等地方言属西南官话。

第二,辰溆片知二庄组声母与知三章组声母分立,腊乙坪苗语知二庄与知三章组也分立,分别读 ts、tɕ 类音。

湘语辰溆片知二庄组字合流,一般方言点读 ts,有些方言点细音前有读 tɕ 的现象。知三章组声母有 tɕ、tʂ、ts 三种类型,读 tɕ 类音是湘语辰溆片较早的类型,后来受权威官话的影响,有的点变为 tʂ 类音,再变为 ts 类音。腊乙坪苗语汉借词是知二庄组读 ts 类音,知三章组字主要读 tɕ 类音,属于较早的类型。

第三,辰溆片见系二等字声母白读为软腭音 k 类音,腊乙坪苗语近代汉借词读硬腭音 c 类音。

湘语辰溆片一等字读 k 类音,三四等读 tɕ 类音,与精组三四等混同,二等字一般未腭化读 k 类音。腊乙坪近代汉借词保留的面貌比较特殊,就是二三四等的见、溪、群母字都读硬颚音 c 类音,没有变为塞擦音而与精组三四等的 tɕ 类音混同。我们认为腊乙坪汉借词应是保留了辰溆片汉语更早的读音，因为如果借源汉语精见组三四等已混同为 tɕ 类音，腊乙坪苗语不可能用 tɕ 类来借精组汉借词，而是用 c 类音来借见组汉借词。

第四，辰溆片蟹假果摄韵母的主要元音形成 a、o/ɔ/ɒ、ɵ/ɯ 序列，腊乙坪苗语是分别读 a、ɑ、u，符合辰溆片蟹、假、果摄韵母读音序列的主要特征。

湘语辰溆片的蟹摄开口一等字读音复杂，但有读 a 的类型，开口二等字基本读 a。果摄字有 o、ɵ、ɯ 三种类型，大部分方言点读 ɒ。假摄字有 o、ɔ、ɑ、ɒ、a 五种类型，大部分方言点读 ɔ。鲍厚星、陈晖(2015)也总结，蟹假果摄韵母的读音，在部分湘方言中呈 a、o、u 序列，是湘方言的一个特征，具有这个特征的方言片区有娄邵片的湘双小片、辰溆片、永州片的东祁小片和道江小片中的部分方言。腊乙坪苗语汉借词蟹假果摄的读音，也属于这样的序列。

第五，辰溆片深臻曾梗摄舒声开口三(四)等帮端精组字读同一等韵，腊乙坪近代汉借词表现相同。

辰溆片深臻曾梗摄舒声开口一等韵读 ē 或 ei，大部分点三四等的帮端精组字也读 ē 或 ei，腊乙坪苗语近代汉借词深臻(曾)[①]梗摄一等字韵母和三四等帮端精组字读 en。下面是三四等的例字：

深摄	臻摄	梗　　　　摄				
心	信	萍	清	停	青	请
sen³	sen¹	pen⁴	tsʰen¹	nten⁴	tsʰen³	tsʰen⁵

可能是由于韵母的影响，腊乙坪苗语精组三四等声母也没有腭化为 tɕ 类音，这也是与花垣现代方言、吉首、古丈等不同，而与湘语辰溆片相同的一个特点。

---

① 腊乙坪苗语近代汉借词曾摄三等帮端精组字很少，只有一个中古汉借词"甑 tɕe⁵"。

第六,辰溆片古清去、浊去字今调类有别,无入声调类,腊乙坪苗语汉借词表现相同。

辰溆片的声调基本都是五个,分别是阴平、阳平、上声、阴去、阳去,其中古清入声字一般今读阳平,古浊入声字部分今读阴去,部分今读阳平。去声分阴阳,鲍厚星、陈晖(2015)也认为是判别湘方言的一条重要语音特征。下表是腊乙坪苗语近代汉借词和泸溪等三个方言点五个调类的中古来源。

语音点	现代调类				
	1(阴平)	2(阳平)	3(上声)	4(阴去)	5(阳去)
腊乙坪借词	阴平、阳平,擦音	阳平、大部分入声	阴上、部分阴入	阴去	阳去、次浊上、全浊上
泸溪	阴平	阳平、大部分入声	阴上、次浊上	阴去、部分阳平、部分全浊入	阳去、全浊上
辰溪	阴平	阳平、大部分入声	阴上、次浊上	阴去、部分古浊平、上、去、入	阳去、古全浊上
溆浦	阴平	阳平、大部分入声	阴上、次浊上	阴去、部分平声、部分浊入	阳去、全浊上、部分入声

从上表可以看出,腊乙坪苗语近代汉借词也是五个调类,这五个调类的中古来源,与辰溆片三个方言相比,有一些细微的差别,但主要来源是相同的。

5.3.3.2　花垣汉语方言形成的历史背景与当地汉语方言的更替

上文举出,关于现代花垣汉语方言的归属,有三种不同的观点:一种认为花垣方言属湘方言吉溆片,一种认为花垣方言属西南官话,还有一种认为花垣方言属于湘语和西南官话过渡性或混合性方言。

对于现代花垣汉语方言的归属,各家有不同的观点,主要是因为花垣汉语方言的语音表现,既有湘方言的特征,也有西南官话的特征。湘方言的特征,最主要的是古全浊平声塞音、塞擦音保留浊音。西南官话的特征,声调方面,分阴阳上去四个声调,入声归阳平;声母方面,尖团不分,知庄章组合并等。可以说,除了保留浊音这一条,花垣汉语方言的大部分语音特征都与西南官话更为相似,因此大部分学者都把花垣汉语方言划为西南官话。

但是,从历史上来说,花垣汉语方言应曾是真正的湘方言,因此腊乙坪苗语的近代汉借词,才与现代汉借词不同,具备湘语辰溆片方言的语音特点。关于这点,周振鹤、游汝杰(1985)的《湖南省方言区划及其历史背景》有较为详细的考证:该文首先确定了湖南方言四个类型的标准音点,再把其他各县方言与标准音点进行比较,看与哪个点更接近,这个县的方言就划分为哪个片区。通过比较,该文把沅澧流域的华容、安乡、澧县、花垣等二十九县的方言都划归官话片,但又根据保留浊音的情况把官话片划分为三小片,其中花垣方言属于保留浊音的第二小片。作者指出,第二小片的浊音"由北向南浊度逐渐加强",并由此推断,"这一带的古湘语尚未被官话彻底同化,官话的影响是从北向南推进的"。作者又从移民史和历史行政地理的角度,对该区域官话片的形成、古湘语的衰退进行了考察。该文认为沅澧流域下游的官话基础在东晋以后的第一次移民大浪潮的冲击下就形成了,唐代中期第二次大移民以后,北方方言取代了沅澧流域上游的固有方言,宋代,朝廷有意加强对沅澧流域的治理,经过两宋两三百年的经营,"北方话由北向南逐步扩大至整个沅澧流域"。

我们认为周、游两位学者的观点是可信的,但是他们的观点并没有直接的语言学的证据,湘西腊乙坪苗语的近代汉借词,相比现代汉借词,具有更典型的湘语特征,无疑为我们提供了真实可证的参照。

5.4　花垣腊乙坪苗语中的中古汉借词

腊乙坪苗语中的中古汉借词数量较少。这些汉借词,一部分是苗瑶语共同词或苗语共同词里的汉借词。如果不分方言,王辅世(1994)《苗语古音构拟》里我们确定的汉借词总共有 80 来个,但腊乙坪苗语有对应读音的,只有 50 来个,其中还包括一些声类、韵类或者调类并不符合对应规则的。这些读音不合规则的词,有的实际是近代汉借词读音,如"千"$tsʰen^1$,声母不合中古汉借词规律,按规律应为 sen^1,"酒"$tɕɯ^3$,韵母不合规律,按中古汉借词规律应为 $tɕə^3$,个别甚至是现代汉借词,如"鬃毛"$tsuŋ^3$,声调不合规律,按规律应为 $tsuŋ^1$,阴平字读第 3 调,是现代汉借词的规律。这部分词,我们从中古汉借词里剔除。另有一部分读音不符合对应规则的词,其读音也与近代、现代汉借词读音规律不同,我们还看作中古汉借词。除了这些苗瑶共同词或苗语共同词里的汉借词,我们也找到一部分非苗瑶共同词或苗语共同词,语音面貌较近、现代汉借词古老,我们看作中古汉借词。

这些汉借词由于借入较早,再加上有的已与固有词融为一体,语音特征也随固有词一起发生变化,与近、现代汉借词面貌差异较大。苗瑶语共同汉借词和苗语共同汉借词,我们上文是划分为中古早期层汉借词和中古中晚期汉借词两个不同的层次,但这部分借词总体数量不多,本节全部放到一起来总结。另外,由于我们第四章已根据这些共同汉借词的古音构拟讨论了它们的语音特点,本节主要从这些汉借词在腊乙坪苗语的实际读音来进行简单讨论。后文讨论养蒿苗语、大南山苗语等的这部分汉借词,我们也都作相同处理。

5.4.1 声调

古苗语的四声八调,在腊乙坪苗语里演变为 6 个声调,其中第 8 调与第 4 调合并,第 7 调与第 3 调合并,而苗语里的中古汉借词基本是苗瑶语或苗语共同词,因此,腊乙坪苗语中古汉借词的调类,随固有词一样分化与合并。

中古调类	阴平	阳平	阴上	阳上	阴去	阳去	阴入	阳入
借词调类	1	2	3	4	5	6	3/5	6

下面按中古调类举出例字。

中古调类	借词调类	借词举例
阴平	1	鸡 qa¹ 鸠 Nqɔ¹ 金 ɲce¹ 斤 kaŋ¹
阳平	2	黄 qʷen² 梨 ʐɑ² 羊 ʑuŋ² 龙 ʐ̥uŋ²
阴上	3	假(借)qɑ³ 早 ntsɔ³ 孔 qʰu³ 广 qʷen³
阳上	4	马 me⁴ 白 tɕɔ⁴
阳上	5	腐 xɔ⁵
阴去	5	破 pʰɑ⁵ 过 qʷɑ⁵ 故(旧,古,老)qɔ⁵ 价 Nqɑ⁵ 炭 tʰe⁵ 甑 tɕe⁵
阳去	6	芋 wɤ⁶ 卖 me⁶ 利(锋～)ʐɑ⁶ 箸 tɯ⁶ 匠(专家,能手)tɕaŋ⁶
阴入	3	喝 xu³ 夹 Nqa³
阴入	5	得 to⁵ 百 pa⁵ 客 qʰa⁵ 劈 pʰje⁵
阳入	6	力 ʐɔ⁶

　　腊乙坪苗语中古汉借词的入声字,有些归5、6调,归5、6调的词,基本都是以-k收尾的词,这些词可能-k先消失,与5、6调合并,其他入声字应该是后来才消失入声韵尾,与3调合并,相同的现象在其他苗语方言中也存在(陈其光 1989),养蒿、大南山、甲定苗语中也有相同现象。

　　5.4.2　声母

　　腊乙坪苗语中的中古汉借词声母的语音特点有:全浊声母字无论平仄变为不送气清音,部分非组字读重唇音,来母字读ʐ,部分字读鼻冠音声母,且这些字基本都是清声母字,见组洪音字读小舌音,部分精、见组字尖团不分。

中古声类	借词读音	借词举例
帮 p	p	百 pa⁵
滂 pʰ	pʰ	破 pʰa⁵ 劈 pʰjɛ⁵
並 b	p	耙(～子)pa² 赔 pi² 盆(～子)pen² 傍(依靠)paŋ⁶
明 m	m	马 me⁴ 卖 me⁶
非 p	p	沸 pu²
	mp	孵 mpɔ⁵
	x	副 xɔ⁵
奉 b	x	腐 xɔ⁵
端 t	t	得 to⁵
透 tʰ	tʰ	炭 tʰe⁵
定 d	t	铜 tuŋ²
来 l	z̧	梨 z̧a² 笼 z̧aŋ² 龙 z̧oŋ² 利 z̧a⁶ 力 z̧ɔ⁶
精 ts	nts	早 ntsɔ³
	tɕ	甑 tɕe⁵ 蕉(芭～)tɕɣ¹
清 tsʰ	tsʰ	漆 tsʰa³
从 dz	ts	齐 tsei²
	tɕ	钱 tɕɛ² 墙 tɕaŋ² 匠 tɕaŋ⁶
心 s	s	送 soŋ⁵ 伞 se³
知 t	ȵt	中 ȵtoŋ¹
澄 ɖ	t	绸 tɯ² 箸 tɯ⁶
初 tʂʰ	ntsʰ	疮 ntsʰei¹
章 tɕ	tɕ	蒸 tɕe¹
书 ɕ	ɕ	收 ɕɣ¹

（续表）

中古声类	借词读音	借词举例
见 k	q	鸡 qa¹ 假(借)qa³ 广(宽)qʷen³ 故(旧)qɔ⁵ 瓜 qʷɑ¹ 过 qʷɑ⁵
	Nq	鸠 Nqɔ¹ 价 Nqa⁵ 夹 Nqa³
	k	斤 kaŋ¹
	ɲc	金 ɲce¹
溪 kʰ	qʰ	孔 qʰu³ 客 qʰa⁵
	Nqʰ	渴 Nqʰe³
群 g	c	桥 cɯ²
	tɕ	臼 tɕɔ⁴
疑 ŋ	ŋ	银(～子)ŋuŋ²
晓 h	x	喝 xu³
	qw	黄 qʷen²
匣 ɦ	x	壶 xɔ¹
云 ɦ	w	芋 wɤ⁶
以 j	ʑ	羊 ʑuŋ²

　　腊乙坪苗语中古汉借词的声母,与近现代汉借词表现很不相同,主要体现在全浊平声字上。近现代汉借词,全浊平声字腊乙坪苗语一般是用鼻冠音声母字来对应,而中古汉借词,腊乙坪苗语是用不送气清音来对应。对此,我们的推测是,中古时期,苗瑶语还存在全浊声母,苗瑶语可以用全浊声母来对应汉语的全浊声母,这些全浊声母字,后都清化为不送气声母(或保留气嗓音 breathy voice),近现代时期,腊乙坪苗语的已无全浊声母,用听感接近的鼻冠音声母来对应借源汉语的浊声母字。部分清声母字,腊乙坪苗语用鼻冠音声母字来对应,我们还不能确定是借源汉语的语音特征,还是苗瑶语只是偶然性地用鼻冠音声母来对应。来母字读 ʑ,则是古音 *r 的进一步演变。见组洪音读小舌音,我们认为也是反映了中古时期

借源汉语的语音特征。

5.4.3　韵母

腊乙坪苗语中古汉借词的韵母，与中古汉语基本对应，但也有不少字韵类相同，但对应不同，由于韵母演变较为复杂，我们暂时还不能判断是借源汉语读音的原因还是腊乙坪苗语自身演变的原因。

中古摄	中古韵	借词读音	借词举例
果	合一戈 uɑ	a	破 pʰa⁵
		ɑ	过 qʷɑ⁵
假	开二麻 ɣæ	ɑ	耙 pɑ² 假 qɑ³ 瓜 qʷɑ¹ 价 Nqɑ⁵
		e	马 me⁴
	合二麻 uɣæ	ɑ	瓦 wɑ⁶
遇	合一模 ou	ɔ	故 qɔ⁵
	合三鱼 iɤ	ɯ	箸 tɯ⁶
	合三虞 iu	ɔ	孵 mpɔ⁵ 腐（豆~）xɔ⁵
		ɤ	芋 wɤ⁶
蟹	开二佳 ɣɛ	e	卖 me⁶
	开二夬 ɣɛi	ɑ	败 pɑ⁴
	开四齐 ei	a	鸡 qa¹
止	开三脂 i	ɑ	梨 ʐɑ² 利 ʐɑ⁶
效	开一豪 au	ɔ	早 ntsɔ³
	开三宵 iɛu	ɯ	桥 cɯ²
流	开三尤 iu	ɯ	酒 tɕɯ³ 绸 tɯ² 收 ɕɤ¹
		ɔ	鸠 Nqɔ¹ 臼 tɕɔ⁴ 油 ʑɔ²
咸	开一合 əp	u	喝 xu³
	开二洽 ɣɛp	ɑ	夹 Nqɑ³

(续表)

中古摄	中古韵	借词读音	借词举例
山	开一寒 ɑn	e	炭 tʰe⁵ 伞 se³
	开三仙 iɛn	ɛ	钱 tɕɛ²
	开三薛 iɛt	e	渴 Nqʰe³
	开四先 en	ɛ	千 tsʰɛ¹
深	开三侵 im	e	金 ɲce¹
臻	开三质 it	ɑ	漆 tsʰɑ³
	开三欣 ɣiɛn	ɑŋ	斤 kɑŋ¹
宕	开三阳 iaŋ	ɑŋ	匠 tɕɑŋ⁶
		ei	疮 ntsʰei¹
		uŋ	羊 ʑuŋ²
	合一唐 uɑŋ	en	黄 qʷen² 广 qʷen³
曾	开一德 ək	o	得 to⁵
	开三蒸 iŋ	e	甑 tɕe⁵
	开三职 ik	ɔ	力 z̥ɔ⁶
梗	开二陌 ɣak	a	百 pa⁵ 客 qʰa⁵
	开四锡 ek	ɑ	劈 pʰɑ¹
通	合一东 uŋ	uŋ	铜 tuŋ² 筒 tuŋ² 送 suŋ⁵
		ɑŋ	笼 z̥ɑŋ²
		u	孔 qʰu³
	合三钟 iʊŋ	uŋ	中 ɳʈuŋ¹ 龙 z̥uŋ²

第六章　黔东方言凯里养蒿苗语汉借词研究

　　贵州凯里市三棵树镇养蒿苗语是黔东方言的代表音点,本章研究养蒿苗语里的汉借词,材料来源有三种:一、张永祥等(1990)编的《苗汉词典(黔东方言)》(下文简称《词典》),该词典以凯里苗语音为标准,收录词条共1万1千余条,词汇材料丰富,但是该词典并没有对词条的具体方言来源进行说明,可能存在一定的综合性,并且,《词典》里还说明,对个别养蒿语音与广大地区读音不同的词语,按多数地区的读音作了规范。二、为了避免材料一存在的问题,我们还分析了中央民族学院苗瑶语研究室(1987)编的《苗瑶语方言词汇集》(下文简称《词汇集》)的黔东方言材料。经过比对,《词汇集》汉借词材料与《词典》汉借词材料无论从语音上,还是从词汇面貌上,是非常一致的。但也有部分词条两种材料说法或读音有所不同,我们在具体引用时,如词条是《词汇集》材料,我们在词后标出,附录里我们也会同时列出两种材料里的古汉借词。三、我们于2016年对《词汇集》记录的3 000余条养蒿苗语词条重新做了调查,有部分词条读音发生了改变,但总体来说变化非常小,我们参照使用。

　　养蒿苗语里的汉借词也很丰富。通过语音、词汇特征、与其他方言的比较、结合汉民族移民黔东南州的历史等方面的考查,我们把养蒿苗语里除上古层之外的汉借词,也分为中古、近代和现代三个层次。养蒿苗语中古层汉借词数量不算多,主要是苗瑶语或苗语共同词里的汉借词。近代层汉借词最为丰富,语音特征也较为存古。与湘西腊乙坪苗语和毕节大南山苗语近代层汉借词与现代汉借词语音面貌较为接近不同,养蒿苗语该层次汉借词的语音特点与现代汉借词有较大差别,而与中古汉借词语音特征有更多相似之处,但结合汉民族移民黔东南州历史和一些借词的词汇时代特征,我们确定这些汉借词是近代时期借入的。养蒿苗语现代汉借词与其他方言点的现代汉借词一样,是开放的、动态的,语音上与当地汉语方言读音相似,也有些词受普通话影响。

6.1　凯里养蒿苗语音系与凯里汉语方言音系

6.1.1　凯里养蒿苗语音系

养蒿苗语的音系,《词汇集》《词典》的处理基本是相同的,但两种材料都没有音系说明,王辅世(1985)《苗语简志》也记录了养蒿苗语音系,并有对应的音系说明,但《简志》对养蒿苗语的音系处理与《词汇集》《词典》有所不同。因此,音系我们主要参照《词典》,音系说明我们参照《简志》和我们的调查,几种材料对音系处理的不同之处,我们也在说明部分给出。

声调:8 个

调类	1	2	3	4	5	6	7	8
调值	33	55	35	11	44	13	53	31

说明:

《简志》描写,p、m、f、v 各行声母出现在 11 调(即第 4 调)的音节时带有轻微的浊送气成分,出现在 13 调(即第 6 调)的音节时带有较重的浊送气成分,我们的材料与《简志》所描写的有所不同,我们调查的发音人第 4 调气声并不明显,第 6 调气声较为明显一些。另外,《简志》的“浊送气”实际是气嗓音或气声(breathy voice)。

声母：32 个

p	pʰ	m	m̥ʰ	f	fʰ	v
t	tʰ	n	n̥ʰ	ɬ	ɬʰ	l
ts	tsʰ			s	sʰ	z
tɕ	tɕʰ			ɕ	ɕʰ	ʑ
k	kʰ	ŋ			xʰ	ɣ
q	qʰ			h		

说明：

（1）与《简志》描写相同，固有词中，p、m、f、v 各列声母可以出现在各个调的音节；pʰ、m̥ʰ、fʰ 各列声母只能出现在 33、35、44、53 各调（即第 1、3、5、7 调）。

（2）《简志》描写 k 行声母后接韵母 a 时有显著腭化现象，我们调查的材料，腭化并不明显。

（3）《简志》描写，除叹词、语气词外，没有声母的音节在韵母前面实际都有一个喉塞音ʔ。这种音节的声调也只能是 33、35、44、53 各调。我们的调查与《简志》描写一致。

（4）《简志》有个 z 音位，《词汇集》和《词典》并入了 n 音位，是根据黔东方言的大部分方言点的读音进行了这样的处理，但 n、z 两个音位古音来源是不同的，z 来源于 *mpr, *mbr, *mr 等带 -r- 垫音的声母，而 n 除了来源于原始的 *n，还来源于 *mbl，我们调查的发音人区分 n、z 这两个音位。我们按照实际发音，设立 z 音位。

（5）《简志》对养蒿苗语音系的处理，采用了一套舌面前阻塞音声母 ȶ、ȶʰ、ȵ、ȵʰ、lj、ljʰ、lj 音，《词汇集》和《词典》则采用了一套带介音 i 的韵母。从历史音变来说，《简志》的处理更为合理，但从汉借词的角度来说，采用 i 介音更为方便，本书按照《词典》和《词汇集》的处理。

（6）《词典》还有一个苗文记录为 r，实际音值为 z 的声母，但这个声母只专门用来对应日母字的现代汉借词。

韵母：17 个

i	ε	ɑ	u	o	ei	əu	en	oŋ	ɑŋ
	ia	iu	io		iəu	in	ioŋ	iɑŋ	

说明：

《简志》没有 i 介音韵母，本书按照《词典》的处理，采用有 i 介音的韵母。《简志》有 ə 对应《词典》的 əu，并说明不接声母或接在 ts、t、q 各行声母的后面时，读作 əɯ，我们的调查与《简志》相同，但音系处理按照《词典》。《简志》《词典》说明当 i 接在 ts 行声母的后面时读作 ɿ，但该音也主要出现在现代汉借词里，我们在音系里不单独列出该韵母。其他借词专用韵母，我们也不专门列出。

6.1.2　凯里汉语方言音系

据《黔东南方言志》(下文简称《方言志》)(黔东南州地方志办公室 2007)，当地方言是凯里方言，以凯里话为代表音，凯里话以凯里老街话(原凯里镇所在地)为标准音。该书把凯里话划分为西南官话黔东南方言片凯里小片，李蓝(2009)划分为西南官话桂柳片黔南小片，李蓝总结该片方言特点：阴平是中平调，阳平是最低调，上声是最高调，去声是高升调，咸山摄阳声韵字不同程度脱落鼻音韵尾，读成舒声韵或鼻化韵，与《方言志》的音系描写是相同的。以下是《方言志》所载凯里话的音系，音系说明我们按照《方言志》择要给出，更详细的说明参看原书 26—27 页。我们对原书的音系排列方式有所改变。

声调：4 个

阴平	阳平	上声	去声①
33	21	55	35

---

①　这个调的调值在《方言志》的第 23 页被描写为 35 调，但是在 26 页被描写为 13 调，不知何故。从养蒿苗语借词来看，从声母和韵母看，明显表现为现代汉借词的去声调汉借词，是 35 调，而读为 13 调的汉借词，声母和韵母表现则是中古的特点，所以我们把凯里话的去声调按 23 页的 35 调来处理。

说明：

《方言志》说明凯里话的声调从与中古音的对应来看，古入声字一般归阳平。

声母：19 个（包括零声母）

p	pʰ	m	f
t	tʰ	l	
ts	tsʰ	s	z
tɕ	tɕʰ	ɕ	
k	kʰ	ŋ	x
ø			

说明：

（1）《方言志》描写凯里话 l 实际是 l、n 的自由变读。一般情况是洪音前读 l，细音前读 n。软腭音在 əu 或 ɛ 前变读为硬腭音 c、cʰ、ɲ、ç。

（2）凯里话 ts、tʂ 声母合流，影疑母开口呼字读 ŋ 声母，古见系开口二等字仍读软腭音声母，古假摄章组字读 tɕ 组声母。

韵母：31 个

ɿ	a	o	ɛ	ai	ei	au	əu	en	aŋ	oŋ
i	ia	io	ie			iau	iəu	in	iaŋ	ioŋ
u	ua		uɛ	uai	uei		iu	uən	uaŋ	
y			ye					yn		

说明：

古深臻曾梗摄开口舒声字合韵，曾开一、梗开二以及曾开三庄组入声字读 ɛ，古通摄合口三等入声字一部分读 u 或 iu，蟹摄合口端系以及蟹、止合口泥来母字读开口韵，臻摄合口端精组字读开口韵。流摄明母字多读为 əu。

6.2　凯里养蒿苗语现代汉借词的语音特点

养蒿苗语的现代汉借词，主要与凯里当地方言特征一致，因此借词来源应主要就是当地汉语方言。下面是养蒿苗语现代汉借声调、声母、韵母的特点。

6.2.1　声调

养蒿苗语现代汉借词的声调按照调值相似的原则与当地方言对应，从与凯里话的调类对应来看，借词用 1、8、2、3 调分别对应凯里话的 1、2、3、4 调。从与中古汉语调类的对应来看，中古调类在凯里话里的归类方式是：平分阴阳，浊上归去，入声无论清浊归入阳平，借词与此一致。以下是具体的对应关系。

中古汉语调类	阴平	阳平、入声	阴上、次浊上	去声、全浊上
凯里话调类/调值	1/33	2/21	3/55	4/35
借词调类/调值	1/33	8/31	2/55	3/35

下面按中古调类举出例字。

中古调类	借词调类	借词举例
阴平	1	班车 pe¹ tsʰe¹ 包子 pao¹ tsʅ² 电灯 tie³ ten¹
阳平	8	报名 pao³ min⁸ 调解 tʰiao⁸ ke² 煤油 mei⁸ ʑu⁸
阴上	2	搭伙 ta⁸ ho² 粉（米～）fen²
次浊上	2	马灯 ma² ten¹ 秒 miao²
全浊上	3	上课 saŋ³ kʰo³ 肥皂 fei⁸ tsao³
阴去	3	报纸 pao³ tsʅ² 布票 pu³ pʰiao³
阳去	3	办法 pe³ fa⁸ 大学 ta³ ɕo⁸
阴入	8	办法 pe³ fa⁸ 搭伙 ta⁸ ho²
阳入	8	读 tu⁸ 大学 ta³ ɕo⁸

6.2.2　声母

养蒿苗语的声母跟古苗语相比大大简化了,但是跟凯里话相比,则相对要复杂一些,因此养蒿苗语从凯里话借入汉借词的时候,基本都能高度还原源语言凯里话的声母。当然也有不一致的,养蒿苗语采用相似的音来对应。从与中古音的对应来说,养蒿苗语与凯里话一样,全浊声母平声送气,仄声不送气,知庄章组合并读 ts 类音,尖团不分等。

凯里话读音	借词读音	借词举例
p	p	班车 $pe^1 tsh^e^1$ 包子 $pao^1 ts\texteta^2$ 布告 $pu^3 kao^3$ 背时 $pei^3 s\texteta^8$
p^h	p^h	皮球 $p^hi^8 t\textctc^hu^8$ 脾气 $p^hi^8 t\textctc i^3$ 菩萨 $p^hu^8 sa^1$
m	m	马灯 $ma^2 ten^1$ 煤油 $mei^8 zu^8$
f	f	发火 $fa^8 ho^2$ 肥皂 $fei^8 tsao^3$ 副(居第二位的)fu^3 护士 $fu^3 s\texteta^3$
t	t	搭伙 $ta^8 ho^2$ 答应 $ta^8 zen^3$ 担保 $t\varepsilon^1 pao^2$
t^h	t^h	投降 $t^h\textschwa u^8 \textctc a\texteta^1$ 调解 $t^hiao^1 ke^2$ 徒弟 $t^hu^8 ti^3$
l	l	篮球 $le^8 t\textctc^hu^8$ 老实 $lao^2 s\texteta^1$ 凉粉 $lia\texteta^8 fen^3$
	n	农民 $no\texteta^8 min^8$ 工业 $ko\texteta^1 nie^8$
ts	ts	招呼 $tsao^1 fu^1$ 纸烟 $ts\texteta^2 zen^1$ 总结 $tso\texteta^2 t\textctc e^8$
ts^h	ts^h	操场 $ts^hao^1 ts^ha\texteta^8$ 层 ts^hen^8 成绩 $ts^hen^8 t\textctc i^8$
s	s	发痧 $fa^8 sa^1$ 生产 $sen^1 ts^h\varepsilon^2$ 司机 $s\texteta^1 t\textctc i^1$
z	z	人民 $zen^8 min^8$ 认真 $zen^3 tsen^1$
$t\textctc$	$t\textctc$	加法 $t\textctc a^1 fa^8$ 将就 $t\textctc a\texteta^1 t\textctc u^3$ 教室 $t\textctc ao^3 s\texteta^8$
$t\textctc^h$	$t\textctc^h$	区域 $t\textctc^hi^1 zu^8$ 旗 $t\textctc^hi^8$ 皮球 $p^hi^8 t\textctc^hu^8$
$\textctc$	$\textctc$	下课 $\textctc a^3 k^ho^3$ 信壳 $\textctc en^3 k^ho^8$ 星期 $\textctc en^1 t\textctc^hi^1$
k	k	敢 ke^2 过瘾 $ko^3 zen^2$ 国家 $ko^8 t\textctc a^1$
k^h	k^h	开张 $k^h\varepsilon^1 tsa\texteta^1$ 烤烟 $k^hao^2 zen^1$ 可能 $k^ho^2 nen^8$
\texteta	\texteta	熬(～药)$\texteta ao^8$ 硬(～是)$\texteta en^3$

凯里话读音	借词读音	借词举例
x	h	寒假 he⁸ tɕɑ³ 行市 haŋ⁸ sʅ³ 号召 hao³ tsao³
	f	磺（硫～）faŋ⁸
Ø(u)	v	文章 ven⁸ tsaŋ¹ 威信 vei¹ ɕen³ 温度 ven¹ tu³
Ø(y)	z	区域 tɕʰi¹ ʑu⁸
	v	洋芋 ʑaŋ⁸ vi³
Ø(i)	z	洋碱 ʑaŋ⁸ tɕe² 纸烟 tsʅ² zen¹

从上表可以看出,养蒿苗语与凯里话的声母基本是一一对应,需要说明的有:

（1）关于凯里话的声母 l,据《方言志》,凯里话 n、l 不分,一般来说洪音前读为 l,细音前读为 n,《词典》材料则是分 n、l,但凯里话有部分字记 l,实际读音应为 n,《词典》材料用 n 来对应,如:"工业",凯里话读 lie¹,养蒿苗语读 nie⁸。

（2）凯里话的 x 声母,有些合口韵字养蒿苗语用 f 对应,如:磺（硫～）faŋ⁸,可能反映了稍早时期养蒿苗语没有 hu 这样的搭配,用 f 来代替 hu。零声母方面,合口呼养蒿苗语用 v 来对应,齐齿呼养蒿苗语用 z 对应,都是与凯里话读音相当一致的音。零声母的撮口呼韵母 y,养蒿苗语没有完全相当的音对应,代之以 vi 和 zi,实际上相当于用 ui 或者 iu 来代替 y,可能由于 y 和 iu、ui 在听感上都比较接近,所以养蒿苗语才会分别用两个音来对应。

6.2.3　韵母

养蒿苗语的固有韵母较少,如我们第二章所举的养蒿苗语音系和凯里话音系,养蒿苗语固有词韵母只有 10 个,而凯里话有 31 个,因此,养蒿苗语在借用凯里话词语的时候,有的韵母养蒿苗语没有,能用相似读音代替的,使用相似读音,但是更多的是直接借用汉语韵母。另外,就我们使用的材料来说,《词典》由于收录的汉借词多,很多韵母都是准确地借用,而《词汇集》收录的汉借词少,有些特点与《词典》还不一样。

凯里话读音	借词读音	借词举例
ɿ	ɿ	护士 fu³ sɿ³　纸烟 tsɿ² ʐen¹　包子 pao¹ tsɿ²
i	i	皮球 pʰi⁸ tɕʰu⁸　脾气 pʰi⁸ tɕʰi³　地主 ti³ tsu²
u	u	护士 fu³ sɿ³　招呼 tsao¹ fu¹　布告 pu³ kao³
y	i	区域 tɕʰi¹ ʑu⁸　洋芋 zaŋ⁸ vi³
a	ɑ	加法 tɕɑ¹ fɑ⁸　马灯 mɑ² ten¹　发痧 fɑ⁸ sɑ¹
o	o	发火 fɑ⁸ ho²　搭伙 tɑ⁸ ho²　锑锅 tʰi¹ ko¹
ε	ε	办法 pε³ fɑ⁸　敢 kε²　单干 tε¹ kε³
ai	ε	代表 tε³ piao²　开学 kʰε¹ ɕo⁸
ei	ei	煤油 mei⁸ ʑu⁸　飞机 fei¹ tɕi¹　肥皂 fei⁸ tsao³
au	ɑo	布告 pu³ kɑo³　熬(～药) ŋɑo⁸　招呼 tsao¹ fu¹
əu	əu	投降 tʰəu⁸ ɕaŋ⁸　逗 təu¹　斗争 təu³ tsen¹
ia	(i)ɑ	加法 tɕɑ¹ fɑ⁸　下课 ɕɑ³ kʰo³　吓 ɕɑ⁸
io	(i)o	开学 kʰε¹ ɕo⁸　脚踏车 tɕo⁸ tɑ⁸ tsʰe⁸ (调!)
ie	(i)e	电灯 tie³ ten¹　电线 tie³ ɕe³　减法 tɕe² fɑ⁸　县长 ɕe³ tsaŋ²
iau	(i)ɑo	调解 tʰiɑo⁸ kε²　教室 tɕɑo³ sɿ⁸　胶水 tɕao¹ sui²
	(i)o	鹞 ʐo⁸
iəu	(i)u	皮球 pʰi⁸ tɕʰu⁸　煤油 mei⁸ ʑu⁸
ua	uɑ	画家 huɑ³ tɕɑ¹　挂号 kuɑ³ hao³
uε	uε	关系 kuε¹ ɕi³　馆子 kuε³ tsɿ³
uai	uε	会计 kʰuε³ tɕi³
uei	uei	税 sui³　开会 kʰε¹ hui³

（续表）

凯里话读音	借词读音	借词举例
ye	(i)e	决心 tɕe⁸ ɕen¹
en	en	斗争 təu³ tsen¹ 马灯 ma² ten¹
aŋ	aŋ	县长 ɕe³ tsaŋ² 文章 ven⁸ tsaŋ¹ 将就 tɕaŋ¹ tɕəu³
oŋ	oŋ	总结 tsoŋ² tɕe⁸ 工业 koŋ¹ nie⁸
in	en/in	纸烟 tsɿ² ʑen¹ 经济 tɕen¹ tɕi³ 平等 pʰin⁸ ten²
iaŋ	(i)aŋ	洋芋 ʑaŋ⁸ vi³ 投降 tʰəu⁸ ɕaŋ⁸
ioŋ	(i)oŋ	雄棒（威武）ɕoŋ⁸ paŋ³
uən	uen	昆明 kʰ uen¹ min⁸
uaŋ	uaŋ	广播 kuaŋ² po¹

说明：

（1）凯里话的 ai，养蒿苗语用相似的 ɛ 来代替；凯里话的 au，《词典》汉借词直接借用了凯里话，而《词汇集》的汉借词是用 o 来代替，我们下文会看到，中古汉语的豪韵词，拟音为 *au，养蒿苗语也是用 o 来对应，说明 au 和 o 在听感上可能的确相似。凯里话的 ie，《词典》材料是用 ie 对应，但《词汇集》材料是用 i 对应，如：电杆 ti³ kɛ¹。

（2）有 i，u，y 介音的词。

关于 i 介音，《词典》处理是舌面音 tɕ 类音声母后不标 i 介音，我们的处理与《词典》同。另外，凯里话的 ie，来自中古咸山摄二三四等，《词汇集》是用 i 来对应，《词典》是用 ie 来对应，不知是否有所借方言的不同的缘故。凯里话的 iau，与 au 一样，《词汇集》是用 io 来对应，《词典》是用 iau 来对应。凯里话的 iəu，其中的 ə 本来就是一个过渡性的、模糊的音，因此养蒿苗语直接用 u 来对应，应不奇怪。凯里话的 iu，我们没找到养蒿苗语有相应的汉借词。

关于 u 介音。养蒿苗语没有对应的介音，如果 u 是出现在 x 声母后面,养蒿苗语是用 f 对应 xu 的,不过《词典》也有直接用 xu 来对应的,如"画 xuɑ³"。如果是 ts 类音,养蒿苗语是用无介音的音来对应的,如"罪 tsei³"。如果是 k 类音,养蒿苗语用与汉语对应的音来借用。

关于 y 介音。凯里话带 y 介音的韵母也不多,唯一的 ye 韵母,我们也只找到一个"决 tɕe⁸"字,与 y 韵母一样,养蒿苗语没有借用汉语,用 ie 来代替。

(3) 养蒿苗语和凯里话的阳声韵韵母基本相同,只有以下几个韵不同:凯里话的 uen,养蒿苗语直接借用;凯里话的 uɑŋ,情况与合口阴声韵一样;凯里话的 yn,我们没有找到对应的汉借词。

6.3　凯里养蒿苗语的近代汉借词

养蒿苗语的近代层汉借词数量较为丰富。与湘西腊乙坪苗语和毕节大南山苗语近代层汉借词相比,养蒿苗语该层次汉借词语音特征较为古老,养蒿苗语该层次汉借词的语音特点与现代汉借词有较大差别。如声调方面,现代汉借词与当地方言的四个声调按调值相对应,近代汉借词则与汉语四声八调对应。该层次汉借词与中古汉借词的语音特征有很多相同之处,如声调方面,两个层次的汉借词都是与中古汉语四声八调对应。声母方面,全浊平声字,都读为不送气音,古精组字精母、从母字都读 s,清母、心母字都读送气擦音 sʰ,见组洪音前都读小舌音 q 类音等。当然也有一些差异,如来母字的读法,中古汉借词大部分读为 ɣ,近代汉借词都读为 l,显然中古汉借词的读法更为古老。除了语音上的一些差异能帮助我们判断养蒿苗语的中古汉借词和近代汉借词,我们依据的主要是借词在苗语各方言中的分布,中古汉借词一般是苗瑶语或苗语共同词,近代汉借词则一般只分布在黔东苗语方言。另外,从词汇层面看,一些词具有近现代文化色彩,为近代汉借词。下面先从声调、声母、韵母三个方面看养蒿苗语近代汉借词的语音特点,再对几个语音特点进行简单的讨论。最后,因为养蒿苗语近代汉借词的大部分语音特征与中古汉借词相似,我们有必要从其他方面来探讨近代汉借词借入的具体时间,我们从汉民族开发黔东南州的历史、汉借词的部分语音特征、词汇特征,来讨论黔东苗语近代汉借词的“近代”性质。

6.3.1　养蒿苗语近代汉借词的语音特点

6.3.1.1　声调

养蒿苗语近代汉借词的声调基本与中古汉语四声八调对应,但是也有一些特殊对应规则,如部分阳平字养蒿苗语用第 1 调对应,部分阴上字养蒿苗语用第 5 调对应等。下面是具体对应关系。

中古汉语调类	阴平	阳平	阴上	阳上	阴去	阳去	阴入	阳入
借词调类	1	2/1	3/5	4/5/6	5	6/5	7/1	8/6/7

下面按中古调类举出例词。

中古调类	借词调类	借 词 举 例
阴平	1	锛 pen¹ 方(～向)fʰaŋ¹ 砖 ɕen¹ 街 qe¹
阳平	2	牌(扑克)pa² 王 vaŋ² 同 toŋ² 楼 lo² 辰(地支)ɕen² 黄 faŋ²
	1	行(～走)haŋ¹ 壶 həu¹ 鞋 ha¹ 时(～辰)ɕʰi¹
阴上	3	呕 o³ 本(～钱)pen³ 赌 təu³ 子(地支)se³ 估 qəu³
	5	癸 qɕ⁵ 己 tɕi⁵ 伞 sʰaŋ⁵ 焊 hen⁵ 算 sʰen⁵
阳上	4	簟(竹席)tin⁴ 理(～词)li⁴ 礼(知～)li⁴ 卯(地支)mo⁴ 巳(地支)sei⁴
	5	荡(鏨刀)taŋ⁵ 亥(地支)ha⁵ 受(享～)ɕʰu⁵
	6	缎 ten⁶ 件(一～)tɕen⁶ 丈(～夫)tɕaŋ⁶
阴去	5	泡(疏松)pʰo⁵ 顿(一～)ten⁵ 铳 ɕʰoŋ⁵ 告(～状)qo⁵

中古调类	借词调类	借　词　举　例
阳去	5	豆豉 təu⁸ ɕʰi⁵ 害 ha⁵ 羡（～慕）ɕʰi⁵ 谢 sʰei⁵ 定（约～）ten⁵
	6	轿（～子）tɕəu⁶ 命 zaŋ⁶ 磨 mu⁶ 帽 mo⁶
阴入	1	擦 sʰa¹
	7	笔 tsen⁷ 尺 tɕʰi⁷ 夹 qei⁷ 楔 ɕen⁷ 戌（地支）ɕʰen⁷
阳入	8	墨 maŋ⁸
	6	毒（～鱼）to⁶
	7	划 xʰo⁷ 赎（～回）ɕʰu⁷

王辅世(1985)《苗语简志》介绍说,养蒿苗语早期借词绝大多数和苗语固有词在调类上互相对应。汉语的阴平、阳平、阴上、阳上、阴去、阳去、阴入、阳入相当苗语的第1、2、3、4、5、6、7、8调,只有少数阴入、阳入调(收k尾的)分别相当苗语的第5、6调。这与我们的总结基本是一致的,不过入声调养蒿苗语近代汉借词用第5、6调对应的非常少。

6.3.1.2　声母

养蒿苗语近代汉借词声母与中古汉语声类相比,全浊声母无论平仄都不送气,非组主要读轻唇音,知章组主要读舌面音,庄组部分读舌面音,部分读舌尖音,也就是知章组与庄组基本区分,精组字三四等一般也读舌尖音,见组三等、非三等读音有区别。从具体读音上看,养蒿苗语近代汉借词特点有:汉语帮组,借词有读ts类音的现象,汉语不送气塞擦音,借词读擦音,汉语擦音和送气塞擦音,借词读送气擦音,汉语见组非三等,借词读小舌音等。下面是例字,我们在讨论部分对部分近代汉语的语音特征问题进行分析。

中古声类	借词读音	借词举例
帮 p	p	保（～佑）po³ 宝（～物）po³ 锛 pen¹ 本（～钱）pen³
	ts	笔 tsen⁷ 丙 tsen³
滂 pʰ	pʰ	配（～制）pʰɛ⁵ 破 pʰu⁵ 泡（疏松）pʰo⁵ 疱（水～）pʰo⁵ 炮（枪～）pʰo⁵
並 b	p	傍（依～）paŋ⁶ 耙 pa² 排（木～）pa² 牌（打～）pa² 蒲（菖～）pu²
	ts	平（～地）tsen² 坪 tsaŋ²
明 m	m	毛 mo² 卯（地支）mo⁴ 帽 mo⁶ 磨 mu⁶ 墨 maŋ⁸ 戊（地支）mu⁶
	z	庙 zo⁶ 名（～望）zaŋ² 命（性～）zaŋ⁶
非 p	fʰ	反（～对）fʰɛ³ 方（～向）fʰaŋ¹ 分（一～）fʰen¹ 夫（挑～）fʰu¹
奉 b	v	防（～备）vaŋ²
微 m	v	万 vaŋ⁶
	m	未 mɛ⁶
端 t	t	单（裤～）taŋ¹ 底（～子）ti³ 典（～当）tin³ 点（～播种子）tin³ 店（旅～）tin⁵ 斗（量词）to³ 赌 təu³ 顿 ten⁵ 垫（铺）tin⁵
透 tʰ	tʰ	套（袜子）tʰo⁵ 剃 tʰi⁵ 替 tʰi⁵ 通（破漏）tʰoŋ¹
定 d	t	殿（宫～）tin⁵ 定（稳固）tin⁶ 毒（～鱼）to⁶ 缎 ten⁶ 同（齐心）toŋ² 拳头 tɕen²to² 驮 to²
来 l	l	浪（波～）laŋ⁶ 牢 lo² 理（～词）li⁴ 礼（知～）li⁴ 粮（公～）liaŋ⁶ 楼（～板）lo² 骡（～子）lu²
精 ts	ɕ	蕉（芭～）ɕu¹
	s	簪 sen⁵ 子（地支）sɛ³ 稿荐（草垫子）ko³sen⁵
清 tsʰ	sʰ	葱 sʰoŋ¹ 醋 sʰəu⁵ 锉 sʰu⁵ 砌 sʰɛ⁵
从 dz	s	层 saŋ²

（续表）

中古声类	借词读音	借词举例
心 s	ɕ	楔(～子)ɕen^7
	ɕʰ	写ɕʰa^3 戌(地支)ɕʰen^7
	sʰ	伞sʰaŋ^5 臊(～气)sʰo^1 蒜sʰen^5 算sʰen^5 锁sʰu^3 硝sʰo^1 销(～货)sʰo^1 信(相～)sʰen^5
邪 z	ɕʰ	羡(～慕)ɕʰi^5
	s	巳(地支)sei^4 斜(偏)sei^2
	sʰ	谢sʰei^5 象(大～)sʰaŋ^5
知 ʈ	s	蜇sə^5
彻 ʈʰ	ɕʰ	丑ɕʰu^3
澄 ɖ	tɕ	丈tɕaŋ^6
	ɕ	场ɕaŋ^2
庄 tʂ	ɕ	斋ɕa^1
初 tʂʰ	ɕʰ	差(～役)ɕʰa^1
生 ʂ	sʰ	钢砂盒tiu^{1}sʰa^{1}ɕʰoŋ^5 偏生pʰi^{1}sʰen^1
	ɕʰ	筛ɕʰa^1 馊ɕʰu^1
章 tɕ	ɕ	遮ɕa^1 砖ɕen^1
昌 tɕʰ	tɕʰ	尺tɕʰi^7
	ɕʰ	车(～子)ɕʰa^1 铳ɕʰoŋ^5
船 z	ɕʰ	赎ɕʰu^7
书 ɕ	ɕʰ	骟ɕʰen^5 申(地支)ɕʰen^1 审(～讯)ɕʰen^3 升(一～)ɕʰen^1 试(尝～)ɕʰi^5
禅 dz	ɕ	辰ɕen^2
	ɕʰ	时(～辰)ɕʰi^1 受(享～)ɕʰu^5 豉(豆～)ɕʰi^5

（续表）

中古声类	借词读音	借词举例
见 k	f	管 fen³
	k	稿荐 ko³ sen⁵ 柜 ki⁵
	tɕ	己 tɕi⁵（地支）计（主意）tɕi⁵ 紧（忙，急）tɕen³
	q	杆（枪～）qaŋ³ 敢 qaŋ³ 告（～状）qo⁵ 庚（地支）qen¹ 估（～计）qəu³ 雇 qəu⁵ 癸（地支）qɛ⁵ 夹 qei⁷ 架（～子）qa⁵ 讲 qaŋ³ 街（《词汇集》）qa¹
溪 kʰ	tɕʰ	起（～头）tɕʰi³ 气（生～）tɕʰi⁵
	qʰ	开（修筑）qʰa¹ 炕（～箩）qʰaŋ⁵ 空（闲暇）qʰoŋ⁵ 苦 qʰəu³ 裤（～子）qʰəu⁵
群 g	tɕ	件（一～）tɕen⁶ 轿 tɕau⁶ 犟 tɕaŋ⁵
疑 ŋ	v	端午 toŋ¹ vu⁴
	ŋ	误（耽～）ŋəu⁶ 衙（～门）ŋa²
影 ʔ	∅	爱好 a⁵ ho⁵ 鞍（～子）en¹ 沤 o⁵ 怄气 o⁵ tɕʰi⁵ 呕 o³ 瓮（坛子）oŋ⁵
	z	烟（熏）zen¹ 邀（～约）zəu¹ 邑（城里）zi⁶ 隐（躲藏）zen³ 印（图章）zen⁵
晓 h	xʰ	划 xʰo⁷
	h	货 hu⁵
	ɕʰ	稀（粥～）ɕʰi¹ 香（烧～）ɕʰaŋ¹
	fʰ	荒 fʰaŋ¹ 慌张 fʰaŋ¹ tɕaŋ¹ 火镰 fʰu³ lin²
匣 ɦ	v	横（～竖）vaŋ²
	f	黄（～色）faŋ²
	h	亥（地支）ha⁵ 害 ha⁵ 焊 hen⁵ 行（～走）haŋ¹ 壶 həu¹ 鞋 ha¹
云 ɦ	v	王（皇帝）vaŋ²
以 j	z	铅 zen² 样（式～）zaŋ⁶ 寅 zen² 桐油 təu² zu² 酉（地支）zu⁴

6.3.1.3　韵母

养蒿苗语近代汉借词的韵母,大部分韵类都有较为主流的读音,也有一些非主要的读音,这可能是时间层次不同造成的,也可能是借源本身的原因。该层次汉借词韵母有不少有意思的特点,主要有:歌、戈韵主要读 u,模韵主要读 əu,蟹摄字开口一二等与假摄读音合流,主要读 ɑ,效摄、流摄侯韵合流读 o,咸、山摄一二等不少字读音与宕摄读音合流读 ɑŋ,咸、山摄三四等与深、臻、曾、梗摄主要读音合流,读 in 或 en,梗摄又有部分字读 ɑŋ,与宕摄读音合流。

中古摄	中古韵	借词读音	借词举例
果	开一歌 ɑ	o	蓑 sʰo¹ 驮包(《词典》)to² po¹
		u	驮(~运,《词汇集》)tu²
	合一戈 uɑ	u	骡 lu² 火镰 fʰu³ lin² 破(揭露)pʰu⁵ 锁 sʰu⁵ 磨 mu⁶ 锉(~子)sʰu⁵ 货 hu⁵
假	开二麻 ɣæ	ɑ	耙 pɑ² 架(~子)qɑ⁵ 衙(~门)ŋɑ² 钢砂 盒 tiu¹ sʰɑ¹ ɕʰoŋ⁵
	开三麻 iæ	ɑ	遮(~盖)ɕɑ¹ 写 ɕʰɑ³ 车(~子)ɕʰɑ¹
		ei	多谢 tu¹ sʰei⁵ 斜 sei²
遇	合一模 uo	əu	壶 həu¹ 雇 qəu⁵ 醋 sʰəu⁵ 裤 qʰəu⁵ 误(耽~) ŋəu⁶ 堵 təu³ 赌 təu³ 估(~计)qəu³ 苦(贫穷)qʰəu³
		u	蒲(菖~)pu² 护(偏~)fʰu⁵
	合三鱼 iɤ	u	锯(~子)tɕu⁵
	合三虞 iʊ	u	夫(~役)fʰu¹

（续表）

中古摄	中古韵	借词读音	借词举例
蟹	开一咍 əi	ɑ	爱 ɑ⁵ 亥（地支）hɑ⁵ 开（修筑）qʰɑ¹
	开一泰 ɑi	ɑ	害 hɑ⁵
	开二皆 ɣɐi	ɑ	斋 ɕɑ¹ 排（木～）pɑ²
	开二佳 ɣɛ	ɑ	鞋 hɑ¹ 街 qɑ¹ 赌牌 təu³ pɑ² 筛 ɕʰɑ¹ 差（～役）ɕʰɑ¹
	开二夬 ɣæi	ɑ	败 pɑ⁶
	开四齐 ei	i	剃 tʰi⁵ 替 tʰi⁵ 底（鞋～）ti³ 计（～策）tɕi⁵ 礼（讲～）li⁴
		ɛ	砌 sʰɛ⁵
	合一灰 uoi	ɛ	推（刨子）tʰɛ¹（～制）配 pʰɛ⁵
止	开三支 iɛ	i	豆豉 təu⁸ ɕʰi⁵
	开三脂 i	i	利 li⁸（调！）
	开三之 ɨ	i	理词 sʰoŋ³ li⁴ 时（～辰）ɕʰi¹ 起（～头）tɕʰi³ 己（天干）tɕi⁵ 试 ɕʰi⁵
		ɛ	丝瓜 fɑ¹ sʰɛ¹ 子（地支）sɛ³ 巳①（地支）sɛ⁴
	开三微 ɨi	i	稀（粥～）ɕʰi¹ 气（生～）tɕʰi⁵
	合三脂 ui	ɛ	癸（天干）qɛ⁵
		i	柜（～子）ki⁵
	合三微 uɨi	ɛ	未（地支）mɛ⁶

---

① 《词汇集》记为 sei⁴，不符合规律，《苗汉词典》和我们的调查都为 sɛ⁴。

(续表)

中古摄	中古韵	借词读音	借词举例
效	开一豪 ɑu	o	宝(～物)po^3 保(～佑)po^3 套(袜子)tʰo^5 帽 mo^6 牢 lo^2 臊 sʰo^1 告(～状)qo^5 稿荐 ko^3 sen^5
	开二肴 ɣæu	o	卯(地支)mo^4 泡(疏松)pʰo^5 疱(水～)pʰo^5 炮(枪～)pʰo^5
	开三宵 iɛu	o	硝(火～)sʰo^1 销(～货)sʰo^1 庙 zo^6
		u	蕉(芭～)ɕu^1
		əu	轿 tɕəu^6 邀 ʑəu^1
	开四萧 eu	əu	调(更换)tʰiəu^3
流	开一侯 u	o	斗(一～)to^3 够 qo^5 楼 lo^2 沤 o^5 呕 o^3 拳头 tɕen^2 to^2
		u	戊(天干)mu^6
	开三尤 ɨu	u	丑(地支)ɕʰu^3 受(享～)ɕʰu^5 馊 ɕu^1 油(～水)zu^2 酉(地支)zu^4 收(～获)ɕʰu^1
咸	开一覃 əm	ɑŋ	耽(～搁)tɑŋ^1
		en	簪(～子)sen^5
	开一谈 ɑm	ɑŋ	敢 qɑŋ^3
	开一曷 ɑp	ɑ	擦 sʰɑ^1(调!)
	开二洽 ɣɛp	ei	夹 qei^7
	开四添 em	in	点(～播)tin^3 店 tin^5 垫 tin^5 簟(竹席)tin^4

(续表)

中古摄	中古韵	借词读音	借词举例
山	开一寒 an	aŋ	单(～裤)taŋ^1 伞 sʰaŋ^5 杆(枪～)qaŋ^3
		en	鞍(～子)en^1 焊(～接)hen^5
	开三仙 iɛn	en	件(一～)tɕen^6 骟(阉割)ɕʰen^5
		i	羡(～慕)ɕʰi^5
	开四先 en	in	典(～当)tin^3 殿(宫～)tin^6
		en	荐 sen^5 烟(熏)ʐen^1
	开四屑 et	en	楔(～子)ɕen^7
	合一桓 uan	en	缎 ten^6 管(过问)fen^3 蒜 sʰen^5 算 sʰen^5
	合三仙 uɣiɛn	en	铅(锡)ʐen^2 砖 ɕen^1
	合三元 uiɐn	ɛ	反(造～)fʰɛ^3
		aŋ	万 vaŋ^6
深	开三侵 im	i	壬(天干)ni^2
		en	审(～讯)ɕʰen^3
	开三缉 ip	i	邑(城里)ʑi^6
臻	开三真 in	en	辰(地支)ɕen^2 申(地支)ɕʰen^1 印 ʐen^5 紧 tɕen^3 寅 ʐen^2
	开三质 it	en	信 sʰen^5 笔 tsen^7
	开三欣 in	en	隐(躲藏)ʐen^3
	合一魂 uon	en	顿(一～)ten^5 本(～钱)pen^3 锛 pen^1
	合三术 uit	en	戌 ɕʰen^7
	合三文 iun	en	分(一～)fʰen^1

(续表)

中古摄	中古韵	借词读音	借词举例
宕	开一唐 ɑŋ	ɑŋ	傍(靠)pɑŋ⁶ 当(～成)tɑŋ⁵ 荡(鼗)tɑŋ⁵ 炕 qʰɑŋ⁵ 郎(种猪)lɑŋ² 浪(波～)lɑŋ⁶
	开三阳 iaŋ	(i)ɑŋ	场(集镇)ɕɑŋ² 翟 tɕɑŋ⁵ 粮(上～)liaŋ² 浆 tɕɑŋ⁵ 让 ʑɑŋ⁶ 香(烧～)ɕʰɑŋ¹ 样(～子)zɑŋ⁶ 慌张 fʰɑŋ¹tɕɑŋ¹ 想 sɑŋ²(调!)
	合一唐 uaŋ	ɑŋ	荒(～地)fʰɑŋ¹ 慌张 fʰɑŋ¹tɕɑŋ¹ 黄(～色)fɑŋ²
	合三阳 uiaŋ	ɑŋ	方(～向)fʰɑŋ¹ 防(提～)vɑŋ² 王(皇帝)vɑŋ²
江	开二江 ɣɔŋ	ɑŋ	讲 qɑŋ³
曾	开一登 əŋ	ɑŋ	层 sɑŋ²
	开一德 ək	oŋ	墨 moŋ⁸
	开三蒸 iŋ	en	升(～子)ɕʰen¹
梗	开二庚 ɣæŋ	en	丙(天干)tsen³ 平(～坦)tsen²
		ɑŋ	命(性～)zɑŋ⁶
	开三庚 ɣiæŋ	en	庚(天干)qen¹ 偏生 pʰi¹sʰen¹
		ɑŋ	行(～走)hɑŋ¹
	开三清 iɛŋ	ɑŋ	名(～望)zɑŋ²
	开三昔 iɛk	i	尺 tɕʰi⁷
	开四青 eŋ	in	丁(天干)tin¹ 定(稳固)tin⁶ 停(～脚)tin²
	合二庚 uɣæŋ	ɑŋ	横 vɑŋ²
	合二麦 uɣæk	o	划 xʰo⁷

(续表)

中古摄	中古韵	借词读音	借词举例
通	合一东 uŋ	oŋ	葱(小~)$s^hoŋ^1$ 空(~闲)$q^hoŋ^5$ 通(破漏)$t^hoŋ^1$ 同 $toŋ^2$ 瓮(坛子)$oŋ^5$ 桶 $t^hoŋ^3$
	合一冬 uoŋ	oŋ	鬃 $soŋ^1$
	合一沃 uok	o	毒(~鱼)to^6
	合三东 iuŋ	oŋ	铳 $ɕ^hoŋ^5$
	合三烛 iuok	u	赎 $ɕ^hu^7$

以上借词的读音,需要说明的是,大部分读音,《词典》与《词汇集》是一致的,但也有些部分词的韵母读音,两种材料不一致,甚至同一种材料,也有不一致的情况,主要集中在歌韵、模韵。如"驮",《词汇集》有 to^2、tu^2 两种读音,《词典》为 to^2。又如,"货",《词典》为 hu^5,《词汇集》为 ho^5。这是由于两个韵的汉借词,借入以后随固有词发生音变,但在不同发音人口语里,音变程度不同,造成一些词的读音有参差,我们将在下文讨论部分进行讨论。另有咸山摄三四等字,《词典》读 en 或 in,《词汇集》有读 i 的情况,如:偏生 $p^hi^1 s^hen^1$。

6.3.2　养蒿苗语近代汉借词几个语音特点的讨论

养蒿苗语近代汉借词有不少突出的特点,这些特点有些与借源汉语有关,有些与养蒿苗语本身的音系特征及语音演变有关。下面我们简单讨论三个问题:一是汉语上声养蒿苗语读为 5、6 调的现象;二是阳调类汉借词养蒿苗语读阴调的现象;三是帮组字汉借词养蒿苗语读 ts 类音的现象;四是汉语不送气塞擦音、擦音,养蒿苗语汉借词读为简单擦音和送气擦音的现象。养蒿苗语汉借词还有几个特点:见组非三等字借词读小舌音的现象,歌、麻、模、侯韵等韵类的借词读音反映的苗语古音现象,因其他苗语方言也有类似的现象,我们将在第九章进行详细讨论。

6.3.2.1　上声汉借词读 5、6 调的现象

养蒿苗语主要用 3、4 调分别对应汉语的阴上和阳上,但是也有部分字,养蒿苗语分别用 5、6 调来对应。

以下是阴上读第 5 调的例字:

汉字	打(～鞋底)	癸(天干)	己(天干)	伞	算	焊
中古拟音	$t\gamma a\eta^3$	kui^3	ki^3	san^3	$s^w an^3$	han^3
借词读音	$ta\eta^5$	$q\varepsilon^5$	$t\varphi i^5$	$s^h a\eta^5$	$s^h en^5$	hen^5

以下是阳上读为 5、6 调的例字:

汉字	象	亥	腐(豆～)	丈(～夫)	缎	件(一～)	抱	造(到)
中古拟音	$zi\eta^4$	$fiai^4$	biu^4	$\text{d}i\varepsilon\eta^4$	$d^w an^4$	$g\gamma i\varepsilon n^4$	bau^4	$dzau^4$
借词读音	$s^h a\eta^5$	ha^5	$h\vartheta u^6$	$t\varphi a\eta^6$	ten^6	$t\varphi en^6$	$p\vartheta u^6$	so^6

养蒿苗语 5、6 调按规律应是用来对应汉语阴去、阳去词的声调,为什么会用来对应阴上和阳上呢?我们先来看阳上,因为养蒿苗语阳上汉借词字基本都读成了 5、6 调,因此偶然因素导致阳上读成这两个声调的可能性比较小。对于阳上读为 5、6 调的原因,我们可以做如下三种推测:(1)借入这批词的时候,汉语上声和去声调值比较相似,或者养蒿苗语 4 调和 5、6 调调值比较相似,所以借用时发生了错乱的借用。(2)借入这批词的时候,汉语已经发生全浊上声变去声的演变,养蒿苗语是按去声调借入这些词语的。(3)借入这批词的时候,汉语还没有发生全浊上声变去声的演变,是借入以后,养蒿苗语自身发生了全浊上声变去声的演变。

对于以上三种推测,第(3)种推测是首先要排除的,如果是苗语内部的音变,不仅会影响借词,还会影响到养蒿苗语的固有词。养蒿苗语固有词塞音双数调,来源于浊声母,如果发生了浊上归去的音变,养蒿苗语就没有与其他方言对应的 4 调类浊声母的固有词了。但"山"pi^4、"刺"$p\vartheta^4$、"火"tu^4 等都是与其他方言对应的固有词。

第(2)种推测是有可能的。全浊上声变去声是汉语史上一次重大的音变。王力(2010：293-294)说唐代杜甫、白居易古体诗中就有上去通押的例子。但是他认为这种现象不能说明浊上变去,而可能是唐代上声和去声调值相似引起的,因为杜甫的诗中还有清音上声和去声通押的现象。王先生认为浊上归去是晚唐以后的现象,证据是晚唐李涪《刊误》,批评《切韵》把一些去声错误地归为上声,而他举的例子,都是浊上字,说明他那个方言或者他那个时代,浊上字已经演变为去声了。另外北宋张麟之《韵镜》凡例《上声去音字》还说"逐韵上声浊位,并当呼为去声",也说明这一现象。邵荣芬(1979)还举了和李涪差不多同时代的敦煌俗文学抄本里,浊上字大量地和去声字互为错别字的现象。杨剑桥(2005：176)也持相同的观点。但是也有学者认为浊上归去的现象发生得更早。周祖谟先生(1966)就认为白居易有些诗用浊上字与去声字通押就是全浊上声变去声的表现。金雪莱(2005)《〈慧琳一切经音义〉语音研究》也认为浊上归去在慧琳时代即中晚唐时期已经是一个明显的趋势。综合以上,浊上变去似乎是一个历时较长的音变,不过在晚唐时期应该已经比较普遍了。由此,我们推测养蒿苗语读为5、6调的浊上字是在汉语里发生浊上归去的音变以后借入的,应是可以成立的。

对于第(1)种推测,我们也认为有一定的可能性。可能确实如王力所说,唐代一个时期,上声和去声调值相似,这能解释养蒿苗语中还有一部分清音上声字读为5、6调的现象。就如养蒿苗语的1调和5调,一个调值是33,一个调值是44,对于非母语的人来说,是比较难分辨的。不过这种相似,应没有达到影响音变的程度,否则清上也会并入去声了。另外,王力先生推测的上声和去声调值相似的杜甫、白居易时代,按黄淬伯先生的说法,也是浊上变去开始的时代了,有可能就是这种语音相似,推动了浊上变为去声的音变。

最后有一个问题,就是同是全浊上声字,为什么养蒿苗语有的会用5调来对应,如"象 sʰaŋ⁵ 亥 haɯ⁵ 腐 həɯ⁵",有的用6调来对应,如"丈 tɕaŋ⁶ 缎 ten⁶ 件 tɕen⁶"等？用6调对应,是全浊上声归了全浊去声,但读第 5 调,则是归了清去。阳调字借词读阴调类,是养蒿苗语汉借词又一个特别的现象。下面我们讨论这个问题。

6.3.2.2　阳调汉借词养蒿苗语用阴调对应的现象

养蒿苗语主要用阳调类对应汉语的阳调类借词,但是也有部分词,在汉语里读为阳调类,养蒿苗语用阴调类对应。下面是一些具体例字。为了便于比较,我们仍然使用 2、4、6、8 等来表示汉语的阳平、阳上、阳去、阳入:

汉字	行(～走)	猫	鞋	壶	时(～辰)	象	亥
中古拟音	ɦaŋ²	mɤʑɪɐu²	ɦɪɣe²	ɦuo²	dʑi²	zɪɐŋ⁴	ɦəi⁴
养蒿读音	haŋ¹	mo¹	ha¹	həu¹	ɕʰi¹	sʰaŋ⁵	ha⁵

汉字	腐	豉(豆～)	谢(多～)	害	护(偏～)	羡	赎
中古拟音	biu⁴	dʑie⁶	zia⁶	ɦai⁶	ɦuo⁶	zɪɐn⁶	ʑiok⁸
养蒿读音	həu⁵	ɕʰi⁵	sʰei⁵	ha⁵	fʰu⁵	ɕʰi⁵	ɕʰu⁷

可以看出,以上的词基本都是全浊声母字,只有"猫"是个次浊声母字,这个字在现代汉语普通话里的读法也比较特殊,读为阴平,而不按规律读为阳平,因此在养蒿苗语里也同样可以看作一个例外。养蒿苗语为什么会用阴调来借汉语的阳调词,对于阳平、阳去、阳入,我们可以做如下推测:(1)这批词在借入的时候,已经在汉语里读为阴调,苗语也用相同的阴调来对应。(2)这批词在借入的时候,在汉语里并没有发生什么变化,是借入养蒿苗语以后,发生了某种特殊的音变,变为养蒿苗语阴调类。

以上两种推测,第(1)种推测可能性不大。我们先看平声。周祖谟(1966)说:"现代汉语方言平声都分为两类,一类是阴平,一类是阳平,阴平都是古清声母字,阳平都是古浊声母字。"所以平声分阴阳两个调类的现象应发生得比较早比较普遍,否则不会分布如此广泛和整齐。从文献上看,时间应在中晚唐时期。根据是中晚唐时期的日本和尚安然《悉昙藏》卷五里的一段文字,安然说表信公法师

(一位安然之前的日本法师)所传汉字读音的声调是"平声直低,有轻有重",周祖谟认为所谓有轻有重,就是因声母清浊不同而导致的声调的不同。也就是说,平声在唐代就已经有明显的迹象分为阴阳两调了。苗语是有可能按照阴平和阳平来借入这些汉借词的。但是,没有证据表明,某些阳平类词进一步转入了阴平类词,否则,现代汉语方言必然有古阳平类词读为阴平类词的痕迹。因此,养蒿苗语阳平类词用 1 调来对应,应不是直接借自汉语。对于阳去和阳入,周祖谟先生同一篇文章里提到,它们在现代方言里的表现不是很一致,有的分阴阳,有的不分阴阳,在古代文献里,周祖谟先生只是谨慎地说是有的方言分阴阳,因此我们这里很难做有把握的推测。但是从我们的数据来看,去声和入声在声母或者其他语音条件上的表现与平声并没有什么异样,因此在这里做与平声一致的推测。

排除了这批词在汉语里发生音变后再借入养蒿苗语的可能,应只能是第(2)种推测了,即这批词借入以后在苗语里发生了某种音变。以上的例词,大部分词的声母是 h,部分词的声母是送气擦音 s^h 或者 ε^h,这几个声母在养蒿苗语里只与阴调相配。关于 h,陈其光先生(1989)认为,这些字本来也应是阳调类词,但为了适应养蒿苗语声调和声母的语音组合规律,变为了阴调类词。我们认为这种观点有合理之处,不过借词的原则应只求语音相似,至于是否要符合语音组合规律,应是固有词才具有的特点。如养蒿苗语现代汉借词也有声母为 h 的,但是这些借词并不受固有词里 h 只与阴调相配的规则约束,能与阳调相配,如"吓唬",养蒿苗语读为 $h\varepsilon^8 hu^2$。我们认为,可能养蒿苗语在借入这些词的时候,是按某种擦音类浊声母借入的,但是这种擦音类浊声母对声调的影响与其他非擦音类浊声母对声调的影响并不一样,才使声调不是变为阳调类,而是阴调类。送气擦音 s^h 和 ε^h 可能也是相同的原因。

最后,关于部分阳上字对应苗语的 5 调,而不是 3 调,应是这批词在汉语里发生了全浊上声变去声以后再借入苗语的。不是 6 调,而是 5 调,则原因与其他阳调类汉借词一样。

6.3.2.3　帮组汉借词读 ts 类音的现象

p 类音在养蒿苗语里有一个特殊的音变,就是在一些条件下变为 ts 类音,古帮组汉借词借入以后,在同样的条件下也会发生相同的音变。以下我们先列出例字,再讨论一下关于帮组汉借词读 ts 类音的原因。最后根据我们的讨论列出帮组字借入养蒿苗语时候的读音及其类型。

帮 p	p	百 pa⁵ 班 paŋ¹ 包 po¹ 宝 po³ 保 po³ 补 pu³ 崩 paŋ¹ 锛 pen¹ 本 pen³
	ts	丙(天干)tsen³ 笔 tsen⁷
滂 pʰ	pʰ	劈 pʰa¹ 破 pʰu⁵ 脬 pʰo¹ 炮 pʰo⁵ 配 pʰi⁵ 漂 pʰu¹
並 b	p	傍 paŋ⁶ 耙 pa² 抱 pəu⁶ 牌 pa² 败 pa⁶ 蒲 pu²
	ts	平(～坦)tsen² 坪 tsaŋ²
明 m	m	磨 mu⁶ 马 ma⁴ 面 mɛ⁶ 卯 mo⁴ 帽 mo⁶ 卖 mɛ⁴ 买 mɛ⁴ 模 mə² 抿 mi³
	z	名 zaŋ² 命 zaŋ⁶ 棉 zen² 庙 zo⁶

关于帮组汉借词读 ts 类音这个问题,石德富(2008)有较详细的讨论。石德富先生认为是反映了上古汉语重纽三等和重纽四等的-r-介音,我们认为该观点值得商榷。以下我们先列出来这些例字,再进行分析。

汉字	中古音地位	是否重纽	养蒿读音	中古拟音	上古拟音
笔	帮质入	重纽三等	tsen⁷	pɣit⁷	prud
丙	帮庚上	三等	tsen³	pɣiaŋ³	pkraŋʔ
偏	滂仙平	重纽四等	tɕʰi¹	pʰiɛn¹	pʰen/pʰjen①
凭	並蒸平	三等	tsen²	biŋ²	bruɯŋ

----

① "/"后面的是白一平先生的拟音,其他都是潘悟云先生的拟音。

（续表）

汉字	中古音地位	是否重纽	养蒿读音	中古拟音	上古拟音
平	並庚平	三等	tsaŋ²/tsen²	bɣiaŋ²	beŋ/brjeŋ
坪	並庚平	三等	tsaŋ²	bɣiaŋ²	beŋ/brjeŋ
平地名	並庚平	三等	tsaŋ²/tsen²	bɣiaŋ²	beŋ/brjeŋ
命	明庚去	三等	zaŋ⁶	mɣiaŋ⁶	mreŋs
名	明清平	三等	zaŋ²	miɛŋ²	meŋ/mjeŋ
庙	明宵去	重纽三等	zo⁶	mɣiɛu⁶	mbreus
棉	明仙平	重纽四等	zen²	miɛn²	men/mjen

从以上材料可以看出，似乎的确如石德富先生所观察到的，大部分字上古拟音都带 *-r-介音。这与黔东苗语 ts、tsʰ 的来源有相一致的地方。黔东苗语的 ts、tsʰ 以及 z 在《构拟》中有以下几个声母来源，括号内的声母表示该声类没有例字，另外我们举了王辅世和 Ratliff 的拟音，我们以 Ratliff 的拟音为准：

声 类	王拟音	Ratliff 拟音	养蒿	大南山	腊乙坪
13 三母	pts	pj	p(ts)	ts(p)	p
23 簸母	ptʂ	pr	ts	tʂ	pz̩
24 吹母	pʰtʂʰ	pʰr	tsʰ	tʂʰ	pʰz̩
25 套母	bdz̩	--	(ts)	tʂ	(pz̩)
27 听母	mz̩	mr	(z)	n	(mz̩)
29 鼻母	mbdz̩	mbr	z	ȵtʂ	mz̩

石德富先生主要就是根据养蒿苗语和汉语重纽三等字古音都带 *-r-介音，因此认为苗语借自汉语的带 *-r-介音的重纽字和本民族带 *-r-介音的词一起演变为 ts 类音。但是这个结论有以下几点需要解释的地方：

（1）例字中的"凭、命"等庚、蒸、清韵字是非重纽字。

正如石德富先生已经解释的，蒸韵、庚三来源于上古的重纽韵部，只是中古的时候已经没有重纽的特点了。

（2）例字中的明母字苗语基本是 *mbr＞ts，但汉语明母字不可能带 p 这样的成分。石德富先生的解释是黔东苗语应该经历了这样的音变过程：*mbɹ＞*mɹ＞mj/nz；*mj＞*nj＞ȵ；nz＞n/z。

以上两种情况的解释是合乎情理的，但是以下三种情况的解释我们认为难以成立。

（3）例字中有几个字是重纽四等字。石德富的解释有两种，一种是上古汉语重纽四等也带 *-r-介音，但是和重纽三等只是发音部位相同，发音方式有异。二是养蒿苗语的这些字借自某个重纽三等和重纽四等已经合并为 *-r-的方言。

关于第一种解释，重纽四等据我们所知，并没有学者拟有 *-r-介音。关于第二种解释，似乎猜测的成分太大，我们认为不能作为依据。

（4）例字里的地名用字"平"来自"黄平"，石德富先生考证"黄平"之名南宋理宗宝祐六年（1258）才见于史，元中统元年（1260）置黄平元帅府，石德富先生认为黔东苗语这个地名可能借自一个还没有被西南官话覆盖的比较存古的古南方方言。关于重纽 *-r-介音的消失年代，据俞敏（1999：275）引用慧琳《一切经音义》，第二十五卷把ɻ，ɻ̄写作"乙上乙去声"，这个字是重纽三等字，也就是说，可能在慧琳时代，即中唐时代，重纽还保留 r 的音色。但是到了南宋时候，重纽的对立应已经消失，保留 r 的可能性就更小了。石德富先生认为借自某个存古的方言，这种观点毕竟猜测的成分太大，并且，如果这一批字都是借自一个比较存古的古南方方言，必然还有另一批字也应该能从这个古方言借入，并且语音表现会比较古老，但是据我们考察，大部分的养蒿苗语古汉借词面目并不古老。

（5）如果黔东苗语帮组重纽字汉借词还保留有 *-r-介音，从理论上来说，上古同样带 *-r-介音的二等字也应该还保留有 *-r-介音，至少时间不会相去太远。这样的话，应该也有不少二等帮组字会演变为 ts 类音，但是实际上我们很少看到这样的例字，以下是仍然读为 p 类音的唇音二等汉借词：

百 pa⁵ 班 paŋ¹ 耙 pa² 牌 pa² 败 pa⁶ 炮 pʰo⁵

以上的例字"百"这个字是苗瑶语共同词，也就是苗瑶语共同汉借词：腊乙坪 pa⁵，大南山 pua⁵，石门坎 pa⁵，摆托 po⁵，甲定 pɑ⁵，绞坨 pa⁵，野鸡坡 piᶜ，枫香 pa⁵，勉语 pɛ⁷，览金 pe⁷，东山瑶语 pɛ⁷，大坪瑶语 ba⁷。从理论上来说，这个词应是苗瑶语还没有分化的时候从汉语借入的，时间应是比较早的，时间越早，保留-r介音，并随着重组三等发生音变的可能性越大，但实际情况并不是这样。

综上，我们认为石德富先生的观点是值得商榷的。我们认为，这个音变实际上可以看成一个简单的腭化现象，就是养蒿苗语的 p 受后面 j 介音的影响，发音部位后移的结果。

这种推测需要解释的地方是，为何养蒿苗语固有词的 ts 类音是从 *pr 演变过来的，而不是从 pj 演变过来的。我们认为有一种可能是养蒿苗语的演变可能经过了 *pr＞pj 的中间过程，而苗语借入汉语的这批词的时候，养蒿苗语的 *pr 可能正好处于 pj 的阶段。这种中间过程是比较常见的，苗语里也有其他方言目前就正处在 pj 的阶段，可参看王辅世（1994）《苗语古音构拟》23 母簸母，如，暗 *pruwᴰ：养蒿 tsə⁷，野鸡坡 pjoᴰ，摆托 pju⁷。

另外需要解释的是，为什么只有重组字变成了 ts 类音？其他的普通三等为何没有发生这样的变化？关于这点，我们认为可能是和汉语唇音三等的分布有关。汉语有唇音声母的三等韵，基本上不是合口，就是重组。以下三个表格是《广韵》中的所有唇音声母有字的三等韵。

韵	微	虞	文	元	阳	凡	废	钟
开合	合	合	合	合	合	合	合	合
重纽	否	否	否	否	否	否	否	否

　　这个表格里的所有韵都是合口韵。我们下文马上会讨论到，养蒿苗语这些韵的汉借词分为两个层次，较早的层次保留重唇音，而较晚近的层次则读为轻唇音(此处我们不是主张汉语的唇音分开合，以及唇音在高本汉主张的合口三等的条件下变为轻唇，而是指明能分化出轻唇音的韵类所在)，与开口三等的特点是不一样的。

韵	支	脂	真	仙	宵	祭	侵	盐
开合	开	开	开	开	开	开	开	开
重纽	AB	AB	AB	AB	AB	AB	AB	AB

　　这个表格里的所有韵都是传统的重纽韵。

韵	庚	清	蒸	东	幽	尤	麻
开合	开	开	开	合	开	开	开
重纽	B	A	B	A	B	A	否

　　这些韵庚三、清韵，蒸韵、东韵部分字，幽韵、尤韵部分字的，从上古来源看，都是互为重纽三等和重纽四等的，只是到了中古未必还保留重纽的区别，如唐代传入高丽的这几个韵的音已经没有重纽韵的特点了(参见潘悟云 2000：44—45)。而麻韵开口三等只有一个较生僻的字"乜，弥也切"。

　　由上，我们当然很难找到重纽和三等合口以外的普通三等唇音字了，排除了三等合口字，剩下的重纽字自然聚合在我们上文所列的数据表格里，如果不仔细分析，很容易联想到这些字之所以会发生演变，和重纽是有关系的。

　　最后需要解释的是，声类 13 三母 Ratliff 拟音为 *pj，但是养蒿苗语为何只有个别字发生了变化，而不是所有 *pj 声母的字发生变化？以下是所有声类 13 的例字及各个方言点的读音：

13.三母 pts/*pj	养蒿 p(ts)	腊乙坪 p	大南山 ts(p)	石门坎 ts(p)	摆托 p(pj)	甲定 p	绞坨 p(pj)	野鸡坡 p(pz)	枫香 p(ts)
三	pi^1	pu^1	pe^1	tsi^1	pa^1	$pæ^1$	$pæ^{1a}$	pzi^A	tsi^1
我们	pi^1	$pɯ^1$	pe^1	pi^1	pa^1	$pæ^1$	$pæ^{1a}$	pei^A	pi^1
果子	$tsen^3$	pji^3	tsi^3	tsi^3	pji^3	pi^3	pei^{3a}	pze^B	tsi^3
公狗	pa^3	$pɑ^3$	tsi^3	tsi^3	pje^3	$pɑ^3$	pi^{3a}	pa^B	pa^3
嗉囊	pi^3	--	tsa^5	$tsie^5$	$pjen^3$	$pə^3$	$pjein^{5a}$	pu^B	$poŋ^3$
满	pe^3	pe^3	po^3	pu^3	$poŋ^3$	$pəŋ^3$	$poŋ^{3a}$	pan^B	pu^3
结果子	$tsen^5$	--	tsi^5	tsi^5	pji^5	pi^5	pei^{5a}	pze^C	tsi^5

以上养蒿苗语的读音，只有"果子"和"结果子"两个词发生了音变，其他词都仍然是 p。对此，我们有以下两种推测：

（1）Ratliff 的构拟是值得商榷的。我们暂时认为这种推测可以保留。

（2）可能养蒿苗语原有的 pj 受 *pr＞pj 的驱动，为了保持两个声类的区别，原有的 pj 已经发生了改变。而"果子"由于韵母是 *i，即使声母发生了变化，韵母与 j 接近，也加入了 *pj＞ts 的演变（"我们""三""嗉囊"虽然现代韵母是 i，但是在 *pj＞ts 的演变发生的时代，并不是 i，王辅世对这三个词的韵母拟音分别是 $*ptsæ^A$，$*ptsæ^A$，$*ptsin^B$）。另外，从上面表格我们可以看到，不少方言点的唇音声母都也有变为 ts 的现象，并且根据韵母的不同而参差不齐，基本的分布条件就是：

p＞ts/_i

p 其他

可见这样的音变是一个比较普遍的腭化音变，和重组并没有太大关系。

6.3.2.4　不送气塞擦音、擦音汉借词读为简单擦音、送气塞擦音的现象

养蒿苗语汉借词涉及该现象的声母有非母、精组、知组、庄组、

章组、晓母。总结如表格所示：

中古汉语声母	养蒿苗语读音	中古汉语声母	养蒿苗语读音	中古汉语声母	养蒿苗语读音	中古汉语声母	养蒿苗语读音
非 f	fʰ	邪 z	s、ɕ	初 tʃʰ	ɕʰ	禅 dʑ	ɕ、ɕʰ
精 ts	s	知 t	s	崇 dʒ	s	书 ɕ	ɕʰ
清 tsʰ	sʰ、ɕʰ	彻 tʰ	ɕʰ	生 ʃ	ɕʰ	船 ʑ	ɕʰ
从 dz	s、ɕ	澄 ɖ	ɕ	章 tɕ	ɕ	晓 h	xʰ、ɕʰ、fʰ
心 s	sʰ、ɕʰ	庄 tʃ	ɕ	昌 tɕʰ	ɕʰ		

从表格可以看出，养蒿苗语读音与中古汉语声母的拟音，有很大不同。这些音的来源，我们先以非母为例来进行讨论。非母中古晚期以后读为擦音 f，养蒿苗语为何要用 fʰ 来对应，我们有以下几种推测：

（1）养蒿苗语 f、fʰ 并存，可能当时养蒿苗语的 fʰ 和汉语的 f 音值更接近，因此养蒿苗语选用 fʰ 来对应汉语的 f。

（2）养蒿苗语只有 fʰ 没有 f，因此只能用 fʰ 来对应汉语的 f。

（3）养蒿苗语只有 f 没有 fʰ，当时是用 f 来借用汉语 f 的，后来发生了 f>fʰ 的音变，该音变也波及了汉借词。

第 1 种推测，是一种无法证明也无法证伪的推测，我们难以遽下结论，但是如果有更好的能加以说明的解释，我们认为还是采用可以说明的解释有意义。另外，从现代汉借词看，现代养蒿苗语 f 和 fʰ 并存，但是养蒿苗语是用 f 来借用汉语的 f 声母词，如果中古时代 f 和 fʰ 也并存，而当时养蒿苗语选用 fʰ 来对应汉语的 f，很难理解为什么现代就突然换用了 f。

第 2 种推测，我们认为从语言类型上无法解释。f 根据 Maddieson(1984)的统计，是仅次于 s 的分布最广泛的擦音音位，而 fʰ 在 Maddieson 的样本里根本就不存在，因此一种语言只有 fʰ 而没有 f，是违背常理的。

第 3 种推测，我们认为从理论上来说是最可行的。我们来看养蒿苗语固有词 f 和 fʰ 声母的来源,如果通过方言比较能证明固有词有 *f＞fʰ 的音变,无疑更能让我们确定第 3 种推测的正确性。可惜以上的汉借词没有属于苗瑶语共同词的,从养蒿苗语固有词看,养蒿苗语的 fʰ 有如下几种来源:

声类号	王辅世拟音	Ratliff 拟音	腊乙坪	养蒿	大南山	甲定
11	f	pʰr	pẓ̥	fʰ	h	h
21	fs	s-pʰ, s-pʰj	s	fʰ	s	sʰ
83	ʂ	sj	ɕ	ɕʰ(fʰ)	ʂ	sʰ

如果按照王辅世先生声类 11 的拟音,的确是符合我们的第 3 种推测的。另外,养蒿苗语的 f 来源于以下几个声类:

声类号	王辅世拟音	Ratliff 拟音	大南山	腊乙坪	养蒿	开觉
123	qlʷ	Kʷ, qʷ	tl̥	kʷ～q	f	f
124	ɢlʷ	Gʷ	tl̥～k	kʷ～qʷ	f	f

我们怀疑,养蒿苗语的 fʰ 有可能是在声类 123 *qlʷ＞f,124 *Glʷ＞f 的演变过程中,为了避免音位的混淆,原有的 f 才进一步演变为 fʰ 的。

其他语言也有擦音变为送气擦音的音变。从类型学的角度看,送气擦音似乎是一种比较特殊的擦音类型。Maddieson(1984)统计了 317 个语言样本,提到各种擦音的发音特征,有清(voiceless)擦音、浊(voiced)擦音、挤喉(ejective)擦音、腭化(palatalization)擦音、唇化(labialization)擦音等,但是没有提到送气擦音。对于送气擦音比较罕见的现象,朱晓农(2010:187)认为"擦音本身就有气流送出,所以擦音一般没有送气和不送气的区别"。实际上送气擦音在东亚语言里并不罕见,苗语不少方言如养蒿苗语,藏语某些方言如安多藏语,缅语,韩语里都有送气擦音。不过我们找到的直接讨论送气擦音来源的材料只有白语和安多藏语。

先看白语送气擦音的来源。关于白语送气擦音的来源,汪锋
(2006)有专文讨论过,汪锋根据原始白语与藏语的联系,认为白语
的送气擦音有以下三种来源:

$^*Cv-s-\rightarrow h-s-\rightarrow s^h-$, $^*sK-\rightarrow s^h-$, $^*p^h-\rightarrow f^h-$。

以下是汪锋文中举的与白语 s^h 有关的例子:

汉语	原始白语	汉语上古音＞中古音	藏文
三	$s^h aŋ^1$	$səm＞sɑm^1$	gsum
杀	$ɕ^h a^4$	$sriat＞srɛt^7$	gsod
洗	$s^h e^2$	$sjidx＞sej^2$	bsil
孙	$s^h uan^1$	$sən＞swon^1$	$mts^h an＜{}^*m-san$
岁	$s^h ua^4$	$skwjat＞sjej^3$	$skyod＜{}^*skryods$
酸	$s^h uaŋ^1$	$suan＞swɑn^1$	skjur
星	$s^h jæn^1$	$siŋ＞seŋ^1$	skar
索	$s^h o^4$	$sak＞sɑk^7$	skud

汪锋把这些词和藏语联系起来,其实我们认为可能与汉语中古
音的读音更接近一些,我们怀疑这些送气擦音可能是直接来源于
$^*s$,是白语借入中古汉语心母字以后,再发生 $^*s＞s^h$ 的演变。

再看安多藏语送气擦音的来源。王双成,陈忠敏(2010)主要研
究了安多藏语送气擦音的声学表现,文中也提到了送气擦音的来
源,是由擦音演变而来的,如下:

藏文	拉萨	德格	泽库	天峻	同德	红原	夏河	同仁	循化	化隆	
sa	sa^{53}	$s^h a^{53}$	$s^h a$	$s^h a$	$s^h a$	$s^h a$	$s^h a$	$s^h a$	$s^h a$	$s^h a$	土
so	so^{53}	$s^h o^{53}$	$s^h o$	$s^h o$	$s^h o$	$s^h o$	$s^h o$	$s^h o$	$s^h o$	$s^h o$	牙齿
ɕa	$ɕa^{53}$	$x^h a^{53}$	$x^h a$	$x^h a$	$x^h a$	$x^h a$	$x^h a$	$x^h a$	$x^h a$	$ɕ^h a$	肉
ɕi	$ɕi^{53}$	$x^h e^{53}$	$x^h ə$	$x^h ə$	$x^h ə$	$x^h ə$	$x^h ə$	$x^h ə$	$x^h ə$	$ɕ^h ə$	死
ɕiŋ	$x^h in^{55}$	$x^h aŋ$	$x^h aŋ$	$x^h aŋ$	$x^h aŋ$	$x^h aŋ$	$x^h aŋ$	$x^h aŋ$	$x^h aŋ$	$ɕ^h aŋ$	木头

　　由上可以看出,擦音变为送气擦音实际上并不罕见。语言是一个系统结构,既然养蒿苗语的擦音会变为送气擦音,则其他的塞擦音,包括不送气塞擦音和送气塞擦音,也有可能会一道发生系统性的演变。因此,我们认为,近代及以前,养蒿苗语是用塞擦音、擦音分别对应汉语的塞擦音、擦音,后来养蒿苗语发生了塞擦音变为擦音、擦音变为送气擦音的系统性演变,借词也跟着发生了演变。

　　关于苗语的这个现象,其他学者也有讨论(李炳泽 1994;石德富,刘文,杨正辉 2017;王艳红 2017)。关于这种现象的解释:其演变轨迹,王艳红(2017)认为是 *ts＞s, *ts^h＞s＞s^h, *dz＞ts＞s, *s＞s^h。石德富等也是持基本相同的观点。其演变动因,石德富等认为是音系内部相关音素之间推链作用的结果,也是经济原则和对立原则共同作用的结果。如 s^h 的产生,是原始苗瑶语的 *pr, *pz 类复辅音,在养蒿苗语里变成 ts,促使原始苗瑶语的 *ts 在养蒿苗语里变成 s,又推动原始苗瑶语的 *s 在养蒿苗语里变成 s^h。王艳红(2017)对苗语的这个音变进行了全面的考察,发现从地理分布来看,这种音变以整个黔东南州为中心,东接湘西,西到贵阳、黔南州,南到广西北部,很多方言的 *pr, *pz 并没有变成 ts 类音,而 *ts 类音却发生了塞擦音擦化和擦音送气化的音变,因此,我们认为这个音变最有可能以 *ts^h＞s 的音变为起点,在不同方言里又以不同的速度,发生不同程度的进一步演变。

　　关于养蒿苗语这个音变发生的时间,李炳泽(1994)认为,黔东苗语的 s^h、ɕ^h 产生于 10—14 世纪,也就是中古晚期以后。理由是读 s^h、ɕ^h 的苗语汉借词,语音表现比较接近中古时期的语音特点,到了明代初期,大量汉族移民随军队进入云贵地区,苗语尤其是黔东苗语就开始接触近古汉语,语音特点就与近现代一致了,如声调方面汉语只有四个声调,声母方面也直接用 ts^h、s,借用汉语的 ts^h、s 了。我们认为李炳泽先生的判断基本是正确的,但是文章中还是有一些观点与我们不同。如李炳泽认为,属于心母,在黔东苗语读 ɕ^h

的"写 $ɕ^ha^3$、戌 $ɕ^hen^7$"两个词应是在汉语里发生腭化以后借入的,如果按照李炳泽先生的判断,那么擦音变为送气擦音的音变应是在汉语精组发生腭化以后还在继续,也就是14世纪以后还在继续了。我们上文的论述是,"写"字可以看作例外,"戌"及其他读为腭音的字,应是借入苗语以后随苗语固有词发生音变的,参见上文的相关论述。结合所有送气擦音汉借词的语音表现,我们认为以下三点是可以作为音变时间的参考的:

（1）擦音变为送气擦音的音变,应是在轻唇音产生之后还在继续,也就是8世纪末、9世纪初左右,否则,以下这些非组词,就只能是擦音而不是送气擦音了。

方(四～) $f^haŋ^1$　分 f^hen^1　夫(～役) f^hu^1　副(量词) f^hu^5

（2）擦音变为送气擦音的音变,应是在精组在汉语里发生腭化之前停止,否则应该多有腭化的精组汉借词,我们上文已经证明,在苗语里读为腭音的精组汉借词,是在借入苗语以后,随固有词发生的音变。因此,也就是在明代以前,即14世纪左右停止。

（3）擦音变为送气擦音的音变,必须是在晓母腭化之后还在继续,否则,"香 $ɕ^haŋ^1$　稀(粥太～) $ɕ^hi^1$"这些词,也只能是擦音而不是送气擦音了,因此,时间应是在13世纪左右。

总结以上,养蒿苗语擦音变为送气擦音的年代,我们只能确定其终止的年代,即14世纪左右,但并不能确定其发生的年代。要确定其发生年代,可能还需通过比较更多的苗语方言来确定。

6.3.3　养蒿苗语近代汉借词借入时间之考察

我们上文说到,养蒿苗语的近代汉借词,与腊乙坪苗语和我们后文要讨论的大南山苗语的近代汉借词相比,语音面貌较为古老,与现代汉借词差异大而与中古汉借词较为接近,但我们还是界定这批汉借词的借入时间应为近代,主要是基于以下几个方面的证据:

第一,汉族对黔东南州的开发,集中于元明清时代。汉族真正开始正视贵州对维护王朝统治的战略意义而加大对贵州开发力度是在元明以后。我们主要举明代的"卫所"制度和清代的"汛塘"制度来看明清两代对黔东南州的开发。据杨庭硕主编(2010),明洪武开始在贵州实施土流并治,设置卫所,实行军屯、民屯政策,汉族才开始大量进入黔东地区。贵州卫所与内地的卫所有很大的差异,需要实施大规模的移民实边,为了使军人能够长期戍守边疆,允诺军人携带家眷,屯田自给。贵州卫所的设置,实际相当于有计划地组织大规模军事移民。在军屯的带动下,贵州的民屯与商屯也迅速发展,外来人口猛增。这推动了贵州经济的发展,也对日后的"改土归流"起到了铺垫作用。不过,明朝的卫所制度统辖范围较为有限。清代通过"改土归流"和开辟"生界",废除了明朝以来的卫所制度,又派绿营兵丁,在"蛮夷错壤"之间设立大量汛塘。这些绿营军不是明代那样屯田自给的军户,而是相对职业化了的军人。有清一代,贵州有汛三百余个,如清平县(今凯里)有 25 个,镇远府有 28 个,台拱有 20 个,施秉县有 16 个,黎平府 112 个,思州府 14 个,天柱县20 个,思南府 22 个。汛塘制度的推行使清朝政府实现了对黔东南边远地带的有效统治,也对黔东南各地的政治、经济、文化产生了深远影响。"卫所制度"和"汛塘制度"主要是军事上的管控制度,但是,正是有了强有力的军事管控,黔东南的经济、文化、贸易发展才有了一个比较稳定的政治环境,带来并吸引了大量汉族移民进入黔东南地区屯田、从商,在此背景之下,汉民族和苗族才可能有真正深刻接触并在语言方面相互影响。

第二,汉借词的语音特征和词汇时代特征反映这批词的借入是在近代。

黔东苗语里的近代汉借词,反映的也是宋元以后的语言面貌。语音方面,由于养蒿苗语汉借词的借源方言并不是中原权威官话,因此我们很难完全根据官话的音韵史来判断借词的借入时间。不过借词的有些语音特点,还是可以带给我们一些启示。首先是重唇音轻唇化。养蒿苗语里的近代汉借词,除了个别词语,如天干地支借词"戊 mu⁶ 未 me⁶"可能由于存古还没有轻唇化,其他非组汉借词都已轻唇化，如"反（～对）fʰɛ³ 方（～向）fʰɑŋ¹ 分（一～）fʰen¹ 夫（挑～）fʰu¹ 防（～备）vaŋ²"等。我们上文提到，《切韵》时代轻重唇音还没有分化，王力（2010：259-261）认为，晚唐五代的时候，轻重唇音才分化。杨剑桥（1996）认为，根据黄淬伯《慧琳〈一切经音义〉反切考》，慧琳时代，也就是中唐时候的 8 世纪末、9 世纪初（慧琳撰写《一切经音义》一般认为是 788～810 年左右），轻、重唇音已经完成。也就是说，按照王力的观点，这批词是晚唐五代以后借入的，根据杨剑桥先生的观点，也是中唐以后才借入的。另外，知庄章合并读 tɕ 类音。黔东苗语近代汉借词，知庄章组除了个别例外字，大部分都是读 tɕ 类音，并发生塞擦音擦化，擦音送气化的音变。如"丑 ɕʰu³ 场 ɕaŋ² 斋 ɕa¹ 差（～役）ɕʰa¹ 筛 ɕʰa¹ 馊 ɕʰu¹ 车（～子）ɕʰa¹ 铳 ɕʰoŋ⁵ 遮 ɕa¹ 砖 ɕen¹ 赎 ɕʰu⁷ 时（～辰）ɕʰi¹ 受（享～）ɕʰu⁵ 豉（豆～）ɕʰi⁵ 骟 ɕʰen⁵ 申（地支）ɕʰen¹ 审（～讯）ɕʰen¹ 升（一～）ɕʰen¹ 试（尝～）ɕʰi⁵"。根据王力（2010：299），宋代知彻澄与照穿神合并，塞音并入塞擦音和擦音 tɕ、tɕʰ、ɕ。庄初床也有并入照穿神的字，也应该是 tɕ、tɕʰ、ɕ。也就是说，汉借词借入时间，应在宋代以后。还有韵母方面，果摄歌戈韵读 o，u，遇摄模韵读 u，əu，都是宋元以后的读音了。

　　词汇方面也可以为我们判断借词的借入时间提供参考。黔东苗语近代汉借词，有些词所代表的事物，是宋元以后才出现的，我们也可以据此判断这些词是宋元以后才借入的。下面是几个字、词条例证。

　　铳 ɕʰoŋ⁵。ɕʰoŋ⁵ 在《苗汉词典·黔东方言》里释义为"枪"，并能与其他语素组合成更多词语，如：ɕʰoŋ⁵ pi⁴（铳—手）鸟枪，ɕʰoŋ⁵ lu⁴（铳—老）大炮，ɕʰoŋ⁵ ẓen¹ qa³ qei¹（铳—烟—屎—鸡）大烟枪。《汉语大字典》相关意义释义为：古代用火药发射弹丸的管形火器。引用的书证，最早的是《元史·达理麻识理传》："纠集丁壮苗军，火铳什伍相连。"也就是说，"火铳"一词最早出现是在元朝末年。据刘旭（1989），"火铳"在元代，实际是指"火炮"，与"火筒"经常互换使用。而苗语里的"铳"也有"炮"的意思，与元代"火铳"的含义是对应的。

"铳"在元明时代也有"枪"的含义，是"口径和体型都较小，可以手持，单兵发射的管形火器"。因此，"铳"这个词借入苗语，不会早于元代。

炮 p^ho^5。"炮"与"铳"是有密切关系的一个词，两个词的意思互有交叉。在《苗汉词典·黔东方言》里，p^ho^5 有四个意思：(1)枪；(2)炮(指炸药炮)；(3)指"鞭炮"，如 $p^ho^5 ɕi^5$，$p^ho^5 tu^3$（炮—火）。(4)$p^ho^5 qo^8 lo^8 to^8$ 铁炮，是"过去官府在上午、中午和下午放的铁炮"。据刘旭(1989)，南宋末年至元代，"火炮"称为"枪"或"火筒"，可见黔东苗语里"炮"指枪并不是没有来源。黔东苗语里的"铁炮"意义，应与"火炮"的意义是一致的。但是火炮的名称在历史上有多种叫法。元代，火炮又称"火筒"，明代，火炮既称"铳"又称"炮"，清代，火炮才固定称"炮"。因此，"炮"这个词作为"枪、铁炮"的意义借入苗语，应也是元代以后。

烟 $ʑen^1$。贵州气候、土壤等自然条件适合种植烟草，在《苗汉词典·黔东方言》里，有丰富的关于烟草的词语。如：$ʑen^1 qa^3 qei^5$（烟—屎—鸡）鸦片，$ʑen^1 qa^3 laŋ^4$ 烟叶，$ʑen^1 qa^3 liu^4$ 烟叶，$ʑen^1 m̥^ho^1$ 丝烟，$ʑen^1 x^hi^3$ 烤烟。据《贵州省志·烟草志》(2001：6)，贵州烟草最早是明代末年由"征滇"的军队从福建、广东、吴地、湘楚带入贵州，贵州省由此开始晒晾烟的种植。崇祯末年，遍地种烟，崇祯下禁烟令也没能阻止，后来又废除了禁令。康熙年间的《黄平府志·食货志》载，烟草在黄平已"遍地种之"。因此，"烟"的"烟草"意借入黔东苗语应是明清时期。

火镰 $f^hu^3 lin^2$。火镰是火柴普遍使用以前的取火工具。据《贵州省志·文物志》(2003：542)，贵州省博物馆还藏有 1 套苗族火镰，是"用熟铁锻制而成，长 8 厘米、宽 3 厘米。形似猪腰，镰口厚实，两端有对称的椭圆形孔一对。与火镰配套使用的还有火石和火绒(又名火草)，火绒系一种野生植物叶面的白色绒状纤维，火镰取火方法是将火绒置于火石下面，用火镰自上而下打击火石一侧，其火星落在火绒上，即将火绒引燃而取得微弱的星星之火，这是一种古老、原始的取火方法"。另外,黔东南州民族博物馆还藏有 1 件与火镰配套使用的鞋形铜质引火物储盒。盒为铜质,内装火草、火石,另有一铁火镰与之配套使用。《汉语大词典》释义:"取火工具。用钢制成,形似镰刀,故称。"引用书证最早的是元代李好古《张生煮海》第三折:"家僮将火镰火石引起火来。"因此,"火镰"一词进入苗语,应是元代以后。

清平 $s^hen^1 tsen^2$。《苗汉词典·黔东方言》释义为:炉山(清平),地名,在贵州省凯里市。清平应是按"$ts^hen^1 pien^2$"这样的读音借入黔东苗语的,借入以后,随固有词发生了送气塞擦音 $ts^h > s^h$,塞音 $pi > ts$ 的音变。据《黔东南苗族侗族自治州志·地理志》(1990:28),明洪武二十二年(1389 年)置清平长官司,隶平越卫。二十三年置清平卫,隶四川布政司,辖清平长官司。永乐十七年(1419)清平卫隶贵州布政司。成化十三年(1477)置安宁宣抚司。弘治七年(1494 年)撤清平长官司建清平县。嘉靖元年(1522)该安宁宣抚司为凯里安抚司。八年(1529)隶清平卫。万历三十五年(1607)凯里安抚司降为长官司,隶清平卫。以上是明代有关"清平"的建置沿革。清平明代才开始建立,说明"清平"一词最早只能是明代进入苗语。

黄平 $va\eta^2 tsa\eta^2$。《苗汉词典·黔东方言》释义为:旧州,地名,在贵州省黄平县。黄平应是按"$va\eta^2 pia\eta^2$"这样的读音借入黔东苗语,借入以后,与"清平"的"平"一样,发生了 $pi > ts$ 的音变。不过,黄平建置较清平早,因此,"平"的韵母读音,"黄平"较"清平"要早,"平"属梗摄庚韵字,中古时期的拟音为 $^*a\eta$,近现代才变为 $e\eta$,在西南官话中读 en,因此 $^*a\eta$ 的读音要更早。据《黔东南苗族侗族自治州志·地理志》(1990:22):元至元二十八年(1291年)六月,置黄平府,属播州宣慰司。明洪武七年(1374)九月,改黄平府为黄平安抚司,属播州宣慰司。十一年(1378)正月,设黄平守御千户所。十五年(1382)正月,改黄平守御千户所为黄平卫。同年闰二月复设千户所,直属平越卫。二十二年(1389),傅友德平狼洞设兴龙卫,随后改为兴隆卫,隶贵州都司。万历二十八年(1600)废黄平安抚司,设黄平州,与黄平千户所同隶平越府。以上是元明时代有关"黄平"的建置沿革,说明"黄平"这个词语最早只能是元代以后进入苗语。

以上我们主要根据中央王朝对黔东南州的统治历史和借词本身反映的借入时代,证明养蒿苗语近代汉借词的借入应在宋末、元、明、清时代。

最后,从历史上湖广文化对黔东南州有重要影响来看,我们初步推测养蒿苗语近代汉借词的借源方言应是近代的一种湘方言,但由于养蒿苗语汉借词借入以后还随固有词发生了变化,现代湘方言本身也发生了很大变化,对养蒿苗语近代汉借词借源方言的详细考察,我们留待以后收集更多黔东苗语方言材料再深入研究。

6.4　凯里养蒿苗语中古汉借词的语音特点

养蒿苗语里的中古汉借词,大部分是苗瑶语共同词中的汉借词,部分词是养蒿苗语所属的黔东方言共同词。这些汉借词,按语音特征的差异和在苗瑶语方言中的分布范围,可能还可以再分层次,但由于这些词总体数量较少,大部分词语音面貌、词汇面貌还是较为一致的,我们放到一个层次来看待。下面通过与中古音系统比较,总结养蒿苗语中古汉借词的语音特点。

6.4.1　声调

养蒿苗语中古汉借词,基本与中古汉语四声八调对应。下面是对应关系:

中古汉语调类	阴平	阳平	阴上	阳上	阴去	阳去	阴入	阳入
借词调类	1	2	3	4/6	5	6	7/5/1	6

下面是例字:

中古调类	借词调类	借词举例
阴平	1	瓜 fɑ¹ 斤 tɕaŋ¹ 中 tioŋ¹ 鸡 qei¹ 金 tɕen¹ 甘(甜，香)qaŋ¹
阳平	2	茄 tɕɑ² 移 ʑɑ² 坟 paŋ² 铜 təu² 笼 ɣu² 羊 ʐoŋ² 银 ni² 骑 tɕi² 龙 ɣoŋ²
阴上	3	捣 to³ 早 so³
阳上	4	买 mɛ⁴ 瓦 ŋi⁴
阳上	6	抱 pəu⁶
阴去	5	破 pʰɑ⁵ 过 fɑ⁵ 故(旧)qo⁵ 炭 tʰɛ⁵ 沸 pu⁵ 灶 so⁵ 送 sʰoŋ⁵
阳去	6	芋(～头)vu⁶ 利(锋～)ɣɑ⁶ 巷 qoŋ⁶ 匠 ɕaŋ⁶ 箸(筷子)tiu⁶
阴入	7	接 sei⁷ 漆 sʰei⁷ 喝 həu⁷
阴入	5	百 pɑ⁵ 得 to⁵ 客 qʰɑ⁵
阴入	1	劈 pʰɑ¹ 壳 qʰu¹
阳入	6	凿 so⁶ 力 ɣəu⁶

例外的是:(1)全浊上声字按规律应读第4调,有些字读第6调,(2)阴入应读第7调,有些字读第5调,阳入应读第8调,有些字读第6调。全浊上声字读第6调,我们认为是借入这批词的时候,汉语已经有部分字发生全浊上声变去声的演变,养蒿苗语是按去声调借入这些词语的。入声字读5、6调的原因,是苗瑶语按入声借入以后,在苗语里发生了音变,发生音变的一般是-k韵尾的字,如"百得客凿"都是-k韵尾的字。

6.4.2　声母

养蒿苗语中古汉借词的语音特点有:全浊声母字无论平仄都读不送气清音,来母字读ɣ,精庄组在汉语拟音里读为塞擦音声母的字,养蒿苗语基本读为擦音,心母等在汉语拟音里读为擦音的字,养蒿苗语读送气擦音,知组读塞音,见组开口非三等读为小舌音,合口非三等字基本读为f。下面是例字。

中古声类	借词读音	借词举例
帮 p	p	百 pɑ⁵
滂 pʰ	pʰ	破 pʰɑ⁵ 劈 pʰɑ¹
並 b	p	抱 pəu⁶
明 m	m	买 mɛ⁴ 卖 mɛ⁴（调！）
非 p	p	沸 pu⁵
奉 b	p	坟 paŋ²
端 t	t	捣 to³ 得 to⁵
透 tʰ	tʰ	炭 tʰɛ⁵
定 d	t	铜 təu² 豆 təu⁸
来 l	ɣ	梨 ɣɑ² 利(锋~)ɣɑ⁶ 笼 ɣu² 力 ɣə⁶ 龙 ɣoŋ²
精 ts	s	早 so³ 灶 so⁵ 接 sei⁷
清 tsʰ	sʰ	漆 sʰei⁷
從 dz	s	凿 so⁶
	ɕ	匠 ɕaŋ⁶
心 s	sʰ	送 sʰoŋ⁵
知 t	t	中 tioŋ¹
澄 ɖ	t	仗 tiaŋ⁶ 箸(筷子)tiu⁶
见 k	f	过 fa⁵ 瓜 fɑ¹
	tɕ	茄 tɕa² 斤 tɕaŋ¹ 金 tɕin¹
	q	故(旧)qo⁵ 鸠 qo¹ 鸡 qei¹ 甘(甜,香)qaŋ¹
溪 kʰ	qʰ	客 qʰɑ⁵ 壳 qʰu¹
群 g	tɕ	骑 tɕɕi²
疑 ŋ	ŋ	瓦 ŋi⁴
	n	银 ni²
晓 h	h	喝 həu⁷
匣 ɦ	q	巷 qoŋ⁶
以 j	v	芋(~头)vu⁶
	z	移 za² 羊 zoŋ²

以上养蒿苗语中古汉借词的声母特点,与近代汉借词的语音特点大部分一致,但部分特点,如非组"沸"读重唇音,来母字不读 l 而读 ɣ,知组字读塞音,却是中古汉借词的语音特征。

6.4.3　韵母

由于中古汉借词数量较少,我们不容易看出养蒿苗语中古汉借词韵母的特点,但有些韵类的读音,与近代汉借词有明显的区别,如戈韵字读 ɑ 不读 u,止摄部分字的韵母也为 ɑ 等。

中古摄	中古韵	借词读音	借词举例
果	合一戈 uɑ	ɑ	破 $ph ɑ^5$ 过 $fɑ^5$
假	开二麻 ɣæ	ɑ	耙 tsa^2 茄 $tɕa^2$
	合二麻 ua	ɑ	瓜 $fɑ^1$
		i	瓦 $ŋi^4$
遇	合一模 uo	o	故(旧)qo^5
	合三鱼 iɣ	iu	箸(筷子)tiu^6
	合三虞 iu	u	芋(~头)vu^6
蟹	开二佳 ɣɛ	ɛ	买 $mɛ^4$ 卖 $mɛ^4$(调!)
	开四齐 ei	ei	鸡 qei^1
止	开三支 ɿ	ɑ	移 $zɑ^2$
		i	骑 $tɕi^2$
	开三脂 i	ɑ	梨 $ɣɑ^2$ 利(锋~)$ɣɑ^6$
	合三微 uɨi	u	沸 pu^5
效	开一豪 ɑu	əu	抱 $pəu^6$
		o	捣 to^3 早 so^3 灶 so^5
流	开三尤 ɨu	o	鸠 qo^1
咸	开一合 əp	ə	喝 $həu^7$
	开一谈 am	ɑŋ	甘(甜,香)$qaŋ^1$
	开三叶 iɛp	ei	接 sei^7

中古摄	中古韵	借词读音	借词举例
深	开三侵 im	en	金 tɕen¹
山	开一寒 an	ɛ	炭 tʰɛ⁵
臻	开三真 in	i	银 ni²
	开三质 it	ei	漆 sʰei⁷
	开三欣 in	ɑŋ	斤 tɕɑŋ¹
	合三文 iun	ɑŋ	坟 pɑŋ²
宕	开一铎 ak	o	凿 so⁶
	开三阳 iaŋ	(i)ɑŋ	匠 ɕɑŋ⁶ 仗 tiɑŋ⁶
		oŋ	羊 ʑoŋ²
江	开二江 ɣɔŋ	oŋ	巷 qoŋ⁶
	开二觉 ɣɔk	u	壳 qʰu¹
曾	开一德 ɨŋ	o	得 to⁵
	开三职 ik	əu	力 ɣəu⁶
梗	开二陌 ɣak	ɑ	百 pɑ⁵ 客 qʰɑ⁵
	开三清 iɛŋ	ɑŋ	成 tɕɑŋ²
	开四锡 ek	ɑ	劈 pʰɑ¹
通	合一东 uŋ	oŋ	送 sʰoŋ⁵
		u	笼 ɣu²
		əu	铜 təu²
	开三东 iuŋ	loŋ	中 tioŋ¹
	合三钟 iuŋ	oŋ	龙 ɣoŋ²

第七章 川黔滇方言川黔滇次方言毕节大南山苗语汉借词研究

苗语川黔滇方言川黔滇次方言汉借词研究,我们以毕节大南山苗语的汉借词研究为主,另以属相同方言支的泰国难府苗语材料为参照。

贵州省毕节市燕子口镇大南山苗语,是苗语川黔滇方言川黔滇次方言第一土语的代表音点,本章研究大南山苗语里的汉借词,材料来源有三种:一、鲜松奎(2000)的《新苗汉词典(西部方言)》(下文简称《词典》),该词典的语音标准是贵州毕节市燕子口镇大南山村的语音,词条是在调查了川黔滇方言40多个点的基础上编成的,但对只有个别方言出现的词条,以"方言"二字进行了标注,因此,该词典应能较好地反映毕节苗语的词汇面貌,并且词汇材料也较为丰富。但是,《词典》毕竟是综合性的,有些词条,尤其是很多现代汉语借词,在当地苗族的口头语中并不一定出现和得到使用,这些词条的读音,作者按照毕节方言进行了折合处理,也不一定能准确反映当地的口语读音。二、为弥补《词典》材料的不足,我们于2015年对大南山苗语进行了3 000余条词的调查。我们调查的材料,与《词典》材料的语音特点是基本一致的,但是也有部分不同之处,最大的不同是《词典》读为舌尖后音的声母 tʂ、tʂʰ、ŋtʂ、ŋtʂʰ、ʐ、ʂ,我们调查的发音人,大部分已与舌尖前音合并,为 ts、tsʰ、nts、ntsʰ、z、s,我们参照使用。三、中央民族学院苗瑶语研究室(1987)《苗瑶语方言词汇集》(下文简称《词汇集》)里川黔滇方言的材料,该方言点的材料,实为川南叙永枧槽苗语的材料,但从语音上来看,与大南山苗语差异很小,因此,有部分词,《词典》并没有收录的,我们参考《词汇集》,并在词条后标明来源于《词汇集》。

　　泰国难府苗语的材料来源于 Lyman(1974)所编词典,该词典记录的是泰国难府两个寨子的苗语。经比对,该苗语与大南山苗语的词汇面貌和语音面貌非常相似,同时也存在一些差异,而这些差异大部分都是记音和两地方言分开以后音变所致。从语音特征和词汇面貌来看,我们可以确定,难府苗族未迁出中国以前,应是与大南山苗族关系非常密切的一支苗族,而难府苗语近代及近代以前的汉借词,应是与大南山苗族一道,从相同或者非常相近的汉语方言借入。由于难府苗族晚清时代(见后文考证)从中国迁出,该苗语方言里的汉借词,也主要是近代以前借入,因此,难府苗语里的汉借词,尤其是与大南山苗语一致的近代汉借词,可以作为我们判断大南山苗语近代汉借词的非常好的参照。关于难府苗语的汉借词,我们同时也参考 Mortensen(2000)文中 Mong Leng 苗语的材料。Mortensen(2000)的文章梳理了泰国 Daw 苗语和 Mong Leng 苗语①的汉借词,通过将两个苗语方言汉借词的读音和汉语成都话、近代音、中古音、上古音进行比较,把借词分为现代层(modern loans)、前现代层(pre-modern loans)和古代层(ancient loans),而 Mong Leng 苗语与泰国难府苗语是非常接近的一种苗语方言②。

　　通过语音、词汇、与其他方言比较等几个方面的考察,我们把大南山苗语里的除上古汉借词以外的汉借词分为中古、近代、现代三个层次。大南山苗语的中古汉借词不多,主要就是苗瑶语和苗语共同词里的汉借词,还有为数不多的非苗瑶语和苗语共同词,说明大南山苗语为代表的川黔滇方言、川黔滇次方言中古以后直至近代以前,与汉语的接触可能较少。大南山苗语的近代汉借词较为丰富,

---

　　①　Daw 苗又称白苗(White Hmong),Mong Leng 苗又称青苗(Green Hmong),Daw 和 Mong Leng 是当地苗族的自称。

　　②　关于该文章更详细的介绍参看前文绪论部分。

说明近代时期,大南山苗语与汉语的接触应相当频繁。大南山苗语的现代汉借词,与其他方言一样,是开放的、动态的,不但受当地方言的巨大影响,不少发音人也受普通话的影响,随着经济的发展,这种影响只会越来越深刻。

下面先介绍毕节大南山苗话和毕节汉语方言的音系,再分别总结大南山苗语现代汉借词、近代汉借词、中古汉借词的语音特点,最后对泰国难府苗语和大南山苗语近代汉借词的差异及两地苗语近代汉借词的借源汉语方言等问题作一个专题探讨。

7.1　毕节大南山苗语音系、泰国难府苗语音系及毕节汉语方言音系

7.1.1　大南山苗语音系

本音系主要参考《词典》,但《词典》没有对音值的具体描写,我们参考王辅世(1985)《苗语简志》(下文简称《简志》)对大南山苗语的描写,并结合我们的调查进行说明。例词请参考《简志》。

声调:8 个

调类	1	2	3	4	5	6	7	8
调值	43	31	55	21	44	13	33	24

说明:《简志》只说明了现代汉借词的声调规律和固有词的连读变调规律,本书在此不重复介绍。另外,《简志》在声母部分说明 p、mp 两行声母出现在 21、13 两调时(即第 4、6 两调)的音节时读作送气浊音,m、v 两行声母出现在 21、13 两调时带有浊送气成分,与黔东苗语一样。这里的送气浊音或浊送气成分,实际上是气嗓音,并且不是声母的变化,是整个音节的语音特征,与声调高度相关,因此我们把这部分描写放到声调部分。从我们的调查来看,发音人第 4 调,也就是 21 调的气嗓音尤其强烈,有些音节完全气化,甚至变为擦音音节。

声母:57 个

p	pʰ	mp	mpʰ	m	m̥	v	f	w
pl	pʰl	mpl	mpʰl					
ts	tsʰ	nts	ntsʰ				s	
t	tʰ	nt	ntʰ	n	n̥			
tl	tʰl					l	l̥	
ʈ	ʈʰ	ɳʈ	ɳʈʰ					
tʂ	tʂʰ	ɳtʂ	ɳtʂʰ			ʐ	ʂ	
tɕ	tɕʰ	ȵtɕ	ȵtɕʰ	ȵ	ȵ̥	ʑ	ɕ	
k	kʰ	ŋk	ŋkʰ	ŋ				
q	qʰ	Nq	Nqʰ					
ʔ							h	

说明:

(1)《简志》描写 l 带有声调可以自成音节,表示现代汉借词中"二""儿"等字的音,我们调查的材料没有这种现象,"二""儿"等字读与普通话相同的音 ɚ。

(2)《简志》描写 p、mp、m、v 各行声母可以出现在各个调的音节,其余各行声母只能 43、55、44、33 各调(即第 1、3、5、7 调)。我们调查的材料表现一致。

(3)除叹词、语气助词外,没有声母的音节在韵母前面都有一个喉塞音 ʔ,我们调查的材料表现一致,但《简志》在音系里省略 ʔ,本文不省略。

(4)《简志》描写 h 的实际音值是 x,我们调查的也是 x。

(5)tʂ、tʂʰ、ɳtʂ、ɳtʂʰ、ʐ、ʂ,我们调查的材料,已与舌尖前音合并为 ts、tsʰ、nts、ntsʰ、z、s。

(6)ʈ 行塞音声母,我们的调查大部分实际读为塞擦音 tʂ 类音。

(7)我们调查的材料,清鼻音 m̥、n̥ 已变为浊音 m、n。《简志》的清鼻音ḷ,我们的调查为边擦音 ɬ。

（8）我们调查的材料,单辅音声母 l 和复辅音声母里的 l,在 i 前发生了音变,l 变为 ɻ,i 变为 ɿ。

（9）《简志》tl、tʰl 的实际标写为 tl̥、tl̥ʰ,为行文方便,我们标写为 tl, tʰl。

韵母:13 个

i	e	a	o	u	ua	ai	aɯ	ao	ou	en	aŋ	oŋ

说明:

（1）《简志》描写 ua 的实际音值为 ɒ,我们的调查与实际音值相同,但在部分音节里,为 uɒ。aɯ《简志》记为 eu,描写为 ɛɯ,我们调查的材料经常为 ai。《简志》描写 ou 的实际音值是 əu,我们调查的材料也为 əu。我们仍按《词典》的记音。

（2）《简志》描写当 i 接在 ts 列声母后面时读作[ɹ],接在 t, tʂ 两列声母的后面时读作[ɭ],我们的调查 tʂ 列音已变为 ts 类音,因此《词汇集》原记为 tʂɭ 的音,变为 tsɹ。我们在实际行文和附录中分别用《简志》所描写的实际读音。

（3）《简志》au,我们的调查也为 au,《词典》记为 ao,我们保留《词典》记音。

（4）《简志》描写 u 接在 tɕ 列声母的后面时读作[y],我们调查的读音仍为 u。

（5）《简志》描写 a 的实际音值是[ʌ],我们的调查相同。

（6）oŋ,我们调查的读音为 əŋ,我们按《词典》记音。

（7）aŋ,我们调查的材料为 an,我们按《词典》记音。

（8）《简志》和《词典》还给出了借词专用韵母,我们不着重研究现代汉借词,因此不重复列出。

7.1.2　泰国难府苗语音系

本音系主要参考 Lyman(1974)的音系描写说明和 Mortensen(2000)文中 Mong Leng 苗语音系进行转写。

声调：7 个

调类	1	2	3	4	5	7	8
调值	55	41	35	11	33	22	21

说明：

（1）Lyman(1974)词典调类标记方式是在苗文元音上用上加符号，我们按照与大南山苗语的调类对应规律转写。

（2）难府苗语相对于古苗语的 8 个调，第 6 调与第 4 调合并，我们统一处理为第 4 调，为了方便与大南山苗语比较，保留了与大南山对应的 5、7、8 调。

（3）Lyman(1974)描写第 4 调音节带气嗓音（breathy），调值可以是 11，或 31，本书记 11。第 8 调是一个带喉塞（glottalized）音节，可以记为 214 或 21，本书记 21。第 1 调是一个高平或高降调，可以记为 55 或 54，本书记 55。

声母：57 个

p	pʰ	mp	mpʰ	m	v	f
pl	pʰl	mpl	mpʰl	ml		
ts	tsʰ	nts	ntsʰ		s	sʰ
t	tʰ	nt	ntʰ	n	l	l̥
tʂ	tʂʰ	ɳtʂ	ɳtʂʰ		ʐ	ʂ
tʃ	tʃʰ	ɳtʃ	ɳtʃʰ			
tɕ	tɕʰ	ɲtɕ	ɲtɕʰ	ɲ	j	ç
k	kʰ	ŋk	ŋkʰ	ŋ		
kl	kʰl	ŋkl	ŋkʰl			
q	qʰ	Nq	Nqʰ			
ʔ					h	

说明：

以下我们主要就《词典》里描写的难府苗语音系和大南山苗语

音系不同之处进行说明。

（1）tʃ组音与大南山苗语的 tʂ组音对应，Lyman（1974）描写该组音的 tʃʰ发音相当于英语单词 church 里的 ch，同组其他音发音部位相同。

（2）tʂ组音与大南山苗语 t组音对应。Lyman（1974）描写 tʂ的发音与 tʃ相似，但舌位后缩，如英语里 r的发音。另外，Lyman 描写同组音 ʐ的发音相当于普通话 rén(人)里的 r。

（3）tɕ组音相当于大南山苗语的 tɕ组音，Lyman（1974）描写该组音颇费曲折，描写 tɕ如同英语的 ty，俄语 tjotja(蚂蚁)的 tj，是一种"腭化的不送气清齿塞音"，其变体又如同英语里的 ky，是一种"腭化的不送气清软腭塞音"，描写同组的 ɕ又提到与普通话的"笑"声母相似。我们按照 Mortensen（2000）文中对 Mong Leng 苗语的音系记录转写为 tɕ。

（4）kl, kʰl 相当于大南山苗语的 tl, tʰl。大南山苗语中的清鼻音，难府苗语都并入浊鼻音。难府苗语中有 ml, ŋkl, ŋkʰl, sʰ，大南山苗语没有，但在 Lyman（1974）里这些声母所包含的词汇数量都比较少。

韵母：14 个

ɨ　i　e　a　u　ɯ　ua　ai　aɯ　ao　au　eŋ　aŋ　oŋ

7.1.3　毕节汉语方言音系

毕节方言据黄雪贞（1986），属于西南官话黔北片，据李蓝（2009），属西南官话川黔片成渝小片。李蓝总结西南官话川黔片成渝小片的语音特点是：音系简明，只有四个调，没有变调，也没有轻声，多数方言没有[tʂ]组声母，不分鼻音和边音，没有[m]、[ŋ]之类的鼻音韵母，内部一致性非常高，是最典型的西南官话。但是，毕节话内部是有差异的，毕节大南山位于燕子口镇，燕子口镇的方言，据明生荣（2007，2009），与毕节城区方言有所不同，但由于燕子口镇方言明生荣并没有具体给出，我们按照明生荣（2007）《毕节方言研究》中给出的毕节城区话音系,关于燕子口镇方言与毕节城区话的差异的描写,在说明部分进行说明。

声调:4 个

阴平	阳平	上声	去声
55	21	42	213

说明:明生荣(2007:20)描写燕子口镇方言语音与城区语音比,声调无论调值和调类均没有差异。

声母:19 个(包括零声母)

p	pʰ	m		f
t	tʰ	l		
ts	tsʰ		s	z
tɕ	tɕʰ		ɕ	
k	kʰ	ŋ	x	
∅				

说明:明生荣(2007:21)描写燕子口镇方言比城区多出一组舌尖后音:tʂ, tʂʰ, ʂ, z̩,读音与普通话相同,但分布不同,此处在毕节城区话音系的基础上增加这四个声母。这几个声母的分布,据明生荣(2007:21)总结为:中古止摄开口三等平声支韵知组,章组,梗摄开口四等入声锡韵溪母,止摄开口三等平声之韵书母,臻摄开口三等入声质韵日母。

韵母:32 个

ɿ	i	u	y
ər			
a	ia	ua	
o	io		

	iu			
ai		uai		
ei		uei		
au	iau			
əu	iəu			
an	iɛn	uan	yɛn	
ən	in	uən	yn	
aŋ	iaŋ	uaŋ		
oŋ	ioŋ			

说明:明生荣(2007:21)描写燕子口镇方言比城区话多出 ɿ、ie 两个韵母。ɿ主要分布在 tʂ 组后上面举的韵摄里,ie 分布在假摄开口四等、咸山摄入声开口四等帮组、端系和见系字,读 ie 的字在城区方言读 i 韵的韵摄。

另外,据明生荣(2007:26—33),大南山苗族说汉语,还与燕子口镇不完全相同,有自己的特点,最主要的特点就是燕子口镇前鼻音 an 大南山苗族读 aŋ。除此之外,受个人的教育状况、交际状况、语言能力等因素的影响,不同发音人可能还有自己的个人色彩。

以上的情况,我们在做具体借词的分析的时候,随文说明。

7.2　毕节大南山苗语的现代汉借词

7.2.1　大南山苗语现代汉借词的来源及其判别

据我们目前对大南山语言及其周边汉语方言的了解,大南山苗语的现代汉借词的词汇来源和借词读音来源应是比较复杂的,可能有四:第一,有可能有大南山近代以来受四川南部汉语方言影响已形成的汉音系统借词,即词汇上是现代汉借词,但读音上是经过这套汉音系统折合而成,如大南山苗语用第 3 调(55)来对应毕节话的第 3 调(42),具体参见下文讨论。第二,燕子口镇方言来源,大南山苗族从地缘上与燕子口镇的汉族应有较多接触并借入相应的汉借词。第三，毕节城区方言来源，城区方言从地位上来说应较有权威，大南山苗族受城区方言影响也是可以想见的。第四，汉语普通话。明生荣（2007：31）说，有些边远民族地区的小孩，直到开始读小学时才接触到汉语，但实际上他们在课堂上接触的应该是书面语或者书面语的口头形式。这也导致大南山苗语的现代汉借词面貌可能实际并不单一，会具有一定的复杂性。

关于大南山苗语现代汉借词的判别，主要是与近代汉借词进行切分的问题。如果光从语音上来说，大南山苗语的现代汉借词，尤其是稍微老派一点的现代汉借词，与近代汉借词是有很多相似之处的，这可能是由于元明以来，大南山苗族与汉族的接触是连续式的，而非断层式的；大南山苗语汉借词的借源汉语方言，也没有发生突然的更替，而是同一种方言的连续演变。因此，我们判别现代汉借词，也是用几个标准同时观察：第一是词汇内容，即现代汉借词，不少是有现代文化意义的词；第二是语音特点，虽然大南山苗语的近代、现代汉借词有不少语音上的共同点，但是也有一些系统性的差异，这些差异还是我们划分近代汉借词和现代汉借词的重要根据。大南山苗语现代汉借词和近代汉借词语音上的差异，我们在行文中会提到，具体的总结参看近代汉借词一节；第三是与泰国难府苗语汉借词的比较，我们把既在大南山苗语里出现，也在泰国难府苗语里出现的汉借词，一般看成近代汉借词而非现代汉借词，这是因为难府苗族的迁出时间是在晚清，其语言里的汉借词，也主要是晚清以前与大南山苗族一道从某个方言借入的。

下面我们主要根据鲜松奎《词典》里的材料来总结大南山苗语现代汉借词的语音特点，并结合我们的调查材料和《词汇集》材料作一定的说明。

7.2.2　大南山苗语现代汉借词的语音特点

7.2.2.1　声调

大南山苗语现代汉借词从调类对应来看，是第 1、2、3 调分别对应毕节话的 1、2、3 调,第 8 调对应毕节话的第 4 调,从与中古汉语调类的对应来看,借词与毕节话一样,最主要的特点是入声与阳平归为一类。下面是对应表。

中古汉语调类	阴平	阳平、入声	上声(阴上、次浊上)	全浊上、去声
毕节话调类/调值	1/55	2/21	3/42	4/213
借词调类/调值	1/43	2/31	3/55	8/13

下面按中古调类举出例字。

中古调类	借词调类	借词举例
阴平	1	包产 pao¹ tʂʰan³ 超生 tʂʰao¹ ʂen¹
阳平	2	柴油 tʂʰai² ʐou² 词典 tsʰ ʐ² tian³
阴上	3	表示 piao³ ʂʐ⁸ 吵 tʂʰao³
次浊上	3	本领 pen³ lin³ 秒(一~)miao³
全浊上	8	待遇 tai⁸ ʐu⁸ 上课 ʂaŋ⁸ kʰo⁸
阴去	8	报纸 pao⁸ tʂʐ⁸ 奋斗 fen⁸ tou⁸
阳去	8	代(一~,《词汇集》)tai⁸ 电话 tian⁸ hua⁸
阴入	2	笔 pi² 出息 tʂʰu² ɕi² 辞职 tsʰ ʐ² tʂʐ²
阳入	2	大学 ta⁸ ɕo² 复习 fu² ɕi² 石膏 ʂʐ² kao¹

关于大南山苗语现代汉借词的声调,有两点需要讨论。

第一是调值的对应问题。《简志》说明,大南山现代汉语借词阴平和一部分上声(其所在音节的声母为鼻音、边音、浊擦音的)归入 43 调,也就是第 1 调,阳平归入 31 调也就是第 2 调,大部分上声(其所在音节的声母为塞音、塞擦音、清擦音的)归入 55 调也就是第 3 调,去声归入 24 调也就是第 8 调,入声字按当地汉语的规律归入阳平,因此读 31 调也就是第 2 调。我们的分析与《简志》所总结的基本一致,但据我们的材料,上声没有归入第 1 调的现象,我们的材料,包括我们的调查,《词典》《词汇集》,都是归入调值为 55 的第

3 调。对于这点，我们也觉得有点疑惑。一种语言从另一种语言借用词语，从理论上来说，应该主要是用相同或相似的音去借用，声调也应是如此，毕节话的 55 和 42 调的字，大南山苗语借词却分别用 43 和 55 来对应，从调形上来看，大南山苗语似乎正好是把借词的两个调类的调值对应反了。

对此，我们的推测是，借词的声调读音可能存在发音人的个人差异，王辅世所描写的是一种情况，我们的材料是另一种情况，是说话人对现代汉借词的读音进行了语音折合，也就是我们前文提到过的，有可能大南山苗族近代时期受川南汉语方言影响较深，已有一套对应汉语的读音系统，这套系统可能就包括用第 3 调 55 调来对应汉语的上声字，并且这套系统只在说苗语时使用，如果说话人在某个场合转用当地汉语，则又是另一个系统。以中古上声字来源的毕节话第 3 声为例，我们调查的材料，《词汇集》材料，《词典》材料，因为都是在苗语系统里的发音，因此用第 3 调 55 调来对应，而明生荣（2007：29—31）调查的完全是汉语系统，发音人都尽量用当地汉语的发音，是用第 1 调即 42（苗语记为 43）来对应，如：可怜，苗语系统里读 $k^h o^{55} lin^{21}$，在汉音系统里读 $k^h o^{42} lien^{21}$，墨水，苗语系统里读 $mo^{21} ʂuei^{55}$，汉音系统读 $mo^{21} ʂuei^{42}$。随着毕节话、普通话等汉语借源对大南山苗语影响越来越深，我们认为这种调类对应模式应该会越来越转向调值的对应。

第二，是入声调从近代汉借词的归去声变为现代汉借词的归阳平有一个逐渐替换的过程。毕节话入声是归入阳平，大南山苗语现代汉借词也一般是归入阳平，但我们从材料看，入声的归调存在一个较明显的替换过程。具体来说，就是老派一般都把入声归为去声，读第 8 调，新派把入声归入阳平，读第 2 调。新派读音开始替代和覆盖老派读音，从我们的材料可以看出比较明显的变化趋势。《词汇集》材料较早，近现代借词入声调汉借词语素有 40 个，归入第 8 调的有 30 个，归入第 2 调的只有 4 个，归入其他调的有 6 个。我调查的材料，发音人较年轻，近现代汉借词，入声调汉借词语素有

53 个,归入第 8 调的有 26 个,归入第 2 调的已达 18 个。下面是我们调查的材料里,入声归入阳平的汉借词举例。

语素	语素音	借词举例
八	pɑ²	八哥 pa² ʈʐʅ⁷
北	pe²	北京 pe² tɕin¹
笔	pi²	笔 pi²
必	pi²	不必 tsʅ⁵ pi²
菩	pʰu²	菩萨 pʰu² sa¹
石	sʅ²	石油 sʅ² ʑəu²
直	tsʅ²	直 tsʅ²
毒	tu²	中毒 tsəŋ⁸ tu²
服	fu²	服从 fu² tsʰən² 服侍 fu² sʅ⁸
复	fu²	复习 fu² ɕi²
合	xo²	掺合 tsʰan¹ xo² 适合 sʅ² xo²
墨	mo²	墨水 mo²
扑	pʰu²	扑(老虎~上来)pʰu²
学	ɕye²	中学 tsəŋ¹ ɕye² 放学 tsau⁵ ɕye²
习	ɕi²	复习 fu² ɕi²
药	ʑo²	炸药 tsa⁸ ʑo²
适	sʅ²	适合 sʅ² xo²
祝	tsu²	祝酒 tsu² tɕe³

7.2.2.2 声母

大南山苗语现代汉借词声母的读音与毕节话声母读音基本一致,从与中古汉语声类的对应规律来看,也基本一致,如全浊声母清化,平声送气,仄声不送气,尖团不分,但有两点重要的不同,一是鼻音、边音声母分混,二是知庄章组字的读音与精组字的分混。下面先举出毕节话与借词读音的对应关系和相应的例词,再对毕节话读音与借词读音存在的两点主要不同进行说明。

毕节话读音	借词读音	借词举例
p	p	别针 pie² tʂʰen¹ 报答 pao⁸ ta² 办公室 pan⁸ koŋ¹ ʂʅ⁸
pʰ	pʰ	派出所 pʰai⁸ tʂʰu² so³ 批准 pʰi¹ tʂʰun³ 乒乓球 pʰin¹ pʰaŋ¹ tɕʰou²
m	m	满族 man³ tsʰu² 冒失 mao⁸ ʂʅ² 面包 mian⁸ pao¹
f	f	犯法 fan⁸ fua² 发达 fua⁸ ta² 粉笔 fen³ pi²
t	t	大学 ta⁸ ɕo² 代表 tai⁸ piao³ 道德 tao⁸ te⁸
tʰ	tʰ	太平 tʰai⁸ pʰin² 特点 tʰe⁸ tian³ 题目 tʰi² mu²
l	n	南北 nan² pe² 闹钟 nao⁸ tʂoŋ¹
	l	老挝 lao³ wo¹ 劳改 lao² kai³ 练习 lian⁸ ɕi²
ts	ts	再 tsai⁸ 赞成 tsan⁸ tʂʰen² 杂志 tsa² tʂʅ⁸
	tʂ	正式 tʂen⁸ ʂʅ⁸ 志气 tʂʅ⁸ tɕʰi⁸ 中学 tʂoŋ¹ ɕo²
tsʰ	tsʰ	彩色 tsʰai³ se² 操场 tsʰao¹ tʂʰaŋ² 辞职 tsʰʅ² tʂʅ²
	tʂʰ	初中 tʂʰu¹ tʂoŋ¹ 处罚 tʂʰu³ fua² 撤职 tʂʰe⁸ tʂʅ²
s	s	三角 san¹ tɕo² 司机 sʅ¹ tɕi¹ 塑料 su⁸ liao⁸
	ʂ	商店 ʂaŋ¹ tian⁸ 升学 ʂen¹ ɕo² 手表 ʂou³ piao³
z	ʐ	燃料 ʐan² liao⁸ 人口 ʐen² kʰou³ 入股 ʐu² ku³
tɕ	tɕ	奖励 tɕaŋ³ li⁸ 建议 tɕan² zi⁸ 胶水 tɕao² ʂui³
tɕʰ	tɕʰ	前途 tɕʰan² tʰu² 请假 tɕʰen³ tɕa⁸ 气候 tɕʰi⁸ hou⁸
ɕ	ɕ	小学 ɕao³ ɕo² 下班 ɕa⁸ pan¹ 宣布 ɕuan¹ pu⁸
k	k	改正 kai³ tʂen⁸ 高级 kao¹ tɕi² 工资 koŋ¹ tso²
kʰ	kʰ	开发 kʰai¹ fua² 考试 kʰao³ ʂʅ⁸ 课本 kʰo⁸ pen³
ŋ	ŋ	恶霸 ŋo² pua⁸

（续表）

毕节话读音	借词读音	借词举例
x	h	海带 hai³ tai⁸　寒露 han² lu⁸　合并 ho² pien⁸
∅	z	严格 ʐan² ke²　颜色 ʐan² se²　一定 ʐi² tien⁸
	w	袜子 wa⁸ tsɿ³　外国 wai⁸ kue²　围裙 wui² tɕʰyn²
	∅	二胡 ɚ⁸ hu²　儿童节 ɚ² tʰoŋ² tɕe²

关于大南山苗语现代汉借词的声母，下面是两点说明：

第一，关于鼻边音的分混问题。据明生荣（2007：44）毕节话不分鼻边音声母，l 在今洪音前一般是 l，有时也发为 n，细音前一般是 n，《词典》的借词材料是分 n、l 的，与毕节话不同。但《词汇集》借词材料规律与毕节话一致，即洪音前古泥来母都读 l，细音前古泥来母都读 n。如：难（～搞，泥母）laŋ²，巴不能（泥母）pua¹ pu² len²，栏（来母）杆 laŋ² kaŋ¹。我们怀疑，《词典》分 n、l，有可能是作者个人的音系处理。

第二，关于知庄章组字的读音问题。毕节话知庄章组字读为 ts 类音，《词典》的借词材料则读为 tʂ 类音。《词汇集》材料则大部分读为 tʂ 类音，一部分字读 ts 类音，有时候同一个字出现在不同词里还分别有 tʂ、ts 两种读法，如：熟（～悉）su⁸，熟（～练）ʂu⁸，找 tsau³，找（鹅鸭～吃）tʂau³。我们调查的材料，由于发音人 tʂ 类音已完全合并到 ts 类音，因此知庄章组汉借词也全部读 ts 类音。明生荣调查的大南山苗族汉音，个别字读 tʂ 类音，如：水窖 ʂui⁴² kau²¹³，大部分读 ts 类音。《词典》材料、《词汇集》材料的读音，应不是燕子口镇汉音的影响，大南山所在的燕子口镇，据明生荣（2009）报道，也还有舌尖后音，但只限于止摄字等有限的几个韵，《词典》《词汇集》的材料是不限韵的。综合以上材料，我们认为，这也有可能是近代以来大南山苗语形成的特有的汉音系统的影响，只是不同的发音人，由于年龄、教育背景的影响，保留的程度不一样。我们调查的发音人较为年轻，职业是燕子口镇的中学教师，受教育程度较高，因此口音受毕节市区和燕子口镇的影响比较大,知庄章组完全没有保留 tʂ 类音的读法。而《词汇集》材料较早,近代以来的汉音系统对发音人的影响较大,因此保留知庄章组字 tʂ 类音读法较多,《词典》材料为了保持材料读音的统一,应是作者做了一定的语音归并处理。

7.2.2.3 韵母

大南山苗语现代汉借词的韵母读音与毕节话韵母读音基本一致,从与中古汉语韵摄的对应规律来看,也基本一致,主要有蟹摄一二等主要读 ai,深臻曾梗摄合流读 en 或 ien,咸山摄合流读 an 等,但也有部分不同,如曾梗摄入声韵毕节话读 ai,大南山苗语汉借词读 e 等。下面我们先举出毕节话和苗语汉借词读音的对应关系和借词例词,再对毕节话读音和借词读音的主要不同进行说明。

毕节话读音	借词读音	借词举例
ɿ	ɿ	字典 tsɿ⁸ tian³ 自私 tsɿ⁸ sɿ¹
ər	ɚ	儿童节 ɚ² tʰoŋ² tɕe² 二流子 ɚ⁸ liu² tsɿ³
a	ua	霸占 pua⁸ tʂan⁸ 发达 fua² ta²
	a	发达 fua² ta² 报答 pao⁸ ta² 杂志 tsa² tʂɿ⁸ 立夏 li² ɕa⁸ 请假 tɕʰ en³ tɕa⁸
o	o	派出所 pʰai⁸ tʂʰu² so³
ai	ai	派出所 pʰai⁸ tʂʰu² so³ 豺狼 tʂʰai² laŋ² 财产 tsʰai² tsʰan³
	e	北京 pe² tɕen¹ 白糖 pe² tʰaŋ²
ei	e	背包 pe⁸ pao¹ 煤油 me² zou² 配合 pʰe⁸ ho²
au	ao	老挝 lao³ wo¹ 劳改 lao² kai³ 背包 pe⁸ pao¹
əu	ou	愁 tʂʰou² 都 tou¹ 手表 ʂou³ piao³
an	an	参加 tsʰan¹ tɕua¹ 班长 pan¹ tʂaŋ³ 单位 tan¹ wei⁸
ən	en	粉笔 fen³ pi² 课本 kʰo⁸ pen³ 改正 kai³ tʂen⁸
aŋ	aŋ	方向 faŋ¹ ɕaŋ⁸ 钢笔 kaŋ¹ pi²
oŋ	oŋ	工厂 koŋ¹ tʂʰaŋ³ 动物 toŋ⁸ wu⁸

（续表）

毕节话读音	借词读音	借词举例
i	i	立夏 li² ɕa⁸　迷信 mi² ɕen⁸　比赛 pi³ sai⁸
	ie	别针 pie² tʂen¹
ia	(i)ua	假装 tɕua³ tʂuaŋ¹
	(i)a	立夏 li² ɕa⁸
io	(i)o	三角 san¹ tɕo²　小学 ɕao³ ɕo²
iau	(i)ao	胶水 tɕao¹ ʂuei³　燃料 ʐan² liao⁸
iəu	(i)ou	流氓 liou² maŋ²　救星 tɕou⁸ ɕen²
iɛn	(i)an	练习 lian⁸ ɕi²　颜色 ʐan² se²
in	(i)en	请假 tɕʰ en³　迷信 mi² ɕen⁸　进步 tɕen⁸ pu⁸　规定 kuei¹ tien⁸
iaŋ	(i)aŋ	奖金 tɕaŋ³ tɕen　方向 faŋ¹ ɕaŋ⁸
ioŋ	(i)oŋ	雄黄 ɕoŋ² huaŋ²　勇敢 zoŋ³ kan³
u	u	初中 tʂʰ u¹ tʂoŋ¹　录音机 lu² ʐen¹ tɕi¹
ua	ua	挂号 kua⁸ hao⁸　化学 hua⁸ ɕo⁸
uai	(w)ai	外国 wai⁸ kue²
uei	uei	规定 kuei¹ tien⁸　贵阳 kuei⁸ ʐaŋ²　罪犯 tsuei⁸ fan⁸
uan	uan	欢迎 huan¹ ʐen²　冠军 kuan⁸ tɕuen¹
uən	uen	存款 tsʰ uen² kʰ uan³
uaŋ	uaŋ	广播 kuaŋ³ po¹　旷工 kʰ uaŋ⁸ koŋ¹
y	u	居民 tɕu¹ mien²　举例 tɕu³ li⁸
yɛn	uan	捐献 tɕuan¹ ɕan⁸
yn	uen	冠军 kuan⁸ tɕuen¹

　　大南山苗语现代汉借词韵母读音与毕节话韵母读音的不同,有些是音系处理造成的。如毕节话带 i 介音的韵母,大南山苗语在 tɕ, tɕʰ,ɕ,ʑ后无 i 介音,在其他声母后有 i 介音。这是由于大南山苗语固有词的韵母,一般是处理为没有 i 介音,tɕ,tɕʰ,ɕ,ʑ后的韵母,有无 i 介音,听感上差异不大,因此仍与固有词作一样的处理,不带 i 介音,但其他声母后,有无 i 介音,听感差异较大,按借词实际读音,即有 i 介音处理。再有,毕节话有 y 韵母和 y 介音,但汉借词都是读 u,我们认为也应是《词典》作者个人的处理。

　　大南山苗语现代汉借词韵母读音与毕节话韵母也有一些系统的差异。首先是开口二等麻韵,开口二等洽韵,开口二等狎韵,开口一等曷韵,开口二等辖韵等,毕节话读 a,《词典》材料大南山苗语汉借词有些读 ua①,与合口二等麻韵借词读音一样,有些读 a,与合口二等麻韵读音不同,但读 ua 还是读 a,并没有明显规律。如同样是在 tɕ 类音后面,在“立夏”li² ɕa⁸ 一词里读 a,在“参加”tsʰan¹ tɕua¹ 一词里又读 ua。从我们调查的材料来看,我们的发音人大部分读 ua,如:(开二麻)加 tɕua¹ 茶 tsʰua²。有些字读 a,如:(开二麻)靶 pa³ 霸 pa⁸(开二洽)炸(～药)tsa⁸(开一曷)萨(菩～)sa¹ 帕 pʰa⁸,也似无明显规律。开口麻韵,不管是毕节话,还是燕子口镇话,都没有读 ua 的情况,应不是汉语借源的直接影响,我们认为,这也有可能是近代以来,大南山苗语已形成的特有汉音系统的影响,因年龄、教育背景的不同,保留早期读音系统的程度不同。其次是曾梗摄入声字,毕节话读 ai,《词典》材料大南山苗语现代汉借词读 e,我们调查的材料,有的读 e,如:北京 pe² tɕin¹。有的读 ai,如:得罪 tai² tsue⁸ 墨 mai²。另有开口麻韵三等,咸山摄开口三四等,毕节话读 i,《词典》材料大南山苗语现代汉借词读 ie,我们调查的材料也是有的读 ie,有的读 i。这可能是燕子口镇话与毕节话的方言差异,《词典》材料反映的是燕子口镇的口音,我们调查的发音人,口音受毕节话的影响,部分借词读音与毕节话一致。

---

　　① ua 的实际音值,《简志》描写为 ɒ,我们的调查大部分是 ua。

7.3　毕节大南山苗语的近代汉借词

7.3.1　大南山苗语近代汉借词的判别及其与现代汉借词的语音差异

大南山苗语近代汉借词的来源我们会在 7.5 节讨论,本节讨论大南山苗语近代汉借词的判别及其与现代汉借词的语音差异。大南山苗语近代汉借词的判别,与其他苗语方言点一样,一是与中古汉借词的区分,一是与现代汉借词的区分。大南山苗语近代汉借词与中古汉借词,无论从语音、词汇还是借词的方言分布范围来看,都有较大差异,具体差异可参看 7.4.2 节我们关于中古汉借词的语音特点的总结。这里主要看近代汉借词与现代汉借词的差别。

大南山苗语近代汉借词与现代汉借词的切分,我们主要依据下面几个方面:第一是上文提到的与难府苗语的比较,难府苗族晚清以前迁出中国,其语言里与大南山苗语非常相似并形成对应的汉借词,应是迁出以前,与大南山苗语一道从某个方言借入的,这些词排除中古汉借词,一般都为近代汉借词。二是从词汇来看,明显具有现代文化色彩的词,是现代汉借词,具有一定近代文化色彩的词,如"洋烟、洋火"等,是近代汉借词。第三是从语音来看,近代汉借词与现代汉借词主要有以下的差异:

近代汉借词入声归去声,读第 8 调,与现代汉借词入声归阳平读第 2 调不同。如:(近)木马 mo^8 mua^4—(现)木鱼 mo^2 ʐu^2,(近)学(～技术)ɕo^8—(现)大学 ta^8 ɕo^2。

近代汉借词次浊上声字读第 4 调,与现代汉借词读同全清上声字读第 3 调不同。如:(近)马褂 mua^4 kua^8—(现)马上 mua^3 ʂaŋ^8。

近代汉借词分尖团,精组字三四等也保留 ts 类读音,现代汉借词不分尖团,精组字三四等读 tɕ 类音,与见组三四等字读音相同。如:(近)将就 tsaŋ^1 tsau^8—(现)将就 tɕaŋ^1 tɕou^8,(近)请(～医生)tsʰen^3—(现)请假 tɕʰen^3 tɕa^8。

　　近代汉借词麻韵二等开口读 ua,与麻韵二等合口字读音相同,现代汉借词部分读 a,部分受近代以来形成的介音系统影响读 ua;

　　近代汉借词蟹摄开口一二等读 a,现代汉借词读 ai,如:(近)派(～谁去)pʰa⁸—(现)派出所 pʰai⁸ tʂhu² so³ ,(近)再 tsa⁸—(现)再 tsai⁸。

　　近代汉借词流摄读(i)aɯ,现代汉借词读(i)ou。如:(近)修(建)saɯ¹—(现)修文 ɕou¹ wen²。(近)救(～命)tɕaɯ⁸—(现)救星 tɕou⁸ ɕen¹。

　　近代汉借词咸山摄三四等读同臻摄,读(i)en,现代汉借词读(i)an。(近)嫌弃 ɕen² tɕhi⁸—(现)先进 ɕan¹ tɕen⁸,(近)件(一～)tɕen⁸—(现)检查 tɕan³ tʂha²。

　　近代汉借词咸山摄一二等读 aŋ,读同宕摄一二等,现代汉借词读 an。如:(近)单(～双)taŋ¹—(现)单干 tan¹ kan⁸。(近)盘子 pʰaŋ² ntsɿ³—(现)盘江 pʰan² tɕaŋ¹

　　有些词我们还是无法确定是现代汉借词还是近代汉借词,如:笨 pen⁸,到底 tao⁸ ti³,东方 toŋ¹ faŋ¹,我们一般存疑。

　　根据以上标准,我们找出大南山苗语近代汉借词总共有 360 余条。下面我们来看大南山苗语近代汉借词的语音特点。

7.3.2　大南山苗语近代汉借词的语音特点

7.3.2.1　声调

　　大南山苗话近代汉借词从中古调类的分合来看,主要有:平分阴阳,阴上与次浊上分调,去声、全浊上、入声归为一个调类。近代汉借词入声归去声,是与现代汉借词最大的不同之处,近代汉借词调类与中古汉语调类的对应关系如下表所示:

中古汉语调类	阴平	阳平	阴上	次浊上	去声、全浊上、入声
借词调类	1	2	3	4	8

　　下面按中古调类举出例字。

中古调类	借词调类	借词举例
阴平	1	单车 taŋ¹tʂʰe¹ 通 tʰoŋ¹ 焦(愁)tsao¹
阳平	2	才 tsʰa² 墙 tsʰaŋ² 愁 tsʰaɯ²
阴上	3	摆(放置,讲)pa³ 斗烟缸(烟斗)taɯ³ ʑen¹kaŋ¹ 讨 tʰao³
次浊上	4	礼(讲～)li⁴ 道理 tao⁸li⁴ 马褂 mua⁴kua⁸
全浊上	8	道理 tao⁸li⁴ 待(招～)ta⁸
阴去	8	派(～谁去)pʰa⁸ 炮(枪或炮)pʰao⁸
阳去	8	败(坏)pa⁸ 办 paŋ⁸
阴入	8	帕(～子,头巾)pʰua⁸ 扎实(实在)tʂua⁸ʂʅ⁸
阳入	8	墨 me⁸ 木马 mo⁸mua⁴ 罚 fua⁸

7.3.2.2　声母

大南山苗语近代汉借词的声母,有西南官话的一般特点,与现代汉借词有较多一致的地方,如古全浊平声送气,仄声不送气,见组在细音前腭化。也有与现代汉借词不同之处,就是精组在三四等前一般不腭化,因此可以说还保留"尖团"的区别。另外,知庄章组字近代汉借词读 tʂ 类音,《词典》材料现代汉借词也读 tʂ 类音,如果只是作者按照近代以来汉借词的读音系统进行折合,而不是口语里的实际读音的话,那么这点也应是近代汉借词的读音特点。下面是例字。

中古声类	借词读音	借词举例
帮 p	p	摆(放置,讲)pa³ 搬 paŋ¹ 板(挣扎)paŋ³ 宝 pao³
滂 pʰ	pʰ	炮(枪或炮)pʰao⁸ 派(～谁去)pʰa⁸
并 b	p	败(坏)pa⁸ 办 paŋ⁸
	pʰ	排(一～)pʰa² 盘缠 pʰaŋ¹tsʰaŋ¹ 耙 pʰua²

（续表）

中古声类	借词读音	借词举例
明 m	m	慢 maŋ⁸ 帽 mao⁸ 墨斗 me⁸ tauɯ³
非 p	f	分 fen¹ 封（闭眼）foŋ¹
敷 pʰ	f	副（一～）fu⁸ 幅（一～）fu⁸
奉 b	f	罚 fua⁸
微 m	v	望 vaŋ⁸
端 t	t	单车 taŋ¹ tʂʰe¹ 胆子 taŋ³ ntsɿ³ 捣 tao³ 灯 ten¹
透 tʰ	tʰ	毯子 tʰaŋ³ ntsɿ³ 讨 tʰao³ 通 tʰoŋ¹
定 d	t	待（招～）ta⁸ 代（一～）ta⁸ 道理 tao⁸ li⁴
	tʰ	糖 tʰaŋ² 填 tʰen² 提 tʰi²
泥 n	l	难（《词汇集》）laŋ² 能（《词汇集》）len²
	ȵ	捏 ȵe⁸ 念 ȵen⁸
来 l	l	赖（污蔑）la⁸ 栏杆 laŋ² kaŋ¹ 榔头 laŋ² tʰauɯ¹
精 ts	ts	再 tsa⁸ 将就 tsaŋ¹ tsauɯ⁸ 溅 tsaŋ⁸
清 tsʰ	tsʰ	擦 tsʰua⁸ 寸 tsʰen⁸ 呛 tsʰaŋ⁸ 清 tsʰen¹ 抢 tsʰaŋ³
从 dz	ts	将就 tsaŋ¹ tsauɯ⁸ 罪 tsuei⁸
	tsʰ	从 tsʰoŋ² 层 tsʰen² 墙 tsʰaŋ² 齐 tsʰɿ²
心 s	s	鳃 sa¹ 散 saŋ⁸ 西 sɿ¹ 想 saŋ³
邪 z	s	斜 se² 随便 suei² pien⁸
知 t	tʂ	沾（接触）tʂaŋ¹ 胀 tʂaŋ⁸ 罩子（灯～）tʂao⁸ tsɿ³
澄 ɖ	tʂ	丈（一～）tʂaŋ⁸
	tʂʰ	重 tʂʰoŋ² 茶（茶，药）tʂʰua²

中古声类	借词读音	借词举例
庄 tʂ	tʂ	装（假～）tʂaŋ¹ 扎实（实在）tʂua⁸ ʂɿ⁸
初 tʂʰ	tʂʰ	吵 tʂʰao³ 差（缺少）tʂʰua¹
生 ʂ	ʂ	使 ʂɿ³ 刷子 ʂua⁸ tsɿ³
章 tɕ	tʂ	掌车 tʂaŋ³ tʂʰe¹ 占 tʂaŋ⁸ 照 tʂao⁸ 真 tʂen¹
昌 tɕʰ	tʂʰ	车 tʂʰe¹ 尺 tʂʰɿ⁸ 冲 tʂʰoŋ¹
船 ʑ	ʂ	赎 ʂaɯ⁷
书 ɕ	ʂ	伤 ʂaŋ¹ 商量 ʂaŋ¹ liaŋ² 赊 ʂe¹ 舍 ʂe³
禅 dʑ	ʂ	上 ʂaŋ⁸ 扇（一～）ʂaŋ⁸
	tʂʰ	成 tʂʰen²
日 ɲ	ʐ	让 ʐaŋ⁸ 惹 ʐe⁴
见 k	k	街 ka¹ 该（欠，是）ka¹ 敢 kaŋ³ 杆 kaŋ³
	tɕ	讲 tɕaŋ³ 救 tɕaɯ⁸ 结（便秘）tɕe⁸
溪 kʰ	kʰ	开（付钱）kʰa¹ 敲 kʰao¹ 靠 kʰao⁸
	tɕʰ	起 tɕʰi³ 气 tɕʰi⁸
群 g	tɕ	件（一～）tɕen⁸
	tɕʰ	旗 tɕʰi²
晓 h	h	憨 haŋ¹ 火镰 ho³ lien² 货郎子 ho⁸ laŋ² ntsɿ³
	ɕ	香 ɕaŋ¹ 孝 ɕao⁸
匣 ɦ	h	害 ha⁸ 还 ha²
	f	胡子 fu² tsɿ³
	ɕ	嫌弃 ɕen² tɕʰi⁸ 闲 ɕen²
影 ʔ	ʐ	阴间 ʐen¹ tɕen¹
	v	稳 ven⁴

(续表)

中古声类	借词读音	借词举例
云 ɦ	w	王(姓～)waŋ²
以 j	ʑ	阳间 ʑaŋ² tɕen¹ 洋烟(鸦片)ʑaŋ² ʑen¹ 样子 ʑaŋ⁸ ntsɿ³

7.3.2.3 韵母

大南山苗语近代汉借词的韵母,从读音上来看与现代汉借词有较多的不同之处,如假摄麻韵开口二等的读音,蟹摄开口一二等的读音,流摄字读音,咸山摄字的读音等。具体的不同,我们已在7.3.1节举出,此处不再重复。下面举出例词。

中古摄	中古韵	借词读音	借词举例
果	开一歌 ɑ	o	可惜 kʰo³ sɿ⁸
	合一戈 uɑ	o	锉子 tsʰo⁸ tsɿ³ 火镰 ho³ lien² 和尚 ho² ʂaŋ⁸
假	开二麻 ɣæ	ua	茶(茶,药)tsʰua² 家 tɕua¹ 吵架 tsʰao³ tɕua⁸
	开三麻 iæ	e	舍 ʂe³ 斜 se²
遇	合一模 uo	u	堵(一～)tu³ 估 ku³ 赌 tu³
	合三虞 iʋ	u	主(官,主人)tʂu³ 洋芋 ʑaŋ² ʑu⁸
蟹	开一咍 ɐi	a	在 tsa⁸ 再 tsa⁸ 海 ha³ 开(付钱)kʰa¹
	合一灰 uoi	uei	罪 tsuei⁸ 催 tsʰuei¹
	开一泰 ɑi	a	害 ha⁸ 赖毛(赖皮)la⁸ mao²
	合一泰 uɑi	uei	最 tsuei⁸
	开二皆 ɣɛi	a	排(一～)pʰa²
	开二佳 ɣɛ	a	摆(放置,讲)pa³ 街 ka¹
	开二夬 ɣæi	a	败(坏)pa⁸
	开三祭 iɛi	ɿ	制 tʂɿ⁸
	开四齐 ei	i	替 tʰi⁸ 礼(讲～)li⁴
		ɿ	齐 tsʰɿ² 砌 tsʰɿ⁸ 挤 tsɿ³

中古摄	中古韵	借词读音	借词举例
止	开三支 iɛ	ɿ	钥匙 ʑo⁸ ʂɿ²
	合三支 uɛi	uei	为 wei⁸ 随便 suei² pien⁸
	开三脂 i	i	比 pi³
		ɿ	私 sɿ¹ 三朋四友 san¹ pʰoŋ² sɿ⁸ ʑu⁴
	开三之 ɿ	i	道理 tao⁸ li⁴ 本己（自己）pen³ tɕi³
		ʅ	时候 ʂʅ² hou⁸ 使 ʂʅ³
		ɿ	锉子 tsʰo⁸ tsɿ³ 字 tsɿ⁸
	开三微 ɿi	i	依 ʑi¹
	合三微 uɿi	uei	贵 kuei⁸
效	开一豪 ɑu	ao	告 kao⁸ 赖毛（赖皮）la⁸ mao² 帽 mao⁸ 冒 mao⁸
	开二肴 ɣɛu	ao	敲 kʰao¹ 炮（枪或炮）pʰao⁸ 孝 ɕao⁸
	开三宵 iɛu	(i)ao	摇 ʑao² 心焦 sen¹ tsao¹ 桥 tɕʰao²
流	开一侯 u	aɯ	墨斗 me⁸ taɯ³ 扣 kʰaɯ⁸ 楼板 laɯ² paŋ³《词汇集》透（熟～）tʰaɯ⁸《词汇集》
	开三尤 iu	u	副（一～）fu⁸
		aɯ	救 tɕaɯ⁸ 搜 saɯ¹
咸	开一覃 əm	aŋ	贪 tʰaŋ¹
	开一合 əp	ua	搭 tua⁸ 杂种 tsua⁸ tʂoŋ³
		o	合理 ho⁸ li⁴ 盒（《词汇集》）ho⁸
	开一谈 ɑm	aŋ	毯子 tʰaŋ³ ntsɿ³ 胆子 taŋ³ ntsɿ³ 敢 kaŋ³ 三 saŋ¹
	开二咸 ɣɛm	aŋ	掺 tʂʰaŋ¹
	开二洽 ɣɛp	ua	炸 tʂua⁸
	开三盐 iɛm	(i)en	火镰 ho³ lien²
	开四添 em	(i)en	店（客～）tien⁸《词汇集》念 ȵen⁸ 嫌弃 ɕen² tɕʰi⁸

(续表)

中古摄	中古韵	借词读音	借词举例
深	开三侵 im	(i)en	心焦 sen¹ tsao¹ 阴间 ʑen¹ tɕen¹
	开三缉 ip	e	涩 se⁸
山	开一寒 ɑn	aŋ	单车 taŋ¹ tʂʰe¹ 难 laŋ²(《词汇集》)散糠糠(松散无黏性)saŋ³ kʰaŋ¹ kʰaŋ¹ 烟杆 ʑen¹ kaŋ¹
	开一曷 ɑt	ua	擦 tsʰua⁸
	合一桓 uɑn	aŋ	营盘 ʑen² pʰaŋ² 搬 paŋ¹
		uaŋ	算盘 suaŋ⁸ pʰaŋ² 管 kuaŋ³
	合一末 uɑt	o	撮 tso⁸
	开二山 ɣɛn	aŋ	灯笼灯盏(灯笼火把)ten¹ loŋ² ten¹ tʂaŋ³
		en	闲 ɕen² 阳间 ʑaŋ² tɕen¹
	开二删 ɣæn	aŋ	慢 maŋ⁸ 蛮子 maŋ² ntsʅ⁴ 板(挣扎)paŋ³
	开二鎋 ɣæt	ua	瞎 ɕua⁸
	合二删 uɣæn	uaŋ	惯 kuaŋ⁸
	合二鎋 uɣæt	ua	刮 kua⁸
	开三仙 iɛn	aŋ	溅 tsaŋ⁸ 扇(一~)ʂaŋ⁸
		(i)en	便宜 pien² ʑi⁸ 连 lien² 件(一~)tɕen⁸
	开三薛 iɛt	(i)e	闹热 lao⁸ ʐ̩e⁸ 遭孽(可怜)tsao⁸ ȵe⁸
	开三元 iɣn	(i)en	掀 ɕen¹
	合三仙 uiɛn	uaŋ	砖 tʂuaŋ¹
	合三元 uiɣn	aŋ	万 vaŋ⁸
		(i)en	冤家 ʑen¹ tɕua¹
	开三月 uiɣt	(i)e	揭(骂,揭短)tɕe⁸
	合三月 uiɣt	ua	罚 fua⁸
	开四先 en	(i)en	天理 tʰien¹ li⁴ 烟 ʑen¹ 填 tʰen² 莲花落(即用竹板打拍子)lien² hua¹ lao⁸ 可怜 kʰo³ lien²
	开四屑 et	e	捏 ȵe⁸ 结(便秘)tɕe⁸

（续表）

中古摄	中古韵	借词读音	借词举例
臻	开一痕 ən	en	很 hen³ 狠 hen³
	合一魂 uon	en	本 pen³ 寸 tsʰen⁸ 闷躁（烦闷）men⁸ tsao⁸ 稳 ven⁴ 孙子 sen¹ ntsʅ³
	开三真 in	(i)en	真 tʂen¹ 印子 ʐen⁸ 尽（老是）tsen³
	开三质 it	ʅ	扎实（实在）tʂua⁸ ʂʅ⁸
	合三谆 uin	en	驯 ʂen²
	合三术 uit	u	出 tʂhu⁸
	合三文 iun	en	分 fen¹ 份（一～）fen⁸
宕	开一唐 ɑŋ	aŋ	帮 paŋ¹ 砂糖 ʂua¹ tʰaŋ² 仓 tsʰaŋ¹
	开一铎 ɑk	o	错 tsʰo⁸
		ao	莲花落（即用竹板打拍子）lien² hua¹ lao⁸
	合一唐 uɑŋ	uaŋ	荒 huaŋ¹
	开三阳 iɑŋ	(i)aŋ	想 saŋ³ 墙 tsʰaŋ² 抢 tsʰaŋ³ 常 tʂʰaŋ² 两 laŋ⁴ 让 ʐaŋ⁸ 掌车 tʂaŋ³ tʂʰe¹ 洋火 ʐaŋ² ho³
	开三药 iat	o	钥匙 ʐo⁸ ʂʅ²
	合三阳 uiaŋ	aŋ	望 vaŋ⁸ 四方 sʅ⁸ faŋ¹
江	开二江 ɣɔŋ	(i)aŋ	讲 tɕaŋ³
	开二觉 ɣɔk	o	学 ɕo⁸
曾	开一登 əŋ	en	层 tsʰen² 灯 ten¹
		oŋ	朋友 pʰoŋ² ʐu⁴
	开一德 ək	e	墨 me⁸ 塞 se⁸ 勒（～死）le⁸
	开三蒸 iŋ	(i)en	应该 ʐen⁸ ka¹
	开三职 ik	ʅ	值（～钱）tʂʅ⁸

（续表）

中古摄	中古韵	借词读音	借词举例
梗	开二陌 ɣek	e	拆 tsʰe⁸
	开二麦 ɣek	e	脉（～搏）me⁸
	开三庚 ɣiæŋ	(i)en	明（清楚）mien²
	开三清 iɛŋ	(i)en	领（～东西）len⁴ 清 tsʰen¹ 请 tsʰen³ 成 tṣʰen² 赢 ʑen²
	开三昔 iɛk	ʅ	尺 tṣʅ⁸
	合三清 uiɛŋ	(i)en	营盘 ʑen² pʰaŋ²
	开四青 eŋ	en	醒 sen³
通	合一东 uŋ	oŋ	通 tʰoŋ¹ 同 tʰoŋ² 东西（《词汇集》）toŋ¹ sʅ¹
	合一屋 uk	o	木马 mo⁸ mua⁴
	合三东 iuŋ	oŋ	众 tṣoŋ⁸
	合三屋 iuk	u	熟 ṣu⁸ 幅（一～）fu⁸
	合三钟 ioŋ	oŋ	冲 tṣʰoŋ¹ 重 tṣʰoŋ² 容易 ʑoŋ² ʑi⁸ 用 ʑoŋ⁸
	合三烛 iok	u	烛 tṣu⁸

7.4　毕节大南山苗语的中古汉借词及其语音特点

大南山苗语的中古汉借词，如我们前文所说，大部分是苗瑶语或苗语共同汉借词。另有少数词，不是苗语或苗瑶语共同，但从语音特点来看，与中古汉借词基本一致，我们也酌情收录为中古层汉借词。经过分析，我们找出来的大南山苗语中古汉借词总共有100来个。

7.4.1　声调

由于古苗语的四个声调，在大南山苗语中是按声母清浊演变为四声八调，因此，大南山苗语中古汉借词的调类，基本与中古汉语四声八调形成整齐对应,例外的有:个别阳平字,大南山苗语用第 1 调对应,如"皇"fua^1。个别阳去字,大南山苗语用第 5 调对应,如"豉"sl^5。

下面是大南山苗语中古汉借词与中古汉语调类的对应。

中古调类	阴平	阳平	阴上	阳上	阴去	阳去	阴入	阳入
借词调类	1	2/1	3	4/6	5	6/5	7/5	6

下面按中古调类举出例词。

中古调类	借词调类	借词举例
阴平	1	瓜 tli^1 鸡 qai^1 甘 qaŋ^1 金 ko^1 千 tsʰa^1 疮(伤口)tsʰaŋ^1 襄 sl^1 开 qʰe^1
阳平	2	绸 tʂo^2 园(菜～)vaŋ^2 犁 lai^2 黄 tlaŋ^2 蛋(蚱蜢)koŋ^2 骑 tɕai^2 荞 tɕe^2 羊 zaŋ^2 铜 toŋ^2 龙 z̧aŋ^2 银 n̠a^2
	1	皇帝 fua^1 tai^7
阴上	3	酒 tɕau^3 孔(洞)qʰao^3 选 sai^3 早 ntso^3 广(宽)tlaŋ^3
阳上	4	臼(碓)tɕo^4 马 nen^4 瓦 vua^4 买 mua^4 里(一～路)li^4 老 lou^4 两 li^4
	6	抱 pua^6
阴去	5	担 ntaŋ^5 嫁 qua^5 拜 pe^5 祭 tsl^5 炭 tʰen^5 炕(烘)qʰaŋ^5 价 Nqe^5 破 pʰua^5 处(地方)tɕaɯ^5 沸(水开)mpou^5 炭 tʰen^5 送 saŋ^5
阳去	6	箸 taɯ^6 露 lu^6 妹 mua^6 万 vaŋ^6 卖 mua^6
	5	豉 sl^5
阴入	7	隔 qua^7 接 tsai^7 漆 tsʰai^7
	5	百 pua^5 客 qʰua^5 得 tou^5
阳入	6	凿 tsou^6 力 z̧o^6

7.4.2　声母

古苗语和古苗瑶语的浊声母,在大南山苗语里都变为清声母,因此,大南山苗语中古汉借词声母的主要特点是全浊声母,无论平仄都不送气。另有部分非组、端组、见组有鼻冠音,来母字读 z_l,知庄章有不合流现象,知组字还有读塞音 t,见组非三等读小舌音,见组合口字读 tl 的现象,这些特点都与借词借入时的读音和借入以后的演变有关,也与近代汉借词有很大的差异。一些中古声类,有两类读音,也可以看出明显还有时代层次的不同,如来母字有 z_l、l 两类读法。下面举出例词。

中古声类	借词读音	借词举例
帮 p	p	拜 pe⁵ 百 pua⁵
並 b	p	蒲(菖～)pauɯ² 败(坏了)pua⁴ 赔 pou² 抱 pua⁶
明 m	m	妹 mua⁶ 买 mua⁴ 卖 mua⁶
	n	马 nen⁴
非 p	mp	沸 mpou⁵
微 m	w	万(《构拟》)vaŋ⁶
端 t	nt	担 ntaŋ⁵
	t	得 tou⁵ 皇帝 tua¹ tai⁷
透 tʰ	tʰ	炭 tʰen⁵
定 d	t	铜 toŋ² 荅(豆子)tou⁸
来 l	z_l	廪(仓库)z_lo⁴ 梨 $z_l$ua² 锐利 $z_l$ua⁶ 力 z_lo⁶ 龙 z_laŋ²
	l	里(一～路)li⁴ 老 lou⁴ 两 li⁶ 犁 lai²
精 ts	ts	祭 tsɿ⁵ 鬃 tsoŋ¹ 灶 tso⁷ 接 tsai⁷
	tɕ	酒 tɕauɯ³
	nts	早 ntso³
清 tsʰ	tsʰ	千 tsʰa¹ 漆 tsʰai⁷
从 dz	ts	造(到达)tso⁶ 凿(～子)tsou⁶ 钱 tsa² 齐 tsɿ²
心 s	s	送 saŋ⁵ 襄 sɿ¹ 选 sai³ 祀(祭奠)sɿ⁵ 锁 sou³

（续表）

中古声类	借词读音	借词举例
知 t	t	竹 $ʈɯ^8$
澄 ɖ	t	箸（筷子）$ʈaɯ^6$
	tʂ	绸 $tʂo^2$
初 tʂʰ	tsʰ	疮 $tsʰaŋ^1$
昌 tɕʰ	tɕʰ	处（地方）$tɕʰaɯ5$
船 ʑ	ʂ	赎 $ʂaɯ^7$
书 ɕ	ʂ	暑 $ʂo^3$　收 $ʂou^1$
禅 dʑ	s	豉 $sɿ^5$
见 k	q	鸡 qai^1　甘 $qaŋ^1$　嫁 qua^5　隔 qua^7　假（借）qe^3
	tl	逛（《词汇集》）$tlaŋ^5$　过 $tlua^5$　瓜 tli^1　广（宽）$tlaŋ^3$
	k	金 ko^1　锯 $kaɯ^5$
	Nq	价 Nqe^5
	tɕ	计 $tɕi^5$
溪 kʰ	qʰ	开 $qʰe^1$　孔（洞）$qʰau^3$　炕（烘）$qʰaŋ^5$　客 $qʰua^5$
	Nqʰ	渴 $Nqʰe^7$
群 g	tɕ	臼 $tɕo^4$　荞 $tɕe^2$　骑 $tɕai^2$
	k	蛩（蚱蜢）$koŋ^2$
疑 ŋ	v	瓦 vua^4　园（菜～）$vaŋ^2$
	ȵ	银 $ȵa^2$　牛（黄～）$ȵo^2$
影 ʔ	ʔ	鸭 $ʔo^7$　鞍 $ʔen^1$
	ʑ	秧 $ʑo^1$
云 ɦ	v	芋 $vaɯ^6$
晓 h	h	喝 hou^7

（续表）

中古声类	借词读音	借词举例
匣 ɦ	tl	黄 tlaŋ²
	f	皇帝 fua¹tai⁷
以 j	z	羊 ʑaŋ² 炀（融化）ʑaŋ² 养 ʑo⁶

7.4.3 韵母

由于中古汉借词数量较少，我们看不出借词韵母有什么明显的特点或规律，但与近代汉借词大部分语音特点明显不同。

中古摄	中古韵	借词读音	借词举例
果	合一戈 uɑ	ua	破 pʰua⁵ 过 tlua⁵
		ɿ	蓑 sɿ¹
假	开二麻 ɣæ	en	马 nen⁴
		ua	嫁 qua⁵ 瓦 vua⁴
		i	瓜 tli¹
遇	合一模 uo	u	露 lu⁶
	合三鱼 iɤ	aɯ	锯 kaɯ⁵ 箸（筷子）ʈaɯ⁶ 处（地方）tɕʰaɯ⁵
蟹	开一哈 əi	e	开 qʰe¹
	开二皆 ɣɛi	e	拜 pe⁵
	开二佳 ɣɛ	ua	买 mua⁴ 卖 mua⁶
	开三祭 iɛi	ɿ	祭 tsɿ⁵
	开四齐 ei	ai	犁 lai² 皇帝 fua¹tai⁷ 鸡 qai¹
		ɿ	齐 tsɿ²
	合一灰 uoi	ua	妹 mua⁶

中古摄	中古韵	借词读音	借词举例
止	开三支 iɛ	ʅ	豉 sʅ⁵
		ai	骑 tɕai²
	开三之 ɨ	i	里 li⁴
		ʅ	祀(祭奠)sʅ⁵
	合三微 uɨi	əu	沸(水开)mpou⁵
效	开一豪 ɑu	ua	抱 pua⁶
		au	老 lou⁴
		o	造(到达)tso⁶ 旱 ntso³ 灶 tso⁷
流	开三尤 ɨu	aɯ	酒 tɕaɯ³
		o	绸 tʂo² 臼 tɕo⁴
咸	开一合 əp	ou	荅(豆子)tou⁸
	开一谈 ɑm	aŋ	甘 qaŋ¹
	开三叶 iɛp	ai	接 tsai⁷
深	开三侵 im	o	金 ko¹
山	开一寒 ɑn	aŋ	担 ntaŋ⁵
		en	炭 tʰen⁵
	开一曷 ɑt	e	渴 ɴqʰe⁷
		ou	喝 hou⁷
	合一桓 uɑn	aŋ	园 vaŋ²
	合三元 uiɤn	aŋ	万《构拟》vaŋ⁶
	开四先 en	a	千 tsʰa¹
臻	开三真 in	a	银 ȵa²
	开三质 it	ai	漆 tsʰai⁷
	合三文 iun	ai	分 fai¹

（续表）

中古摄	中古韵	借词读音	借词举例
宕	开一唐 ɑŋ	aŋ	炕（烘）qʰaŋ⁵
	开三阳 iaŋ	aŋ	炀（融化）ʐaŋ² 疮（伤口）tsʰaŋ¹ 羊 ʑaŋ²
	合一唐 uɑŋ	ua	皇帝 fua¹ tai⁷
		aŋ	黄（太阳亮）kaŋ² 黄 tlaŋ² 广（宽）tlaŋ³
	合三阳 uiaŋ	aŋ	逛《词汇集》）tlaŋ⁵
曾	开三职 ik	o	力 ʐo⁶
梗	开二陌 ɣak	ua	百 pua⁵ 客 qʰua⁵
	开二麦 ɣɛk	ua	隔 qua⁷
通	合一东 uŋ	au	孔 qʰau³
		oŋ	鬃 tsoŋ¹ 铜 toŋ²
		aŋ	送 saŋ⁵
	合三屋 iuk	aɯ	竹 ʈaɯ⁸
	合三钟 ioŋ	oŋ	蚣（蜈蚣）koŋ²
		aŋ	龙 ʐaŋ²

7.5　泰国难府苗语与大南山苗语近代汉借词比较及相关问题的讨论

上文我们分析了毕节大南山苗语汉借词的历史层次，把大南山苗语的汉借词分为现代、近代和中古三个层次，并总结了每个层次汉借词的语音特点。其中，我们切分大南山苗语汉借词的时代层次，尤其是近代汉借词与现代汉借词，较多地参考了泰国难府苗语里的汉借词。我们据此判断大南山苗语汉借词时代层次的根据是，泰国难府苗语里有一批词汇、语音面貌晚近的汉借词，与大南山苗语汉借词实际读音大部分相似，与中古汉语的音类对应关系也非常一致,我们判断这批汉借词应是与大南山苗语一道从某个方言借入的,泰国难府苗族又大部分是近代时期从中国迁出的,因此这批借词应是近代时期的汉借词。另一方面,泰国难府苗语汉借词词汇、语音层面都有一些自己的特点,这些语音特点,不管是与大南山苗语一致的,还是与大南山苗语不一致的,都是值得讨论的。下面我们先略谈两地苗语近代汉借词的词汇差异,再具体分析两地苗语近代汉借词的语音特点,最后分析两个相关的问题。

7.5.1　两地苗语近代汉借词的词汇差异及其成因

我们找出来的中泰苗语的近代汉借词各有近 400 条,其中近 200 条词是两处苗语共有并形成语音对应的,另两地各有 200 余条词,是泰国难府苗语有,毕节苗语没有的,或是毕节苗语有,泰国苗语没有的,但从语音特征来看,与共有汉借词特征一致。其差异产生的原因,我们在此略作阐述。中泰苗语近代汉借词词汇产生差异,我们认为主要是分化时间和地理阻隔导致,具体来说,有以下几个方面:

第一,泰国苗族迁入泰国以后,主要接触的民族变成了傣泰民族,主要的借源语言也变为了傣泰语言,有些近代汉借词也就替换为了傣泰语言的说法。反过来,毕节苗族虽然一直与汉语接触,但汉语借源方言也随时间发生了变化,近代的一些说法会替换为现代的说法。两相替换,泰国苗语与毕节苗语里的汉借词差异就变大了。如泰国苗语近代汉借词有而毕节苗语没有的一些词:头层 $t^hau^2 ts^h e\eta^2$,藤 $t^h e\eta^2$,晾 $la\eta^8$,落花生 $lau^8 fua^1 se\eta^1$,赚头 $t\int a\eta^8 t^h au^2$,拳 $t\varrho^h e\eta^2$,答应 $tua^8 je\eta^8$,苦力 $k^h u\mlatherial^3 li^8$,喜欢 $\varrho i^3 fa\eta^1$,北京城 $pe^8 t\varrho e\eta^1 t\int^h e\eta^2$。这些词有些在毕节苗语替换成了现代读音:如"北京城",毕节苗语里读 $pe^2 t\varrho e\eta^1$。毕节苗语近代汉借词有而泰国苗语没有的词:赊 ϱe^1,舍 ϱe^3,疤子 $pua^1 ts\eta^3$,稳 ven^4,郎猫 $la\eta^2 mao^1$,理 li^4,走阴 $tsau^3 \varrho en^1$。这些词是一些常用词,看不出来明显的时代色彩,可能是词汇的替换造成的差异。

第二,有些借词对应的社会文化现象或事物在泰国苗族中变得不重要了,或者换用了泰国的文化事物,对应的借词也会消失;相同的,在毕节苗族里,近代的一些社会文化现象或事物,在现代发生了变化,毕节苗语对应的借词也会丢失。如毕节苗语有而泰国苗语里没有的词:两 laŋ⁴,丈 tʂaŋ⁸,把 pua³,件 tɕen⁸,礼 li⁴,墙 tsʰaŋ²,牌 pʰa²,这些词,是一些量词和文化事物词,泰国苗族迁出以后,所在地的民族不使用这些计量单位或文化事物,泰国苗族也就丢失了这些词语。泰国苗语有毕节苗语没有的词:洋盘 jaŋ² pʰaŋ²,洋铁 jaŋ² tʰe⁸,吞烟 tʰeŋ¹ jen¹,黄旗 faŋ² tɕʰi²,轰包(炸弹)foŋ¹ pao¹,头兵 tʰɑɯ² peŋ¹,王首 vaŋ² ʃɑɯ³。这些词大部分属于日用品词汇或军事词汇,具有近代色彩,但在毕节苗族,这些事物或现象已消失,因此也就弃用了这些词语。

其他的原因可能还有:一是记录的问题,不同调查者,调查到的词语可能是不一样的。二是语料的记录时间不同,收集到的词汇不同。最后,我们也不能完全排除,泰国苗族还在境内没有迁出的时候,就与毕节苗族有一些微小差异,借源汉语方言也可能有部分差异。下面来看中泰苗语近代汉借词的语音特征。

7.5.2 两地苗语近代汉借词的语音特点比较

声调方面,先看借词的中古汉语调类在两个方言汉借词里的归并及对应:

中古汉语调类	阴平	阳平	阴上	次浊上	去声、全浊上、入声
难府调类/调值	1/55	2/41	3/35	7/22	8/21
毕节调类/调值	1/43	2/31	3/55	4/11	8/13

下面按中古调类举出例字。

说明:例词一般是单字,且在两个方言里意思相同。如果所需例字只在双音节词里出现,举出双音节词,并在所需例字下以黑点标出。双音节词并不对应的,举出单字字音,并在字音后给出该字所出现的词语。下文仿此。

中古调类	难府调类/ 毕节调类	例词　难府读音/毕节读音
阴平	1/1	家 tɕua¹/tɕua¹　灯 teŋ¹/ten¹　荒 faŋ¹/huaŋ¹　清 tsʰen¹/tsʰen¹
阳平	2/2	齐 tsʰɨ²/tsʰ1̩²　桥 tɕʰao²/tɕʰao²　随 si²/sue²　摇 jao²/ʑao²
阴上	3/3	比 pi³/pi³　主 tʃɯ³/tʂu³　赌 tɯ³/tu³　本事 peŋ³ʃɨ⁸/pen³ʂ1̩⁸
次浊上	7/4	马 mua⁷（～鹿）/mua⁴（～灯）老实 lao⁷ ʃɨ⁸/lao⁴ʂ1̩⁸
	4/4	领 leŋ⁴/len⁴
全浊上	8/8	罪 tsi⁸/tsue⁸　动 toŋ⁸（惊～）/toŋ⁸（～手）
去声	8/8	救 tɕaɯ⁸/tɕaɯ⁸　炮 pʰao⁸/pʰao⁸　赖 la⁸/la⁸　帽 mao⁸/mao⁸
入声	8/8	夹 tɕua⁸/tɕua⁸　合 hu⁸/ho⁸　墨 me⁸/me⁸

　　从上面的材料可以看出，两地苗语对应借词的声调，调值有所不同，但借词调类相对于中古四声八调的归并规律基本是一致的。其中平分阴阳，全浊上归去，这是大部分官话方言都具有的特点，但入声归去声，与大部分官话有所不同，这也是两地苗语近代汉借词与现代汉借词的一个重要区别。两地苗语的现代汉借词，不管是泰国难府苗语还是毕节苗语，入声调汉借词都是归阳平。

　　需要讨论的是次浊上声汉借词的读音。首先是次浊上声字在中泰苗语里都读单独的调类，与汉语方言一般与阴上字读为相同调类不同，其次是次浊上声字在泰国难府苗语里是读第7调，在毕节苗语里是读第4调。关于次浊上声字在中泰苗语里都读单独调类，具体原因待考，可能是借源汉语的原因，也可能是苗语本身的原因。关于次浊上声在泰国苗语里归第7调，在毕节苗语归第4调，我们不清楚是记音的原因还是方言差异的原因，因为也有个别字，如"领"，在两处苗语里都读第4调。

　　声母方面，我们也先看对应关系和例词。

中古声母	难府读音/ 毕节读音	例词　难府读音/毕节读音
帮组	p/p，pʰ/pʰ， m/m	比 pi³/pi³，配 pʰi⁸/pʰe⁸，皮 pʰi²/pʰi²，帽 mao⁸/mao⁸
非组	f/f，v/v	方 faŋ¹/faŋ¹，封 foŋ¹/foŋ¹，望 vaŋ⁸/vaŋ⁸
端组	t/t，tʰ/tʰ	灯 teŋ¹/teŋ，透 tʰau⁸/tʰau⁸ 糖 tʰaŋ²/tʰaŋ²，定 teŋ⁸/teŋ⁸
泥组	ɲ/n̪，l/l	捏 ɲe⁸/n̪e⁸ 念 ɲeŋ⁸/n̪en⁸，难 laŋ²/laŋ² 闹热 lao⁸ ʒe⁸/lao⁸ ʐe⁸ 牢 lao²/lao²
精组	ts/ts，　tsʰ/tsʰ， s/s	挤 tsi³/tsɿ³ 罪 tsi⁸/tsue⁸，清 tsʰeŋ¹/tsʰen¹ 齐 tsʰi²/tsʰɿ²，想 saŋ³/saŋ³ 斜（～眼）se²/se²
知组	tʃ/tʂ，tʃʰ/tʂʰ	罩 tʃao⁸/tʂao⁸ 值 tʃɨ⁸/tʂɿ⁸，茶 tʃʰua²/tʂʰua²
庄组	tʃ/tʂ，tʃʰ/tʂʰ，ʃ/ ʂ，s/s	抓 tʃua¹/tʂua¹，查 tʃʰua²/—，涩 se⁸/se⁸
章组	tʃ/tʂ，tʃʰ/tʂʰ，ʃ/ ʂ，ʒ/ʐ	整 tʃeŋ³/tʂen³，尺 tʃʰɨ⁸/tʂʰɿ⁸，伤 ʃaŋ¹/ʂaŋ¹ 熟（～悉）ʃuɯ⁸/ʂu⁸，让 ʒaŋ⁸/ʐaŋ⁸
见组	k/k，tɕ/tɕ，kʰ/ kʰ，tɕʰ/tɕʰ	估 kuɯ³/ku³，家 tɕua¹/tɕua¹，靠 kʰao⁸/kʰao⁸，气 tɕʰi⁸/tɕʰi⁸ 桥 tɕʰao²/tɕʰao²
晓组	h/h，f/h，f/f， ɕ/ç	货 hu⁸/ho⁸，荒　faŋ¹/huaŋ¹，壶 fuɯ²/fu²，香（烧～）çaŋ¹/çaŋ¹
影组	j/z，v/w	烟 jeŋ¹/zen¹ 样 jaŋ⁸/zaŋ⁸，围 ve²/wui²

　　从以上材料可以看出，两地苗语汉借词无论是音值还是与中古汉语音类的对应规律，差异都较小。音值方面，大部分一致，部分读音不同的，如毕节苗语的 tʂ、tɕ 类声母，难府苗语分别为 tʃ、tɕ 类音，这是记音的差别。从借词与中古汉语声类的对应来看，特点也非常一致。其中古全浊塞音、塞擦音声母今逢平声送气、仄声不送气，是今西南官话的普遍特点，但是泥、来母在洪音前相混，细音前不混，精组三四等不腭化、与见组音值分尖团，知庄章组大部分读 tʂ/tʃ 类音等特点与今主要西南官话有明显差异。

有系统差异的是晓、匣母果摄以外的合口字,在泰国难府苗语里读 f,在毕节苗语里读 h。除了表格里所举例词,泰国苗语里还有:黄旗 faŋ² tɕʰi²,回 fe²,会 fe⁸,喜欢 ɕi³ faŋ¹,硫磺 laɯ² faŋ²。我们认为应是泰国苗语发生了 *hu＞f 的音变,理由如下:一是这些字在汉语借源里本就是合口字,读音为 hu-,毕节苗语也借为 hu-。二是泰国苗语里还有些字有 hu/f 异读现象,如:轰包 foŋ¹ pao¹/hoŋ¹ pao¹,盒 fu⁸/hu⁸。三是泰国苗语除了有 hu/f 异读,还有其他合口字也存在有 u 介音和无 u 介音的异读,如:贵 ki⁸/kue⁸/kui⁸,说明泰国苗语本有合口介音,后来可能由于与固有词声韵搭配规律不一致,大部分合口介音字或者发生音变(如 hu＞f),或者介音直接丢失(如 ku＞k)。

下面是韵母的对应关系和例词。

中古摄	难府读音/毕节读音	例词　难府读音/毕节读音
果摄	u/o	洋火 jaŋ² hu³/ẓaŋ² ho³ 货 hu⁸/ho⁸ 骡子 lu² tsi³/一箩兜—/lo² tau¹
假摄	ua/ua, e/e	茶 tʃʰua²/tʂʰua² 家园 tɕua¹ ẓeŋ²/tɕua¹ jen²,斜(～眼)se²/se²
遇摄	ɯ/u, i/i	赌 tɯ³/tu³ 估(猜)kɯ³/ku³,滤 li⁸/li⁶
蟹摄	a/a, ua/ua, e/ue, ɨ/ʅ	鳃 sa¹/sa¹ 摆(聊天)pa³/pa³,卦 kua⁸/kua⁸,罪 tse⁸/tsue⁸ 回 fe²/hue²,东西 tong¹ sɨ¹/toŋ¹ sʅ¹
止摄	i/i, ɨ/ʅ, ɨ/ʅ, ue/ue, ɨ/ue	皮箱 pʰi² saŋ¹/pʰi² ɕaŋ¹ 比 pi³/pi³,钥匙 ju⁸ ʃi²/ẓo⁸ ʂʅ²,胡子 fɯ² tsi³/fu² tʂʅ³,贵 kue⁸/kue⁸,随 si²/sue²
效摄	ao/ao	帽 mao⁸/mao⁸ 炮 pʰao⁸/pʰao⁸ 摇 jao²/ẓao² 桥 tɕʰao²/tɕʰao²
流摄	aɯ/aɯ	扣 kʰaɯ⁸/kʰaɯ⁸ 搜 saɯ¹/saɯ¹ 救 tɕaɯ⁸/tɕaɯ⁸ 咒(骂人)tʃaɯ⁸/tʂaɯ⁸
咸摄	aŋ/aŋ, aŋ/uaŋ, ua/ua, u/o	敢 kaŋ³/kaŋ³,赚 tʃaŋ⁸(～头)/tʂuaŋ⁸,夹 tɕua⁸/tɕua⁸,盒 hu⁸/ho⁸ 合 hu⁸/ho⁸

（续表）

中古摄	难府读音/ 毕节读音	例词　难府读音/毕节读音
深摄	eŋ/en，e/e	阴间 jeŋ¹ tɕeŋ¹/ʑen¹ tɕen¹，涩 se⁸/se⁸
山摄	aŋ/aŋ，　aŋ/uaŋ， eŋ/en，　ua/ua， e/e	难 laŋ²/laŋ² 栏杆 laŋ² kaŋ¹/laŋ¹ kaŋ¹，算盘 saŋ⁸ pʰaŋ²/ suaŋ⁸ pʰaŋ²，烟 jeŋ¹/ʑen¹，帕 pʰua⁸/pʰua⁸ 刮 kua⁸/ kua⁸，捏 ȵe⁸/ȵe⁸
臻摄	eŋ/en，eŋ/un	本事 peŋ³ ʃi⁸/pen³ ʂ̩⁸ 很 heŋ³/hen³ 吞 tʰeŋ¹/--寸--/ tsʰen⁸，驯 ʃeŋ²/ʂun² 准（允许）tʃeŋ³/tʂun³
宕摄	aŋ/aŋ，　aŋ/iaŋ， aŋ/uaŋ，u/o	糖 tʰaŋ²/tʰaŋ² 想 saŋ³/saŋ³，商量 ʃaŋ¹ laŋ¹/ʂaŋ¹ liaŋ¹， 荒 faŋ¹/huaŋ¹，钥匙 ju⁸ ʃi²/ʐo⁸ ʂ̩²
江摄	u/o	学 ɕu⁸/ɕo⁸
曾摄	eŋ/en，e/e，ɨ/ʅ	戥 teŋ³/ten³ 灯 teŋ¹/ten¹，墨 me⁸/me⁸，值 tʃi⁸/tʂ̩⁸
梗摄	eŋ/en，e/e，ɨ/ʅ	清 tsʰeŋ¹/tsʰen¹ 正 tʃeŋ⁸/tʂen⁸ 领（～东西）leŋ⁴/ len⁴，拆 tsʰe⁸/tsʰe⁸，尺 tʃʰi⁸/tʂʰʅ⁸
通摄	oŋ/oŋ，ɯ/u	东西 toŋ¹ si¹/toŋ¹ sʅ¹ 冲 tʃʰoŋ¹/tʂʰoŋ¹，熟（～悉） ʃɯ⁸/ʂu⁸

　　从以上材料可以看出，两处苗语汉借词的韵母音值，大部分是一致的。从与中古汉语音类的对应特点来看，难府苗语和毕节苗语也基本是一致的，如麻韵二等读 ua，蟹摄一二等读 a，麻三知系字与深臻曾梗摄入声字读音合并读 e，深臻曾梗摄读音合流，咸山一二等读同宕摄为 aŋ 等。

　　两地苗语韵母读音也有一些差异，这些差异有记音导致的，也有音变导致的。记音导致的如：止摄汉借词在毕节苗语里标为 ʅ 和ʅ，在难府苗语里，Lyman(1974) 都记为 ɨ。Lyman 在词典里描述这个音在 ts 组音后不卷舌，在 tʃ 组音后卷舌，说明 Lyman 能分辨两个音的差异，但是国际音标表里也没有舌尖元音的位置，因此他把这两个音处理为舌面元音。

　　演变导致的有：第一，果摄、遇摄字毕节苗语分别读 o、u，难府苗语分别读 u、ɯ,应是难府苗语与毕节苗语分化后,发生了 *o＞u,*u＞ɯ 的音变。两地苗语固有词或早期汉借词也有相同的对应,如下表:

	深	雷	早	尾巴	睡	抚摸
难府苗语	tu¹	su¹	nstu³	tɯ³	pu⁵	pʰlu⁵
毕节苗语	to¹	so¹	ntso³	tu³	pu⁵	pʰlu⁵

第二,介音 i 和 u 的存留。毕节苗语较为完整地保留了 u 介音和 i 介音,泰国难府苗语则基本没有保留 i、u 介音,只有个别词语有保留介音和丢失介音的异读,如:贵 ki⁸/kue⁸/kɯ⁸。泰国苗语丢失借词介音,主要原因可能是泰国苗族迁出以后,与汉族相对隔离,与汉语接触减少,语言里的汉借词语音特征,也逐渐向固有词靠近。第三,臻摄、曾摄、梗摄汉借词的韵尾。毕节苗语是前鼻音韵尾 n,泰国苗语是后鼻音韵尾 ŋ。

综上,毕节苗语和泰国苗语近代汉借词的语音特征大部分是一致的,包括:第一,语音面貌上,两处苗语不少汉借词的读音是一样的,这与两处苗语分化时间不算太长有关。第二,语音面貌上的差异,除了记录差异导致,大部分是语音演变造成的,如两处苗语同调类借词调值不一样,果摄读音分别读 o、u,这可以说是"早期的一致性",这对研究两处苗语的音变,也是有参考价值的。第三,最重要的,是与中古汉语音类的对应规律一致,其中有代表性的语音特征有:入声归去声;知庄章组读 tʂ/tʃ 类音,不与精组 ts 类音相混;精组三四等保持 ts 类音读法,不与见组三四等读 tɕ 类音相混;麻韵二等读 ua;蟹摄一二等读 a;咸山摄一二等读同宕摄为 aŋ 等。这些都说明两处苗语的近代汉借词应是同出一源。

7.5.3　两地苗语近代汉借词的借源方言考察

从上文我们可以看出,难府苗语和毕节苗语近代汉借词非常丰富并且有很大的一致性,我们推断这些汉借词是两地苗族共处一地时,从共同的或非常相近的汉语借源方言借入,那么这共同的汉语借源方言具体是哪一种方言？关于难府苗语的汉借词，Lyman (1974)笼统地说过有些是从四川方言借入的。但明清以来，四川方言变化非常大，现代四川的方言，除了西南官话，还有湘方言、客家方言，西南官话又分川黔片、西蜀片、川西片、湖广片等（李蓝 2009）。因此，两处苗语方言的借源方言具体是哪种，还有进一步考察的必要。

查阅《四川方言调查报告》（杨时逢 1984）134 个点的材料以及其他方言区代表性音点的材料《汉语方音字汇》（北京大学中国语言文学系语言学教研室 1962），我们发现这些借词的语音特征与西南官话西蜀片江贡小片方言①相似之处最多，下面针对一些语音特征进行比较，以毕节等地的 7 个汉语方言为代表列入表格举出②。表格说明："＋"表示与毕节苗语近代汉借词读音一致，与汉借词不一致的标出具体读音。

例字	借词	川黔—成渝				西蜀—岷赤		西蜀—江贡		备　注
		毕节	成都	达县	通江	郫县	大邑	仁寿	荣县	
夹	去	阳平	阳平	阳平	阳平	似阳平	似去	＋	＋	入声读音是否归去
笔	去	阳平	阳平	阳平	阳平	似阳平	似去	＋	＋	
齐	tsʰ	tɕʰ	tɕʰ	＋	＋	tɕʰ	＋	＋	＋	精组三四等是否保持 ts 类音，分尖团
想	s	ɕ	ɕ	＋	＋	ɕ	＋	＋	＋	
气	tɕʰ	＋	＋	＋	＋	＋	＋	＋	＋	
中	tʂ	ts	ts	＋	＋	ts	＋	＋	＋	知庄章是否读 tʂ 类音，不与精组混
主	tʂ	ts	ts	＋	＋	ts	＋	＋	＋	
找	tʂ	ts	ts	＋	＋	ts	＋	＋	＋	

————————————

① 李蓝（2009）称为江贡小片，黄雪贞（1986）称为仁富片。本书一律称为江贡小片。

② 材料来源：毕节话参照明生荣（2007），四川方言材料参考杨时逢（1984）。有些例字杨时逢材料中无字，读音参考同音韵地位的字。

（续表）

例字	借词	川黔—成渝				西蜀—岷赤		西蜀—江贡		备　注
		毕节	成都	达县	通江	郫县	大邑	仁寿	荣县	
牢	l	+	n	n	n	n	+①	+②	n	泥母洪音和细音前读音
难	l	+	n	n	n	n	+	+	n	
捏	n	l	+	+	+	+	+	+	+	
车	e	ai	+	+	+	ei	ei	+	+	假摄麻韵三等知系，深、臻、曾、梗摄入声是否合并读 e
涩	e	ai	+	+	+	a	a	+	+	
笔	ie	i	i	i	i	+	+	i	i	
墨	e	ai	+	+	a	a	a	+	+	
白	e	ai	+	+	a	a	a	+	+	

　　下面我们结合表格来简述四川西南官话的主要特点及其与苗语汉借词的关系：

　　第一，川黔片成渝小片大部分点的语音特点与表格所举成渝小片代表点毕节、成都方言一致，即入声归阳平，不分 ts、tʂ，不分尖团，因此与苗语近代汉借词差别较大。也有部分成渝片方言点声母特点与毕节、成都话不同，如通江、巴中、达县，有些语音特点与苗语汉借词一样，如分 ts、tʂ，分尖团，但也有些语音特点与苗语近代汉借词不同，如入声归阳平，泥、来声母洪细都不分，再有假摄麻韵知系三等的读音，通江读 a，也与苗语汉借词读 e 不同。

　　第二，西蜀片岷赤小片大部分点的方言与岷赤小片代表点郫县一样，保留入声，且入声调值为平调或微降，与阳平相似，不分尖团，不分 ts、tʂ，因此也与苗语的汉借词差别较大。也有部分岷赤小片方言，以大邑为代表，入声为升调，与去声调值相似，分尖团，分 ts、tʂ，但麻韵三

---

　　①　该点泥母、来母记音都为 n，但在描写部分：开合口大都读成边音 l，如"南"lan，"路"lu 等，在齐撮口大都读 n，如"连"nien，"女"ny 等，我们按照描写的读音。

　　②　与大邑同。

等、深、臻、曾、梗入声字的读音与苗语汉借词存在差异。

第三,西蜀片江贡小片方言大部分点与江贡小片代表点仁寿、荣县一样,最大的特点是入声归去声,其中仁寿方言与我们所举的苗语几个借词读音特征都非常一致:入声归去声,分尖团,知庄章组字读舌尖后音,泥母洪音前读音与来母合并,但细音前不混,假摄麻韵三等知系,深、臻、曾、梗摄入声基本合并读 e。荣县除了泥来母读音与苗语汉借词不一致之外,其他都与苗语汉借词一致。

以上是难府苗语、毕节苗语汉借词与四川方言的比较,可以看出,江贡小片仁寿、荣县方言与苗语近代汉借词的语音特征最接近。那么,是不是可以下结论说难府苗语和毕节苗语的近代汉借词就是从仁寿或者荣县方言里借入的? 我们认为可能还需考虑近代以来四川方言的变化。

四川方言近现代以来变化的速度非常快。如仁寿方言,我们所举的杨时逢(1984)的材料是 20 世纪 40 年代的记录,反映的是仁寿方言较早的面貌,但吕仕珍(2017)近期的调查反映,现代仁寿方言已不分尖团,基本不分 ts、tʂ。同理,比杨时逢材料更早的近代时期的四川话,与杨时逢的记录也应还有差异。实际上,通过多方面材料的观察,我们认为,近代西蜀片江贡小片类型的方言可能广泛分布在四川南部和云南、贵州与四川接壤的边界地区。首先是现代方言的调查材料,江贡小片方言除了集中分布在仁寿及其周边的 8 个县市,还零星分布于川南其他地区。筠连位于与贵州接壤的四川南部,与仁寿、荣县等县并不接壤,但从语音特征上来看也属于江贡小片方言(李蓝 2009)。大南山所处的燕子口镇以及毕节大部分地区的汉语方言属于川黔片成渝小片,但燕子口镇还部分保留 ts、tʂ 的区别。部分乡镇如毕节市东北部与四川相邻的大屯镇、龙场营、田坎镇方言入声归去声,有 tʂ 组声母(明生荣 2009)。与毕节相邻的金沙县,也有类似情形,金沙县大部分乡镇的方言与城区相同,都属于川黔片成渝小片,但与毕节龙场营、田坎相邻的清池镇和马路彝族苗族乡,古入声调也是归去声,有 tʂ 组声母(明茂修 2012)。云南与四川叙永、筠连相邻的威信方言,也区分 ts、tʂ,入声归去声(邓天玲 1995)。其次根据近代西方传教士记录的四川方言材料,1869 年到 1873 在法国出版的五种文献,记录了当时川黔地区的官话(陈伟 2018),1893 年出版的《华西官话汉法词典》,记录了当时四川南部的方音(陈伟 2016),1900 年出版的《西蜀方言》,记录了当时成都话的语音(甄尚灵 1988),这些资料反映当时四川南部地区的语音特点,除了声调都保留了入声而与仁寿、荣县的江贡小片方言不同,其他不少特点,如声母都分尖团,分 ts、tʂ,韵母方面麻韵二等开口和曾梗摄一、二等入声韵读 e,都与仁寿、荣县方言相同。因此,我们怀疑毕节、金沙、威信等区县可能都曾通行江贡小片方言,只是后来被替代了。

综上,我们推测难府、毕节苗语的近代汉借词,可能从川南及云南、贵州与川南邻近地区的江贡小片类型的方言里借入。

不过,毕节苗语的近代汉借词,根据一些史志和口碑材料,我们还可以推测其更确切的借源地为川南的叙永、古蔺等地区。首先,这两个地区至今仍是川黔滇次方言苗族最为聚集的地区之一,毕节地区也与叙永、古蔺相邻。其次,毕节苗族,包括大南山苗族的来源,据我们所看到的材料,一般都认为是从川南迁入的。据《毕节县志》(1996),毕节苗族主要是元代和明代从川南迁来的:元代,由于民族歧视和统治者的压迫,王、柳、侯、康、李、古、罗、张、周等九个姓氏的苗族群众进入毕节县境,散居县(市)东北部。明天启年间,四川永宁土司奢崇明反明,川南大乱,又有部分苗族逃到毕节县清水铺、林口等地居住。关于大南山苗族来源最直接的资料,应属《苗族社会历史调查(3)》载的《毕节县大南山苗族社会历史调查材料》(罗义贵等 2009)收集的当地苗族的口头叙述。该调查访问了当地 10 姓苗族,有 9 姓说自己的祖先是从四川迁来或经过四川而来。如大南山李氏、石窝李氏、大南山王氏、康家寨康氏,都说自己祖先曾在四川叙永海螺堡居住,后来迁到大南山。大南山杨氏、田坝杨氏、大南山周氏、下平沟古氏、双元项氏,也都说自己从四川某地迁来。我们也亲自访问了大南山苗族的李姓人，与《毕节县大南山苗族社会历史调查材料》的调查结果是一致的，李姓苗族说他们祖先是从四川南部迁来的，也是大南山多个姓氏中最先在大南山定居的，至今已经有200来年了，因此村子里的李姓苗族最多，且都有血缘关系。再次，中央民族学院苗瑶语研究室(1987)《苗瑶语方言词汇集》，记录的是叙永枧槽的苗语材料，经我们考察，与《新苗汉词典》记录的毕节苗语基本是完全一致的，也说明毕节苗族与该地区苗族的密切关系。

7.5.4 两地苗语近代汉借词与毕节、难府苗族的发展和迁徙

王艳红(2020)根据苗瑶语汉借词层次、词汇的时代、苗瑶语的迁徙史料，把苗瑶族群现代以前的发展及与汉民族的分合、接触分为四个阶段，毕节、难府苗族的发展也符合这四个阶段：第一阶段是先秦及以前，苗瑶族群未分化，与汉民族或同源，或接触密切；第二阶段是秦汉到魏晋南北朝时期，苗瑶族群虽已有分化的趋势，但还没有完全分化，与汉民族的接触也非常密切；第三阶段是隋唐初期到中期，苗和瑶分化，但苗族内部还未形成不同的支系，苗族与汉族接触相对较少的时期。第四个阶段是唐代中晚期到宋元明清时期。这个时期是苗族大规模迁徙并形成新的聚居地的时期，因与苗语川黔滇方言的形成关系密切，我们这里稍作讨论。伍新福、龙伯亚(1992：187)认为，"苗族的三大方言及次方言的形成，大致与苗族内部的主要支系的形成同时，即在唐宋至元明时期"。与川黔滇次方言有关的苗族支系，是在唐宋以后的元明之际，在贵州北部、中部和四川南部形成，然后再迁入云南各地(伍新福、龙伯亚 1992：188)。陈一石(1981)根据川南苗族的古史传说，认为苗族进入川南地区的时间上限也是在明初。中泰苗语近代汉借词语音面貌已与清代晚期西方传教士所记载的四川话相似，并能在现代四川方言里寻找到踪迹，数量也非常多，应是明清时期与汉语密切接触后借入的。

以上是毕节、难府苗族近代以前的四个发展阶段，难府苗族还

有一段重要的历史就是迁出中国进入泰国。泰国苗族的来源,据1975—1976泰国年鉴记载,苗族包括难府苗族迁入泰国是1890年前后,但此前他们的迁移历史并没有相关记载(乐赛月1980)。我们认为,迁入泰国之前,他们可能曾在老挝居住。难府从地理位置上与老挝接壤,Lyman(1974)调查的其中一个村寨就是在老挝和泰国的边境上,而且泰国苗语里的借词有泰语借词,也有老挝语借词。泰国苗族主要的居住地区除了难府还有清莱府,也是与老挝接壤。另外,据一则资料(何平2005),1871—1872年间,一批"红旗军强盗"被"黄旗军"打败后逃到老挝北部的清坎和川圹地区并洗劫了川圹地区,这可能是导致当地苗族迁到泰国难府等地的原因。在难府苗语里,还有"黄旗"faŋ² tɕʰi²一词,意思为汉人统治者,与何平资料里提到的"黄旗"是一致的。此前他们是什么时候迁出中国的呢?我们认为应是太平天国运动(1851—1864)失败后。据琳心(1984),苗族迁入越南主要有三个时期:第一次是明末到清初(17世纪到18世纪初)苗族人民反对"改土归流"斗争失败,约有80户贵州苗人迁入越南;第二次是乾嘉起义(1796—1820)失败后,约有180户苗人分两条路线迁入越南;第三次是苗族人民响应太平天国运动失败后,约有10 000多苗人迁入越南,这次人数最多。《叙永厅县合志》也记载,太平天国将领石达开部赖裕新于同治元年(1862)进入川南地区,很多苗族民众以川黔边界的毕节西北的七星关和猪拱箐为根据地,配合太平天国余部反对清朝统治,时间长达八年之久(转引自陈一石1981)。难府苗族,可能是这次起义失败后迁出川南进入越南、老挝等国家,再辗转迁入泰国的。

　　难府苗语里有一些汉借词,也表明难府苗族迁出川南的时间应该要晚至太平天国运动失败时期。如以下几条借词:洋火(火柴)jaŋ² hu³,洋铁(锡罐)jaŋ² tʰe⁸,洋盘jaŋ² pʰaŋ²。这几条词,"洋火"在毕节苗语里我们能找到对应的说法:ʐaŋ² ho³,"洋铁、洋盘"我们没找到对应的说法,有可能是因为现在毕节已缺少对应物品而缺失了这两个词。从语音上看,这几个词语都符合近代汉借词的特征,如"铁"

是入声字,与我们上文所举近代汉借词一样,与去声字同归第 8 调。而帝国主义国家货物大量进入中国,是第一次鸦片战争(1840—1842)以后。"洋火"大宗进入我国,据官方记载,是 1865 年(蔡博明 2001:5),这与川南苗族配合太平天国余部反清朝统治的时间是一致的。

7.5.5　结论

关于中泰苗语的比较研究,有余金枝(2016)的《中泰苗语的差异分析》。该文从语音、词汇、语法几个方面比较了中泰苗语,指出泰国苗语和属于川黔滇方言川黔滇次方言的文山苗语较为接近,与黔东方言、湘西方言差异较大,属于"跨境差异小于方言差异"的类型。本书比较川黔滇次方言的贵州毕节苗语和泰国难府苗语共有的近代汉借词,与余金枝(2016)文章的结论是基本一致的,即两处苗语的近代汉借词在语音面貌上有所差异,但更多的是一致性。其差异大部分是语音演变造成的,其一致性主要表现在与中古汉语音类对应规律一致,因此可以判断两处苗语的近代汉借词同出一源。由于近代与现代时间上相距不远,我们能通过查对现代四川方言的材料,判断这批汉借词的借源是川南的西蜀片、江贡小片的西南官话,并结合史料和汉借词,进一步探讨毕节苗族和泰国苗族的发展和迁徙,判断泰国苗族迁出中国的时间是清末太平天国运动失败时期。

第八章 川黔滇方言惠水次方言贵阳甲定苗语汉借词研究

　　甲定寨位于贵州省贵阳市花溪区高坡乡,是苗语川黔滇方言惠水次方言北部土语的代表音点,王辅世(1994)《苗语古音构拟》(下文简称《构拟》)和王辅世、毛宗武(1995)《苗瑶语古音构拟》都使用了该方言点的材料进行古音构拟,但关于该点的独立调查报告和专文研究很少。2016 年 7 月至 8 月,我们对甲定苗语进行了调查,经过整理分析,发现甲定苗语里有较为丰富的古汉语借词①。本书主要分析甲定苗语近代汉借词的语音表现及其形成原因。另外,2015 年 7 月到 8 月,我们还调查了高坡乡批林村、杉坪村的苗语,这两个村与甲定相距不远,也属于惠水次方言,语音与甲定苗语基本相同,只存在较小的差异,我们也参照使用。

　　通过语音、词汇、与其他苗语方言的比较等几个方面的考察,我们把甲定苗语除上古层以外的汉借词划分为中古、近代、现代三个层次。中古层汉借词,主要是苗瑶语或苗语共同词里的汉借词。近代层汉借词,则是甲定苗语或惠水次方言独有词,近代层汉借词与中古层汉借词有语音特征表现一致的地方,也有明显的差异。现代层汉借词,则是借入了当地汉语方言词,与当地汉语方言语音特征一致,与中古层、近代层汉借词都有较为明显的差异。本章节甲定苗语近代汉借词部分内容,也可参看王艳红(2017),不过文章中把

---

　　①　发音人信息:WDX,男,1954 年生,初中文化水平,农民。材料调查受国家语委中国语言资源保护工程"民族语言调查·贵州贵阳苗语川黔滇方言惠水次方言"(项目编号 YB1624A033)项目支持。

"近代汉借词"归为"中古晚期汉借词",以本书为准。

8.1　贵阳甲定苗语音系与贵阳话音系

8.1.1　贵阳甲定苗语音系

我们调查到的甲定苗语音系与《构拟》存在不少差别,应是几十年来的语音演变导致。下面列出固有词音系,并大致说明我们的调查与前人调查的差异、新老派的差异及其实际音值。

声调:6 个

调类	1	2	3	4	5	6
调值	24	55	13	31	43	22

说明:

甲定苗语有 6 个声调,古第 7 调并入第 5 调,第 8 调并入第 2 调。甲定苗语调类和调值方面变化不大,但发声态方面可能有所差别,我们调查的发音人第 6 调气嗓音已不明显,但杉坪村的发音人还保留比较清晰的气嗓音。另外,第 2 调(55)的实际调值经常为 45。

声母:55 个

p	pʰ	mp	mpʰ	m	m̥ʰ	w	f
pl	pʰl	mpl	mpʰl	ml			
ts	tsʰ	nts	ntsʰ			z	s	sʰ
t	tʰ	nt	ntʰ	n	n̥ʰ		
tl	tʰl	ntl		l	l̥ʰ		
tʂ	tʂʰ	ɳtʂ	ɳtʂʰ			ʐ	ʂ	ʂʰ
tɕ	tɕʰ	ɲtɕ	ɲtɕʰ	ɲ	ɲ̥	ʑ	ɕ
k	kʰ	ŋk		ŋ			
q	qʰ	Nq	Nqʰ				h

说明：

甲定苗语的声母变化较大，一些声母有特殊表现。

（1）零声母带轻微喉塞，当地有的人会把一些字的零声母读成小舌音 q。例如：二 $a^1 > qa^1$。我们的记音省去零声母符号。

（2）固有词 p^h，mp^h，$\underset{\circ}{m}$ 等所有送气声母的音节只能出现于 1、3、5 调，但中古以后的汉借词送气声母也可以出现在第 2 调。

（3）w 在 i，ə，u，ɯ，əŋ 前读 v，其他音前为 w，我们统一记为 w。

（4）《构拟》的塞音 t 类音，发音人已完成塞音塞擦化，我们记为 tʂ，tʂʰ，ntʂ，ŋtʂʰ 等。《构拟》的 nz，nsʰ 发音人都发为 ŋtʂ，ŋtʂʰ。例如：象 $nsʰɯ^5 > ŋtʂʰɯ^5$。发音人的舌尖后音 tʂ 类音和舌尖前音 ts 类音还存在自由变体现象，同一个词，有时发为 tʂ 类音，有时发为 ts 类音。50 岁以下的人已经完成了 tʂ 类音向 ts 类音的转变，音位系统完全失去舌尖后音。

（5）j 声母的词，《构拟》记为 ʑ，但大部分的词在我们听来摩擦并不强烈，因此记为 j。

（6）q，qʰ 中年人有的保持，有的分别读 ʔ 和 h；青少年已完全丢失小舌音，都读为 ʔ 和 h。

韵母：15 个

i　e　ə　ɛ　æ　ɑ　ɔ　o　u　ɯ　ə̃　ŋ̍　õ　ɛ̃　in　ŋe　ɑŋ

说明：

甲定苗语的韵母变化较小，有些韵母有特殊表现。

（1）《构拟》的 oŋ 我们记为 õ。

（2）e、ɛ 在 t 类音后有增生 i 介音的倾向，例如：裙子 $tɛ^1 > tiɛ^1$。

（3）e 在 q 类音声母后有读为 ei 的现象。例如：鸡 $qe^1 > qei^1$。

（4）o 有变读为 ɑu 的现象，例如：菜 $z̠o^1 > z̠ɑu^1$。

（5）ə 有复元音化为 əu 的倾向。

（6）ɑŋ 在鼻音后有读鼻化音 ɑ̃ 的倾向，在鼻音声母 n 后非常明显。例如：雨 $nɑŋ^6 > nɑ̃^6$。

（7）现代汉借词专用韵母，本书不单独列出。

8.1.2　贵阳甲定的汉语方言及贵阳话音系

高坡乡甲定寨从行政区划上属于贵阳市花溪区，贵阳方言属于西南官话川黔片黔中小片（李蓝 2009）。但高坡乡又与惠水县、龙里县毗邻，早前属于惠水县。惠水方言据李蓝（2009），属桂柳片黔南小片，据刘光亚（1986），属于黔南片，据涂光禄（1988），属于川黔方言、黔东南方言、黔南方言的过渡方言，因此其语音特点与贵阳话有所不同。因目前我们没有关于甲定寨汉语方言的较为详细的调查材料，且甲定寨人与贵阳市区、尤其是花溪区往来较多，受贵阳市区话的影响也不小，因此，我们选取贵阳话作为参照，在具体讨论汉借词的语音特点时，如果有些语音特点与贵阳话不一致，我们再参考高坡话的相关材料进行讨论。下面是涂光禄（1998）《贵州省志·汉语方言志》所载的贵阳方言音系，音系说明我们择要给出，更详细的说明参看原书。

声调：4 个

阴平	阳平	上声	去声
55	21	42	13

说明：与大部分西南官话一样，平分阴阳，浊上归去，入声归阳平。

声母：18 个（不包括零声母）

p	pʰ	m	f
t	tʰ	l	
ts	tsʰ	s	z
tɕ	tɕʰ	ɕ	
k	kʰ	ŋ	x

说明：贵阳话不分 **n**、**l**，洪音前多读 **l**，细音前多读 **n**。声母 **ŋ** 只拼开口呼声母。

韵母:32 个

ɿ	i	u
ər	iu	
a	ia	ua
o	io	
e	ie	ue
ai		uai
ei		uei
au	iau	
əu	iəu	
an	ian	uan
ən	in	uən
aŋ	iaŋ	uaŋ
oŋ	ioŋ	

8.2　贵阳甲定苗语现代汉借词的语音特点

甲定苗语近代汉借词、中古汉借词与现代汉借词语音上有明显差异,而现代汉借词与当地汉语方言语音面貌较为相似,因此,甲定苗语的现代汉借词较为容易判别。甲定苗语现代汉借词的借源,主要是与城区话有所区别的高坡话,但是,随着甲定所在的高坡地区与城区的交流越来越多,以及普通话的普及,甲定苗语的现代汉借词也开始复杂化。下面从声调、声母、韵母三个方面来看甲定苗语现代汉借词的语音特点。

8.2.1　声调

甲定苗语现代汉借词声调与中古汉语的对应关系,与贵阳话一致,即平分阴阳,入声归阳平,全浊上归去。但上声借词的调值与贵阳城区话对应调类的调值有较大差异,这是由于甲定所在的高坡乡,曾属于惠水县,高坡乡的汉语方言也与惠水县的方言更为接近。下面列出甲定苗语汉借词与贵阳城区话、高坡话调类和调值的对应。高坡话声调的材料取自涂光禄(1998)《贵州省志·汉语方言志》。

中古汉语调类	阴平	阳平、入声	阴上、次浊上	全浊上、去声
贵阳话调类/调值	1/55	2/21	3/42	4/13
高坡话调类/调值	1/33	2/21	3/35	4/13
借词调类/调值	5/43	4/31	2/55	3/13

下面按中古调类举出例字。

中古调类	借词调类	借词举例
阴平	5	玻璃 po⁵ li⁴ 中秋 tʂəŋ⁵ tɕʰu⁵ 螺丝刀 lo⁴ sɿ⁵ tau⁵
阳平	4	荷花 ho⁴ hua⁵ 骡子 lo⁴ tsɿ² 芽 ja⁴ 芝麻 tʂɿ⁵ ma⁴
阴上	2	火柴 ho² tʂʰai⁴ 股 ku² 枣 tsau²
次浊上	2	被里 pe³ li² 鲤鱼 li² y⁴ 烦恼 fan⁴ nau²
全浊上	3	乡下 ɕaŋ⁵ ɕa³ 夏 ɕa³ 味道 we⁴ tau³
阴去	3	霸占 pa³ tʂan³ 芹菜 tɕʰin⁴ tsʰæ³ 太 tʰæ³
阳去	3	尿布 ȵau³ pu³ 外号 wai³ hau³ 坏人 huai³ ʐen⁴
阴入	4	国家 kue⁴ tɕa⁵ 八字 pa⁴ tsɿ³ 结巴 tɕe⁴ pa⁵
阳入	4	白砂糖 pæ⁴ sa⁵ tʰaŋ⁴ 合算 ho⁴ suan³ 盒子 ho⁴ tsɿ²

需要说明的是,即使与高坡话相比,甲定苗语汉借词的调值,与高坡话对应调类的调值也存在一定差异,不过我们认为这主要是记音的差异。甲定苗语的第5调,调值记为43,但是实际调值较平,与高坡话的33调调值是相似的,第二调记为55调,实际发音也经常是一个高升调,与高坡话的35也较为相似。

8.2.2　声母

甲定苗语现代汉借词的声母,主要特点与贵阳话一样,全浊平声送气,仄声不送气,知庄章组合并,中古影母字在洪音前读 ŋ,晓匣母字在 u 前读 f 等。甲定苗语汉借词也有与贵阳话不同的一些特点。下面先举出例字,再进行简单的分析。

贵阳话读音	借词读音	借词举例
p	p	玻璃 po⁵ li⁴ 白砂糖 pæ⁴ sa⁵ tʰaŋ⁴ 办酒 pæ³ tɕø³
pʰ	pʰ	茶盘 tsʰa⁴ pʰæ⁴ 瓢虫 pʰiau⁴ tsʰəŋ⁴ 祭品 tɕi³ pʰin²
	mpʰ	胖 mpʰaŋ³
m	m	墨斗 mæ⁴ tə² 薄膜 po⁴ mo⁴
	mp	梅花 mpe⁴ hua⁵ 煤油 mpe⁴ ʐu⁴ 亩 mpə²
f	f	胡椒 fu⁴ tɕau⁵ 肥皂 fe⁴ tsau³ 裁缝 tsʰai⁴ fəŋ⁴
t	t	徒弟 tʰu⁴ ti³ 味道 we⁴ tau⁴ 吊盐水 tiau³ jẽ⁴ ʂue²
tʰ	tʰ	名堂 min⁴ tʰaŋ⁴ 白糖 pæ⁴ sa⁵ tʰaŋ⁴ 打胎 ta² tʰæ⁵
l	l	骡 lo⁴ tsʅ² 炉子 lu⁴ tʂʅ² 玻璃 po⁵ li⁴
	n/n̠	水泥 ʂue² ni⁴ 烦恼 fan⁴ nau² 可能 kʰo² n̠in⁴
ts	tʂ	灯罩 ten⁵ tʂau³ 中秋 tʂəŋ⁵ tɕʰu⁵
	ts	肥皂 fe⁴ tsau³ 罪 tsue³ 中暑 tsəŋ³ ʂu² 钟 tsəŋ⁵
tsʰ	tʂʰ	火柴 ho² tʂʰai⁴ 冲 tʂʰəŋ³ 单车 tan⁵ tʂʰe⁵
	tsʰ	磁铁 tsʰʅ⁴ tʰie⁴ 裁缝 tsʰai⁴ fəŋ⁴ 传染 tsʰuan⁴ ʐan²
s	ʂ	莴笋 o⁵ ʂen² 中暑 tsəŋ³ ʂu²
	s	手套 sə² tʰau³ 螺丝刀 lo⁴ sʅ⁵ tau⁵
z	ʐ̠	传染 tsʰuan⁴ ʐ̠an² 如果 ʐ̠u⁴ ko²
tɕ	tɕ	金银花 tɕin⁵ jin⁴ hua⁵ 结巴 tɕe⁴ pa⁵ 胡椒 fu⁴ tɕau⁵
tɕʰ	tɕʰ	下棋 ɕa³ tɕʰi⁴ 客气 kʰæ⁴ tɕʰi³ 球鞋 tɕʰu⁴ hæ⁴ 芹菜 tɕʰin⁴ tsʰæ³
ɕ	ɕ	乡下 ɕaŋ⁵ ɕa³ 西瓜 ɕi⁵ kua⁵ 背心 pe³ ɕin⁵
k	k	如果 ʐ̠u⁴ ko² 国家 kue⁴ tɕa⁵ 习惯 ɕi⁴ kuan³

贵阳话读音	借词读音	借词举例
k^h	k^h	客气 $k^h æ^4 tɕ^h i^3$ 开始 $k^h æ^5 ʂ l^2$ 罚款 $fa^4 k^h uan^2$
ŋ	ŋ	硬币 $ŋen^3 pi^3$ 挨 $ŋæ^4$ 按 $ŋan^3$
	ŋk	藕 $ŋkə^2$
x	h	合算 $ho^4 suan^3$ 黑板 $hæ^4 pan^2$ 球鞋 $tɕ^h u^4 hæ^4$ 很 hen^2
∅	w	灵位 $lin^4 we^3$ 网 $waŋ^2$ 味道 $we^4 tau^3$ 戊 wu^3
	j	酱油 $tɕaŋ^3 ju^4$ 阴历 $jin^5 li^4$ 乙 ji^4
	∅	鲤鱼 $li^2 y^4$

甲定苗语汉借词与贵阳话不一致的地方有:1.贵阳话部分读鼻音声母 m、ŋ 的字,甲定苗语读 mp,ŋk。2.贵阳话 n、l 不分,中古泥母、来母都读 l,甲定苗语 n、l 区别分明。3.贵阳话没有舌尖后声母字,中古知庄章组声母的字,贵阳话都读舌尖前音 ts 类音,甲定苗语有舌尖前音 ts 类音和舌尖后音 tʂ 类音,两组音经常是自由变体,但大部分情况下是普通话读 tʂ 类音的字,甲定苗语可读 tʂ 类音,也可读 ts 类音,普通话读 ts 类音的字,甲定苗语基本都读 ts 类音,很少变读 tʂ 类音。4.贵阳话没有 ʐ 声母,中古日母字,贵阳话读为 z,甲定苗语都读 ʐ。

以上的特点,可能由几个原因引起:1.甲定当地方言的特点,如 n、l 的区分,是甲定所在的高坡乡汉语方言的特点。2.发音人自身的发音特点所致。如贵阳话 m、ŋ 声母的字,发音人偶然读为 mp、ŋk,是一种常见的协同发音现象;另外,甲定苗语里的 mp 类声母较为普遍,也是发音人容易这样发音的一个原因。又如 ts 类音和 tʂ 类音的分混,这是由于发音人的发音处于 ts、tʂ 互为自由变体阶段,甲定苗语的固有词,发音人也经常是 ts、tʂ 互为自由变体。3.受普通话影响。发音人普通话较好,发音也受普通话影响,如 ts、tʂ 的分混,发音人一般都是把普通话读为 tʂ 类音的字经常读为 tʂ,也可读为 ts,而普通话读为 ts 类音的字,很少读为 tʂ 类音。

8.2.3　韵母

甲定苗语的现代汉借词,与贵阳话大部分一致,也有不一致的地方。下面先列出例词,再进行简单说明。

贵阳话读音	借词读音	借词举例
ɿ	ɿ	螺丝刀 lo⁴ sɿ⁵ tau⁵　八字 pa⁴ tsɿ³
	ʅ	芝麻 tʂʅ⁵ ma⁴　电池 tiɛ³ tʂʰʅ⁴
i	y	鲤鱼 li² y⁴
	i	芋头 i³ tʰə⁴　玻璃 po⁵ li⁴　祭品 tɕi³ pʰin²
u	u	绿豆 lu⁴ ta³　福气 fu⁴ tɕʰi³　徒弟 tʰu⁴ ti³
a	ɑ	发炎 fa⁴ jɛ⁵　茶盘 tsʰɑ⁴ pʰæ⁴　结巴 tɕɑ⁵ pɑ⁵
o	o	火柴 ho² tʂʰai⁴　薄膜 po⁴ mo⁴　合命 ho⁴ min³
e	e	单车 tan⁵ tʂʰe⁵
	ə	毒蛇 tu⁴ ʂə⁴　闷热 men⁵ zˌə⁴
	æ	白砂糖 pæ⁴ sa⁴ tʰaŋ⁴　墨斗 mæ⁴ tə²　北 pæ⁴
	ai	把脉 pɑ⁴ mai⁴
ər	ɚ	独儿 tu⁴ ɚ⁴
ai	ai	应该 jin³ kai⁵　裁缝 tsʰai⁴ fəŋ⁴
	æ	海 hæ²　开始 kʰæ⁵ ʂɿ²　打胎 ta² tʰæ⁵
ei	e	肥皂 fe⁴ tsau³　飞机 fe⁵ tɕi⁵　梅花 mpe⁴ hua⁵
au	au	考试 kʰau² ʂɿ³　保佑 pau² jə³　手套 sə² tʰau³
əu	ə	折扣 tsæ⁴ kʰə³　漏斗 lə³ tə²　亩 mpə²
iəu	(i)u	酱油 tɕaŋ³ ju⁴　中秋 tʂʂŋ⁵ tɕʰu⁵
ia	(i)ɑ	夏 ɕɑ³　芽儿 jɑ⁴　刀架 tau⁵ tɕɑ³　国家 kue⁴ tɕɑ⁵
io	(i)o	补药 pu² jo⁴
ie	(i)e	磁铁 tsʰɿ⁴ tʰie⁴　结巴 tɕe⁵ pɑ⁵
	ye	月饼 ye⁴ pin²

贵阳话读音	借词读音	借词举例
iau	(i)au	表兄弟 piau² ɕəŋ⁵ ti³ 巧 tɕʰau² 硝 ɕau⁵
iu	(i)u	风俗 fəŋ⁵ ɕu⁴ 橘子 tɕu⁴ tʂʅ²
ua	ua	落花生 lo⁴ hua⁵ ʂen⁵ 冬瓜 təŋ⁵ kua⁵ 连环画 li ɛ̃⁴ huan⁴ hua³
ue	ue	外国人 wæ³ kue⁴ ʐ̩en⁴
uai	(u)æ	外国人 wæ³ kue⁴ ʐ̩en⁴
uai	uai	坏人 huai³ ʐ̩en⁴
uei	e	最 tse³
uei	ue	随便 sue⁴ piɛ̃³ 对襟衣 tue³ tɕin⁵ ji⁵ 吊盐水 tiau³ jɛ̃⁴ ʂue²
an	æ	敢 kæ² 办酒 pæ³ tɕɔ³
an	an	黑板 hæ⁴ pan² 扳机 pan⁵ tɕi⁵ 弹 tʰan⁴
ən	en	很 hen² 地震 ti³ tʂen³ 衬衫 tʂʰen³ ji⁵
aŋ	aŋ	钢笔 kaŋ⁵ pi⁴ 走廊 tsa² laŋ³ 印章 jin³ tʂaŋ⁵
oŋ	əŋ	打工 ta³ kəŋ⁵ 通 tʰəŋ⁵ 洋葱 jaŋ⁴ tʂʰəŋ⁵
in	in	辛 ɕin⁵ 信 ɕin³ 围巾 we⁴ tɕin⁵
ian	(i)ɛ̃	馅儿 ɕɛ̃³ 念 nɛ̃³ 点心 tiɛ̃² ɕin⁵ 颜料 jɛ̃⁴ liau³
iaŋ	(i)aŋ	乡下 ɕaŋ⁵ ɕa³ 阳历 jaŋ⁴ li⁴ 酱油 tɕaŋ³ ju⁴
ioŋ	(i)əŋ	表兄弟 piau² ɕəŋ⁵ ti³
uan	uan	罚款 fa⁴ kʰuan² 观音 kuan⁵ jin⁵ 段 tuan³
uən	uen	春 tsʰuen⁵ 馄饨 kʰuen⁴ tʰen⁵
uaŋ	uaŋ	皇历 huaŋ⁴ li⁴ 硫磺 liu⁴ huaŋ⁴ 光 kuaŋ⁵

甲定苗语汉借词的韵母,与贵阳话不一致的地方有:1.贵阳话 ʅ 韵母,没有 ɿ 韵母,甲定苗语汉借词用 ɿ、ʅ 两个韵母对应贵阳话的 ʅ。2.贵阳话无撮口呼音素 y,甲定苗语部分汉借词与贵阳话一致,无撮

口呼,部分汉借词有撮口呼可能是发音人受普通话影响。3.贵阳话麻韵开口三等、薛韵、德韵等合流读 e,甲定苗语读不同的音。4.贵阳话的 ai,甲定苗语汉借词基本读 æ,也有部分词受贵阳话影响读ai。5.贵阳话分(u)ei 与(u)e,甲定苗语汉借词不分,都读(u)e。6.贵阳话的 uei,甲定苗语偶尔读开口呼 e。8.贵阳话的 an,甲定苗语汉借词偶尔读 æ,与贵阳话读 ai 的韵母混合。

　　以上特点产生的原因有:1.部分是发音人受普通话影响,同时也是发音人自身的发音特点,如我们声母部分所说的,发音人不分 ts、tʂ,这是因为发音人舌尖前音声母和舌尖后音声母处于自由变体阶段,舌尖前韵母和舌尖后韵母也是自由变体。2.受甲定苗语音系影响,甲定苗语没有 ei,因此借用 ei 的时候,使用 e 来对应。3.受甲定当地汉语方言的影响,如贵阳话的 ai、an,甲定苗语汉借词读æ,是甲定所在的高坡乡汉语方言的一个特点(涂光禄 1988)。但同时也可以看出,甲定汉语方言受贵阳话的影响也比较大,原本与贵阳话有区别的读音,也逐渐向贵阳话靠拢。

8.3　贵阳甲定苗语的近代汉借词

8.3.1　甲定苗语近代汉借词的判别

　　甲定苗语该层次的汉借词,数量不少。这些汉借词是甲定苗语代表的惠水次方言独有的,不能与其他方言点的词汇形成语音对应关系。该层次汉借词与现代汉借词和中古汉借词都有明显的差异。与现代汉借词的差异,如声调方面,现代汉借词甲定苗语分别用 5、4、2、3 调对应借源汉语方言的阴平、阳平、上声、去声,入声主要归阳平,近代层汉借词甲定苗语分别用 1、2、3、5 调对应汉语的阴平、阳平、上声、去声,入声主要归阴平。与中古汉借词的差异,近代层汉借词去声合并,阴去、阳去都读第 5 调,中古汉借词阴去、阳去保持差异,分别读 5、6 调,近代层汉借词入声主要归阴平读第 1 调,中古汉借词阴入读第 5 调,阳入主要读第 6 调。近代汉借词全浊平声送气,中古汉借词全浊声母不论平仄都不送气。

我们判断该层次汉借词为近代汉借词,主要是从语音特征来看,如中古四声八调的归并,阴去、阳去的合并,入声的变化。从词汇角度来看,不少词也可以看出是较为晚近的汉语词汇,如:鼎锅 lu² ku¹(垆-锅),灯笼 tõ¹ ləŋ⁶(灯-笼),锁 sʰ u³,陀螺 tu⁴ lu⁶(陀-螺),告状 ko⁵ tʂaŋ⁵(告-状)等。从词形来看,有些是单音节,可以独立成词,也可与甲定苗语固有语素结合构成合成词,如:荒-荒地 lõ⁵ hõ¹(地-荒),庙-祠堂 plæ³ mlõ⁵(家-庙)/寺庙 plæ³ mlõ⁵(家-庙),牌-打扑克 ntə⁵ pʰ æ²(打-牌),但也有不少是双音节词,如:菩萨 pə² sʰ a¹,灯笼 tõ¹ ləŋ⁶,陀螺 tu⁴ lu⁶,便宜 pʰ i² ji¹,清明 sʰ ɛ¹ mlɛ⁶,告状 ko⁵ tʂaŋ⁵,端午 tɯ¹ wɯ⁴,枇杷 pi³ pa² 等。从词语的意义类别来看,涉及器具、房舍、宗教、娱乐、文教、商业类的文化类名词较多,没有自然、身体部位等核心词。

该层次汉借词的借源汉语方言,我们猜测应为黔南地区的某种方言,但目前我们并没有找到语音特点契合的方言,这个问题留待日后进一步考察。甲定苗语的近代汉借词和现代汉借词有巨大差异,说明甲定所在的高坡地区的汉语方言,应发生了两种完全不同的方言之间的替换。

下面先来看甲定苗语近代汉借词的语音特点,再来对一些语音特点进行简单分析。

8.3.2　甲定苗语近代汉借词的语音特点

8.3.2.1　声调

甲定苗语近代汉借词的声调与《切韵》音系的对应比较复杂,除了中古阴平、阴上、阴去字,甲定苗语基本用一个调类来对应,其他中古调类的字,甲定苗语都会用两种或两种以上的调类来对应,总的趋势是,平声、上声字分阴阳,去声字不分阴阳,阴入字主要与阴平字合并,阳入字主要与阳去合并。我们先列出具体的对应关系,再进行分析。下面是对应关系。

中古调类	阴平	阳平	阴上	阳上	阴去	阳去	阴入	阳入
借词调类	1	1/2/6	3	4/5	5	5/6	1/2/5/6	1/2/6

下面是例字：

中古调类	借词调类	借词举例
阴平	1	灯笼 tỏ¹ ləŋ⁶ 锅 ku¹ 多 tu¹ 灰(石～)hi¹ 包 po¹ 荒(～地)hỏ¹
阳平	1	便宜 pʰi²ji¹ 猫 nỏ¹ 还 haŋ¹ 浮 hə¹ 时(～侯)sʰi¹
	2	平(～地)pʰlɛ² 陪 pʰi² 堂(歌～)tʰaŋ² 杷(枇～)pa² 菩萨 pə²sʰa¹ 和尚 wɯ²sʰaŋ⁵ 斗筹（谷篓）tə³lu² 楼 lɯ² 梁 laŋ² 便宜 pʰi²ji¹
	6	糖 taŋ⁶ 灯笼 tỏ¹ləŋ⁶ 清明 sʰɛ¹mlɛ⁶ 陀螺 tu⁴lu⁶
阴上	3	锁 sʰu³ 考 kʰo³ 斗筹（谷篓）tə³lu³ 本(～钱)pɛ³ 赌 tɯ³
阳上	4	端午 tɯ¹wɯ⁴ 礼(～物)li⁴ 野(荒山)je⁴ 理(道～)li⁴ 老实 lo⁴sʰi¹
	5	下 ɕa⁵
阴去	5	货 hu⁵ 锉 sʰu⁵ 病(看～)plɛ⁵ 告状 ko⁵tʂaŋ⁵ 顿(一～)tɛ⁵ 怪 kæ⁵ 贵 ki⁵
阳去	5	(全浊)豆豉 tɯ²sʰi⁵ 和尚 wɯ²sʰaŋ⁵ 恨 hɛ̃⁵ 护(～林)hə⁵ 轿 tɕo⁵ 告状 ko⁵tʂaŋ⁵ 犟 tɕaŋ⁵
	5/6	(次浊)命 mlɛ⁵ 帽 mỏ⁵ 样(相貌)jaŋ⁵ 庙(寺～)mlỏ⁵ 晾 laŋ⁵/利(～息)li⁶ 换 we⁶
阴入	1	菩萨 pə²sʰa¹ 学 ɕu¹ 插 sa¹ 夹 tɕa¹ 堂屋 tʰaŋ¹ɯ¹ 刮 ka¹ 拍 pʰlæ¹
	2	壁 pa²
	5	楔(～子)sa⁵ 笔 pi⁵
	6	恶 ŋỏ⁶ 搭 ta⁶ 隔(～壁)kɯ⁶ 包谷 pɯ¹kɯ⁶
阳入	1	匣(箱子)ɕa¹ 值 si¹ 老实 lo⁴sʰi¹
	2	合 hu²
	6	墨 mỏ⁶ 炸 tʂa⁶ 毒 tɯ⁶ 着凉 tʂu⁶laŋ⁴

以上借词的声调分化格局，与甲定苗语固有词是不太相同的，固有词在古苗语四声八调系统的基础上，平声、上声、去声按照声母清浊各分阴阳，阴入并入阴去，阳入并入阳平，因此，这些词声调的形成来源，应主要是与汉语借源有关，但某些细节特点，也与甲定苗语的声调格局，及借词借入以后甲定苗语自身的音变有关，我们在下一节进行更详细的探讨。

8.3.2.2　*声母*

甲定苗语近代汉借词的声母，与《切韵》音系和现代汉借词相比，主要特点有轻重唇分化，但与现代汉借词不同的是，轻唇音与晓匣母在洪音前的读音一样，为 h。全浊平声大部分变为送气声母，全浊仄声不送气，但调类归并与现代汉借词不同。知庄章组合并，但读为 tʂ 类音或者舌尖前擦音。另有帮组读 pl 类复辅音，精组读擦音或送气擦音等特殊现象。下面也先列出对应关系，再在下一节重点分析几个问题。下面列出的是有规律的对应，个别的例外字此处不列。

中古声类	借词读音	借词举例
帮 p	p	拜(跪)pæ^5 搬 pɛ^1 本(～钱)pɛ^3 包 po^1
	pl	变 plɛ^5 箅(甑～子)ple^1
滂 p^h	p^{h}l	拍(～马屁)p^{h}læ^1
並 b	p	耙 pɑ^5 杷(枇～)pɑ^2 菩萨 pə^{2}s^{h}ɑ^1
	p^h	牌(打～)p^{h}æ^2 陪 p^{h}i^2 便宜 p^{h}i^{2}ji^1
	pl	病 plɛ^5
	p^{h}l	平(～地)p^{h}lɛ^2
明 m	m	麻(苎～)mɑ^2 帽(～子)mõ^5 墨 mõ^6
	ml	庙(寺～)mlõ^5 慢 mlɛ^4(调!)清明 s^{h}ɛ^{1}mlɛ^6 命 mlɛ^5
非 p	h	分 hɛ̃^{1} 粪 hɛ̃^{5} 方(四～)hɑŋ^1 封 hõ^1
敷 p^h	h	翻 hɑŋ^1
奉 b	h	浮 hə^1

（续表）

中古声类	借词读音	借词举例
端 t	t	多 tu¹ 赌（打～）tu³ 斗笭（谷篓）tə³ lu² 店（商～）te⁵ 顿（一～）te⁵ 灯笼 tõ¹ ləŋ⁶
透 tʰ	tʰ	趟 tʰɑŋ⁵ 添（～寿）tʰiɛ¹
	tʰl	淌 tʰlaŋ⁵
定 d	t	陀螺 tu⁴ lu⁶ 毒（狠～）tɯ⁶ 袋（口～）tæ⁶
	tʰ	砣（秤～）tʰu² 提 tʰe² 堂（歌～）tʰaŋ²
泥 n 娘 ȵ	n	碾（水～）nɛ⁶
来 l	l	斗笭（谷篓）tə³ lu² 陀螺 tu⁴ lu⁶ 礼（～物）li⁴ 犁 le² 楼 lɯ² 理（道～）li⁴
精 ts	s	剪 sɛ³
清 tsʰ	sʰ	锉 sʰu⁵ 操（～练）sʰo⁵ 寸 sʰin³ 清明 sʰɛ¹ mlɛ⁶ 请（雇佣）sʰin²
	ʂ	砌 ʂi⁵
心 s	sʰ	锁 sʰu³ 烟丝 jɛ¹ sʰɯ¹ 菩萨 pə² sʰa¹ 辛苦 sʰɛ¹ kʰɯ³ 松 sʰõ¹ 想 sʰaŋ² 算 sʰõ⁵
	ʂʰ	伞 ʂʰaŋ³ 籼（～稻）ʂʰaŋ¹ 信 ʂʰin⁵
知 ʈ	tʂ	胀 tʂaŋ⁵
澄 ɖ	tʂ	仗（打～）tʂaŋ⁵ 着（～凉）tʂu⁶
	s	值（～得）si¹
庄 tʂ	tʂ	斋（打～）tʂæ¹
	s	争 sɛ¹
初 tʂʰ	tsʰ	差（～不多）tsʰa¹
	tʂʰ	差（欠）tʂʰa¹ 铲（锅～）tʂʰaŋ³
	sʰ	厕（～所）sʰɯ¹
	s	插（～秧）sa¹

（续表）

中古声类	借词读音	借词举例
崇 dʐ	tʂʰ	查 tʂʰɑ²
	tʂ	炸 tʂɑ⁶ 状 tʂɑŋ⁵
生 ʂ	ʂʰ	梳（篦子）ʂʰɯ¹
	sʰ	搜 sʰɯ¹ 沙（～子）sʰɑ¹ 甥（外～）sʰən¹
章 tɕ	s	招（～赘）so¹ 真 sɛ¹
	ts	砖 tsɛ¹
	tʂ	砖（～房）tʂɛ¹ 烛（蜡～）tʂɯ⁶
昌 tɕʰ	tsʰ	铳（鸟枪）tsʰən⁵
船 ʑ	sʰ	老实 lo⁴ sʰi¹
禅 dʑ	sʰ	豆豉 tɯ² sʰi⁵ 时（～候）sʰi¹ 和尚 wɯ² sʰɑŋ⁵
	tʂʰ	城（～里）tʂʰin²
日 ȵ	z̩	闰（～年）z̩en⁵
见 k	k	锅（鼎～）ku 锯（～子）kə⁵ 怪（责～）kæ⁵ 贵 ki⁵
	tɕ	假 tɕɑ³ 嫁（改～）tɕɑ⁵ 韭（～菜）tɕɯ³ 救 tɕɯ⁵
	q	工（做～）qo̅¹
溪 kʰ	kʰ	辛苦 sʰɛ¹ kʰɯ³ 凉快 lɑ² kʰæ⁵ 气（生～）kʰi⁵ 困 kʰɛ⁵ 敲 kʰo¹
	tɕʰ	劝 tɕʰɛ⁵
	qʰ	空 qʰo̅¹
群 g	kʰ	骑 kʰi²
	k	柜（～子）ki⁵
	tɕʰ	求（祈福）tɕʰɯ²
	tɕ	轿（～子）tɕo⁵
疑 ŋ	j	芽（豆～）jɑ² 便宜 pʰi² ji¹
	w	端午 tɯ¹ wɯ⁴ 玩 we⁶

中古声类	借词读音	借词举例
影ʔ	Ø	喂 ɯ⁵ 堂屋 tʰɑŋ¹ ɯ¹
	j	腌 jɛ¹ 烟丝 jɛ¹ sʰɯ¹
	ŋ	恶 ŋō⁶
晓h	h	货 hu⁵ 叫化 tɕu⁶ ha⁵ 灰(石～)hi¹ 荒(～地)hō¹
	ɕ	香 ɕaŋ¹
匣ɦ	w	和尚 wɯ² sʰaŋ⁵ 换 we⁶ 壶(酒～)wɯ²
	h	护(～林)hə⁵ 合 hu² 还 haŋ¹ 恨 hē⁵
	ɕ	下(一～)ɕa⁵ 学 ɕu¹ 闲 ɕɛ²
云ɦ	w	为 wi⁵ 围 wə²
以j	j	野(荒山)je⁴ 窑 jo² 样(相貌)jaŋ⁵ 用 jō⁴

8.3.2.3　韵母

苗语韵母相对简单,变化也比较大,所以甲定苗语汉借词的韵母,难以充分反映借入时借源汉语以及当时甲定苗语的实际读音,但总的来说,相同中古韵,甲定苗语大部分用相同的音来对应,也有些韵甲定苗语用不同的音来对应,可能是借入时间不同导致,也有可能是借源本身存在多个读音。下面先列出对应关系和例字,下节重点讨论几个问题。我们主要列出有规律的对应,有些韵没有例字,我们不列。另外,有些借词韵母,如 iɛ,是借词专用韵母,我们未列入音系。

中古摄	中古韵	借词读音	借词举例
果	开一歌 ɑ	u	斗笠(谷篓)tə³ lu² 多 tu¹
	合一戈 uɑ	u	货 hu⁵ 陀螺 tu⁴ lu⁶ 锅(鼎～)ku¹ 锁 sʰu³ 锉 sʰu⁵ 砣(秤～)tʰu²
		ɯ	和尚 wɯ² sʰaŋ⁵

(续表)

中古摄	中古韵	借词读音	借词举例
假	开二麻 ɣæ	ɑ	麻(苧~)mɑ² 坝 pɑ⁵ 下 ɕɑ⁵ 耙 pɑ⁵
	开三麻 iæ	e	野(荒山)je⁴
遇	合一模 uo	ɯ	辛苦 sʰe¹ kʰɯ³ 掳 lɯ² 赌(打~)tɯ³ 端午 tɯ¹ wɯ⁴ 壶 wɯ²
	合三鱼 iɣ	ɯ	梳 ʂʰɯ¹
蟹	开一咍 əi	æ	袋 tæ⁶
	开二皆 ɣɛi	æ	拜(跪)pæ⁵ 斋(打~)tʂæ¹
	开二佳 ɣɛ	æ	街 kæ¹ 摆 pæ³ 牌(打~)pʰæ²
	开四齐 ei	i	礼(~物)li⁴ 砌 ʂi⁵
		e	提 tʰe² 犁 le²
	合一灰 uoi	i	灰(石~)hi¹ 陪 pʰi²
	合二皆 uɣɛi	æ	怪(责~)kæ⁵
	合二夬 uɣæi	æ	凉快 lɑ² kʰæ⁵
止	开三支 iɛ	i	骑 kʰi² 豆豉 tɯ² sʰi⁵ 便宜 pʰi² ji¹
	开三脂 i	i	利(~息)li⁶ 比(瞄)pi³
	开三之 ɨ	i	时(~候)sʰi¹ 理(道~)li⁴
		ɯ	厕(~所)sʰɯ¹ 烟丝 je¹ sʰɯ¹
	开三微 ii	i	气(生~)kʰi⁵
	合三支 uiɛ	i	为(~什么)wi⁵
	合三脂 ui	i	贵 ki⁵
	合三微 uii	i	柜(~子)ki⁵
		ə	围 wə²
		ɯ	喂 ɯ⁵

(续表)

中古摄	中古韵	借词读音	借词举例
效	开一豪 ɑu	o	考 kʰo³ 告状 ko⁵ tʂaŋ⁵ 牢 lo²
		õ	帽 mõ⁶
	开二肴 ɣæu	o	敲 kʰo¹ 包 po¹
	开三宵 iɛu	o	窑 jo² 轿 tɕo⁵
		õ	猫 nõ¹ 庙 mlõ⁵
流	开一侯 u	ə	斗笼(谷篓)tə³ lu²
		ɯ	楼 lɯ²
	开三尤 iu	ə	浮 hə¹
		ɯ	搜 sʰɯ¹ 求 tɕʰɯ² 韭(～菜)tɕɯ³ 救 tɕɯ⁵ 流(～氓)lɯ²
咸	开一覃 əm	ɑŋ	掺 tsʰɑŋ¹
	开一合 əp	u	合 hu²
	开二洽 ɣɛp	ɑ	插(～秧)sa¹ 夹 tɕa¹ 炸 tʂa⁶
	开二狎 ɣæp	ɑ	匣(箱子)ɕa¹
	开三严 iam	ɛ	腌 jɛ¹
	开四添 em	(i)ɛ	店 tɛ⁵ 添(～寿)tʰiɛ¹
山	开一寒 an	ɑŋ	伞 ʂʰɑŋ³
	开一曷 at	ɑ	撒(～尿)sʰa³ 菩萨 pə² sʰa¹
	开二山 ɣɛn	ɑŋ	铲(锅～)tʂʰɑŋ³
		ɛ	闲 ɕɛ²
	开二黠 ɣɛt	ɑ	楔(～子)sa⁵
	开二删 ɣæn	ɛ	慢 mlɛ⁴
	开三仙 iɛn	ɑŋ	籼(～稻)ʂʰɑŋ¹
		ɛ	变 plɛ⁵ 剪 sɛ³ 碾(水～)nɛ⁶
	开四先 en	(i)ɛ	烟丝 jɛ¹ sʰɯ¹ 笕(水～)tɕɛ³ 扁 piɛ³

(续表)

中古摄	中古韵	借词读音	借词举例
山	合一桓 uɑn	ō̄	算(～命)sʰō̄⁵
		e	管 ke³ 搬 pe¹ 玩 we⁶ 换 we⁶
	合二删 uɣæn	ɑŋ	还 hɑŋ¹
	合二辖	ɑ	刮 kɑ¹
	合三仙 uiɛn	ɛ	砖 tʂɛ¹
	合三元 uiɤn	ɑŋ	翻 hɑŋ¹
		ɛ	劝 tɕʰɛ⁵
臻	开一痕 ən	ɛ̄	恨 hɛ̄⁵
	开三真 in	ɛ	辛苦 sʰɛ¹kʰɯ³ 真 sɛ¹
		in	信 ʂʰin⁵
	开三质 it	i	笔 pi⁵ 老实 lo⁴sʰi¹
	合一魂 uon	in	寸 sʰin³(调!)
		ɛ	顿(一～)tɛ⁵ 困 kʰɛ⁵ 本(～钱)pɛ³
	合三文 iun	ɛ̄	分 hɛ̄¹ 粪 hɛ̄⁵
宕	开一唐 ɑŋ	ɑŋ	挡 tɑŋ³ 糖 tɑŋ⁶ 趟 tʰɑŋ⁵ 堂(歌～)tʰɑŋ²
	开一铎 ak	ō̄	恶 ŋō̄⁶
	开三阳 iaŋ	ɑŋ	香 ɕɑŋ¹ 梁 lɑŋ² 犟 tɕɑŋ⁵ 和尚 wu²sʰɑŋ⁵ 告状 ko⁵tʂɑŋ⁵ 晾 lɑŋ⁵
	开三药 iak	u	着凉 tʂu⁶lɑŋ⁴
	合一唐 uɑŋ	ō̄	荒(～地)hō̄¹
	合三阳 uiaŋ	ɑŋ	方(四～)hɑŋ¹
江	开二江 ɣɔŋ	ɑŋ	扛 qʰɑŋ²
	开二觉 ɣɔk	u	学 ɕu¹

(续表)

中古摄	中古韵	借词读音	借词举例
曾	开一登 əŋ	ō̃	灯笼 to̅¹ləŋ⁶
	开一德 ək	ō̃	墨 mō̃⁶
		ə	菩萨 pə²sʰɑ¹
	开三蒸 iŋ	əŋ	蒸 tɕəŋ¹
	开三职 ik	i	值(～得)si¹
梗	开二庚 ɣæŋ	əŋ	甥(外～)sʰəŋ¹
	开二陌 ɣæk	æ	拍(～马屁)pʰlæ¹
	开二耕 ɣɛŋ	ɛ	争 sɛ¹
	开二麦 ɣɛk	ɯ	隔 kɯ⁶
	开三庚 iaŋ	ɛ	清明 sʰɛ¹mlɛ⁶ 命 mlɛ⁵ 平 pʰlɛ² 病 plɛ⁵
	开三清 iɛŋ	ɛ	清明 sʰɛ¹mlɛ⁶
		in	请(雇佣)sʰin²(调!)城(～里)tʂʰin²
	开四青 eŋ	ɛ	零 lɛ²
通	合一东 uŋ	ō̃	空 qʰō̃¹ 捅(调!)tʰō̃⁵ 工(干活)qō̃¹
		əŋ	灯笼 to̅¹ləŋ⁶
	合一屋 uk	ɯ	堂屋 tʰɑŋ¹ɯ¹
	合一冬 uoŋ	ō̃	松 sʰō̃¹
	合一沃 uok	ɯ	毒(狠～)tɯ⁶
	合三东 iuŋ	əŋ	铳(鸟枪)tsʰəŋ⁵
	合三钟 iʊŋ	ō̃	封 hō̃¹ 用 jō̃⁴(调!)
	合三烛 iʊk	ɯ	烛(蜡～)tʂɯ⁶

8.3.3　甲定苗语近代汉借词语音特点的讨论

从上节可以看出,甲定苗语近代汉借词的读音有不少有意思的现象,下面分声调、声母、韵母进行简单的讨论。

8.3.3.1　声调

我们按照借词的中古声调:平、上、去、入进行分析。

第一,平声。平声的阴平字,甲定苗语用第 1 调来借,对应整齐,平声的阳平字,甲定苗语用第 1 调、第 2 调和第 6 调来借,对应复杂。我们认为:第一,这批借词借入的时候,其借源汉语方言平声应是按清浊分化,甲定苗语按对应的调值借入。并且,该借源汉语全浊平声应已变为送气声母,因为甲定苗语固有词的"全浊平声"并没有发生这种变化。第二,有一部分阳平字甲定用第 1 调来借,这些字里有两个次浊字"宜、猫",其他都是 h 声母字和送气擦音声母字。"宜"字出现在"便宜 $p^hi^2ji^1$"一词,可能是借源本身的语流音变引起。"猫"在普通话里也读阴平字,借源汉语方言可能也是读为阴平。其他的 h 声母字和送气擦音声母字,应是借入以后,随甲定苗语发生进一步音变引起的。原因有二:其一,汉语方言里很少有这样的表现,排除了借源的原因;其二,甲定苗语固有词的 h 声母字和送气擦音声母字,只出现在阴调类。这种现象在养蒿苗语里也有,陈其光(1989)认为,这些字本来也应是阳调类词,但为了适应养蒿苗语声调和声母的语音组合规律,变为了阴调类词,我们认为是借入以后养蒿苗语本身发生音变引起的(王艳红 2013),甲定苗语的情况与养蒿苗语一样。第三,有一部分阳平字甲定苗语用第 6 调来借,我们认为,这可能和甲定苗语的语流音变有关。甲定苗语的第 2 调,有自由变读第 6 调的现象。如天亮 $ko^2 Nqən^2 = ko^2 Nqən^6$,没有 $mæ^3 mən^6 = mæ^3 mən^2$,转 $ŋki^2 = ŋki^6$。

第二,上声。上声的阴上字,甲定苗语用第 3 调来借,对应整齐,上声的阳上字,次浊声母字甲定苗语用第 4 调对应,全浊上声字只有一个"下"字,甲定苗语用第 5 调来对应。我们认为:第一,借入这批词的时候,作为借源的汉语,上声字应与平声字一样,也是按清浊分化了。但是,与大部分汉语方言次浊上声字随阴上字变化不同,甲定苗语的借源次浊上声字是独立成调的。第二,从仅有的一个全浊上声字"下"字读第 5 调而不是第 4 调来看,可能在借词借入之前,借源汉语已经发生了全浊上声变去声的演变,至于为什么是归第5调而不是第6调,是因为去声字不分阴阳,甲定苗语都是用第5调来借,见以下的讨论。

第三,去声。去声的阴去字,甲定苗语用第5调来借,对应整齐,去声的阳去字,甲定苗语无论是全浊,还是次浊,都主要用第5调来借,只有很少的次浊声母字,甲定用第6调来借。我们认为:借入这批词的时候,借源汉语应是阳去字与阴去字的声调完全没有差别,甲定苗语都按照第5调来借,因此,不管甲定苗语5、6调有没有分化,借词借入以后都不再分化。只有"利、换"两个字,可能借入时间稍早,借源5、6调还保持区别。

第四,入声。入声字的阴入字和阳入字,如上文所说,阴入字甲定苗语主要用第1调来借,即派入阴平,阳入主要用第6调来借,即派入阳去,这可能是借入的时候,借源汉语本身的入声字已经发生了分化所致。

中古以来,汉语声调发展的整体脉络,王力(2010)指出,隋—中唐时代是平、上、去、入四声,晚唐—五代基本和隋—中唐时代的声调一样,只是浊音上声字转入去声,宋代的声调和晚唐五代的声调一样,仍旧是平、上、去、入四声,平声未分阴阳,但三类入声合并为一类,在宋代北方话中已经开始了。甲定苗语汉借词的声调表现,排除甲定苗语自身的因素,也与王力先生所整理的任何一个朝代的声调系统无法对应。但是,参考其他学者的研究,王力先生的结论还可以细化。关于平声,周祖谟(1966:500)考证,平、上、去、入四声在唐代已经因为声母清浊之不同而有了不同的读法,大多数方言中平声已经分为两个调类。关于全浊上声变去声,王力认为要到晚唐,但也有学者认为更早(麦耘2002)。关于去声,俞敏(1987)考证中古去声是一个低调,低调塞音、塞擦音分清浊不容易,可能早就合并了。关于入声,麦耘(2002)考察了晚唐墓志铭用韵,发现-t尾与-k尾的相混已开始。北宋邵雍《皇极经世书·声音倡和图解》中把原-t,-k尾字都配阴声韵而不配阳声韵,可见它们已转化为-ʔ尾

(唯-p 尾未变)。则甲定苗语的借源,是一个晚唐以后已发生如上音变的一种汉语方言。

8.3.3.2　声母

我们主要讨论甲定苗语汉借词声母的四个问题:第一,全浊平声送气,全浊仄声不送气;第二,帮组部分字声母读 PL;第三,非组字读 h;第四,精组字的读音。

第一,全浊平声送气,全浊仄声不送气。甲定苗语大部分的全浊平声汉借词读送气,只有少部分的汉借词如"糖 taŋ⁶ 杷 pa² 菩 pə²"不送气,这和汉语大部分方言的音变规律是一致的,下面是所有的例字。

	平　声	仄　声
並	平 pʰlɛ² 陪 pʰi² 牌 pʰæ² 便 pʰi²	病 plɛ⁵
定	堂 tʰaŋ² 提 tʰe² 砣 tʰu²	毒 tɯ⁶ 袋 tæ⁶
澄	--	仗 tʂaŋ⁵ 着 tʂu⁶
崇	查 tʂʰa²	状 tʂaŋ⁵ 炸 tʂa⁶
群	求 tɕʰɯ² 骑 kʰi²	瞿 tɕaŋ⁵ 柜 ki⁵

其形成原因,我们认为,应是借入的时候,借源汉语大部分的全浊平声字就已经发生这样的变化了,而不是甲定苗语用全浊声母借入以后,再随固有词发生相同的变化,因为甲定苗语的固有词,除了个别例外词如"十 kʰə²"外,送气声母是不与阳调类搭配的,说明甲定苗语本身并没有像汉语一样,发生"平送仄不送"的音变。

黄笑山(1994)考证《切韵》时代的语音发展到唐五代,全浊声母开始"清化",并接近于送气,但又不是地道的送气清音,而是接近吴语的"清音浊流",而且浊流成分比吴语更明显。麦耘(1998)在黄笑山研究的基础上,进一步认为"清音浊流"是气化音,并认为邵雍《皇极经世书·声音倡和图解》把全浊声母分为两类,仄声配全清音,平声配次清音,反映的是仄声气声化色彩减弱,平声保持听觉上接近于送气的气声化音。也就是说，唐五代到宋，通语全浊平声已接近送气，甲定苗语汉借词的借源方言，应也已发生"平送仄不送"这样的音变。

第二，帮组部分汉借词声母读 pl 类。甲定苗语帮组的部分汉借词，声母读成复辅音 pl 类。下面我们先集中列出这些字，再进行分析，拟音省去" * "号。

汉字	中古音地位	中古拟音	上古拟音	甲定苗语
庙	明重纽开三宵去	$mɣiɐu^6$	mbreus	mlo^5
慢	明开二删去	$mɣan^6$	mrons	mle^4
变	帮重纽开三仙去	$pɣiɛn^5$	prons	ple^5
明	明开三庚平	$mɣian^2$	mraŋ	mle^6
命	明开三庚去	$mɣian^6$	mreŋs	mle^5
病	并开三庚去	$bɣiaŋ^6$	pgraŋs	ple^5
平	并开三庚平	$bɣiaŋ^2$	beŋ	p^hle^2
拍	滂开二陌入	$p^hɣek^7$	p^hrag	$p^hlæ^1$

从上表可以看出，这些字在上古基本都带 r 介音，只有"平"字郑张尚芳和潘悟云先生的拟音无 r 介音，但白一平先生的拟音带 r 介音，为 *brjeŋ。这些字是中古的二等字或重纽三等字，庚韵字虽然中古不是重纽字，但是来源于上古的重纽韵部，因此，最简单的解释就是，这些字在借入的时候，在借源汉语里还带有 r 介音，甲定苗语用 l 来对应。

类似的现象，本书第五章讨论的黔东养蒿苗语里也有。养蒿苗语里有部分帮组字，主要是重纽三等字，还有个别重纽四等字，声母读为 ts 类音，石德富（2008）认为借入的时候是 pr 类音，后来随着固有词一起变为 ts 类音。对此，我们认为应是 p 在 i 前的腭化，因为：其一，养蒿固有词也有 pi 变 ts 的现象；其二，重纽四等，在上古和中古都不带 r 垫音；其三，这批汉借词，是近代的汉借词，在这么晚近的时代，汉语二等和重纽三等应已无带 r 介音的现象。

对于甲定苗语,我们也是相似的观点,我们认为甲定苗语帮组字甲定苗语带 l 介音,并不是反映汉语二等或重组三等的 r 介音,而可能是用 l 代替 i 介音的一种发音方式。甲定苗语固有词无带 i 介音的韵母,也无腭化的唇音声母,因此,碰到有 i 介音的唇音声母借词,甲定苗语用固有的 pl 类声母来代替。

第三,非组汉借词读 h 的现象。甲定苗语非组汉借词有:

(非)方 haŋ¹ 分 hē¹ 封 hō¹ 粪 hē⁵（敷）翻 haŋ¹（奉）浮 hə¹

其形成原因:首先,我们认为这批词借入时汉语的非组应已轻唇化。汉语非组轻唇化的年代,王力(2010:259-261)认为是晚唐—五代,不过这时微母和奉母还没有合流。王力先生所拟的非组音为:非敷 *f,奉 *v,微 *ɱ,到宋代的时候,非敷奉都合流为 *f。其次,甲定苗语用 h 而不是 f 来借汉语的非组,我们认为应是当时甲定苗语音系里没有 f 声母,因此用相近的音来借。甲定苗语固有词和古汉借词,都没有 f 声母字,只是到了现代,因与汉语有大量密切的接触,才有 f 声母的现代汉借词。这种现象,在苗语共同汉借词里也有反映。苗语共同汉借词里,有一个奉母汉借词"豆腐"的"腐",在所有苗语点里,声母都是 h,说明当时原始苗语里,应也没有 f 声母,f 声母在很多苗语方言里,还没有进入固有词音系,而固有词层面有 f 的,也可以看出是后起的。王辅世(1994)为苗语头母构拟的古音是 *f,我们认为是可疑的,这个声母所辖的共同词只有"头、树"两个,而且大部分点都不读 f。

第四,精组汉借词的读音。甲定苗语近代的精组汉借词,声母读擦音或送气擦音。下面是所有例字①。

---

① 部分例字,发音人发成舌尖后音,如:信 ʂʰin⁵ 伞 ʂʰaŋ³ 籼 ʂʰaŋ¹,或同一个语素,在某个词里发成舌尖前音,在另一个词里发成舌尖后音,如:算:sʰõ⁵（算）/算命:sʰõ⁵ mle⁵（算-命）/打算:sʰõ⁵（算）/算命先生:saŋ⁶ ntə³ sʰõ⁵ mle⁵（匠-纸-算-命）。这是由于我们调查的这个发音人,其音系是老派到新派的过渡,舌尖前音和舌尖后音成为一对自由变体,不再构成严格的音位对立。这组字在杉坪村和批林村都是读舌尖前音。表格举例我们统一记作舌尖前音。

中古声母	甲定读音	例　　词
精	s	剪 sɛ^3
清	s^h	操 s^{h}o^5 寸 s^{h}in^3 清(～明)s^{h}ɛ^1 请 s^{h}in^2 锉 s^{h}u^5
心	s^h	锁 s^{h}u^3 撒 s^{h}a^3 萨(菩～)s^{h}a^1 辛(～苦)s^{h}ɛ^1 想 s^{h}aŋ^2 松 s^{h}ō^1 算 s^{h}ō^5 伞 s^{h}aŋ^3 籼 s^{h}aŋ^1 信 s^{h}in^5

甲定苗语中的苗瑶语或苗语共同词中的精组早期汉借词，声母也是读擦音或送气擦音，如下表所示①：

中古声母	甲定读音	例　　词
精	s	灶 so^5 甑 səŋ^5 接 sa^5 鬃 səŋ^1
清	s^h	漆 s^{h}e^5 千 s^{h}ɛ^1
从	s	凿(～子)sa^6 匠 saŋ^6 钱 sɛ^2 惭(害羞)sō^2
心	s^h	蕈 s^{h}i^1 送 s^{h}aŋ^5 新(初一)s^{h}ɛ^1 锡 s^{h}a^5

这个现象，我们上文讨论养蒿苗语近代汉借词的时候，已经进行过讨论。甲定苗语应与养蒿苗语一样，借入这批借词的时候，是用与汉语对应的塞擦音、擦音借入的，借入以后，甲定苗语与养蒿苗语一样，也发生了塞擦音演变为擦音、擦音变为送气擦音的音变。

8.3.3.3　韵母

我们讨论以下几个问题：第一，果摄读 u 的问题；第二，遇流摄读 ɯ 的问题；第三，汉语合口甲定读开口的问题。

第一，果摄汉借词读 u。甲定苗语的果摄汉借词，只有开一歌和开一戈的个别字，如"和"读 wɯ^2，出现于"和尚、尼姑"两个词，都读wɯ^2 s^{h}aŋ^5，其他都读 u。下面是所有韵母读 u 的例字：

---

① 　可参看《苗语古音构拟》18—20 页。

中古韵	甲定读音	例　　字
开一歌	u	箩 lu⁶ 多 tu¹ 陀 tu⁴ 箩 lu²
合一戈	u	货 hu⁵ 螺 lu⁶ 锁 sʰu³ 锉 sʰu⁵ 锅 ku¹ 砣 tʰu²

黔东苗语果摄汉借词,也有类似的读音。下面是黔东苗语北部土语凯里养蒿、台江方省、雷山开觉三个音点戈韵字的读音①:

中古韵	黔东方言	黔东读音	例　　字
开一歌	养蒿	u	驮 tu²
	方省	u	箩 lu²
	开觉	ɔ	驮 tɔ² 驼 tɔ² 拖 tʰɔ¹
合一戈	养蒿	u	骡 lu² 火 fʰu³ 破 pʰu⁵ 锁 sʰu³ 磨 mu⁶ 锉 sʰu⁵ 唾 tʰu⁵
	方省	u	货 hu³ 磨 mu¹ 锁 sʰu² 火 hu² 唾 tʰu³
	开觉	au	骡 lau² 锁 sʰau³ 锉 sʰau⁵ 蓑 sʰau¹ 唾 tʰau⁵
		u	磨 mu⁶

以上借词养蒿、方省都是读 u,开觉苗语歌韵读 ɔ,戈韵除了一个唇音声母字读 u,其他读 au, au 应是从 u 演变而来。我们认为,这些方言汉借词的借源,果摄戈韵字应都是读与 u 接近的读音,歌韵字也应相同。

第二,遇流摄读 ɯ。甲定苗语的遇摄、流摄汉借词,除了少数词读 ə,都读为 ɯ。

① 养蒿例字来源于《苗瑶语方言词汇集》,方省例字来源于姬安龙(2012)《苗语台江话参考语法》,开觉例字来源于笔者与发音人的合作调查。发音人:李锦平,男,苗族,1947 年生,贵州民族大学教授,贵州省雷山县西江镇开觉寨人。

中古摄	甲定读音	例　　字
遇摄	ə	（模）护 hə⁵（鱼）锯 kə⁵
	ɯ	（模）苦 kʰɯ³ 捂 lɯ² 赌 tɯ³ 午 wɯ⁴ 壶 wɯ²（鱼）梳 sʰɯ¹
流摄	ə	（侯）斗 tə³（尤）浮 hə¹
	ɯ	（侯）楼 lɯ²（尤）流 lɯ² 搜 sʰɯ¹ 韭 tɕɯ³ 救 tɕɯ⁵ 求 tɕʰɯ²

现代甲定苗语 ɯ 的古音来源，是《构拟》第 8 韵髓韵 *u，因此甲定苗语借入这批词的时候，汉语遇、流摄的主元音可能都为 u，甲定苗语以 u 借入，再演变为 ɯ。髓韵里有一个苗语共同汉借词，即遇摄虞韵的"腐"，读为 hɯ³，与甲定苗语近代汉借词借入的时间应相差不远，因此甲定苗语以相同的音借入，并发生相同的音变。

第三，汉语合口，甲定读开口。中古汉语的合口字，甲定苗语汉借词，除了主元音为 u 的字，零声母的字，其他都读为开口。下面是例字：

（桓）搬 pe¹ 端 tɯ¹ 管 ke³ 算 sʰõ⁵（灰）灰 hi¹（魂）困 kʰɛ⁵ 本 pe³ 顿 tɛ⁵（皆）怪 kæ⁵（夬）快 kʰæ⁵（麻）化 ha⁵（删）还 haŋ¹（唐）荒 hõ¹（微）贵 ki⁵（辖）刮 ka¹（仙）砖 tʂɛ¹（元）劝 tɕʰɛ¹（脂）柜 ki⁵

黔东苗语养蒿苗语也是如此，如：

（桓）缎 ten³ 管 fen³ 蒜 sʰen⁵ 算 sʰen⁵（灰）推 tʰɛ¹（魂）寸 tsʰen⁵ 顿 ten⁵（仙）砖 ɕen¹（脂）癸 qe⁵ 柜 ki⁵

我们认为，这些词在借入的时候，汉语借源应是有合口介音 u 的，甲定苗语和养蒿苗语都因无带合口介音的韵母，用开口借用合口。现代甲定苗语因与汉语接触很深，发音人是汉语、苗语双语人，因此现代汉借词如果是合口字，发音人也用合口来读。如：画 huɑ³ 花 huɑ⁵ 还 huan⁴ 皇 huaŋ⁴。

8.4　贵阳甲定苗语中古汉借词的语音特点

甲定苗语中的中古汉借词，与其他几个方言点一样，大部分都

是苗瑶语或苗语共同词里的汉借词。下面分声调、声母、韵母三个
方面来看甲定苗语中古汉借词的语音特点。

8.4.1　声调

甲定苗语中的中古汉借词的声调，基本与中古汉语的四声八调
对应。

中古汉语调类	阴平	阳平	阴上	阳上	阴去	阳去	阴入	阳入
借词调类	1	2/6	3	4/6/3	5	6	5/1	6/2

下面按中古调类举出例字。

中古调类	借词调类	借词举例
阴平	1	蘘 sʰi¹ 瓜 qa¹ 鸡 qe¹ 收 sʰɯ¹ 馊 sʰə¹ 甘 qõ¹ 金 kəŋ¹ 斤 tɕe¹
阳平	2	赔 po² 荞 tɕæ² 钱 se² 铜 tõ² 梨 ʐu² 园 wõ² 龙 z̪aŋ²
	6	钱 se⁶ 园 wõ⁶ 镰 lɛ⁶ 人 nin⁶ 黄 qõ⁶
阴上	3	早 ŋtsə³ 酒 tɕə³ 广 qõ³ 孔 qʰõ³
阳上	4	马 min⁴ 瓦 wa⁴ 里 li⁴ 老 lo⁴ 两 laŋ⁴ 臼 tɕə⁴
	6	养 jəŋ⁶ 抱 pu⁶
	3	腐 hɯ³
阴去	5	过 ku⁵ 破 pʰu⁵ 价 ɴqa⁵ 灶 so⁵ 炭 tʰin⁵ 炕 qʰõ⁵ 送 sʰaŋ⁵
阳去	6	箸 tʂə⁶ 卖 məŋ⁶ 匠 saŋ⁶ 万 waŋ⁶
阴入	5	喝 hə⁵ 鸭 ə⁵ 接 sa⁵ 漆 sʰe⁵ 得 ta⁵ 百 pa⁵ 客 qʰa⁵
	1	劈 pʰi¹
阳入	6	凿 sa⁶ 力 z̪ə⁶
	2	竹 tʂə²

　　由于甲定苗语第 7、第 8 调分别并入第 5 调、第 6 调，因此中古
汉语的入声字，甲定苗语也基本是用第 5、第 6 调对应，还有部分入
声字，甲定苗语用第 1、第 2 调来对应。阳平字，甲定苗语按规律应

用第 2 调来对应,但有部分字,甲定苗语用第 6 调来对应,是因为发音人的第 2 调和第 6 调有自由变读现象。阳上字,甲定苗语大部分用第 4 调来对应,部分字甲定苗语用第 6 调对应,是因为汉语借源本身已发送全浊上声变去声的音变,"腐"字甲定苗语用第 3 调对应,是因为声母为擦音 h,与近代汉借词的表现一致。

8.4.2 声母

甲定苗语中古汉借词声母的特点有:全浊声母无论平仄都读不送气清音,来母有部分字读 ʐ,精庄组字汉语塞擦音、擦音,甲定苗语用擦音、送气擦音对应,并有舌尖前音和舌尖后音自由变读的现象,见组非三等读小舌音等。

中古声类	借词读音	借词举例
帮 p	p	百 pɑ⁵
滂 pʰ	pʰ	破 pʰu5 劈 pʰi¹
並 b	p	赔 po² 抱 pu⁶
明 m	m	马 min⁴
奉 b	h	腐 huɯ³
微 m	w	万 waŋ⁶
端 t	t	得 tɑ⁵
透 tʰ	tʰ	炭 tʰin⁵
定 d	t	豆 tɯ² 铜 tõ²
来 l	ʐ	梨 ʐu² 力 ʐ̩ə⁶ 龙 ʐaŋ²
	l	里 li⁴ 老 lo⁴ 镰 lɛ⁶ 两 laŋ⁴ 聋 laŋ²
精 ts	ɳtʂ	早 ɳtʂə³ 葬 ɳtʂo⁵
	ʂ	鬃 ʂõ¹
	s	灶 so⁵ 接 sɑ⁵ 甑 səŋ⁵
	tɕ	酒 tɕə³
清 tsʰ	sʰ/ʂʰ	千 sʰɛ¹ 漆 sʰe⁵/ʂʰe⁵

(续表)

中古声类	借词读音	借词举例
从 dz	s/ʂ	钱 sɛ²/ʂɛ² 凿 sa⁶ 匠 saŋ⁶/ʂaŋ⁶
心 s	sʰ/ʂʰ	蓑 sʰi¹ 新 sʰɛ¹ 送 sʰaŋ⁵/ʂʰaŋ¹
知 t	ŋtʂ	中 ŋtʂaŋ¹
	tʂ/ts	竹 tʂə²/tsə²
澄 ɖ	tʂ	箸 tʂə⁶
初 tʂ	sʰ/ʂʰ	疮 sʰõ¹/ʂʰõ¹
生 ʂ	sʰ/ʂʰ	馊 sʰə¹/ʂʰə¹
章 tɕ	tɕʰ	穿 tɕʰõ¹
书 ɕ	sʰ	收 sʰɯ¹ 升 sʰɛ¹
日 ȵ	n	人 nin²
见 k	q	瓜 qa¹ 甘 qõ¹ 广 qõ³
	ɴq	价 ɴqa⁵
	k	过 ku⁵ 金 kən¹
	tɕ	斤 tɕɛ¹
溪 kʰ	qʰ	炕 qʰõ⁵ 客 qʰa⁵ 孔 qʰõ³
	ɴqʰ	空 ɴqʰaŋ⁵
群 g	tɕ	荞 tɕæ² 臼 tɕə⁴
	k	蛩 kõ²
疑 ŋ	w	瓦 wa⁴ 园 wõ²
影 ʔ	∅	鸭 ə⁵
	j	秧 jən¹
晓 h	h	喝 hə⁵
匣 ɦ	q	黄 qõ²
	k	皇 kõ²
以 j	j	羊 jaŋ² 养 jən⁶ 杨 ja² 融 jõ²

8.4.3 韵母

下面是甲定苗语中古汉借词韵母与汉语的对应关系。由于借词借入时间较早,借词与固有词一起发生了巨大的变化。

中古摄	中古韵	借词读音	借词举例
果	合一戈 uɑ	u	过 ku⁵ 破 pʰu⁵
		i	蓑 sʰi¹
假	开二麻 ɣæ	in	马 min⁴
	合二麻 uɣæ	ɑ	瓜 qɑ¹ 瓦 wa⁴ 价 Nqɑ⁵
遇	合三鱼 iɤ	ə	箸 tʂə⁶
	合三虞 iu	ɯ	腐 hɯ³
蟹	开二佳 ɣɛ	əŋ	卖 məŋ⁶
	开四齐 ei	e	鸡 qe¹
止	合一灰 uoi	o	赔 po²
	开三脂 i	u	梨 z̩u²
	开三之 ɨ	i	里 li⁴
效	开一豪 ɑu	o	老 lo⁴ 灶 so⁵
		ə	早 ŋtʂə³
		u	抱 pu⁶
	开三宵 iɛu	æ	荞 tɕæ²
流	开一侯 u	ɯ	豆 tɯ²
	开三尤 iu	ə	酒 tɕə³ 白 tɕə⁴ 傻 sʰə¹
		ɯ	收 sʰɯ¹

$$\begin{array}{c}\text{过 } ku^5 \quad \text{破 } p^h u^5\end{array}$$

（续表）

中古摄	中古韵	借词读音	借词举例
咸	开一合 əp	ə	喝 hə^5
	开一谈 ɑm	ɔ̃	甘 qɔ̃^{1}
	开二狎 ɣæp	ə	鸭 ə^5
	开三盐 iɛm	ɛ	镰 lɛ^6
	开三叶 iɛp	ɑ	接 sɑ^5
山	开一寒 an	in	炭 tʰin^5
	开三仙 iɛn	ɛ	钱 sɛ^2
	开四先 en	ɛ	千 sʰɛ^1
	合一桓 uan	ɔ̃	园 wɔ̃^{2}
	合三仙 uiɛn	ɔ̃	穿 tɕʰɔ̃^{1}
	合三元 uiɣn	aŋ	万 waŋ^6
深	开三侵 im	əŋ	金 kəŋ^1
臻	开三真 in	in	人 nin^2
		ɛ	新 sʰɛ^1
	开三质 it	e	漆 sʰe^5
	开三欣 ɨn	ɛ	斤 tɕɛ^1
宕	开一唐 ɑŋ	ɔ̃	炕 qʰɔ̃^{5} 葬 ȵtʂɔ̃^{5}
	开一铎 ɑk	ɑ	凿 sɑ^6
	开三阳 iaŋ	aŋ	羊 jaŋ^2 两 laŋ^4 匠 saŋ^6
		ɔ̃	疮 sʰɔ̃^{1}
		əŋ	养 jəŋ^6 秧 jəŋ^1
		a	杨 ja^2
	合一唐 uaŋ	ɔ̃	黄 qɔ̃^{2} 皇 kɔ̃^{2} 广 qɔ̃^{3}

（续表）

中古摄	中古韵	借词读音	借词举例
曾	开一德 ək	ɑ	得 tɑ⁵
	开三蒸 iŋ	əŋ	甑 səŋ⁵
		ɛ	升 sʰɛ¹
	开三职 ik	ə	力 z̢ə⁶
梗	开二陌 ɣæŋ	ɑ	百 pɑ⁵ 客 qʰɑ⁵
	开四锡 ek	i	劈 pʰi¹
通	合一东 uŋ	ō̃	鬃 ʂō̃¹ 孔 qʰō̃³ 桶 tʰō̃¹ 铜 tō̃²
		ɑŋ	空 Nqʰɑŋ⁵ 聋 lɑŋ² 送 sʰɑŋ⁵
	合三东 iuŋ	ō̃	融 jō̃²
		ɑŋ	中 ɳtʂɑŋ¹
	合三屋 iuk	ə	竹 tʂə²
	合三钟 iuŋ	ō̃	蛩 kō̃²
		ɑŋ	龙 z̢ɑŋ²

第九章　苗语汉借词反映的几个
苗汉音韵现象研究

　　苗语汉借词对研究苗汉接触历史、民族语汉借词历史层次划分的理论、苗汉关系、苗汉音韵现象等，都有重要参考价值。前面各章，我们就苗语方言汉借词反映的各个苗语方言音韵、汉语方言音韵、苗汉关系等进行了一些探讨，本章再就苗语汉借词共同反映的几个苗汉音韵现象，进行研究。

9.1　试论苗语古汉借词与中古汉语
调类对应的一致性及其形成原因

　　从前面几章的讨论可以看出，苗语各方言古汉借词的声调，虽然现代读音调值不同，但都与中古汉语的四声八调系统形成了一致的、整齐的对应，其中存在的一些例外现象，也是由特殊的原因导致的。由此，引出一个问题值得我们思考，就是，古苗语汉借词的声调何以能与汉语形成如此严密的对应关系？下面对此进行讨论。

9.1.1　苗语古汉借词与中古汉语调类的对应

　　苗语古汉借词，包括苗瑶共同汉借词、苗语共同汉借词、苗语各方言的中古借词，这些不同时代层次的古汉借词，都与中古汉语调类形成了较为一致的调类对应关系。下面分别来看。

　　第一，苗瑶语共同汉借词的声调与中古汉语调类的对应。Ratliff(2010)构拟的苗瑶语古音，没有以调值变化为特征的声调，对应中古汉语的四声，分别是不同的韵尾。这些不同韵尾的词，实际上又非常整齐地演变为原始苗语时期的四声，以及现代不同苗瑶语方言的八调或者以八调为基础分化或者合并的调类。下面是苗瑶共同汉借词与汉语调类的对应表,具体例字请参看对应章节,下文仿此:

中古调类	平	上	去	入
苗瑶拟音韵尾	Ø	X	H	p, t, k

第二,苗语共同汉借词的声调与中古汉语调类的对应。Ratliff(2010)构拟的苗语古音,有 ABCD 四个调类,演变到现代苗瑶语各方言,与苗瑶语古音一样,也是变为八调或者以八调为基础分化或者合并的声调。苗语共同汉借词,ABCD 四个调类也与中古汉语的平上去入形成整齐对应,苗瑶语各方言,则是八调或者以八调为基础分化或合并的调类与中古汉语形成对应。下面是调类对应表格:

中古调类	平	上	去	入
苗语拟音调类	A	B	C	D

第三,各方言声调与中古汉语调类的对应。腊乙坪、大南山、甲定、养蒿苗语里的中古汉借词,因为主要是苗瑶语或苗语共同汉借词,与中古汉语四声八调基本形成相同的、整齐的对应。本节举主要的对应关系,一些例外的、次要的对应,此处不举:

中古调类	阴平	阳平	阴上	阳上	阴去	阳去	阴入	阳入
腊乙坪借词调类	1	2	3	4	5	6	3/5	6
养蒿借词调类	1	2	3	4	5	6	7/5	6
大南山借词调类	1	2	3	4	5	6	7/5	6
甲定借词调类	1	2	3	4	5	6	5	6

需要解释的是入声字,有两个方面:一是按规律汉语的阴入、阳入字,几个苗瑶语方言应是用 7、8 调分别来对应,但苗语各方言分别主要是用第 5、6 调来对应,这是由苗语自身的音变导致,主要是

-k尾的阴入、阳入字,在古苗语时期,就已经分别并入了阴去、阳去,也就是八调系统的5、6调。另一个问题是阴入字,腊乙坪苗语和甲定苗语,与养蒿苗语和大南山苗语汉借词不一致,这是由于在腊乙坪苗语里,古苗语的第7调与第3调合并,在甲定苗语里,古苗语的第7调与第5调合并。

9.1.2　其他语言古汉借词与中古汉语调类的对应

实际上不止苗语古汉借词调类与中古汉语调类形成整齐的对应,不少其他与汉语有密切接触的语言,也都与汉语形成了严整的、与苗语古汉借词相同的对应关系。以下是一些语言材料。

下面是瑶语勉方言中古汉借词调类与中古汉语调类的对应,材料来自 Downer(1973)。

中古调类	阴平	阳平	阴上	阳上	阴去	阳去	阴入	阳入
借词调类	1	2	3	4	5	6	7	8

下面是白语中古汉借词调类与汉语的对应,材料来自郑张尚芳(1999),根据原文表格稍作修改:

中古调类	阴平	阳平	阴上	阳上	阴去	阳去	阴入	阳入
借词调类	1	2	3	4	5	6	7	8

下面是中古汉越语调类与中古汉语调类的对应,材料来自阮廷贤(2012),具体的对应根据原文的表述列表格如下:

中古调类	阴平	阳平		阴上	阳上		阴去	阳去		阴入	阳入	
		全浊	次浊		全浊	次浊		全浊	次浊		全浊	次浊
汉越语调类	阴平	阳平	阳平	阴上	阳去/阳上	阳上	阴去	阳去	阳去	阴入	阳入	阳入

从上表可以看出来,中古汉越语也与汉语的四声八调系统形成较严密的对应关系,例外的有汉语次浊阳平字,在汉越语里读为阴

平,全浊上声,汉越语大部分(54.8%)都读阳去,阮廷贤认为都是汉越语自身的音变导致的。

下面是壮傣侗水语古汉借词与中古汉语调类的对应,材料来自曾晓渝(2003c),根据原文表格稍做修改:

中古调类	阴平	阳平	阴上	阳上	阴去	阳去	阴入	阳入
壮语	1	2	3	4	5	6	7	8
傣语	1	2	3	4	5	6	7、9	8
侗语	1、1'	2	3、3'	4	5、5'	6	7、7'、9、9'	8、10
水语	1	2	3	4	5	6	7	8

从表格可以看出,傣语和侗语可能在四声八调的基础上发生了再分化之外,基本都是与汉语成整齐对应关系的。

9.1.3　苗语近、现代汉借词与中古汉语调类的对应

上面我们举了苗语古汉借词与中古汉语调类的对应,可以看出,民族语、包括域外的越南语,中古时期的汉借词,都与中古汉语的四声八调一一对应,对此,我们目前还没有找到反例。那么,近、现代汉借词情况如何?

先来看近代汉借词。

养蒿苗语近代汉借词,在中古汉语四声八调上形成了与中古汉借词相同的、整齐的对应。下面是主要的对应。其中汉语有一部分阳上字,养蒿苗语用第6调来对应,这可能由于在借源汉语里,阳上字已变为去声:

中古调类	阴平	阳平	阴上	阳上	阴去	阳去	阴入	阳入
借词调类	1	2	3	4/6	5	6	7	8

大南山苗语的近代汉借词,由于借源方言已全浊归去,入声也归为去声,因此借词调类也发生了相同的归并,但阴平、阳平、阴上、次浊上,大南山苗语还是用与中古汉借词相同的调类去对应:

中古调类	阴平	阳平	阴上	次浊上	去声、全浊上、入声
借词调类	1	2	3	4	8

　　腊乙坪苗语的近代汉借词,还可以分近代早期和近代晚期汉借词,近代早期汉借词借源方言的入声字可能已与其他调类归并,次浊上也与全浊上一起归入了阳去,但阴平、阳平、阴上、阴去、阳去,还是用与中古汉借词相同的调类去对应:

中古调类	阴平、阳平擦音	阳平	阴上	阴去	次浊上、全浊上、阳去
借词调类	1	2	3	5	6

　　甲定苗语的近代汉借词,由于借源汉语的去声字已合并,入声也发生了复杂的变化,因此借词调类也发生了相同的归并,但阴平、阳平、阴上、次浊上、阴去,甲定苗语也还是主要用与中古汉借词相同的调类去对应,下面举入声以外的调类与中古汉语调类的对应:

中古调类	阴平	阳平	阴上	阳上	阴去、阳去
借词调类	1	2	3	4	5

　　大南山、腊乙坪、甲定苗语由于借源汉语方言相对中古的八调系统发生了调类的较大规模的归并,近代汉借词自然也与借源方言一样发生调类归并,但与中古汉借词相同的是,以上几个苗语方言点的阴平、阳平、阴上、阳上、去声,近代汉借词还是用与中古汉借词一样的调类去与汉语对应。

　　下面来看现代汉借词。

　　腊乙坪苗语现代汉借词,与近代汉借词相同的是,由于借源汉语的声调相对于中古汉语已大规模归并,因此借词调类也跟借源汉语一样归并,但与近代汉借词还用1、2、3、4调对应中古汉语的阴平、阳平、阴上、阳上不同的是,腊乙坪苗语现代汉借词已换用3、4、5、1等不同的调类对应阴平、阳平、上声、去声:

中古调类	阴平	阳平、入声	上声(阴上、次浊上)	全浊上、去声、部分入声
借词调类	3	4	5	1

下面是养蒿苗语现代汉借词的调类的归并,及与中古汉语调类的对应关系,与腊乙坪现代汉借词一样,也是换用了与中古汉借词不同的调类来对应阳平、上声、去声等;

中古调类	阴平	阳平、入声	阴上、次浊上	去声、全浊上
借词调类	1	8	2	3

下面是大南山苗语现代汉借词的调类归并,及与中古汉语调类的对应关系,除了入声调类所归并到的调类不同,其他都与近代汉借词相同:

中古调类	阴平	阳平、入声	上声(阴上、次浊上)	全浊上、去声
借词调类	1	2	3	8

下面是甲定苗语现代汉借词的调类归并,及与中古汉语调类的对应关系,与腊乙坪、养蒿苗语现代汉借词一样,与近代汉借词、中古汉借词表现不同:

中古调类	阴平	阳平、入声	阴上、次浊上	全浊上、去声
借词调类	5	4	2	3

总的来说,苗语现代汉借词的调类与汉语调类的对应关系比较杂乱。

9.1.4　关于民族语古汉借词与汉语调类对应的讨论

为什么民族语里中古时期的汉借词能与汉语的四声或者八调形成整齐的对应?目前我们找到的对此进行论述的文章,有 Ratliff (2010)和曾晓渝(2003c)。下面我们先来看两位学者的讨论。

针对苗瑶语的材料,Ratliff(2010)提出,这些汉借词在被借入的

时候,存在四种可能的情况:

  (1) 被借语(汉语)是非声调语言,借用语(苗瑶语)是声调语言;

  (2) 被借语和借用语都是声调语言;

  (3) 被借语是声调语言,借用语是非声调语言;

  (4) 被借语和借用语都是非声调语言。

  她认为要证明这些情况哪种是正确的,最理想的方法是能在现代语言里找到情况类似的相接触的语言,观察四种情况,哪种情况最容易导致声调能像苗瑶语中古汉借词那样,汉语和苗语调类形成完满的对应。由于这些假设对我们理解苗瑶语汉借词的声调情况很有帮助,下面详细引用 Ratliff 针对四种情况找出的例证及由这些例证得出的结论。

  Ratliff 认为第(1)种情况不可能,即汉语当时还没有声调,苗瑶语是声调语言,理由是没有任何一种声调语言,是因为无声调语言的影响而产生有区别性的声调的。她举出 Matisoff 曾观察到广东话和拉祜语(有声调)里借英语(无声调)借词的方法有两种:一种是使用固有的一两种常用的声调来借无声调语言,一种是使用固有的、不常用的声调专门来借无声调语言的词汇,后一种方法还能帮助快速辨别借词与否。苗瑶语里的汉借词明显不是这种情况。

  Ratliff 也不同意第(2)种情况,即当时汉语和苗瑶语都是声调语言,理由是现代苗语方言,都是根据调值相似的原则来借用汉借词,而不同苗语方言,相同的调类调值并不相似,如我们上文所举的几个苗语方言的现代汉借词,其结果是相同调类现代汉借词,在不同方言里,苗瑶语会用不同的调类来借。同理,如果中古时期苗语按照这种原则来借用汉借词,那么苗语应该有和汉语调值完全相同的声调,并且,不同苗语方言相同调类调值都要相同,才可能造成今天我们看到的局面:中古汉借词,苗语不同方言都与汉语形成系统的对应关系。Ratliff 认为这种情况不大可能,因此否定这种推论。我们下文会引用曾晓渝(2003c)的观点,曾晓渝恰好认为这种情况是可能的,我们也同意曾晓渝的观点,具体见下文的讨论。

Ratliff 也不认可第(3)种情况,虽然这是学界比较认可的一种的情况,即当时汉语是声调语言,苗瑶语是非声调语言。Ratliff 列出三种符合这种情况的语言接触类型:一是非声调语言与声调语言的轻度接触,如英语借用汉语词汇,这种情况下汉语当然不会导致英语产生声调。二是较密切的接触,如 Filbeck 报告泰国北部一种没有声调的孟高棉语族语言 Mal 方言,与有声调的语言泰语接触密切,泰语的数词,包括其声调,被 Mal 方言完整地借用,但是其他词语,不管什么声调,Mal 都只是用一种升调来借用。三是非声调语言与声调语言接触程度非常深,这种例子有 Thurgood 报告的海南岛的一种原本没有声调的南岛语占语(Tsat),受当地闽语和台—卡岱语黎(Li)语两种声调语言的影响,产生了声调,其声调数量和调值与这两种语言的一样,但是其声调分化的模式是一种 two-by-three 的模式,即声母导致声调的产生而韵尾导致声调的分化,而苗瑶语是一种 four-by-two 的模式(按:应指苗瑶语四种调类按照声母的清浊两种特征再分化成八调),与占语模式并不相同。

排除了以上三种可能,剩下的就是最后一种情况了,即当时苗瑶语和汉语都是没有声调的语言,苗瑶语借用了汉语的某些音段特征,这些音段特征在某种情况下,引发汉语和苗瑶语产生了相同的声调系统,所以苗瑶语里的中古汉借词的声调,才能与汉语形成如此完美的对应。对于 Ratliff 的最后一种推测,Downer(1973)也有类似观点,他认为在勉语老汉借词里,勉语声调和汉语声调之所以能形成四声八调的对应,首先,这些汉借词应是在四声分化以前借入的,否则不能想象汉语与苗瑶语 8 个调如此匹配和一致,其次,有可能这些老汉借词还可以再分层,更早期的汉借词"一定还存在着一些声调系统的特征","不能单是声调的高度"。也就是说,Ratliff 认为中古时期汉语和苗瑶语都还是非声调语言。

下面我们来看曾晓渝(2003c)的观点及其论述。

曾晓渝针对壮傣侗水语的材料,提出三种推测:

(1) 当初影响侗台语诸语言的那种古汉语,其四声八调正好与各地的壮、傣、侗、水诸语言的各调在调值上依次相似对应。

（2）汉末至隋唐时期，当时尚未分化的壮傣、原始侗水语 A、B、C、D 四调与所接触的南方汉语平、上、去、入四声在调值上分别近似，从而形成调类调值相似性的借贷（按：此处曾晓渝说明是吴安其的观点）。

（3）由于壮、傣、侗、水诸语言与汉语的深刻接触，其汉借词语音形式与汉语原词语音形式的关系已发展为"对应关系"（如同今北京话和西南官话相互借贷时声调上的对应）而不是"相似关系"——这种状况是语言由接触走向联盟的转折点和标准（按：此处曾晓渝说明是陈保亚的观点）。

对于以上三种推测，曾晓渝是从历时的角度否定了第（1）种推测，在否定第一种推测的同时，也肯定了第（2）种推测。对于第（3）种推测，曾晓渝认为，考虑到侗台诸语言大部分核心词还是固有词，并没有被汉语借词替换，说明侗台诸语言受汉语的影响只能算是中度，还没有达到"深刻接触"，侗台语和汉语毕竟是两种语言，因此侗台语大概还不大可能可以抛开调值相似，而像汉语方言转换北京话词汇的声调一样，自如地转换为本语言的声调。

总之，按 Ratliff（2010）的观点，苗瑶语汉借词能形成调类对应，是由于借入借词时，被借语和借用语都是非声调语言，后来两种语言都通过相似的途径产生了声调。曾晓渝（2003c）的观点，则是被借语和借用语都有平、上、去、入四声，调值也相似，从而形成调类调值相似性借贷。

9.1.5　苗语古汉借词调类与中古汉语形成一致性对应的原因

上面介绍的是两位学者关于苗瑶语、壮傣侗水语古汉借词都与中古汉语调类形成一致对应的讨论。下面我们结合苗语的材料对这个问题进行探讨。

首先，我们不同意 Ratliff 的观点。Ratliff 的观点主要是认为两种语言如果都有声调，不大可能如此巧合，正好调类调值都相对应，因此，应是两种语言都还没有声调时，借用语从被借语借用了借词，后来两种语言按相同模式演变,产生声调。该观点问题有三:一是汉语产生声调的时间,Ratliff 的观点,是中古时期汉语还不具备以音高变化为特征的声调,但是按曾晓渝(2003c)引用的观点,秦汉时期汉语就产生声调了,杨剑桥(2005:175—176)更是认为,《诗经》时代已经具备平、上、去、入四声,只是去声不多而已,而到魏晋时代则四声大备。Ratliff 大概也感觉到这种判断的困难,因此引用沙加尔的观点:汉语的声调在上古汉语以后和中古早期产生,也就是公元前 500 年和公元后 500 年之间产生。因此中古汉借词应在公元后 500 年借入,此时汉语和苗瑶语处于声调发生的前夕。我们认为这种对中古汉借词的时间界定未免勉强。二是即使汉语产生声调的时间,可以晚推至公元后 500 年,也就是南北朝时期,但苗瑶语共同词里有不少 Ratliff 自己也认定为中古汉借词的词,不大可能都是在这个时间界定之前借入的。有些汉借词,已有明显的中古晚期汉借词语音特征,如有的苗语共同汉借词读轻唇音。另外,我们看到,除了苗瑶共同汉借词和苗语共同汉借词,养蒿苗语近代汉借词,也与中古汉语调类形成完满的对应。这个时期,汉语、苗语更不可能还没产生声调。三是 Ratliff 认为两种声调语言,不大可能正好调类调值都能相对应,因此能形成调类调值的相似性借贷。但从我们的材料和其他语言的材料来看,我们认为这并不是不可能,这也是曾晓渝先生的观点。

对苗瑶共同汉借词和苗语共同汉借词,我们同意曾晓渝的推测,借用曾晓渝关于侗台语的表述,对于苗瑶语的情况,我们稍作修改,可以表述为:

隋唐时期,当时尚未分化的原始苗瑶语 A、B、C、D 四调与所接触的汉语平、上、去、入四声在调值上分别近似,从而形成调类调值相似性的借贷。

这与上文我们举的 Ratliff 的观点是相斥的。Ratliff 认为苗瑶语中古汉借词汉语与苗语形成系统的对应,不可能是因为调值相似而形成的对应,由此判断此时苗语和汉语都还没有产生声调,苗语是借入了汉语的某些音段特征,再与汉语平行发展出声调的。Ratliff 的问题在于:没有考虑到当时有可能苗瑶语还没有分化,并且苗瑶语的声调是四声系统,相对应的汉语也是四个声调,这样苗瑶语和汉语声调的对应,苗瑶语在中古时期按四声借入一批汉借词以后,再发生分化,这样也能解释为什么同调类的汉借词,在不同方言可以有不同的调值了。当然,对于这个论断,我们需要证明:苗瑶语中古时期与侗台语一样还没有发生分化。以下是一些 Ratliff 也认可的苗瑶语共同词兼中古汉借词:

汉借词	中古音	Ratliff	养蒿	腊乙坪	白苗	绞坨	野鸡坡	长垌	巴哼	檔子	览金	东山	大坪
千	tsʰiɛn^1	tsʰien^1	sʰaŋ^1	tsʰɛ^1	tsʰia^1	tɕein^{1b}	tsʰen^A	ʃen^1	ɕɛ^5	θin^1	tin^1	tɕʰin^1	hun^1
钱	dzʑiɛn^2	dzʑien	saŋ^2	--	tsia^2	sæin^2	zen^A	ʃiŋ^2	tɕī	θin^2	tθin^2	tsən^2	hɛn^2
茄	giɑ^2	ɟɑ	tɕɤa^2	--	--	tɕɤa^6	--	--	--	tɕɤe^2	ȶa^2	--	kjɛ^2
镰	liɛm^2	ljim	ȶen^2	--	lia^6	læin^2	len^A	ljen^2	--	lim^4	--	ljen^2	dzjam^2
里	li^4	ljɨX	li^4	--	--	--	li^B	--	--	--	--	ljaŋ^4	li^4

我们可以看到,这批中古汉借词,在不同的方言里不仅声调调值不一样,声母、韵母也不尽相同,但是都能形成系统的对应,只能说明这些词是在苗瑶语还没有发生分化的时候借入,苗瑶语分化的时候,随固有词发生演变,不可能是分化以后,苗瑶语各方言分别借入。另外,此时苗瑶语也不可能是八个声调,因为属于川黔滇方言、罗泊河次方言的野鸡坡苗语至今还是四声系统,不可能当时借这些词的时候,野鸡坡苗语是八声调,现在又回归到四声调。

但这种情形在原始苗瑶语或原始苗语时期可能是这样,在苗瑶语或苗语分化以后,各苗语方言是否还继续按照这种四声模式来借入汉借词?

从上文我们看到,养蒿苗语里有大批近代汉借词,仍能与汉语的四声八调形成系统的对应。那么借入这批词的时候,养蒿苗语是否还是四声？据我们对黔东苗语的研究，目前我们没有看到任何黔东方言还保留四声系统，都是八调系统居多。因此，我们认为，黔东苗语借入近代汉借词的时候，应已从四声演变为八调系统。而借源汉语，应也更可能是八调系统，否则，不可能借源汉语是四声或者其他数目的调类，借到黔东苗语里变成八调。也就是说，被借语和借用语，都有八个声调，并且调值都相似，才形成了这种调类、调值相似性的借贷。

上面的这种推测，似乎比原始苗瑶语和原始苗语时期的四声系统和汉语的四声系统调类、调值都相似，难度更大，但我们认为这并不是不可能。除了养蒿苗语近代汉借词，我们看到大南山、腊乙坪、甲定等苗语方言里的近代汉借词，调类会随汉语借源发生归并，但是几个汉语史上比较稳定的调类，如阴平、阳平、阴上、阴去，苗语都基本是用与中古汉借词相同的调类去借用。到了现代时期，阴平、阳平、阴上等汉借词，苗语方言才转用了与中古、近代汉借词不同的调类去对应。

那么，为什么苗语古汉借词与汉语能在不同的历史时期都与汉语形成调类、调值相似的局面，而现代却转用了与古汉借词不一样的调类与汉语对应？这可能一要考虑苗语与汉语的接触模式，二要考虑苗语、汉语方言的变迁。从接触模式来看，苗语和汉语，首先应是两个民族共处一个区域，通过口语交流相互影响。从我们目前的研究来看，应是汉语对苗语的影响更大。这种影响，除了词汇层面的影响，应还有音系、语法层面的影响。也就是说，苗语和汉语由于长期共处，音系、语法上也趋于相似。这也是为什么中古苗瑶语还未分化的时候，汉语是四声系统，苗语也是四声系统，调类、调值都相似。甚至到了近代时期，苗瑶语分化以后，养蒿苗语的八调，还能与汉语的八调相对应。从苗语、汉语方言的变迁来看，我们认为，古代时期，相互接触的苗族、汉族，可能都是较为稳定的人群，因此苗语、汉语方言的变迁，也都是比较稳定的共同演变，这也是导致古代时期苗语汉借词基本都与汉语保持稳定的调类对应模式。但近现代时期，随着社会的急剧变化，相互接触的苗族、汉族都发生了突变，相互接触的苗语、汉语，也发生了断层式的转变。如湘西腊乙坪苗语接触的汉语方言,近代以前,应还是一种湘方言,现代时期,则替换为西南官话。这种急剧的语言变化,自然也导致了苗语、汉语以前那种稳定接触下的调类、调值相似模式发生改变。

苗语是这样,其他民族语可能也是相似的情况。

9.2　苗语见组古汉借词的读音类型及其来源探讨

从前面各章节关于汉借词的语音特征内容可以看到,苗语汉借词的读音,大部分与汉语借源读音一致,但也有部分汉借词的读音,较为特殊。有些属于某些苗语方言的特有的语音特征,我们在各章节分别进行了简单的讨论,如养蒿苗语帮组汉借词读 ts 的现象。也有一些语音特征,是各方言共有的,其中见组古汉借词的读音类型及其来源,值得探讨。那么这种读音的来源是什么?下面我们对此进行讨论。本章节的内容也可参看王艳红(2014)。

9.2.1　各方言见组古汉借词的读音类型

下面我们先举出腊乙坪、养蒿、大南山、甲定几个方言见组古汉借词的具体读音及其例词,再对这些读音进行探讨。我们所举的见组汉借词,包括的是见、溪、群三个声母,疑母因无读小舌音的现象,我们不纳入讨论。

下面是腊乙坪苗语中古层见组汉借词及其读音。

中古声类	借词读音	借词举例
见 k	q	假(借)qɑ³
	qʷ	广(宽)qʷen³ 故(旧)qɔ⁵ 瓜 qʷɑ¹ 过 qʷɑ⁵
	ɴq	鸠ɴqɔ¹ 价ɴqɑ⁵ 夹ɴqɑ³
	k	斤 kaŋ¹
	ɲc	金 ɲce¹

(续表)

中古声类	借词读音	借词举例
溪 k^h	q^h	孔 q^hu^3 客 q^ha^5
	Nq^h	渴 Nq^he^3
群 g	c	桥 $cɯ^2$
	tɕ	臼 $tɕɔ^4$

下面是养蒿苗语中古层见组汉借词及其读音。

中古声类	借词读音	借词举例
见 k	f	过 fa^5 瓜 fa^1
	tɕ	茄 $tɕa^2$ 斤 $tɕaŋ^1$ 金 $tɕin^1$
	q	故(旧)qo^5 鸠 qo^1 鸡 qei^1 甘 $qaŋ^1$ 价 qa^5
溪 k^h	q^h	客 q^ha^5 壳 q^hu^1 孔(洞)$q^haŋ^3$
群 g	tɕ	骑 $tɕi^2$

下面是大南山苗语中古层见组汉借词及其读音。

中古声类	借词读音	借词举例
见 k	q	甘 $qaŋ^1$ 嫁 qua^5 隔 qua^7 假(借)qe^3
	tl	逛 $tlaŋ^5$ 过 $tlua^5$ 瓜 tli^1 广 $tlaŋ^3$
	k	金 ko^1 锯 $kaɯ^5$
	Nq	价钱 Nqe^5
	tɕ	计 $tɕi^5$
溪 k^h	q^h	开 q^he^1 孔(洞)q^hau^3 炕 $q^haŋ^5$ 客 q^hua^5
	Nq^h	渴 Nq^he^7
群 g	tɕ	臼 $tɕɔ^4$ 荞 $tɕe^2$ 骑 $tɕai^2$
	k	蚕(蚱蜢)$koŋ^2$

下面是甲定苗语中古层见组汉借词及其读音。

中古声类	借词读音	借词举例
见 k	q	瓜 qa¹ 广 qõ³ 甘 qõ¹
	ᴺq	价 ᴺqa⁵
	k	过 ku⁵ 金 kəŋ¹
	tɕ	斤 tɕɛ¹
溪 kʰ	qʰ	炕 qʰõ⁵ 客 qʰa⁵ 孔 qʰõ³
	ᴺqʰ	空 ᴺqʰaŋ⁵
群 g	tɕ	荞 tɕæ² 臼 tɕə⁴
	k	蛩(蚱蜢)ko²

下面是养蒿苗语近代层见组汉借词及其读音。

中古声类	借词读音	借词举例
见 k	f	管 fen³
	k	稿荐 ko³ sen⁵ 柜 ki⁵
	tɕ	己 tɕi⁵(地支)计(主意)tɕi⁵ 紧(忙,急)tɕen³
	q	杆(枪～)qaŋ³ 敢 qaŋ⁵ 告(～状)qo⁵ 庚(地支)qen¹ 估(～计)qəu³ 雇 qəu⁵ 癸(地支)qɛ⁵ 夹 qei⁷ 架(～子)qa⁵ 讲 qaŋ³ 街 qa¹
溪 kʰ	tɕʰ	起(～头)tɕʰi³ 气(生～)tɕʰi⁵
	qʰ	开(修筑)qʰa¹ 炕(～笋)qʰaŋ⁵ 空(闲暇)qʰoŋ⁵ 苦 qʰəu³ 裤(～子)qʰəu⁵
群 g	tɕ	件(一～)tɕen⁶ 轿 tɕəu⁶ 犟 tɕaŋ⁵

以上几个苗语方言见组古汉借词的读音类型,根据发音部位,可以总结为以下几类:

(1)小舌音 q 类音,包括 q、ᴺq、qʰ、ᴺqʰ、qʷ 五个音;(2)软腭音 k 类音,只有 k 一个音;(3)腊乙坪苗语的硬腭音 c 类音,包括 c、ɲc 两个音;(4)腭前塞擦音 tɕ 类音,包括 tɕ、tɕʰ 两个音;(5)大南山苗语的复辅音 tl 类音,只有 tl 一个音;(6)养蒿苗语的唇齿擦音 f 类音,只有 f 一个音。

9.2.2　苗语见组古汉借词读音类型的苗瑶语、苗语古音来源

由于几个苗语方言的古汉借词,大部分是苗瑶语或苗语共同词,因此我们可以结合这些词的苗瑶语或苗语古音构拟来看上面几个读音类型的苗瑶语或苗语古音来源。

(1) q 类音的苗瑶语或苗语古音来源

从材料可以看出,各方言中见组读 q 类音的借词数量较为丰富,下面我们举几个例词的拟音及其在各方言里的读音。例词的拟音举的是王辅世(1994)的苗语古音和 Ratliff 的拟音。Ratliff 分了苗瑶语共同词和苗语共同词进行构拟,其中标了 ABCD 为调类的是苗语共同词,其他是苗瑶语共同词。除了本书研究的几个方言,我们还举了其他几个方言的读音,材料来源是王辅世(1994)的《苗语古音构拟》。拟音省略 * 号,"--"表示无对应读音。下文仿此。

汉字及拟音	王拟音	Ratliff	腊乙坪	养蒿	大南山	甲定	石门坎	野鸡坡	枫香
甘 kɑm¹	qeŋᴬ	Kam	--	qaŋ¹	qaŋ¹	qõ¹	qaɯ¹	qenᴬ	qoŋ¹
孔 kʰuŋ³	qʰɔnᴮ	qʰəŋᴮ	--	qʰaŋ³	qʰau³	qʰõ³	qʰo³	qʰoŋᴮ	qʰaŋ³
客 kʰɣæk	qʰɑᶜ	Kʰæk	qʰɑ⁵	qʰɑ⁵	qʰua⁵	qʰɑ⁵	qʰɑ⁵	qʰeiᶜ	qʰɑ⁵
价 kɣæ⁵	Nqɑᶜ	Nqɑᶜ	Nqɑ⁵	qɑ⁵	Nqe⁵	Nqɑ⁵	Nqɯ⁵	Nˀqaᶜ	Nqɑ⁵

Ratliff 拟音里的 *K 类音,意思是这些词有可能是来源于 *k,有可能是来源于 *q,拟为 *K 类音的,都是苗瑶共同汉借词,Ratliff 对原始苗瑶语时期,这类音到底是读小舌音,还是非小舌音,没有把握。但原始苗语时期的汉借词,Ratliff 都是拟为 *q 类音。也就是至少在原始苗语时期,苗语用小舌音借用汉语的见组词,是可以肯定的了。

(2) k 类音、c 类音的苗瑶语或苗语古音来源

这两类音,王辅世(1994)拟音不同,Ratliff 拟音发音部位是相同的。下面是两个例词的拟音及其在各个方言里的读音。

汉字及拟音	王拟音	Ratliff	腊乙坪	养蒿	大南山	甲定	石门坎	野鸡坡	枫香
金 kɣim¹	cən^A	kjeəm	ɲce¹	tɕin¹	ko¹	kəŋ¹	ku¹	tɕen^A	tɕen^A
斤 kin¹	tɕæn^A	kʷjan	kɑŋ¹	tɕɑŋ¹	--	tɕɛ¹	--	tɕen^A	tɕen¹

　　这两个词,在一些方言里的读音是一致的,在另一些方言里读音不一致,其中,腊乙坪苗语"金"的读音还是一个例外的、不符合规律的读音。我们怀疑这两个词可能是由于不同历史时期都较为常用,有的方言点早期的读音被替换,导致读音与规律不一致。

　　(3) tɕ 类音的苗瑶语或苗语古音来源

　　这类音,王辅世全部拟为塞擦音,Ratliff 则全部拟作塞音。这个音类的拟音,Ratliff 参照的白苗语读音较为有参考价值,我们也列出作为参考。

汉字及拟音	王拟音	Ratliff	腊乙坪	养蒿	大南山	甲定	石门坎	野鸡坡	枫香	白苗
荞 gɣiɐu²	dʑæ^A	ɟæu	--	--	tɕe²	tɕæ²	dzʰi²	zi^A	tɕi²	ce²
骑 gɣie²	dʑei^A	ɟej	--	tɕi²	tɕai²	--	dzʰɯ²	ze^A	--	cai²
白 giu⁴	dʑo^B	ɟo^B	tɕo⁴	tɕə⁴	tɕo⁴	tɕə⁴	dzʰo⁴	zi⁴	tɕau⁴	cɔ⁴

　　除了以上几个字,另外还有"茄,桥"两个字,王辅世(1994)《苗语古音构拟》未收录,Ratliff 分别拟音 *ɟa、*ɟow。我们认为 Ratliff 的拟音更为合理一些。首先是从汉语方面来看,见组字的腭化非常晚起,不大可能在这么晚近的时间,苗瑶语还能如此整齐地按四声八调借入这批词;其次,王辅世拟音采用的所有方言点几乎都读 tɕ 类音,但是 Ratliff 采用的材料之一藻敏瑶语都是读 k,白苗语都是读c,是塞音,王辅世先生的拟音可能是因材料限制所致。

　　(4) f、tl 类音的苗瑶语或苗语古音来源

　　养蒿苗语的 f、大南山苗语的 tl 两类音,是相同的古音来源。"过广(宽)瓜"三个词都是苗瑶语共同词,王辅世拟音 *qlw,Ratliff 拟音 *Kʷ:

汉字	汉语	王拟音	Ratliff	养蒿	腊乙坪	大南山	甲定	石门坎	摆托	绞坨	枫香
瓜	kʷɤɛ¹	qlʷaᴬ	Kʷa	fa¹	kʷa¹	tli¹	ka¹	tli¹	ke¹	hʷɪ¹ᵃ	qʷa¹
广	kʷɑŋ³	qlʷeŋᴮ	KʷįaŋX	faŋ³	kʷen³	tlaŋ³	koŋ³	faɯ³	koŋ³	hʷua³ᵃ	qʷoŋ³
过	kʷɑ⁵	qlʷɑuᶜ	Kʷajʜ	fa⁵	kʷa⁵	tlua⁵	ku⁵	tla⁵	ko⁵	--	qʷa⁵

以上方言的读音里包含流音成分的只有大南山和石门坎,大南山其他读音类似的汉借词还有("/"前为汉语中古拟音):逛 *kʷieŋ⁵/tlaŋ⁵,挂 *kʷɤɛ⁵/tle⁵,跨 *kʰʷɤɛ⁵/tʰla⁵。

Ratliff拟音 *Kʷ,与前面见组字的拟音 *K 是相同道理,即在原始苗瑶语时期,这类音可能是小舌音,也有可能是非小舌音。从枫香材料都读 qʷ 来看,这类音的古音是小舌音可能更为合理。另外,王辅世拟音里的流音成分,可能也值得商榷。从 *qlʷ 而来的包含的流音成分的方言只有大南山和石门坎,而与 *qlʷ 属于同一读音类型的复辅音121鬼母(王辅世拟音 *ql),122庹母(王辅世拟音 *ɢl),王辅世引用的几乎所有方言都包含流音成分,只有腊乙坪苗语除外, *qlʷ 只是多了一个合口成分,不应对流音的消失造成如此广泛的影响。其次,取消拟音里的流音成分,把大南山、石门坎的流音成分解释成后起现象,也能从实验语音学得到支持。

*qʷ 在大南山、石门坎苗语里变为 tl,可能和两类音的听感和声学特征接近有关。我们调查了与大南山、石门坎一样属于川黔滇方言的贵州安顺的普定苗语,其 tl 的发音在笔者听来非常接近 qʷ。从声学特点来说,l 与 w 也有相似之处,以下是彼得·赖福吉(2013:192)中关于 l, r, w, j 的频谱图:

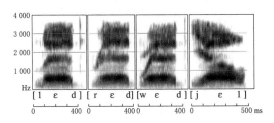

从图上可以看出来,l, r, w 都有较低的第二共振峰。ql 的 l 作为复辅音的垫音,和 qʷ 的 w 作为声母的发音特征,声学上相似,加上发音短暂,听感上更容易相混。因此,大南山、石门坎的 tl 可能是经过 *qʷ>ql>tl 这样的音变过程而来。

由此,我们更倾向于把 f、tl 类音的古音来源拟为 *qʷ。

总结起来,(1)q 类音的苗瑶语或苗语古音来源为 *q;(2)k 类音、c 类音的苗瑶语或苗语古音来源为 *k;(3)tɕ 类音的苗瑶语或苗语古音来源为 *ɟ;(4)f、tl 类音的苗瑶语或苗语古音来源为 *qʷ。

9.2.3 苗语见组古汉借词的读音与借源汉语的关系

以上我们总结了苗语见组古汉借词的古音来源。那么这些读音是与借源汉语有关,还是与苗瑶语自身的音系特征有关? 我们认为,这些读音与借源汉语有关。以上的汉借词的读音类型,与汉借词的中古音音韵地位是有关的,即: *q 和 *qʷ 类型的汉借词,基本都是见组非三等字,其中 *q 为非三等开口字, *qʷ 为非三等合口字; *k 和 *ɟ 则是见组三等。

由此引出另一个问题,汉语见母三等和非三等在各家的拟音系统里,近现代发生腭化以前,都是拟为 *k,但依照 Ratliff 和王辅世先生的拟音,古苗/瑶语是 *q, *k, *c 三分的语言,苗语是有 *k 类音的,为什么苗语不全部选用 *k,却选用 *q 来借用汉语非三等,而用 *k 和 *ɟ 来借用三等字呢?

有关这个问题,我们先来看学界关于汉语见组古音的几种观点:

(1)见母上古分 *q、*k 两个音位说。曾晓渝(2003b)《见母的上古音值》一文有详细的讨论,该文通过考察发现,水语、苗语、白语、突厥语见母上古汉借词非三等读为小舌音 q,三等读为 k 或其他发音部位较小舌音靠前的音。后汉三国时期梵文 k 音节用见母三等来对应,谐声系统里见母三等和非三等一般也是分得很清楚,由此认为中古的见母字在上古可能是 *q 和 *k 两个不同的音位,三等产生 *i 介音后两个音位才并为一个音位。

(2)上古汉语见组分咽化和非咽化说。罗杰瑞(2010:221)持该观点,就是我们上文提到的 Ratliff 的观点之一,认为上古汉语的音节分为三种类型:A 型咽化音节,发展为《切韵》的一、四等;B 型卷舌音节,发展为《切韵》的二等;C 型简单音节,发展为《切韵》的三等。其中咽化音节"若遇舌根声母如 *k, *kʰ, *g, *x, *ŋ,咽化会引发小舌音的衍生:如 **kan 则会发成[qan]"。罗杰瑞还引用了蒲立本的观点,蒲立本曾指出,早期翻译梵语的时候,汉语可能还没有音值为[ka][kʰa][ga]这样的音节,因此必须创制出特殊汉字以对应梵语的纯舌根音(即软腭音)。

(3) 见组上古晚期或中古因三等介音 i 的影响产生分别说。持这种观点的学者比较多。

郑张尚芳(2003:84)认为曾晓渝所举出的见母汉借词,基本都是上古晚期借的,这时三等韵母已处在产生 ɯ~i 介音的萌发阶段,它们会使见类声母部位较前,而非三等则相对较后;而原来影组 q 声母这时已喉音化,q 成空位,便有可能在这个阶段一度成为见母非三等的音位变体。金理新(2008)也有类似的观点,他认为苗语 q 类见组汉借词应是中古借入的,这个时候见组已经有三等介音,因介音的影响汉语见组才分舌位的前后。

曾晓渝先生文章里举了梵汉对音的例子,梵汉对音表现出来的特点是,梵语的 k 汉语一般都用见母三等字来借,很少用非三等字来借,这说明见母三等和非三等的在音质上是有很大区别的,否则不会分别如此明显。但同样是针对梵汉对音材料,施向东(2009:13)却有不同的观点,施向东先生研究玄奘译音中的对音,对译 k 的见母用字有:

三三三三三三三三三三三三三三三三三三三三三三三
三四四四四四二
迦宫恭枳翘拘俱矩句瞿紧军据建憍薑矜鸠金剑鞠吉屈讫羯却
劫稽鸡蓟繫计絭

由上可以看出,绝大部分是三等字,另有个别二等字和几个四等字。对此,施向东先生的解释是"见组声纽的分化,无疑是元音和介音影响的结果",其证据是俞敏先生的《梵汉三国对音谱》的对译辅音 k 的还有"姑敢鼓含"等一等字,说明可能当时介音还没有产生或者还不是非常明显,所以三等和非三等还没有截然分别。等到三等介音产生以后,三等介音影响见母发音部位往前靠,就与一等有语音上的明显区别了。施向东还举《广韵》所附的《辩字五音法》说:"牙声迦佉,喉声纲各",《大广益会玉篇》所附《五音声论》把"何我刚谔謞可康各"叫喉声,"更硬牙格行幸亨客"叫牙声。都是一等叫喉声,一等以外叫牙声,说明一等的发音部位比较靠后。因此,施向东为玄奘时期的见母、溪母拟的音是[q][qʰ]和[k][kʰ]。施向东没有进一步明确指出这两类音到底是三等和非三等的区别,还是一等和二四等的区别,不过至少可以确定,在施向东看来,一等和三等在中古是有明显区别的。

(4)见组上古、中古都有分别说。陆志韦(1940)《试拟〈切韵〉声母之音值》构拟《切韵》的见组,分三等为"居"系,非三等为"古"系,古系拟音为 q 类,居系拟音为 k 类。具体如下:

影	见	溪	群	疑	晓	匣喻三	[喻四]
乌	q 古	qʰ 苦	—	ȵ 五	χ 呼	ʁ 胡	—
(i)于	k 居	kʰ 去	g 渠	ŋ 鱼	x 许	ɣ 于	[j 以]

此处陆志韦先生是为中古时期的《切韵》拟音,但是其根据有上古的谐声,还有现代的方言,我们引用陆先生原文有关的部分如下:

"古"系作小舌音而"居"系作软腭音者,因具下理由。

(1)谐声系统中已具后世三等与非三等之分别,而以喉牙音为最明显。

(2)谐声,"以"类介乎喉牙与腭音之间,"居"之转"以"特盛。"居"系与"之"系时相通转。盖不必问"以"类古作何音,而"居"系要近乎腭。翻经,有时可以"居"类当 c,"于"类与"时"类"以"类并可当 j。

（3）《切韵》系统中"古"系与"居"系不对称，"渠"类无匹配，其理与齿头"徐"类之无匹配不同。

今日若种方言中果有"古"为 q 而"居"为 k 或 k＞tɕ者。

以上四种观点，相同之处在于，都认为见组三等和非三等曾经是有区别的，从苗语汉借词、梵汉对音材料，及曾晓渝文章所举出的大量材料来看，这点应是无可异议的。不同之处有两点，我们结合苗语的材料同时给出我们的意见：

（1）关于汉语见组三等非三等相区别的时间定位问题。曾晓渝认为应定位在上古到中古早期，罗杰瑞定位在上古，郑张认为是上古晚期，金理新、施向东认为是中古时期，陆志韦则认为上古到中古都有区别。就苗语汉借词的借源方言而言，见组三等和非三等相区别的时间，则为中古到近代。

从上面苗语汉借词的材料可以看出，苗语见组汉借词读小舌音和非小舌音的汉借词，分为两个层次：一层是腊乙坪、养蒿、大南山、甲定等的中古层汉借词，大部分也是苗瑶共同汉借词和苗语共同汉借词，根据我们前文的考察，这些借词主要是中古早期借入。一层是养蒿苗语的近代汉借词，这些汉借词不见于其他方言，是养蒿为代表的黔东方言北部土语独有，借入的时间，参照同层次的其他汉借词，如非组读轻唇音，四声分为八调等，借入时间较晚。当然，苗语里更早借入的词可能也有。但从我们整体的研究来看，可以完全确定为上古汉借词毕竟是少数，多数都是中古及以后从汉语借入的。因此，我们认为，见组三等和非三等相区别的时代跨度很大。

（2）关于引起见组三等、非三等相区别的原因，曾晓渝认为是见母本身有音位性的区别，罗杰瑞认为是音节类型的不同引起的，其他学者都认为是三等介音引起的区别。我们同意最后一种观点。

i这样的音素影响发音部位靠后的音素变前，在苗语里有实际的例子，以下是王辅世(1994)里的例字：

	养蒿	腊乙坪	大南山	石门坎	摆托	甲定	绞坨	野鸡坡	枫香
蛋	ki^5	--	qe^5	qə^5	qa^5	qæ^5	hæ^5	qwji^C	ki^5
姜	k^{h}i^3	--	q^{h}a^3	--	q^{h}en^3	q^{h}ɛ^3	hæin^{3b}	q^{h}wjen^B	k^{h}en^3
蜗牛	ki^1	qə^1	qu^2	ɢ^{ɦ}ey^2	qou^2	qu^2	hu^2	ʁwju^A	ku^2
芦笙	ki^2	--	qen^2	ɢ^{ɦ}ɯ^2	qe^2	qin^2	hæin^2	ʁwjaɲ^A	ki^2

　　这几个词大部分方言点都读 q,养蒿苗语在元音 i 前,全部都读为 k,应是 i 元音对声母的影响变前的。养蒿苗语、开觉苗语、大南山苗语、腊乙坪苗语的声韵配合来看,这几个方言都有小舌音,但小舌音都是不能和 i 相配合的。上表的甲定苗语有 qin 这样的音节,我们怀疑可能是音系处理问题,苗语 en 和 in 的分布经常是互补的,in 只出现在舌面音声母后面,因此从音系的角度来看,记为 en 和 in 都是可以的。又如维吾尔语①有 qi 和 ki 这样相对立的音节,但是 qi 的严式记音是[qə],说明 q 和 i 在语音上是很难共存的。由上,汉语在产生 i 介音以前,见组三等和非三等没有区别,产生 i 介音以后,才导致三等的发音部位变前,的确是有可能的。

9.3　从汉借词看几组黔东苗语韵母的构拟

　　汉借词有多方面的价值,其中重要的一点,是可以通过不同时间层次的汉借词,观察两种语言不同时期的语音面貌。与腊乙坪苗语、大南山苗语近代汉借词语音面貌较新相比,养蒿苗语近代层汉借词语音面貌较为古老。另外,据我们初步的研究,这批汉借词,除了分布在凯里养蒿苗语,也分布在其周边同属苗语黔东方言北部土语的雷山县、镇远县、施秉县、剑河县的苗语里。因此,如果能对黔东苗语北部土语做一个全面深入的调查,找出北部土语里的固有同

　　①　维吾尔语的材料由广东技术师范大学民族学院王文敏老师提供,在此深表感谢。

源词进行历史比较,再找出汉借词作为参照,应能对研究黔东苗语
古音韵面貌非常有帮助。

本节即以雷山县西江镇开觉寨汉借词和养蒿苗语的固有词和
汉借词进行比较,来讨论黔东苗语北部土语几组韵母的构拟问
题①。本章节内容也可参看王艳红(2016)。下面分别来看。

9.3.1 从假摄汉借词看 *a 的构拟

先看养蒿苗语和开觉苗语两组固有词的对应。可以看出,唇音
声母的词,养蒿苗语不带 i 介音,开觉苗语都带 i 介音。唇音声母以
外其他发音部位的词,两个方言都不带 i 介音。下面例字举例,我们
以"/"隔开,"/"前为养蒿读音,"/"后为开觉读音,某词如果养蒿或
开觉没有读音,用"--"代替。

养蒿读音	开觉读音	例　字
a	ia	父 pa³/pia³ 底 pʰa¹/pʰia¹ 砍 ma⁸/mia⁸ 脱 fa⁸/fia⁸ 蜂蜜 va¹/via¹
	a	霜 ta⁵/ta⁵ 解 tʰa³/tʰa³ 稻 na²/na² 久 la²/la² 狗 ʝa³/ɬa³ 五 tsa¹/tsa¹ 钢 sʰa¹/sʰa¹ 矮 ka⁴/ka⁴

下面是养蒿苗语和开觉苗语里的汉借词,与固有词有相同的语
音对应关系:

中古韵	养蒿读音	开觉读音	例　字
开二麻	a	ia	耙 pa²/pia²
		a	架 qa⁵/-- 衙 ŋa²/-- 差 ɕʰa¹/--
开三麻	a	a	遮 ɕa¹/ɕa¹ 写 ɕʰa³/-- 车 ɕʰa¹/--
合二麻	a	ia	化(叫~)fʰa⁵/-- 瓜 fa¹/fia¹

假摄麻韵,从汉语来看,读音比较稳定,中古时期主元音是 *a,

---

① 开觉苗语材料,来自本人与贵州民族大学李锦平教授的共同调查,李锦平教
授本人即为开觉人,开觉苗语是他的母语。

现代不少方言也还是读 a。因此,借入时这批词的读音,也拟为 *a
是比较合适的。其中开觉苗语二等唇音后的 i,我们认为应是借入
以后增生的,因为带 i 介音的词,与固有词一样,只分布在唇音后
面,不分布在其他声母后面,如果认为这个 i 介音是借入时候就有
的,很难解释为什么在其他发音部位后消失。因此,养蒿苗语读 a,
开觉苗语读 a/ia 的词的古音,可构拟为 *a。

　9.3.2　从齐韵和止摄汉借词看 *i 的构拟

　　下面是养蒿苗语和开觉苗语固有词的语音对应:

养蒿读音	开觉读音	例　　字
i	e	一 i¹/e¹ 拱 pʰi¹/pʰe¹ 齿 m̥i³/he³ 桶 ti⁸/tie⁸ 蓝靛 ni²/nie² 摇 li⁸/lie⁸ 唤 tɕi¹/tɕe¹ 角 ki¹/ke¹

　　根据这组词的语音对应关系,我们可以有三种构拟方案:一是
以养蒿苗语的读音为准,构拟为 *i;一是以开觉苗语的读音为准,构
拟为 *e;一是不以任何一方的读音为准,另拟别的读音。但是,不管
哪种构拟,我们仅从这组词无法判别哪种构拟方案是最好的。

　　下面是养蒿苗语和开觉苗语里的齐韵、止摄汉借词:

中古韵	养蒿	开觉	例　　字
开四齐	i	e	礼 li⁴/ʅe⁴ 替 tʰi⁵/-- 剃 tʰi⁵/-- 底 ti³/-- 计 tɕi⁵/--
	ɛ		砌 sʰɛ⁵/sʰe⁵
开三支	i	e	跂 ɕi⁵/ɕe⁵
开三支	i		理 li⁴/ʅe⁴ 时 ɕʰi¹/ɕʰe¹ 起 tɕʰi³/-- 己(天干)tɕi⁵/tɕe⁵ 试 ɕʰi⁵/--
	ɛ	e	丝 sʰɛ¹/-- 子(地支)sɛ³/se³ 巳(地支)sɛ⁴/se⁴
开三微	i	e	气 tɕʰi⁵/tɕʰe⁵

　　汉语的齐韵和止摄各韵,中古时期的音值都是不同的,据王力
(2010)的拟音,晚唐五代也还是不一致的,齐韵属于齐稽韵,拟为 *
æi,止摄非精组字属于脂微韵,拟为 *i,精组字属于资思韵,拟为 *ɿ。

宋代的时候则分属支齐韵和资思韵,分别拟为 *i 和 *ɿ,养蒿和开觉苗语齐韵、止摄汉借词语音表现一致,应是齐韵和止摄合并以后借入的。我们认为,借入的时候,不管是精组还是非精组,古黔东苗语都是用 *i 借入的。虽然精组当时在汉语里有可能读 ɿ,但是苗语当时应没有 ɿ,所以借用的时候,使用最接近的音 i 来借。由此,养蒿苗语读 i,开觉苗语读 e 的这组词,其古音构拟为 *i 会更合适一些。

另外,在养蒿苗语里,非精组后,*i 没有发生变化,精组后,*i 变为 ɛ,与其声韵配合规则有关,在养蒿苗语里,i 是不能和舌尖前音搭配的。下面是养蒿苗语 i 和 ɛ 的声韵配合关系:

	p、pʰ、m、f、fʰ、v	t、tʰ、n、n̥、l、l̥、lʰ	ȶ、ȶʰ、ȵ、ȴ、ȴj、ȴʰj	ts、tsʰ、s、sʰ、z	tɕ、tɕʰ、ɕ、ɕʰ、ʑ	k、kʰ、ŋ、x、xʰ、ɣ	q、qʰ、h
i	+	−	+	−	+	+	−
ɛ	+	+	−	+	−	−	+

从上表可以看出,养蒿苗语的 i 和 ɛ,除了在唇音声母后面可以同时出现,在其他声母后都是互补的。舌尖前音不和 i 搭配,似乎是比较普遍的现象。大部分的苗语方言,舌尖前音后都不能接 i,音系描写层面写成 tsi 类的音节,其实际音值也都是 tsɿ。汉语也是如此,如普通话的止摄字,逢精组韵母都变为 ɿ。又如臻摄合口三等谆韵的精组字“遵笋榫”等,都是 i 失落,见组字则没有这样的情况,还有通摄合口三等东韵精组的“嵩肃宿”、钟韵精组的“纵从松足促”等,也是 i 失落。可见 i 与 ts 确实较难相容。

9.3.3　从果摄、遇摄、效摄、流摄汉借词看古黔东苗语后中高元音的构拟

养蒿苗语和开觉苗语后中高元音对应比较复杂,如果仅通过这两个方言固有词的历史比较,古音很难构拟。下面我们结合汉借词来看。

（1）从戈韵汉借词看 *uʊ 的构拟

下面是养蒿苗语和开觉苗语的固有词的对应。有两种对应关系:

养蒿读音	开觉读音	例　字
u	au	衣 u³/au³ 皮 tu³/tau³ 指 tʰu⁵/tʰau⁵ 抢 lu⁸/lau⁸ 逃 tsu⁷/tsau⁷ 会 su²/sau² 节 qu⁵/qau⁵
	u	懂 pu¹/pu¹ 梦 pu⁵/pu⁵ 肺 fʰu⁵/fʰu⁵ 祖 vu⁷/vu⁷ 膝 tɕu⁶/tɕu⁶ 虱 ɕʰu³/ɕʰu³ 说 ɣu³/ɣu³

下面是与固有词有相同语音对应关系的汉借词：

中古韵	养蒿读音	开觉读音	例　字
合一戈	u	au	骡 lu²/lau² 锁 sʰu³/sʰau³ 货 hu⁵/-- 锉 sʰu⁵/sʰau⁵
		u	磨 mu⁶/磨 mu⁶ 破 pʰu⁵/-- 火 fʰu³/--

戈韵中古音学者们一般都拟为*uɑ，晚唐五代王力（2010：269）拟为*uɑ，养蒿和开觉苗语里，还有早期戈韵汉借词，如养蒿：过 fa⁵ 破 pʰa⁵，开觉：破 pʰia⁵，这些词在苗瑶语其他方言里也有，应是按*uɑ借入的。以上我们举的词，则不是按*uɑ借入。戈韵宋代王力（2010：305）拟为*uɔ，参照汉语，这批词的古音拟为*uɔ比较合适，在养蒿苗语里，发生了*uɔ＞u的音变，在开觉苗语里，唇音后也发生了*uɔ＞u，非唇音后则有*uɔ＞u＞au的音变。

另外，从开觉苗语 au 与声母的配合关系来看，固有词里，u 和 au 的分布条件是互补的，u 分布在唇音、舌面前音、软腭音后，au 分布在其他声母后面，说明开觉苗语里这两个不同的读音，实际应是同一个音位，同时也说明，开觉苗语唇音声母后的*u，音变滞后于其他声母的词。如下表：

	p、pʰ、m、f、fʰ、v	t、tʰ、n、n̥ʰ、l、l̥、l̥ʰ	ts、tsʰ、s、sʰ、z	tɕ、tɕʰ、ɕ、ɕʰ、ʑ	k、kʰ、ŋ、x、xʰ、ɣ	q、qʰ、h
u	＋	－	－	＋	＋	－
au	－	＋	＋	－	－	＋

唇音声母后的 u 变化较慢这种现象在普通话里也有,侯韵中古拟音为 *u,普通话唇音声母的"亩牡母拇"至今读 u,又如尤韵中古拟音为 *iu,普通话唇音字"浮富"等字也都是读 u。

(2) 从模韵汉借词看 *u 的构拟

下面是养蒿苗语读 əu,开觉苗语读 ɔ 的固有词:

养蒿读音	开觉读音	例　　字
əu	ɔ	要 əu³/ɔ³ 咬 təu⁸/tɔ⁸ 糯 nəu⁸/nɔ⁸ 钝 ləu²/lɔ² 剥 l̥əu³/ɬɔ³ 暗 tsəu⁷/tsɔ⁷ 硬 kəu⁷/kɔ⁷ 祖 qəu⁵/qɔ⁵

这组语音对应,一般只分布在零声母、舌尖音、软腭音和小舌音后面,不分布在唇音、舌面音声母后面。下面是与这组固有词有相同语音对应关系的模韵汉借词:

中古韵	养蒿读音	开觉读音	例　　字
合一模	əu	ɔ	蒲--/pɔ² 模 məu²/--午 vəu⁴/vɔ⁴ 补--/pɔ³ 壶 həu¹/hɔ¹ 雇 qəu⁵/--醋 sʰəu⁵/--裤 qʰəu⁵/qʰɔ⁵ 误 ŋəu⁶/--堵 təu³/--赌 təu³/tɔ³ 估 qəu³/qɔ³

与戈韵汉借词唇音声母后的词一样,养蒿苗语和开觉苗语的模韵唇音声母后的汉借词都有倾向于读 u 的现象,如养蒿苗语:补 pu³ 蒲 pu² 护 fʰu⁵ 模 mu²。这与固有词的表现是一致的。这与上文讨论的戈韵汉借词的"磨"读 mu⁶ 的原因是一样的,应是与在唇音后面,u 容易保持有关。

模韵中古音大部分学者拟为 *uo,王力拟为 *u,晚唐五代、宋,王力的拟音也为 *u,古黔东苗语应是按 *u 借入的。因此,养蒿读 əu,开觉读 ɔ 的语音对应,其古音构拟为 *u 比较合适。

(3) 从豪、宵韵汉借词看 *o 的构拟

下面是养蒿苗语读 o,开觉苗语读 ə 的固有词:

养蒿读音	开觉读音	例　　字
o	ə	远 to⁴/tə⁴ 织 to⁷/tə⁷ 来 lo²/lə⁵ 嘴 lo⁵/lə⁵ 拃l̥o⁵/ɬə⁵ 墨 no²/zə² 小米 qo⁴/qə⁴

下面是有相同对应关系的豪、宵韵汉借词：

中古韵	养蒿读音	开觉读音	例　　字
开一豪	o	ə	宝 po³/-- 保 po³/-- 帽 mo⁶/-- 瞄 zo²/-- 套 tʰo⁵/tʰə⁵ 牢 lo²/-- 告 qo⁵/qə⁵ 稿 ko³/-- 槽 so²/--
开三宵	o	ə	椒 so¹/sə¹ 硝 sʰo¹/-- 猫 mo¹/-- 庙 zo⁶/--

　　这两个韵隋唐以后的拟音都是 au 之类的音，只是主元音 a 根据等的不同开口度和前后有所不同，但是古黔东苗语韵母系统可能较简单，并不能区分这些差异，所以两个韵用相同的音借，这与汉语大部分现代方言这几个韵的韵母相同，道理应是一样的。那么古黔东苗语是用什么音来对应 *au 的呢？有两种可能，一种是 *au，与汉语完全对应，一种是 *o。我们采用 *o，因为从现代汉借词来看，汉语读 au 的一些词，养蒿苗语还是用 o 来对应，下面是几个例子（"/"前后分别是当地方言读音和养蒿苗语读音）：毛（～线衣）mau²/mo⁸ 操（～练）tsʰau¹/tsʰo¹ 条（～子）tʰiau²/tʰio⁸。说明 au 和 o 在苗族人听来，是比较接近的音，现代能这样借，古代应也能这样借。因此，养蒿苗语读 o，开觉苗语读 ə 的语音对应，其古音构拟为 *o 比较合适。

　　同样，需要注意的是，养蒿苗语和开觉苗语 o 和 ə 这组语音对应，固有词只分布在舌尖音和小舌音之后，唇音、舌面音、软腭音都没有分布，在这些声母后，有下面的韵母对应。

养蒿读音	开觉读音	例　　字
əu	ə	还 pəu²/pə² 盖房 pʰəu⁵/pʰə 覆盖 məu⁶/mə⁶ 线 fʰəu³/fʰə³ 汉 tiəu⁴/tiə⁴ 九 tɕəu²/tɕə² 磨 xʰəu³/xə³

说明古黔东苗语的 *o,在养蒿苗语和开觉苗语里,在唇音、舌面音、软腭音这些声母后可能都变为了 əu 和 ə。

（4）从歌、侯、尤、幽韵汉借词看 *ɔ 的构拟

下面是养蒿苗语读 o,开觉苗语读 ɔ 的固有词:

养蒿读音	开觉读音	例　字
o	ɔ	箭 o⁷/ɔ⁷ 春 to³/tɔ³ 麻 no⁶/nɔ⁶ 衣领 lo⁷/ɕɔ⁷ 洒 tso⁶/tsɔ⁶ 吹 tsʰo¹/tsʰɔ¹ 雷 ho¹/hɔ¹ 头 qʰo¹/qʰɔ¹

下面是有相同语音对应关系的汉借词,有歌韵和侯韵两个韵的词:

中古韵	养蒿读音	开觉读音	例　字
开一歌	o	ɔ	驮 to²/tɔ² 箩 lo²/--驼--/tɔ²
开一侯	o	ɔ	楼 lo²/lɔ² 斗 to³/tɔ³ 够 qo⁵/ɔ³ 钩 qo¹/--呕 o³/ɔ³

歌韵中古时期的读音,学者们一般都拟为 *ɑ,晚唐五代王力(2010:269)也拟为 *ɑ,宋代王力(2010:305)拟为 *ɔ,流摄的三个韵,中古时期有的拟为 *u,有的拟为 *əu,王力拟宋代音也为 *əu。如果按照歌韵的拟音,这组语音对应的古音拟为 *ɔ 比较合适,如果按照侯韵的拟音,则要拟为 *əu。从方便解释两个方言的音变的角度来讲,拟为 *ɔ 更好一些,但是为何汉语相差比较大的两个韵,古黔东苗语用相同的音来借,我们还需要进一步研究。

同样,我们也需要注意,养蒿读 o,开觉读 ɔ 这组语音对应,固有词和汉借词都只分布在零声母、舌尖音和小舌音后面,不分布在唇音、舌面音和软腭音后面。下面这组固有词,养蒿苗语读 u,开觉苗语读 ɔ,则只分布在唇音、舌面音和软腭音声母后面。

养蒿读音	开觉读音	例　字
u	ɔ	钻 pu⁶/pɔ⁶ 开花 pʰu³/pʰɔ³ 朽 mu⁷/mɔ⁷ 六 tiu⁵/tiɔ⁵ 剔 tʰiu⁵/tʰiɔ⁵ 十 tɕu⁸/tɕɔ⁸ 蹄子 tɕʰu⁵/tɕʰɔ⁵ 侗 ku³/kɔ³ 铲 ku⁶/kɔ⁶

　　下面是有相同语音对应关系和语音分布条件的汉借词,有尤、幽、宵韵的词。

中古韵	养蒿读音	开觉读音	例　　字
开三尤	u	ɔ	收 ɕʰu¹/ɕʰɔ¹ 油 ʑu²/-- 酉(地支)ʑu⁴/ʑɔ⁴ 丑(地支)ɕʰu³/ɕʰɔ³ 受 ɕʰu⁵/--
开三幽	u	ɔ	幼 ʑu⁵/ʑɔ⁵
开三宵	u	ɔ	桥 tɕu²/tɕɔ² 荞 tɕu²/--

　　可以说,歌、侯韵和尤、幽、宵韵的汉借词,在养蒿苗语里的语音分布条件是互补的,在开觉苗语里则读音相同,因此,我们推测这几个韵的汉借词在借入时读音是一样的,可以拟为一样的音。在汉语里,以上这几个韵,尤、幽韵的拟音只是比侯韵多了介音,如果按照上面的讨论,此处也可以拟为 *ɔ。即 *ɔ 在养蒿苗语的舌面音、唇音后变为 u,开觉苗语里保持不变。但是我们上文讨论了宵韵汉借词古黔东苗语是按 *o 借的,此处似有矛盾。我们认为可能一方面是由于都是后元音的缘故,听感上容易混淆,另外一方面是因为声母发音部位的不同,导致韵母听起来有差异,上文举的古黔东苗语按 *o借的宵韵汉借词,都是分布在舌尖音声母后面。

9.3.4　小结

　　下面我们把上面的论述总结成下表,括号里的是中间过程,其中 3、4、5 是按音变的先后顺序排列的,即这几个韵类的音变,是先后发生的。

中古韵	古黔东苗语	养蒿音变	开觉音变
1. 麻二、麻三	*a	*a>a	*a>ia/唇音_ a/其他
2. 齐、止摄开口	*i	*i>ɛ/舌尖前音_ i 其他_	*i>e

中古韵	古黔东苗语	养蒿音变	开觉音变
3. 豪宵	*o	*o>o	*o>ə
4. 模	*u	*u>u/唇音_ əu/其他_	*u>u/唇音_ (o)>ɔ其他
5. 戈	*uɔ	*uɔ>u	*uɔ>(u)>u/唇音_ > au 其他_
6. 歌侯尤幽宵	*ɔ	*ɔ>u/舌面音_ o其他_	*ɔ>ɔ

9.3.5　结语

以上我们参考汉借词,构拟了几组黔东苗语的韵母。这些汉借词,一方面提供了音值的参考,另一方面提供了音类分合的参考,使我们的古音构拟更有理据,也更为可信。但是,本书只是一个抛砖引玉的工作,要对古黔东苗语进行全面的构拟,还有很多的工作要做:一是构拟古音是一个系统工程,一个音类的音值构拟,不仅需要照顾到对本音类的各个方言的读音解释有利,还需要考虑与其他音类不能冲突,最好能相互照应,因此需要对方言之间的语音对应关系有通盘的全面的把握。二是汉借词的汉语读音,我们依据的主要是中原官话系统的拟音,但是,苗语的借词,并不一定直接借自中原官话,也有可能借自某个南方的方言,而这个南方方言的语音面貌,与中原官话可能有不少的区别,因此在使用的时候,是需要根据具体的情况加以甄别的。三是历史比较仍是研究古音的基础,以后的研究还需要参考更多的方言的材料。

参 考 文 献

1. 一般中文文献

鲍厚星,陈晖.湘语的分区(稿)[J].方言,2005(3):261-270.

鲍厚星,颜森.湖南方言的分区[J].方言,1986(4):273-276.

北京大学中国语言文学系语言学教研室.汉语方音字汇[M].北京:文字改革出版社,1962.

北京钢铁学院《中国冶金简史》编写小组编.中国冶金简史[M].北京:科学出版社,1978.

彼得·赖福吉著,张维佳译.语音学教程(第5版)[M].北京:北京大学出版社,2011.

蔡博明.中国火柴工业史[M].北京:中国轻工业出版社,2001.

蔡晓云.Y染色体揭示的早期人类进入东亚和东亚人群特征形成过程[D].2009,复旦大学.

陈晖,鲍厚星.湖南省的汉语方言(稿)[J].方言,2007(3):250-259.

陈伟.《华西官话汉法词典》与19世纪后期川南方音[J].方言,2016(1):47-54.

陈伟.童文献所记官话音系及其性质[J].语言研究,2018(2):58-64.

陈其光,李永燧.汉语苗瑶语同源词例证[J].民族语文,1981(2):13-26.

陈其光.汉语苗瑶语比较研究[M]//丁邦新,孙宏开.汉藏语同源词研究(二)——汉藏、苗瑶同源词专题研究.南宁:广西民族出版社,2001.

陈其光.苗瑶语族语言的几种调变[J].民族语文,1989(5):8-14.

陈一石.川南苗族古史传说试探[J].贵州民族研究,1981(4):33-41.

陈忠敏.汉语方言语音史研究与历史层次分析法[M].北京:中华书局,2013.

陈忠敏.汉语演变的一中心多层次说及历史层次分析法[M]//汉语史学报,2008(7):48-62.

陈忠敏.语音层次的定义及其鉴定方法[M]//丁邦新.历史层次与方言

研究.上海:上海教育出版社,2007.

邓天玲.威信方言志(选载)——音系部分[J].昭通学院学报,1995(1):69-93.

[日]宫崎市定.中国的铁[C]//中国科学院历史研究所翻译组,编译.宫崎市定论文选集(上).北京:商务印书馆,1963.

龚群虎.汉泰关系词的时间层次[M].上海:复旦大学出版社,2002.

贵州省毕节县地方志编纂委员会编.毕节县志[M].贵阳:贵州人民出版社,1996.

贵州省地方志编纂委员会编著.贵州省志·文物志[M].贵阳:贵州人民出版社,2003.

何平.苗族向东南亚迁徙简述[J].贵州民族研究,2005(1):137-141.

何大安.语言史研究中的层次问题[M]//丁邦新.历史层次与方言研究.上海:上海教育出版社,2007.

黄行,胡鸿雁.区分借词层次的语音系联方法[J].民族语文,2004(5):12-17.

黄树先."茶"字探源[J].语言研究专刊,1999.

黄树先.汉语核心词"星"音义研究[J].语文研究,2010(1):35-38.

黄树先.说"径"[J].汉语学报,2009(4):2-15.

黄笑山.试论唐五代全浊声母的"清化"[J].古汉语研究,1994(3):38-40.

黄雪贞.西南官话的分区(稿)[J].方言,1986(4):262-272.

胡阳全.论苗瑶民族的同源问题[J].贵州民族学院学报,2001(1):28-31.

黄钰.瑶族族源新探——苗瑶同源论[J].广西民族研究,1993(4):67-76.

姬安龙.苗语台江话参考语法[M].昆明:云南民族出版社,2012.

金理新.借词的形式判别标准——以苗瑶语中的汉借词为例[J].民族语文,2008(5):44-51.

金雪莱.《慧琳一切经音义》语音研究[D].杭州:浙江大学,2005.

蓝庆元.壮汉同源词借词研究[M].北京:中央民族大学出版社,2005a.

乐赛月.泰国的苗族[J]//《1975—76泰国年鉴》.世界民族,1980(2):62-65.

李璠.中国栽培植物发展史[M].北京:科学出版社,1984.

李蓝.湖南方言分区述评及再分区[J].语言研究,1994(2):56-75.

李蓝.西南官话的分区(稿)[J].方言,2009(1):72-87.

李炳泽.从苗瑶语和孟高棉语的关系词说濮人南迁[J].云南民族大学学报:哲学社会科学版,1996(1):85-87.

李炳泽.黔东苗语 s^h、φ^h 声母的产生时间[J].民族语文,1994(1):68-72.

李炳泽.黔东苗语的天干地支[J].民族语文,2003(4):40-46.

李方桂.上古音研究[M].北京:商务印书馆,1980.

李锦芳.茶称"檟"、"皋卢"语源考[J].古汉语研究,2005(3):75-80.

李文祥,贵州省地方志编纂委员会.贵州省志·烟草志[M].贵阳:贵州人民出版社,2001.

李云兵.苗瑶语比较研究[M].北京:商务印书馆,2018.

[越南]琳心.苗族的迁徙史及其族称[J].赵建国,译.原著越南《历史研究》第三十期,1961.东南亚南亚研究,1984(3):45-48.

刘光亚.贵州省汉语方言的分区[J].方言,1986(3):198-203.

刘旭.中国火炮名称沿革辨析[J].湘潭大学学报(哲学社会科学版),1989(3):66-68.

刘云.中国箸文化史[M].北京:中华书局,2006.

龙国贻.藻敏瑶语语音研究[D].北京:中央民族大学,2011.

陆志韦.试拟《切韵》声母之音值[M]//陆志韦.陆志韦语言学著作集(二).北京:中华书局,1999.

罗常培,周祖谟.汉魏晋南北朝韵部演变研究[M].北京:中华书局,2007.

[美]罗杰瑞.早期汉语的咽化与腭化来源[M]//顾黔,等译.潘悟云,主编.境外汉语音韵学论文选.上海:上海教育出版社,2010.

罗义贵,等.毕节县大南山苗族社会历史调查材料[M]//苗族社会历史调查(3).《中国少数民族社会历史调查资料丛刊》修订编辑委员会编.北京:民族出版社,2009.

吕仕珍.四川仁寿县方言音系调查报告[J].甘肃高师学报,2017(4):17-18.

[美]玛莎·拉特利夫·苗瑶语历史研究[M].余金枝,等译.北京:中国

社会科学出版社,2019.

麦耘.汉语语音史上"中古时期"内部阶段的划分[M]//东方语言与文化.上海:东方出版中心,2002.

麦耘."浊音清化"分化的语音条件试释[M]//著名中年语言学家自选集·麦耘卷.上海:上海教育出版社,2012.

明茂修.贵州金沙方言的语音特点及其内部差异[J].毕节学院学报,2012(1):112-115.

《苗族简史》编写组.苗族简史(修订版)[M].北京:民族出版社,2008.

明生荣.毕节方言研究[M].北京:中国社会科学出版社,2007.

明生荣.贵州毕节方言语音的内部差异[J].方言,2009(4):317-325.

[苏联]P. Φ.伊茨.苗语的分类问题[M]//张开远,译.民族语文研究情报资料集,1990(13):117-129.

潘悟云.汉语历史音韵学[M].上海:上海教育出版社,2000.

潘悟云.对华澳语系假说的若干支持材料[M]//著名中年语言学家自选集·潘悟云卷.合肥:安徽教育出版社,2002.

潘悟云.汉语方言的历史层次及其类型[M]//石锋,沈钟伟.乐在其中:王士元教授七十华诞庆祝文集.天津:南开大学出版社,2004.

潘悟云.从几个词语讨论苗瑶语与汉藏语的关系[J].语言研究,2007a,27(2):1-9.

潘悟云.历史层次分析的目标与内容[M]//丁邦新.历史层次与方言研究.上海:上海教育出版社,2007b.

潘悟云,张洪明.汉语中古音[J].语言研究,2013(2):1-7.

[加拿大]蒲立本.上古汉语的辅音系统[M].潘悟云,徐文堪,译.北京:中华书局,1999.

黔东南州地方志办公室.黔东南方言志——黔东南苗族侗族地区汉语方言调查研究[M].成都:四川出版集团巴蜀书社,2007.

黔东南苗族侗族自治州地方志编纂委员会.黔东南苗族侗族自治州志·地理志[M].贵阳:贵州人民出版社,1990.

瞿建慧.湘语辰溆片语音研究[D].西安:陕西师范大学,2008.

阮廷贤.汉越语音系与喃字研究[D].上海:复旦大学,2012.

[法]沙加尔.上古汉语词根[M].龚群虎,译.上海:上海教育出版社,2004.

[法]沙加尔,徐世璇.哈尼语中汉语借词的历史层次[J].中国语文,2002(1):55-65.

邵荣芬.汉语语音史讲话[M].天津:天津人民出版社,1979.

《畲族简史》编写组.畲族简史[M].北京:民族出版社,2008.

施向东.玄奘译著中的梵汉对音研究[M]//音史寻幽:施向东自选集.天津:南开大学出版社,2009.

石德富,刘文,杨正辉.推链与养蒿苗语送气清擦音的产生[J].语言科学,2017(4):428-437.

石德富.黔东苗语帮系三等汉借字的形式[J].民族语文,2008(4):41-50.

石如金.苗汉汉苗词典[M].长沙:岳麓书社,1997.

石雯莉.湖南花垣话语音研究[D].长沙:湖南师范大学,2007.

孙宏开.20世纪的中国少数民族语言文字研究[M]//刘坚编著.20世纪的中国语言学.北京:北京大学出版社,1998.

谭晓平.汉藏语系的"狗"[J].古汉语研究,2006(4):57-61.

佟屏亚,赵国磐.畜禽史话[M].北京:学术书刊出版社,1990.

涂光禄.贵阳城区语音与郊区语音的差别[J].贵州师范学院学报,1988(3):60-66.

涂光禄.贵州省志·汉语方言志[M].北京:方志出版社,1998.

汪锋.白语中送气擦音的来源[J].民族语文,2006(2):19-23.

汪维辉.东汉-隋常用词演变研究[M].南京:南京大学出版社,2000.

王力.汉语史稿[M].北京:中华书局,1980.

王力.汉语语音史[M].北京:商务印书馆,2010.

王福堂.汉语方言中的语音层次[M]//丁邦新.历史层次与方言研究.上海:上海教育出版社,2007.

王辅世,毛宗武.苗瑶语古音构拟[M].北京:中国社会科学院出版社,1995.

王辅世.苗瑶语的系属问题初探[J].民族语文,1986(1):1-18.

王辅世.苗语的声类和韵类[J].民族语文,1980(2):6-22.

王辅世.苗语古音构拟[M].东京:日本东京国立亚非语言研究所,1994.

王辅世.苗语简志[M].北京:民族出版社,1985.

王双成,陈忠敏.安多藏语送气擦音的实验研究[J].民族语文,2010(2):7-15.

王艳红.从汉借词看几组黔东苗语韵母的构拟[J].嘉兴学院学报,2016(5):97-102.

王艳红.古苗瑶语*ts组音的今读类型及其分布和形成[J].语言研究,2017(3):121-127.

王艳红.贵阳甲定苗语中古晚期汉借词的语音表现及其形成原因[J].语言研究集刊,2017(19):332-338.

王艳红.养蒿苗语和开觉苗语见、溪、群母中古汉借词的读音类型及其来源[J].民族语文,2014(2):20-26.

王艳红.苗瑶共同汉借词时代考[J].语言研究,2020(3):120-126.

王艳红.苗语汉借词与苗汉关系词研究[D].上海:复旦大学,2013.

吴安其.汉藏语同源研究[M].北京:中央民族大学出版社,2002.

吴清河.金铜古名小议[J].民族语文,1997(1):51.

伍新福,龙伯亚.苗族史[M].成都:四川民族出版社,1992.

伍新福.中国苗族通史[M].贵阳:贵州民族出版社,1999.

吴永章.南方民族史新说[M].北京:民族出版社,2017.

鲜松奎.新苗汉词典(西部方言)[M].成都:四川民族出版社,2000.

辛树帜.中国果树史研究[M].北京:农业出版社,1983.

邢公畹.关于汉语南岛语的发生学关系问题[J].民族语文,1991(3):1-14.

邢公畹.汉苗语语义学比较法试探研究[J].民族语文,1995(6):11-18.

杨剑桥.汉语现代音韵学[M].上海:复旦大学出版社,1996.

杨剑桥.汉语音韵学讲义[M].上海:复旦大学出版社,2005.

杨时逢,董同龢.四川方言调查报告[M]."中研院"历史语言所专刊之八十二.台北:"中研院"历史语言研究所,1984.

杨庭硕主编.清史稿·地理志·贵州研究[M].贵阳:贵州人民出版社,2010.

《瑶族简史》编写组.瑶族简史(修订版)[M].北京:民族出版社,2008.

应琳.苗语中的汉语借词[J].中国语文,1962(5):218-229.

余金枝.中泰苗语的差异分析[J].当代语言学,2016(2):244-258.

俞敏.北京话全浊平声送气解[J].方言,1987(1):15-16.

俞敏.俞敏语言学论文集[M].北京:商务印书馆,1999.

曾晓渝.水语里汉语借词层次分析方法例释[J].南开语言学刊,2003a(2):20-35.

曾晓渝.见母的上古音值[J].中国语文,2003b(2):109-120.

曾晓渝.论壮傣侗水语古汉借词的调类对应——兼论侗台语汉语的接触及其语源关系[J].民族语文,2003c(1):1-11.

曾晓渝.论水语里的近、现代汉语借词[J].语言研究,2003d,23(2):115-121.

曾晓渝.汉语水语关系论[M].北京:商务印书馆,2004a.

曾晓渝.汉语水语的同源词[J].南开语言学刊,2004b(2):43-52.

曾晓渝.三江侗语中古汉语借词[J].民族语文,2006(4):15-27.

曾晓渝.从汉借词看侗台语的送气声母[J].民族语文,2009(2):29-34.

曾晓渝(主编).苗瑶壮侗汉借词研究[M].北京:商务印书馆,2010.

张波.读《诗》辨稷[J].西北农学院学报,1984(3):64-74.

张琨.汉藏语系的"铁"QULEKS字[M]//中国社会科学院民族研究所语言室编.汉藏语系语言学论文选译.北京:中国社会科学院民族研究所语言室,1980:161-174.

张琨.原始苗瑶语声调的构拟[M]//贺嘉善,译.民族语文研究情报资料集.1983(1):87-121/1973.

张琨.原始苗语的声母[M]//贺嘉善,译.民族语文研究情报资料集.1983(2):28-49/1976.

张亮.程瑶田为什么说"稷"是高粱——读《九谷考》笔记[J].农业考古,1993(3):190-196.

张渭毅. 中古音分期综述[M]//汉语史学报,2002:27-37.

张永国.试论苗族的来源和形成[J].思想战线,1980(6):41-46.

张永祥.苗汉词典(黔东方言)[M].贵阳:贵州民族出版社,1990.

张有隽.张有隽人类学民族学文集[M].北京:民族出版社,2011.

赵宗正,陈启智.《管子·轻重篇》的著作年代[J].管子学刊,1995(3):3-6.

甄尚灵.《西蜀方言》与成都语音[J].方言,1988(3):209-218.

郑伟.汉语和藏语的"来"[J].民族语文,2007(2):24-31.

郑张尚芳.白语是汉白语族的一支独立语言[M]//郑张尚芳语言学论

文集.北京:中华书局,2012.

郑张尚芳.古吴越地名中的侗台语成分[J].民族语文,1990(6):16-18.

郑张尚芳.汉语与亲属语同源根词及附缀成分比较上的择对问题[M]//郑张尚芳语言学论文集.北京:中华书局,2012.

郑张尚芳.上古音系[M].上海:上海教育出版社,2003.

中央民族学院苗瑶语研究室.苗瑶语方言词汇集[M].北京:中央民族学院出版社,1987.

周振鹤,游汝杰.湖南省方言区画及其历史背景[J].方言,1985(4):257-272.

周祖谟.关于唐代方言中四声读法的一些资料[M]//周祖谟.问学集.北京:中华书局,1966.

朱晓农.语音学[M].北京:商务印书馆,2010.

邹晓玲.湘西花垣县汉语方言的语音特点[J].铜仁学院学报,2012(6):45-48.

2. 古文献材料

郭璞注,邢昺疏.尔雅注疏[M].上海:上海古籍出版社,2010.

清·段玉裁.说文解字注[M].上海:上海古籍出版社,1988.

宋·丁度(等).集韵[M].南宋金州军刻本.北京:中华书局,1985.

唐·陆德明.经典释文[M].通志堂刻本.北京:中华书局,1983.

汉·扬雄(著),周祖谟(校笺).《方言》校笺[M].北京:中华书局,1993.

南朝梁·顾野王.大广益会玉篇[M].张氏泽存堂刻本.北京:中华书局,1987.

余乃永.新校互注宋本广韵[M].上海:上海人民出版社,2008.

北京爱如生数字化技术研究中心.中国基本古籍库[M/OL].安徽:黄山书社,2006.

汉语大字典编辑委员会.汉语大字典[M].武汉、成都:湖北辞书出版社、四川辞书出版社,1996.

3. 外文文献

Ballard, W. L. The linguistic history of South China: Miao-Yao and southern dialects[A]. In G. Thurgood, J. A. Matisoff, & D. Bradley (Eds.). Linguistics of the Sino-Tibetan Area: The State of the Art. Papers Presented to Paul K. Benedict for His 71st Birthday. Canberra: The Australian National University, 1985:58—84.

Baxter, William H. A Handbook of Old Chinese Phonology[M]. Berlin: Mouton de Gruyter, 1992.

Benedict, P. K. Austro-Thai Language and Culture, with a Glossary of Roots[M]. New Haven: Human Relations Area Files Press, 1975.

Benedict, P. K. Thai, Kadai, and Indonesian: a new alignment in Southeastern Asia[J]. American Anthropologist, 1942, 44(4):576—601.

Benedict, P. K. Sino-Tibetan: A Conspectus [M]. Cambridge: Cambridge University Press, 1972.

Campbell, Lyle. Historical Lingustics: An Introduction(历史语言学导论)(第2版)[M].北京:世界图书出版公司/爱丁堡大学出版社,2008.

Downer, Gordon B. Strata of Chinese loanwords in the Mien Dialect of Yao [J]. Asia Major, 1973,18(1):1—33.

Haudricourt, André G and Strecker, David. Hmong-Mien (Miao-Yao) loans in Chinese[J]. T'oung Pao, 1991, 77(4):335—341.

Li, F. K. Languages and dialects of China[J]. Journal of Chinese Linguistics, 1973, 1(1):1—13.

Lyman, Thomas A. Dictionary of Mong Njua: A Miao (Meo) Language of Southeast Asia[M]. The Hague: Mouton, 1974.

Maddieson, Ian. Patterns of Sounds[M]. Cambridge: Cambridge University Press,1984.

Matisoff, James A. Handbook of Proto-Tibeto-Burman[M]. Berkeley: University of California Press, 2003.

Mortensen, David. Sintic Loanwords in Two Hmong Dialects of Southeast Asia[D]. Utah State University, 2000.

Purnell, Jr. H. C. Toward a Reconstruction of Proto-Miao-Yao[D]. Cornell University, 1970.

Ratliff, Martha. Hmong-Mien Language History[M]. Canberra: Pacific Linguistics, 2010.

Sagart, Laurent. Chinese "buy" and "sell" and the direction of borrowings between Chinese and Hmong-Mien: A response to Haudricourt and Strecker [J]. T'oung Pao, 1995, 81(4/5):328—342.

Sagart, Laurent. Chinese and Austronesian are genetically related[A]. Paper of 23rd ICSTLL, 1990.

附　录

　　本附录举出苗语里的苗(瑶)汉关系词和不同方言、不同层次的苗语古汉借词,现代汉借词请参看各具体章节。由于各部分汉借词材料来源不同,我们对材料的处理方式也不同,因此要分别进行说明。

一、苗(瑶)共同词里的苗(瑶)汉关系词与汉借词

　　说明:

　　(1) 本附录包含苗瑶共同词里的苗瑶汉关系词(共 110 条)、苗语共同词里的苗汉关系词(148 条)、苗瑶共同词里的汉借词(56 条)和苗语共同词里的汉借词(29 条)四个表格,材料来源是王辅世(1994)《苗语古音构拟》。

　　(2) 表格中的"韵类""声类"是《苗语古音构拟》一书构拟的韵类和声类,并以"韵类"为序。

　　(3)"MR 拟音"是 Ratliff(2010)的拟音,"王拟音"是王辅世(1994)的拟音,"上古拟音"采用郑张—潘拟音,"中古拟音"采用潘悟云拟音,中古拟音声调平、上、去、入分别以 A、B、C、D 代替。有的字找不到对应拟音,以"--"表示阙如。拟音都省略 * 号。

　　(4)"词语"是《苗语古音构拟》书中的词条,"关系词"或"借词"是根据词的读音和词语意义确定的对应的汉字。

　　1. 苗瑶共同词里的苗瑶汉关系词

韵类	声类	关系词	MR 拟音	王拟音	上古拟音	中古拟音	词语
1	54	人	niæn(X)	ni^B	njiŋ	ṇin^A	他

(续表)

韵类	声类	关系词	MR 拟音	王拟音	上古拟音	中古拟音	词语
2	18	蝶	mpleuH	mptse^C	g-leb	dep^D	蝴蝶
2	83	厮	sjɨA-D	ʂe^A	sle	sie^A	相好
2	129	—	ʔɨ	ʔe^A	qliɡ	ʔit^D	—
3	23	废	prəuX	ptʂæ^B	--	bʷɑt^D	房子
3	80	醝	ntsjəuX	ŋtʂæ^B	sɡal̯	dzɑ^A	盐
3	49	答	tau	tæ^A	k-lub	təp^D	答
3	49	地	N-təu	tæ^A	lels	di^C	地
3	29	耳	mbræu	mbdʑæ^A	mljɯʔ	n̠ɨ^B	耳朵
3	117	狗	qluwX	qlæ^B	ko̯ʔ	ku^B	狗
3	90	菰	ŋkjæu	n̠tɕæ^A	kʷa̯	kuo^A	菌子
3	102	路	kləuX	kæ^B	(g-)raɡs	luo^C	路
3	30	石	-ʔrəu	ʔvẓæ^A	gljag	dʑiɛk^D	石头
3	39	稌	mbləuX	mblæ^A	la̯	tʰuo^C	稻子
3	123	遐	qʷuw	qlwæ^A	gra̯	ɦɣæ^A	远
3	60	悠	ləu	læ^A	luɯ	jɨu^A	久
3	55	炙	ntauH	ntæ^C	tjaɡs	tɕiæ^C	烤火
4	113	矮	ɢaX	ɢɑ^B	qro̯lʔ	ʔɣɛ^B	矮
4	95	八	jat	ʑɑ^D	pred	pɣɛt^D	八
4	18	补	mpjaX	mptsa^B	pa̯ʔ	puo^B	补锅/弥补
4	13	父	pjaX	ptsa^B	pa̯ʔ	piu^B	公狗
4	29	辣	mbrat	mbdẓa^D	ra̯d	lɑt^D	辣
4	59	夕	hlaH	l̯ɑ^C	sɢlag	ziɛk^D	月亮
5	1	辅	pæ	pɑ^A	ba̯ʔ	biu^B	臼齿
5	112	槀	Kʰæw	qʰɑ^B	ka̯wʔ	kau^B	干枯

（续表）

韵类	声类	关系词	MR 拟音	王拟音	上古拟音	中古拟音	词语
5	113	号	Gæw	ɢɑ^A	gḻaw	ɦɑu^A	鸟叫
5	115	渴	NKʰæj	Nqʰɑ^A	grad	gɣiɐt^D	渴
5	115	枯	NKʰæj	Nqʰɑ^A	kʰa̱	kʰuo^A	干燥/旱
5	118	桃	ɢlæw	ɢlɑ^A	g-ḻaw	dɑu^A	桃子
6	90	竹	ɲcəuk	n̠tɕɔ^C	tug	ʈiuk^D	篾条
7	75	大	hljo	l̥o^A	da̱ds	dɑ^C	大
7	70	哑	krət	tl̥o^D	qra?	ʔɣæ^B	笑
7	55	织	ntət	ntoŋ^D	tjɯgs	tɕɨ^C	织布
8	29	鼻	mbruiH	mbdʐu̱^{C}	blids	bi^C	鼻子
8	77	臭	tsju̱ei	tʂu^C	kʰjus	tɕʰɨu^C	臭
8	1	伏	pu̱eiH	pu^C	bɯg	biuk^D	睡/卧
9	83	醋	suj	ʂə^A	skʰags	tsʰuo^C	酸
9	70	六	kruk	tl̥ə^C	rug	liuk^D	六
9	98	十	gju̱ɛp	ɟə^D	gjub	dʑip^D	十
9	39	秫	mblut	mblə^D	ɢljud	zʷit^D	糯米
9	92	嘴	ɲɟuj	n̠dzə^A	se?	tsʷiɐʙ	嘴
10	62	插	tʰrep	tʰei^D	sʰre̱b	tʂʰɣɛp^D	插
10	119	缺	NKʷet	Nqlei^D	kʰʷe̱d	kʰʷet^D	碗缺口
10	39	舌	mblet	mblei^D	sbljed	ziɐt^D	舌头
10	95	舔	-jep	ʑei^D	ɢlje?	ʑiɐʙ	舔
10	59	析	hlep	l̥ei^D	sḻeg	sek^D	割肉
11	6	庬	n-mɛj	mai^A	mroŋ	mɣɔŋ^A	有
11	6	目	mu̱ɛjH	mai^C	mug	miuk^D	眼睛
11	36	柔	mlu̱ɛjH	mlai^C	mlju	n̠iu^A	柔软

（续表）

韵类	声类	关系词	MR拟音	王拟音	上古拟音	中古拟音	词语
12	40	发	pljei	pḷoi^A	pod	pʷiɤt^D	毛
12	11	颅	S-pʰreiX	foi^B	ra	luo^A	头
12	34	秠	pʰlei	pʰloi^A	pʰɯ	pʰiu^A	蛋壳
12	30	蔬	ʔræi	vz̞oi^A	sqra	ʂiɤ^A	菜
12	33	四	plei	ploi^A	pʰ-ljids	si^C	四
12	61	蹄	dej	ʈoi^C	de̠	dei^A	蹄
13	83	竖	sjouX	ʂəu^B	gljoʔ	dʑiʊ^B	站起来/起来
13	49	烛	touX	teu^D	tjog	tɕiʊk^D	点灯
13	51	烛	douX	deu^B	tjog	tɕiʊk^D	火
14	129	二	ʔu̯i	ʔau^A	njis	n̠i^C	二
15	51	达	daj	dɑu^A	dad	dɑt^D	客来
15	49	瘅	təjH	tau^C	tas	tuo^C	杀人
15	56	哆	ntʰu̯aB	ntʰau^B	kʰljalʔ	tɕʰiæ^B	摊开,解开,散开
15	111	秒	N-KəjX	qau^B	qʷads	ʔʷiai^C	屎
15	116	勤	NGəjH	Nɢau^C	glas	giɤ^C	勤快
16	86	九	N-ɟu̯ə	dʑou^A	kuʔ	kiʊ^B	九
16	99	粔	ŋkju̯əX	ɲcou^B	gaʔ	giɤ^B	粑粑
16	117	骻	qlajX	qlau^B	kʰʷraʔ	kʰʷɣæ^B	腰
16	109	围	ŋglu̯ə	ŋgou^A	ɢʷul	ɦʷiɤi^A	牛圈
16	57	苧	nduH	ndou^C	daʔ	ɖiɤ^B	麻
16	69	壴	ndruX	ɳdou^B	tos	ʈiʊ^C	鼓
17	1	豍	N-peiX	pou^B	pe̠	pei^A	黄豆
17	86	膕	ɟu̯əiH	dʑou^C	kud	kuot^D	膝盖

（续表）

韵类	声类	关系词	MR拟音	王拟音	上古拟音	中古拟音	词语
18	20	辫	mbjinx	mbdzin^B	bën?	ben^B	编辫子/辫子
18	31	上	-hri̯əŋ	fṣin^A	djaŋ?	dʑiaŋ^B	高
18	76	田	ljiŋ	ḷin^A	g-liŋ	den^A	田
18	16	闻	hmjḭəm	m̥in^C	mɯn	miun^A	动物嗅/嗅
18	31	心	-hri̯ən	fṣin^A	slɯm	sim^A	肝
18	48	新	seŋ	sin^A	sliŋ	sin^A	初一
19	114	菅	NKan	Nqen^A	kron	kɣæn^A	茅草
20	89	攘	ɲemH	næn^C	njaŋ?	n̠iaŋ^B	偷
21	85	穿	chᵘen	tɕʰɔn^A	kʰljon	tɕʰiɛn^A	穿针
21	1	放	pənX	pɔn^B	paŋ?	pʷiaŋ^B	打枪/射箭
21	6	蒙	mənX/H	mɔn^B	moŋ	muŋ^A	面粉细
21	6	蠓	məuŋX	mɔn^B	moŋ	muŋ^A	蝇子
21	32	弄	rəŋX	vz̊ɔn^B	(g-)roŋs	luŋ^C	寨子
21	2	片	phəan	phɔn^A	phens	phen^C	一床被子
21	5	晚	hməŋH	m̥ɔn^C	mon?	mʷiɤn^B	晚上
21	65	饷	hnrəəŋH	n̥ɔn^C	nhjaŋ	ɕiaŋ^A	饭
21	71	壮	grəunH	dḻɔn^C	skraŋs	tʂiaŋ^C	肥
22	49	断	teŋH	ton^C	doŋ?	dʷɑn^B	线断
22	125	皇	Nɢɛuŋ	Nɢlwon^A	gʷaŋ	ɦʷɑŋ^A	天
22	102	角	kleoŋ	kon^A	krog	kɣɔk^D	牛角
23	89	牛	ɲiuŋ	n̠ən^A	ŋʷɯ	ŋiu^A	黄牛
24	102	虫	klæŋ	ken^A	rluŋ	ɖiuŋ^A	虫
24	111	鳖	Kæŋx	qen^B	kreŋ	kɣiæŋ^A	青蛙
24	101	蓝	ŋglam	ɲɟeŋ^A	(g-)ram	lam^A	蓝靛草

(续表)

韵类	声类	关系词	MR拟音	王拟音	上古拟音	中古拟音	词语
24	53	囊	hnom	ŋ̠eŋᴬ	naŋ	naŋᴬ	口袋
24	52	蚺	ʔnaŋ	ʔneŋᴬ	njam	ɲiɐmᴬ	蛇
24	117	雁	qlaŋx	qleŋᴮ	quɯŋ	ʔɨŋᴬ	鹰
24	86	丈	ȵiaŋH	dzeŋᶜ	daŋʔ	diaŋᴮ	男人
25	26	蔓	hmein	m̥saŋᴬ	mo̠ŋ	mʷanᴬ	藤子
28	79	七	dzʑoŋC/djuŋH	dzʑoŋᶜ	snid	tsʰitᴰ	七
28	94	伸	ɕoŋ	ɕoŋᴬ	lin	ɕinᴬ	伸
29	71	坑	gruəŋ	dl̥uŋᴬ	kʰraŋ	kʰɣæŋᴬ	门
29	30	娈	-ʔroŋH	ʔvzʑuŋᶜ	(b-)ronʔ	lʷiɐnᴮ	好
29	8	喷	mpʰuənH	mpʰuŋᶜ	puɯns	piunᶜ	洒水，撒土
29	94	稔	hȵuəŋH	ɕuŋᶜ	ŋljɯmʔ	ɲimᴮ	年
29	55	樹	ntjuəŋH	ntiŋᶜ	djoʔ	dʑiuᴮ	树一
29	27	闻	(S-)mruŋH	mzʑuŋᶜ	mɯn	miunᴬ	听
29	90	枕	ȵcuəmH	n̥tɕaŋᶜ	g-lum	ȶimᴬ	枕头

2．苗语共同词里的苗汉关系词

韵类	声类	语素	MR拟音	王拟音	上古拟音	中古拟音	词语
1	60	迟	liᶜ	liᶜ	rlil	diᴬ	迟
1	98	槚	gjiᴮ	ȵiᴮ	kraʔ	kɣæᴮ	茶
1	84	炙	ciᶜ	tɕiᶜ	tjags	tɕiæᶜ	烤粑粑/燃
2	49	都	tæᴬ	taᴬ	k-la	tuoᴬ	秧密
2	58	挤	ʔliᶜ	ʔleᶜ	sil	tseiᴬ	挤虱子
2	40	狸	pljiᴰ	pleuᶜ	(m-)rɯ	liᴬ	野猫

韵类	声类	语素	MR 拟音	王拟音	上古拟音	中古拟音	词语
3	3	岜	bæw^B	bæ^B	--	--	山
3	114	钩	Nqæw^C	Nqæ^C	ko̠	ku^A	钩
3	84	己	cæw^B	tɕæ^B	kɯʔ	kɨ^B	身体
3	80	夒	ntsjæw^C	ɳtʂæ^C	sk^{h}rɯg	tʂʰik^D	锐利二
3	118	水	ɢlæw^A	ɢlæ^A	q^{hw}ljiʔ	ɕ^{w}i^B	河
3	123	遐	q^{w}uw^A	qlwæ^A	gra̠	ɦɣæ^A	远
3	86	枝	ɟæw^B	--	kje	tɕiɛ^A	树枝
4	46	粗	nts^{h}a^A	nts^{h}a^A	sga̠ʔ	dzuo^B	粗糙
4	113	葫	ɢa^A	ɢa^A	ga	ɦuo^A	蒜
4	41	魄	bl̡ja^A	bl̡a^A	p^{h}rag	p^{h}ɣæk^D	魂
4	80	梳	ræ^C	ɳtʂa^D	sqra	ʂiɣ^A	梳
4	116	下	Nɢa^B	Nqa^B	gra̠ʔ	ɦɣæ^B	下去
4	30	饴	-ʔra^A	vz̩a^A	lɯ	ji^A	蜂蜜
5	7	豝	mpæ^C	mpɑ^C	pra̠	pɣæ^A	猪
5	7	哺	mpæ^C	mpɑ^B	ba̠s	buo^C	含一口水
5	49	都	tæ^A	tɑ^A	k-la̠	tuo^A	厚
5	1	趺	pæ^A	pɑ^A	pa	piʊ^A	大腿
5	21	麩	sp^{h}jæ^C	fsɑ^C	p^{h}a	p^{h}iʊ^A	糠
5	42	接	tsæ^D	tsɑ^D	skeb	tsiɛp^D	接绳子
5	9	拍	mbæ^A	mbɑ^A	p^{h}rag	p^{h}ɣæk^D	拍手
5	75	少	hljæ^D	l̩ɑ^D	m^{h}jewʔ	ɕiɛʊ^B	年轻
5	32	梳	ræ^C	vz̩ɑ^C	sqra	ʂiɣ^A	梳子
5	59	索	hlæ^C	l̩ɑ^C	sre̠g	ʂɣɛk^D	绳子
5	51	踏	dæ^D	dɑ^D	t^{h}ub	t^{h}əp^D	蹬/踩

（续表）

韵类	声类	语素	MR拟音	王拟音	上古拟音	中古拟音	词语
5	43	锡	tsʰæ^D	tsʰɑ^D	sleg	sek^D	锡
5	59	坔	hlæ^A	l̥ɑ^A	lɯ	jɨ^A	桥
6	55	多	ntɔ^C	ntɔ^C	k-lal	tɑ^A	多
6	29	蜉	mbrɔ^D	mbdʐɔ^D	bu	bɨu^A	蚂蚁
6	97	屦	kʰjɔ^C	cʰɔ^C	klos	kɨu^C	鞋
6	63	著	drɔ^C	ɖɔ^C	g-lag	ȡiak^D	打中
6	61	著	trɔ^C	tɔ^C	g-lag	ȡiak^D	穿鞋
7	62	抽	tʰro^C	tʰo^C	rlɯʷ	tʰɨu^A	拔刀
7	3	妇	bo^A	bou^A	blɯʔ	bɨu^B	女人
7	9	覆	mbo^C	mbo^C	bugs	bɨu^C	盖锅/盖瓦
7	73	漏	ŋgro^C	ɳɖlɔ^C	ros	lu^C	滴下来
7	23	扭	pro^C	ptʂo^C	m-luʔ	ȵɨu^B	拧毛巾
7	58	拗	ʔlo^B	ʔlo^B	qrɯwʔ	ʔæu^B	扁担断
7	30	守	ʔro^B	vʐo^B	qʰljuʔ	ɕɨu^B	看守
7	72	浊	ŋkro^B / ngro^B	ɳtl̥o^B	rdog	ȡɣɔk^D	水浑
8	3	髆	bʉ^C	bu^C	pag	pɑk^D	肩
8	28	肺	mprʉ^C	mptʂu^C	pʰods	pʰʷiai^C	肺
8	34	拊	pʰlʉ^C	pʰlu^C	pʰoʔ	pʰɨo^B	抚摸
8	112	裹	qʰʉ^B	qʰu^B	kolʔ	kʷɑ^B	包糖
8	113	鸠	ɢʉ^B	ɢu^B	ku	kɨu^A	布谷鸟
8	120	流	ɴɢlʉ^B	ɴɢlu^B	ru	lɨu^A	水流
8	2	掊	pʰʉ^A	pʰu^A	pɯʔ	pu^B	猪拱土
8	59	髓	hlʉ^A	l̥u^A	ljolʔ	sʷiE^B	脑髓

（续表）

韵类	声类	语素	MR拟音	王拟音	上古拟音	中古拟音	词语
8	128	蜗	ɢʉᴬ	ɢʷjuᴬ	kʷrol	kʷɣɛᴬ	蜗牛
9	67	触	ntruwᶜ	ȵʈəᶜ	tʰjoɡ	tɕʰiʊkᴰ	牛打架
9	55	搭	ntuwᴰ	ntaᴰ	k-lub	təpᴰ	打
9	113	巠	ɢuwᴰ	ɢəᴰ	--	kʷɣɛiᴬ	脊背
9	102	笠	kuwᴰ	kəᴰ	(ɢ-)rɯb	lipᴰ	斗笠
9	100	曲	ŋkʰuwᴰ	ɲcʰəᴰ	kʰoɡ	kʰiʊkᴰ	弯曲
9	59	铁	hluwᶜ	l̥əᶜ	liɡ	tʰetᴰ	铁
9	93	幼	ʔjuwᶜ	ʔʑəᶜ	qrɯws	ʔiuᶜ	小
10	51	题	deᴮ	deiᴮ	--	deiᶜ	碗
10	49	㧁	teᴰ	nteiᴰ	dẹds	deiᶜ	夹菜
10	73	避	ŋreᴰ	ŋdl̥eiᴰ	dẹds	deiᶜ	避雨
10	85	刲	cʰeᴰ	tɕʰeiᴰ	kʰʷe	kʰʷeiᴬ	削
10	31	癸	hreᶜ	fʂeiᶜ	srib	ʂipᴰ	快
10	113	歪	ɢeᴬ	ɢeiᴬ	qʰʷral	hʷɣɛᴬ	斜/歪
10	130	斛	heᴰ	heiᴰ	--	hʷɑtᴰ	舀水
10	116	狭	ɴɢeᴰ	ɴɢeiᴰ	ɡrẹb	ɦɣɛpᴰ	窄
10	76	烨	ljeᴰ	l̥eiᴰ	ɢʷrɯb	ɦiipᴰ	打闪
10	45	咂	ntseᴰ	ntseiᴰ	sụb	tsəpᴰ	蚊子吸血
12	47	瘠	ndzṛeiᶜ	ndzoiᶜ	--	--	瘦
12	3	赔	bṛeiᴬ	boiᴬ	bɯ	buoiᴬ	还账
12	31	写	hrṛeiᶜ	fʂoiᶜ	slaʔ	siæᴮ	写
12	69	摘	ndrṛeiᶜ	ɳɖoiᶜ	tʰeɡ	tʰekᴰ	摘猪草
12	61	蹢	trṛeiᶜ	ʈoiᴮ	deɡ	ɖiɛkᴰ	爪
13	102	龀	kowᴰ	keuᴰ	ɡɯd	ɦiətᴰ	啃

(续表)

韵类	声类	语素	MR拟音	王拟音	上古拟音	中古拟音	词语
13	117	皦	qlow^A	qleu^A	kle̯^{w}?	keu^B	白
13	100	堀	ŋkʰow^A	ɲcʰeu^A	glud	giut^D	扬尘
13	75	燎	hljow^B	l̥eu^B	(g-)re^w	lieu^A	烧山
13	121	魊	qrow^A	qleu^C	--	?^{w}ɣɛi^A	咸
13	77	甾	tsjow^D	tʂeu^D	skrɯ	tʂɨ^A	野鸡
15	7	被	mpu̯a^C	mpɑu^C	bal?	bɣiɛ^B	披衣服
15	78	车	tsʰju̯a^A	tʂʰɑu^A	kʰlja	tɕʰiæ^A	纺车
15	21	搓	S-pʰu̯a^A	sɑu^A	skʰal	tsʰɑ^A	搓绳子
16	80	稷	ntsju^C	ɳtʂou^D	sklɯg	tsɨk^D	高粱
16	120	楼	Nqlu^C	Nɢlɔu^C	(g-)ro̯	lu^A	褴褛
16	28	绿	mpru^A	mptʂou^A	rog	liok^D	绿
16	24	嘌	pʰru^A	pʰtʂʰɔu^A	pʰew	pʰiɛu^A	吹火
16	74	兔	?lju^B	?lɔu^B	l̥as	tʰuo^C	兔
16	93	要	?ju^B	?zɔu^B	qew	?iɛu^A	要钱
17	74	倒	?lju̯ei^A	?lou^A	ta̯w?	tɑu^B	倒茶水
17	49	剁	tu̯ei^C	tou^C	to̯g	tuk^D	斧头
17	70	燹	kru̯ei^B	tl̥ou^B	q-pʰrɯls	h^{w}ɣi^C	烧柴
17	74	铸	?lju̯ei^A	?lou^A	tjos	tɕiu^C	铸
17	113	躁	ɢu̯ei^C	ɢou^C	sgos	dzu^C	醉倒
18	51	汀	din^A	din^A	tʰe̯ŋ	tʰeŋ^A	平
19	128	管	ɢæn^A	ɢwjen^A	ko̯n?	k^{w}ɑn^B	芦笙
19	53	弩	hnæn^B	n̥en^B	na̯?	nuo^B	弩
19	54	人	næn^2	næn^A	njiŋ	ȵin^A	人
20	89	姆	ɲen^B	ȵæn^B	ne̯m?	nem^B	薄

（续表）

韵类	声类	语素	MR拟音	王拟音	上古拟音	中古拟音	词语
20	88	颜	hɲen^A	ŋ̱æn^A	ŋran	ŋɣæn^A	额头
21	51	等	dəŋ^B	dɔn^B	tuŋʔ	təŋ^B	等候
21	121	滚	qləŋ^B	qlɔn^B	kluŋʔ	kuon^B	滚下/滚石头
21	118	蒜	ɢləŋ^B	ɢlɔn^B	slɔns	sʷɑn^C	野蒜
21	101	舼	ŋgjəŋ^A	ɲɹɔn^A	gloŋ	giʊŋ^A	船
21	76	敛	ljəŋ^B	l̥ɔn^B	(g-)romʔ	liɛm^B	埋人
21	116	咽	Nɢəŋ^B	Nɢon^B	qens	ʔen^C	吞一
21	71	壮	grəŋ^A	dl̥ɔn^A	skraŋs	tʂiaŋ^C	油
21	77	纵	tsjəŋ^C	tʂɔn^C	soŋ	tsiʊŋ^A	释放
22	43	粢	tsʰɛŋ^B	tsʰon^B	s̱ʰans	tsʰɑn^C	米
22	58	短	ʔlɛŋ^B	ʔlon^B	k-lo̱nʔ	tʷɑn^B	短
22	76	量	ɢraŋ^A	l̥ɔn^A	(g-)raŋ	liaŋ^A	量米
22	53	日	hnɛŋ^A	n̥on^A	mljig	n̠it^D	太阳
22	83	飧	sjɛŋ^C	ʂon^C	slun	suon^A	午饭
22	111	星	qɛŋ^A	qon^A	sqe̱ŋ	sen^A	星
22	96	姎	kɛŋ^B	con^B	qaŋ	ʔɑŋ^A	我
22	117	驥	qrɛŋ^A	qlon^A	qrin	ʔɣɛn^A	黑
23	93	飏	ʔjaŋ^C	ʔʑeŋ^C	laŋ	jiaŋ^A	飞
24	44	惭	dzaŋ^A	dzeŋ^A	sga̱m	dzɑm^A	害羞
24	57	长	ndaŋ^A	ndeŋ^A	daŋ	ɖiaŋ^A	长刀
24	122	量	ɢraŋ^A	ɢleŋ^A	(g-)raŋ	liaŋ^A	度
24	121	灵	qraŋ^A	qleŋ^A	reŋ	leŋ^A	鬼

(续表)

韵类	声类	语素	MR拟音	王拟音	上古拟音	中古拟音	词语
24	53	荏	hnaŋ^B	n̥eŋ^B	njum?	ɲim^B	苏麻
24	75	绳	hlaŋ^A	l̥eŋ^A	sbljɯŋ	ʑiŋ^A	带子
24	59	烫	--	l̥eŋ^A	laŋs	tʰaŋ^C	烫虱子
24	10	箢	ʔwaŋ^A	ʔveŋ^A	--	ʔʷiɐn^B	簸箕
24	45	葬	ntsaŋ^C	ntseŋ^C	saŋs	tsaŋ^C	坟
24	61	张	traŋ^A	ʈeŋ^A	taŋ	ʈiaŋ^A	一把锄头
25	102	江	koŋ^D	kaŋ^A	kroŋ	kɣɔŋ^A	沟
26	60	两	--	laŋ^B	raŋ?	liaŋ^B	一两银子
26	90	正	ɲciaŋ^A	n̠ʨaŋ^A	tjeŋ	tɕiɐŋ^A	直
27	121	洛	qrɥei^D	qlou^D	--	ɦiak^D	冰
27	6	麦	muɰ^C	moŋ^B	mrɯɡ	mɣɛk^D	麦子/大麦
27	54	饻	nuɰ^A	noŋ^A	--	nuon^A	吃
28	69	呈	ndroŋ^B	ŋɖoŋ^B	rleŋ	ɖiɐŋ^A	平坝
28	1	风	poŋ^C	poŋ^C	plum	piuŋ^A	空气/水汽
28	121	陕	qroŋ^A	qloŋ^A	--	ɦiuŋ^A	槽
28	50	桶	tʰoŋ^B	tʰoŋ^B	loŋ?	duŋ^B	风箱
28	63	筒	drɔ^C	ɖoŋ^A	g-loŋ	duŋ^A	笛子/管子
28	86	根	ɟoŋ^A	dzoŋ^A	greŋ	ɦɣəŋ^A	根
29	63	凳	droŋ^A	ɖuŋ^A	tɯŋs	təŋ^C	板凳/桌子
29	30	岭	-ʔrəŋ^B	ʔvz̩uŋ^C	reŋ?	liɐŋ^B	树林
29	86	穷	ɟoŋ^B	dzuŋ^B	ɡuŋ	ɡiuŋ^A	完
29	93	蝇	ʔjaŋ^C	ʔz̩uŋ^B	(b-)lɯŋ	jiŋ^A	蚊子
29	96	针	kjoŋ^A	cuŋ^A	ɡom	ɡiɛm^A	针
30	1	崩	pɯŋ^A	pəŋ^A	pɯŋ	pəŋ^A	落
30	26	蛮	hmuŋ^A	m̥ʂəŋ^A	mron	mɣæn^A	苗族

3. 苗瑶共同词里的汉借词

韵类	声类	借词	MR拟音	王拟音	上古拟音	中古拟音	词语
2	14	劈	pʰek	pʰtsʰeiᴬ	pʰeg	pʰekᴰ	劈
2	76	里	ljɨX	ḽeᴮ	(m-)rɯʔ	lɨᴮ	一里路
3	86	荞	ɟæu	dʑæᴬ	krew	kɣiɐuᴬ	荞麦
3	115	渴	NKʰat	Nqʰæᴰ	grad	gɣiɐtᴰ	渴
4	123	瓜	Kʷa	qlwaᴬ	kʷra	kʷɣæᴬ	瓜
4	111	假	KaX	qaᴮ	kraʔ	kɣæᴮ	借牛
5	1	百	pæk	paᶜ	prag	pɣækᴰ	百
5	112	客	Kʰæk	qʰɑᶜ	kʰrag	kʰɣækᴰ	客人
5	12	瓦	ŋʷæX	vaᴮ	ŋʷralʔ	ŋʰɣæᴮ	瓦
5	45	澡	ntsæwX	ntsaᴮ	sa̱wʔ	tsɑuᴮ	洗锅
6	44	凿	dzəuk	dzᴐᶜ	zo̱ʷɢ	dzɑkᴰ	凿子
6	49	得	təuk	tᴐᶜ	tɯg	təkᴰ	得到
7	129	鸭	ʔap	ʔoᴰ	qra̱b	ʔɣæpᴰ	鸭子
7	45	早	ntsi̯ouX	ntsoᴮ	skḻuʔ	tsɑuᴮ	早
7	42	灶	N-tsoH	tsoᶜ	su̱s	tsɑuᶜ	灶
7	83	暑	ʂji̯ouX	ʂoᴮ	qʰljaʔ	ɕiɣᴮ	暖和
7	32	力	-rək	vẓoᶜ	(g-)rɯg	likᴰ	力气
9	130	喝	hup	həᴰ	qʰo̱b	həpᴰ	喝水
9	51	荅	dup	dəᴰ	k-lu̱b	təpᴰ	豆子
10	86	骑	ɟej	dʑeiᴬ	gal	gɣiᴇᴬ	骑
10	42	接	tsep	tseiᴰ	skeb	tsiɛpᴰ	接受/借钱
10	80	眨	ntsjep	ɳʈʂeiᴰ	spro̱b	tʂɣɛpᴰ	眨眼
10	111	鸡	Kəi	qeᴬ	ke̱	keiᴬ	鸡
10	43	漆	tʰjet	tsʰeiᴰ	sʰig	tsʰitᴰ	漆

韵类	声类	借词	MR 拟音	王拟音	上古拟音	中古拟音	词语
11	6	买	mɛjX	mai^B	mre̲ʔ	mɣe^B	买
11	6	卖	mɛjH	mai^C	mre̲s	mɣɛ^C	卖
13	85	处	cʰouH	tɕʰeu^C	kʰlja̲ʔ	tɕʰiɤ^B	床铺/地方
13	12	芋	wouH	veu^C	ɢʷa	ɦiʊ^A	芋头/老虎芋
13	63	箸	drouH	ɖeu^C	g-las	ɖiɤ^C	筷子
15	2	破	pʰajH	pʰɑu^C	pʰals	pʰwɑ^C	破开肚子
15	123	过	KʷajH	qlwau^C	klo̲l	kʷɑ^A	过
15	32	梨	rəj	vʐɑu^A	(b-)ril	li^A	梨
15	32	利	-rajH	vʐɑu^C	(b-)rids	li^C	锐利一
16	3	抱	buəH	bɔu^C	bu̲ʔ	bau^B	抱
16	49	捣	tuX	tɔu^B	tu̲ʔ	tau^B	舂米
17	7	沸	mpu̯æiH	mpou^C	pu̲ds	pʷiɤi^C	沸
18	81	清	ntsʰji̱əŋ	ȵtʂʰin^A	skʰeŋ	tsʰiɛŋ^A	水清
18	76	镰	ljim	l̠in^A	(g-)rem	liɛm^A	镰刀
18	89	银	ɲʷi̱ən	ʑin^A	rɯn	ŋɣin^A	银子
19	50	炭	tʰanH	tʰen^C	t-ŋ̊ha̲ns	tʰɑn^C	木炭
20	84	斤	kʷjan	tɕæn^A	kɯn	kin^A	斤
20	44	钱	dzi̱en	dzæn^A	sgen	dziɛn^A	一钱银子
20	43	千	tsʰi̱en	tsæn^A	sni̱ŋ	tsʰen^A	千
22	32	廪	rɛmX	ʔvʐon^B	b-rɯmʔ	lim^B	仓
22	77	甑	tsjɛŋH	tʂon^C	sɯŋs	tsi̱ŋ^C	甑子
24	96	金	kjeəm	cən^A	krɯm	kɣim^A	金子
24	111	甘	Kam	qeŋ^A	ka̲m	kam^A	甜/肉香
24	43	疮	tsʰi̱en	tsʰeŋ^A	s̠ʰraŋ	tʂʰiaŋ^A	疮

（续表）

韵类	声类	借词	MR拟音	王拟音	上古拟音	中古拟音	词语
24	123	广	Kʷi̯aŋX	qlweŋᴮ	kʷa̱ŋʔ	kʷaŋᴮ	宽
26	79	匠	dzi̯oŋH	dz̢aŋᶜ	sba̱ŋs	dziaŋᶜ	匠人
28	32	龙	-roŋ	vz̢oŋᴬ	(g-)roŋ	liʊŋᴬ	龙
28	48	送	suŋH	soŋᶜ	slo̱ŋs	suŋᶜ	送亲/送东西
28	95	羊	juŋ	ʑoŋᴬ	(g-)laŋ	jiaŋᴬ	羊
28	67	中	ntroŋ	n̢ʈuŋᴬ	tuŋ	ʈiuŋᴬ	当中
29	51	铜	doŋ	duŋᴬ	g-lo̱ŋ	duŋᴬ	铜
29	50	桶	tʰoŋ(X)	tʰuŋᴬ	lo̱ŋʔ	duŋᴮ	桶

4．苗语共同词里的汉借词

韵类	声类	借词	MR拟音	王拟音	上古拟音	中古拟音	词语
1	48	蓑	--	siᴬ	slo̱l	sʷɑᴬ	蓑衣
4	114	价	Nqaᶜ	Nqaᶜ	kras	kɣæᶜ	价钱
7	86	臼	ɟoᴮ	dʑoᴮ	guʔ	giᵾᴮ	碓
7	44	造	dzoᶜ	dzoᶜ	sguʔ	dzauᴮ	到达
8	130	腐	huᴮ	huᴮ	boʔ	biʊᴮ	豆腐
8	60	露	luᶜ	luᶜ	(g-)ra̱gs	luoᶜ	露水
9	83	收	sjuwᴬ	ʂəᴬ	qʰjuʷ	ɕiᵾᴬ	收东西
13	84	酒	cowᴮ	tɕeuᴮ	skluʔ	tsiᵾᴮ	酒
15	3	败	bu̠aᴮ	bauᴮ	pra̱ds	pɣæiᶜ	坏了
15	111	嫁	qu̠aᶜ	qauᶜ	kra̱s	kɣæᶜ	嫁
16	114	鸠	Nquᴬ	Nqouᴬ	ku̱b	kiᵾ	鸽子
17	60	老	lu̠eiᴮ	louᴮ	(g-)ru̱ʔ	lauᴮ	老
18	44	瀴	dzinᴮ	dzinᴮ	--	tʂʰɣaŋᶜ	冰凉

(续表)

韵类	声类	借词	MR 拟音	王拟音	上古拟音	中古拟音	词语
19	17	马	mjæn^B	mnen^B	mra?	mɣæ^B	马
21	51	沉	din^A	dən^A	g-lum	ɖim^A	沉
21	112	孔	qʰən^B	qʰən^B	kʰloŋ?	kʰuŋ^B	洞
22	93	秧	ʔjɛŋ^A	ʔʑon^A	qaŋ	ʔiaŋ^A	秧
22	95	养	jɛn^C	ʑon^C	laŋ?	jiaŋ^B	养一家人/养鸡
24	124	黄	Gʷaŋ^A	ɢlʷeŋ^A	gʷaŋ	ɦʷɑŋ^A	黄
24	124	黄	Gʷaŋ^A	ɢlʷeŋ^A	gʷaŋ	ɦʷɑŋ^A	太阳亮
24	89	髯	ɲaŋ^C	n̻eŋ^C	njam	n̻iɛm^A	胡须
24	95	炀	jaŋ^A	ʑeŋ^A	laŋ	jiaŋ^A	融化
24	12	园	waŋ^A	vɐŋ^A	ɢʷan	ɦʷiɤn^A	菜园
26	60	两	—	laŋ^B	raŋ?	liaŋ^B	一两银子
26	12	万	vaŋ^C/wi̯aŋ^C	vaŋ^C	mlans	mʷiɤn^C	万
26	95	杨	ji̯aŋ^A	ʑaŋ^A	laŋ	jiaŋ^A	柳树
28	60	聋	loŋ^A	loŋ^A	(g-)roŋ	luŋ^A	聋子/聋
30	104	蚕	guŋ^A	gəŋ^A	goŋ	giuŋ^A	蚱蜢
30	42	鬃	tsuŋ^A	tsəŋ^A	zuŋ	dzɣoŋ^A	鬃

二、苗语湘西方言腊乙坪苗语里的古汉借词

说明：

(1) 本附录包含腊乙坪苗语里的中古层汉借词(共 121 条)、近代早期汉借词(共 195 条)、近代晚期汉借词(共 161 条)三个表格，材料来源是石如金(1997)《苗汉汉苗词典》。

(2) 表格分三列，第二列"词语读音"是词典里苗文词条的国际

音标转写,第三列"《词典》意义"是词典里关于词条的汉语释义,第一列"借词分析"是我们根据词语读音和意义,对每个音节意义的语素直译,有些苗语语素我们不知道具体是什么意义,以"?"标出。

（3）不少汉借词是合璧词,分几种情况:固有语素＋借词语素,中古汉借词语素＋近代汉借词语素,近代早期汉借词语素＋近代晚期汉借词语素,固有词和非该表格所属借词层次的汉借词,我们在"借词分析"一列里用括号括出,也即括号外的语素是借词语素。但"近代早期借词语素＋近代晚期借词语素"的词,我们大部分整体定为近代晚期层汉借词。

（4）读音不符合规律的在词语读音后以"声!、韵!、调!"标出,分别表示声母、韵母、声调不合规律。

（5）词条排序以"借词分析"一列的借词语素,也即括号外语素的普通话读音为序。

1. 腊乙坪苗语中古层汉借词

借词分析	词语读音	《词典》意义
（缀犁缀）耙	qo¹ lji² qo¹ pa²	犁耙
耙	pa²	耙子
百	pa⁵	百
拜	pa⁶	拜访,走访,看望
傍	paŋ⁶	依靠,指望,依仗
（缀）菖	qo¹ ɕaŋ¹	菖蒲
成	tɕɛ²	成功
（缀虫）绸	ta¹ cin¹ tɯ²	蚕
绸	tɯ²	绸子
（缀）绸	tɛ¹ tɯ²	绸子
（线）绸	sɔ³ tɯ²	绸线,丝线
穿	tɕʰaŋ¹	穿绳,穿

（续表）

借词分析	词语读音	《词典》意义
穿	$t\varphi^h a\eta^1$	串
（缀）穿	$qo^1 t\varphi^h a\eta^1$	穿绳
疮	$nts^h ei^1$	疮
得	to^5	获得
豆腐	$ta^3 x\mathfrak{o}^5$	豆腐
毒	to^6	毒（鱼）
沸	pu^2	沸
（缀）副	$qo^1 x\mathfrak{o}^5$	副。用于水桶、箩筐等的计算单位。
（缀）鸠	$ta^1 \mathrm{N}qo^1$	鸽子
（缀）钩	$qo^1 q\mathfrak{r}^3$	钩子
（缀）蛊	$qo^1 qu^1$	蛊
（话）故	$tu^5 qo^5$	古语,古人云
故	qo^5	旧,古,老
瓜	$k^w a^1$	黄瓜
官	$q^w e^1$	官
（缀）官	$qo^1 q^w e^1$	官吏
广	qun^3	宽
（缀）柜	$qo^1 ce^6$	（碗）柜
柜	ce^6	柜
过	$q^w a^5$	过,超过,曾经
（缀）喝	$ma^2 hu^3$	饮料
喝	xu^3	饮,喝
（缀）壶	$qo^1 x\mathfrak{r}^1$	（酒）提子
（缀）壶	$qo^1 x\mathfrak{o}^1$	壶。用来盛酒的容器。

（续表）

借词分析	词语读音	《词典》意义
（缀）黄	qo¹ qun²	黄色
（缀）黄	tɕi³ qun²	黄
黄	qun²	黄
（缀）鸡	ta¹ qa¹	鸡
（缀）夹	pa³ Nqa³	夹子，鳌
（缀）夹	qo¹ Nqa³	镊子，钳子
假	qa³	借
（缀）价	qo¹ Nqa⁵	价钱
（缀）价	tɕi² Nqa⁵	值价
价	Nqa⁵	价钱
（缀）匠	pa³ tɕaŋ⁶	专家，能手
匠	tɕaŋ⁶	专家，能手
（缀）蕉	qo¹ tɕɤ¹	芭蕉
（果）蕉	pi³ tɕɤ¹	芭蕉
斤	kaŋ¹	斤
（缀）金	qo¹ ɲce¹ 声！	金子
金	ɲce¹ 声！	金子
酒	tɕɯ³	酒
（缀）臼	qo¹ tɕɔ⁴	石臼，碓
臼	tɕɔ⁴	碓
（缀）壳	qo¹ kʰu¹	外壳
渴	Nqʰe³	渴
刻	qʰa³	刻
客	qʰa⁵	客人

（续表）

借词分析	词语读音	《词典》意义
（缀筐）空	qo^1 ȵtɕ^{h}a^3 q^{h}uŋ^1	空箩筐
空	q^{h}uŋ^1	空。什么也没有，或指有时间。
空	q^{h}uŋ^3 调！	天空,空隙
孔	q^{h}u^3	洞,穴,坑
（缀）苦	qo^1 k^{h}ɔ^3	贫困,贫穷
苦	k^{h}ɔ^5 调！	苦
（果）梨	pi^3 ʐɿa^2	梨
龙	ta^1 ʐuŋ^2	龙
（缀）笼	qo^1 ʐaŋ^2	笼子
（缀）马	ta^1 me^4	马
马	me^4	马
卖	me^6	卖
庙	mju^6	庙
（缀）赔	qo^1 pi^2	赔偿
赔	pi^2	赔偿,偿还
（缀）盆	qo^1 pen^2	盆子
碰	p^{h}aŋ^5	碰
劈	p^{h}a^3	劈,破
（缀）坪	qo^1 pjen^2	坪地
破	p^{h}a^1	说破,猜
破	p^{h}a^5	破开,劈开
（木）漆	ntu^5 ts^{h}a^3	漆树
漆	ts^{h}a^3	生漆
齐	tsei^2	整齐

(续表)

借词分析	词语读音	《词典》意义
千	$ts^h\epsilon^1$ 声！	千
（缀）钱	$qo^1 t\varphi\epsilon^2$	金钱
钱	$t\varphi\epsilon^2$	金钱
（缀）钱（缀）价	$qo^1 t\varphi\epsilon^2 qo^1 Nq\alpha^5$	钱财，金钱
（缀）墙	$qo^1 t\varphi a\eta^2$	墙
敲	$q^h\mathrm{w}^3$ 调！	敲击
（缀）桥	$qo^1 cu^2$	桥
桥	cu^2	桥
容	$\mathrm{z}a\eta^2$	容纳
（缀）融	$t\varphi i^3 \mathrm{z}en^2$	融化
融	$\mathrm{z}en^2$	融化
（缀杆）伞	$p\alpha^3 ko^3 se^3$	伞把儿
沙	$ts^h\alpha^1$ 声！	沙子
（缀骗）羊	$p\alpha^3 \varphi\epsilon^1 \mathrm{z}u\eta^2$	骟黄羊
（缀）收	$qo^1 \varphi\gamma^1$	收拾
（缀）送	$qo^1 su\eta^5$	送
送	$su\eta^5$	送，送行
（缀）送	$t\varphi i^3 su\eta^5$	送
（屎）炭	$q\alpha^3 t^h e^5$	火炭。已经熄灭了的火子。
炭	$t^h e^5$	炭，炭火
铜	$tu\eta^2$	铜
围	wa^2	围
（缀）秧	$qo^1 \mathrm{z}a\eta^1$	秧苗
秧	$\mathrm{z}a\eta^1$	秧苗

（续表）

借词分析	词语读音	《词典》意义
（毛）羊	pi¹ ʑuŋ²	羊毛
羊	ta¹ ʑuŋ²	羊
（缀）银	qo¹ ŋuŋ²	银子
游	ʑɔ²	漫游
（果）芋	pi³ wɤ⁶	芋头
芋	wɤ⁶	芋头
（缀）早	tɕi³ ntsɔ³	早，更早
早	ntsɔ³	早
中间	ta³ ȵʈuŋ¹	中间
冢	ʈuŋ³	冢
嘱	tɕɤ³	嘱托，遗嘱
（缀）箸	qo¹ ʈɯ⁶	筷子
箸	ʈɯ⁶	箸

2. 腊乙坪苗语近代早期汉借词

借词分析	词语读音	《词典》意义
八角莲	pɑ³ ko³ ljɛ²	八角莲。一种木本植物，因块根个个相连而得名，可以入药。
（果）粑	pi³ pɑ¹	粽子
（缀）粑	qo¹ pʰa²	粑子
拜（年）	pa⁵ tɕɛ¹	拜年
板	pɛ³	板，棺材
板茅厕	pɛ³ mo² sɿ³	跳板。厕所中供人蹲踏的木、石板或横木。
（缀）背时	qo¹ pei⁵ ɕi³	背时鬼

（续表）

借词分析	词语读音	《词典》意义
（缀）本	qo¹ pen³	根底，基础
（缀）饼	qo¹ mpe³ 声！	粑粑，饼
卜	mpɣ³ 声！	占卜
裁缝	tsʰa² xuŋ¹	裁缝
（缀）查	tɕi³ ȵʈa²	查访
差	tsʰɑ¹	差错
（缀）缠	tɕi³ ʈɛ²	缠住
（一）朝	a³ ntso² 声！	时代，朝代
朝	ntso² 声！	朝代
（缀）池	qo¹ n̥tɕi²	城池
（缀）尺	qo¹ tɕʰi³	尺子
尺	tɕʰi³	尺子
除	ȵʈu²	除了
催	tsʰei¹	催
点	tɕɛ³	点种，点播
（缀）东	qo¹ tuŋ¹	东西。具体的物品。
斗	tɯ³	斗。量词。
肚脐	ntu³ tɕʰi¹	肚脐
（缀）烦	tɕi³ xʷɛ¹	讨厌
房	xʷɑŋ¹	房
（缀）分	qo¹ xun¹	分把
（木）弓	ntu⁵ cuŋ¹	（手工弹棉的）弹弓
沽	ku³	沽。原意为买卖，现作买解。
（人）孤（人？）	te¹ ku¹ te¹ ʅu¹	孤儿

（续表）

借词分析	词语读音	《词典》意义
故	ku⁵	故事
官	kʷe¹	官
还	xɑ¹	反而
害	xa⁵	害。在诗歌中用。
（沟）壕	ʐuŋ² xo¹	壕沟
（缀）合	tɕi³ xu¹	合拢
合	xo³	合
合理	xo³ lji⁶	合理
（缀）和	tɕi³ xu⁵	掺和
和	xu⁵	掺和,拌和
（瓜）葫	to¹ xɤ¹ 韵！	葫芦瓜
（缀）花	qa¹ xʷa¹	芦花鸡
麻花	mɑ² huɑ¹	花斑色
（滩沙）荒	po⁵ tsʰa⁵ xʷɑŋ¹	荒滩
荒	xʷɑŋ¹	荒
皇帝	wɑŋ² tɕi⁵	皇帝
皇历	wɑŋ² lji²	皇历
（缀）回	tɕi³ wa²	回转
（往）回	sɯ⁵ wa²	往回
回	wa²	次,回
（缀）件	qo¹ cɛ⁶	件
件	cɛ⁶	件,种,样
交	ko¹	交,送,输送
（缀）搅	tɕi¹ co³	搅拌

(续表)

借词分析	词语读音	《词典》意义
（缀）街	$tɕi^1 ca^1$	街
街	ca^1	街市
（缀）卷	$qo^1 tɕaŋ^3$ 韵！	卷,绕
（衣）军	$ɣ^3 cin^1$	军装
（缀）军	$qo^1 cin^1$	士兵
（缀）夸	$qo^1 k^{hw}a^5$	吹嘘,瞎吹牛
（缀）宽	$tɕi^3 k^{hw}aŋ^1$	放宽
宽	$k^{hw}aŋ^1$	宽
（缀）赖	$tɕi^3 lei^6$ 韵！	诬赖
老实	$lo^6 ɕi^1$	老实
离	lji^2	离开
（缀嘴）犁	$pa^3 ȵo^2 lji^2$	犁嘴
（缀）犁	$qo^1 lji^2$	犁
犁	lji^2	犁
（缀）礼	$qo^1 lji^6$	礼节
礼性	$lji^6 sei^3$	礼物,礼节
（缀）里	$qo^1 lji^6$	里子(衣服～)
（缀匠）理	$pa^3 tɕaŋ^6 lji^6$	理师
（缀）理	$qo^1 lji^6$	道理
连枷	$lje^2 ɲca^1$ 声！	连枷
（缀）梁	$qo^1 ljaŋ^2$	梁
（房）粮	$plɯ^3 ljaŋ^2$	粮仓
粮	$ljaŋ^2$	粮
量	$ljaŋ^2$	测量

（续表）

借词分析	词语读音	《词典》意义
淋	lji²	淋
（缀）留	tɕi³ ljɯ²	扣留，挽留
留	ljɯ²	留
（缀）笼	qo¹ luŋ¹	背笼。泛指
笼	luŋ⁶	背笼
拢	luŋ⁶	拢，到达
楼	lɯ²	楼
（缀）箩	qo¹ lu²	箩筐
（缀）骡	ta¹ lu²	骡子
（缀）驴	ta¹ li²	驴子
（缀）猫	ta¹ mɔ¹	猫
（孔）茅厕	qʰu³ mo² sʅ³	厕所
（衣）绵羊	ɣ³ mi² ʑaŋ²	皮大衣
棉花	mi² xʷa¹	棉花
（缀）模	qo¹ mo²	模型，模子
磨	mo²	折磨
（缀）沫	qo¹ mo⁶	泡沫
（缀）难	tɕi³ nɛ²	刁难，难住
难	nɛ²	困难
（木）楠京	ntu⁵ nɛ² cin¹	楠京木
（缀）怒	pu³ nu⁶	震怒
（缀）傩	pɑ³ nu²	傩公
傩	nu²	傩愿
排	pʰa²	排。量词。

(续表)

借词分析	词语读音	《词典》意义
(歌缀)盘	sa³ tɕi³ mpe²	盘歌
(缀)炮	qo¹ pʰo⁵	枪炮
炮	pʰo⁵	各种枪炮的总称。
炮(铜)	pʰo⁵ tuŋ²	铜管炮
陪	mpei²	奉陪,陪同
培	mpe²	培养
(缀)篇	qo¹ pʰje¹	篇章
片	pʰje⁵	用刀斜着去掉物体表层。
(缀)片(木)	qo¹ pʰjeɛ⁵ ntu⁵	木片
漂	pʰjo¹	漂洗
平	mpjen²	平整,平
(滩)坪	po⁵ mpi²	坪地
(缀)坪	qo¹ mpjen²	坪
凭	mpjen²	凭,依据
凭	mpi²	凭,根据
泼	pʰo⁵	泼,泼洒
铺	pʰu¹	铺,展开,摊平
(木)漆	ntu⁵ tsʰei³	漆树
(木)旗	ntu⁵ ci²	旗杆
旗	ci²	旗
(破)钱(破价)	mpʰo⁵ tɕɛ² mpʰo⁵ ɴqa⁵	耗费钱财
桥	ɲco²	桥
(缀)巧	qo¹ cʰo³	技巧
求	ɲcɯ²	求,乞求

借词分析	词语读音	《词典》意义
染	zɛ⁶	染，着色
扫	so³	打扫，扫除
（上）粮	ɕaŋ¹ ljaŋ²	上粮
苕	ɕo²	白薯。又名甘薯或红薯。
（缀）升	qo¹ ɕaŋ³ 调！	升。一种量器的名词。
（缀）升	qo¹ ɕen¹	升。一种量器的名词。
声	ɕen¹	声音
时	ɕi¹	时辰
（缀）收	qo¹ ɕɯ¹	收回，收拾
收	ɕɯ¹	收回，收藏，收拾
受	ɕo¹ 韵！	受，忍受
（缀）输	tɕi³ ɕɯ¹	输送
（缀）锁	qo¹ su³	锁
锁	su³	锁，上锁
（缀）锁（铜）	qo¹ su³ tuŋ²	铜锁
台	ta⁴ 声！调！	级。用于台阶、楼梯等的量词。
（缀）抬	tɕi³ tʰa²	抬
抬	tʰa²	抬
太	ntʰa⁵ 声！	太，过于
（地）堂	te² taŋ²	庭院，院落
堂	ntaŋ²	堂。很多人聚集在一起的地方。
糖	ntaŋ²	糖
（缀）提	qo¹ n̩tɕi²	提子

(续表)

借词分析	词语读音	《词典》意义
（缀）提	tɕi³ n̠tɕi²	提着
（缀）提（酒）	qo¹ n̠tɕi² tɕɯ³	酒提子
（缀）替	tɕi³ tɕʰi⁵	接替
替	tɕʰi⁵	替
（缀）同	tɕi³ ntuŋ²	同，相同
同	ntuŋ²	同，相同
（花）桐油	pen² ntɔ² ʐɔ²	桐子花
（缀）捅	qo¹ tʰuŋ³	捅条
（缀）筒	qo¹ tuŋ²	节儿，筒
（起）头	cʰi⁵ tɯ²	起头
头	ntɯ²	头。一挑担子的一筐。
投	ntɯ²	投，投奔，投靠。
图	ntɯ²	求。贪图简便而不肯从事艰苦的劳动。
屠夫	ntɯ² xɯ¹	屠夫
（房）瓦	plɯ³ wɑ⁶	瓦
瓦	wɑ⁶	瓦
玩	wɛ²	游玩
（缀）围	tɕi³ wei²	围攻
围	wei²	围，包围
舞	wu⁶	舞动，挥舞
（缀）腥	qo¹ se¹	腥味
（缀）样	qo¹ ʐaŋ⁶	模样
样样	ʐaŋ¹ ʐaŋ⁶	模样，身材

（续表）

借词分析	词语读音	《词典》意义
（缀）窑瓦	$qo^1\ \textit{z}o^2\ wa^6$	瓦窑
（孔）窑瓦	$q^hu^3\ \textit{z}o^2\ wa^6$	瓦窑
（缀）摇	$tɕi^3\ \textit{z}o^2$	摇，动摇
（缀）夜	$qo^1\ \textit{z}i^6$	宿。天黑到天亮这段时间计算单位的名词。
夜	$\textit{z}i^6$	夜
依（得）	$\textit{z}i^1\ to^5$	依从，依照
移	$\textit{z}i^2$	移动
（锭）银	$wei^5\ \textit{z}en^2$	银锭
银	$ŋuŋ^2$	银子
（缀）营	$qo^1\ \textit{z}en^2$	营地
赢	$\textit{z}en^2$	赢，胜利
由（得）	$\textit{z}ɯ^2\ to^5$	由得
油	$\textit{z}o^2$ 韵！	油
游	$\textit{z}o^2$ 韵！	游玩
（缀）游	$pu^3\ \textit{z}ɯ^2$	回绕，游弋
（缀）游	$tɕi^3\ \textit{z}ɯ^2$	漫游
游	$\textit{z}ɯ^2$	游
诱	$\textit{z}ɯ^6$	诱惑
（缀）匀	$tɕi^3\ \textit{z}en^2$	均匀
匀均	$\textit{z}i^2\ ntsei^1$	均匀
（房）斋	$plɯ^3\ tsa^1$	斋堂
斋	tsa^1	斋

3. 腊乙坪苗语近代晚期汉借词

借词分析	词语读音	《词典》意义
财喜	tsʰa^{2}ɕi^5	财喜。金钱和物资的统称。
(缀)场	qo^{1}n̠tɕaŋ^4	场数
场	tɕʰaŋ^5	集市,市场
车	tɕʰe^3	车,～谷子,～田水
冲	tɕʰuŋ^3	冲,冲击
充	tɕʰuŋ^3	充,冒充
(地)铳	tei^{1}tɕʰuŋ^1	铳,地炮
铳	tɕʰuŋ^1	铳
(缀)丑	tɕi^{3}tɕʰɯ^5	丢丑
穿方	tɕʰɛ^{3}xʷaŋ^3	穿方
打赌	ta^{5}tɯ^5	打赌
打伙	ta^{5}xu^5	合伙
打搅	ta^{5}co^5	打扰
打救	ta^{5}cɯ^1	拯救
打开	ta^{5}cʰa^3	打开
打理	ta^{5}li^6	照顾,照管
带	ta^1	附带,捎带
(缀)底	qo^{1}tɕi^5	基础,底子
雕	tɕo^3	雕刻
赌	tɯ^5	打赌
端午	tɛ^{3}wu^6	端午
发	xʷa^3	发展,发芽
罚	xʷa^3	罚
封	xuŋ^3	封闭,信的计算单位,爆竹的计算单位

借词分析	词语读音	《词典》意义
逢	xuŋ³	逢,遇到
服	xu³	服气
改	cɑ⁵	改,改正
甘草	cɛ³ tsʰo⁵	甘草
赶	cɛ⁵	赶
敢	cɛ⁵	敢
隔	cɛ¹	间隔
（缀）刮	qo¹ kʷɑ²	刮子
挂牵	qʷɑ¹ cʰɛ¹	想念,思念,惦记着
（缀奇缀）怪	qo¹ qei² qo¹ kʷɑ¹	古怪,稀奇
（缀）怪	qo¹ kʷɑ¹	怪异的(现象)
怪	kʷɑ¹	怪异,诬赖。
怪（得）	kʷɑ¹ to⁵	难怪
过	ku¹	经过,通过
还是	xɑ³ ʂɭ¹	还是
（缀）害	tɕi³ xa¹	陷害
荷包	xɯ³ po¹	荷包
（孔）红苕	qʰu³ hu³ 韵！ɕo³	薯窖
㞑	xɯ¹	㞑
划（得）	xʷɑ³ to⁵	划得
慌张	xʷɑŋ³ ȵtɕaŋ³	慌张
（缀夹）黄鳝	pa³ Nqɑ³ waŋ² ɕɛ¹	鳝鱼夹子
火镰	xu⁵ ljɛ⁴	火镰
（一）伙	(a³) xu⁵	（一）伙

（续表）

借词分析	词语读音	《词典》意义
急	ci²	急
几	ci⁵	几
（缀）季	qo¹ ci¹	季节
（缀）加	tɕi³ ca³	增加
（缀）夹	qo¹ ca²	夹子
家私	ca³ sʅ³	家私
假充	ca⁵ tʰuŋ³	冒充，假装
假装	ca⁵ ʈaŋ³	装作，装扮
（缀）架	qo¹ ca¹	架子
架	ka¹	架（桥）
架	ca¹	架，搭起
架笕	ka¹ cɛ⁵	笕
架子	ca¹ tsʅ⁵	（摆）架子
嫁妆	ca¹ ʈaŋ³	嫁妆
（缀）豇	ta⁵ kaŋ³	短豇豆
交	co³	交给
狡猾	co⁵ xua³	狡猾
缴	co⁵	缴
（缀）轿	qo¹ co¹	轿子
（蒜）薹头	qʷɑŋ⁴ co¹ ntɯ⁴	薹头
（缀）街	tɕi¹ ca³	街
节气	tse² cʰi¹	节气
结	tɕɛ²	结（果）
解劝	ca⁵ cʰɛ¹	劝解

借词分析	词语读音	《词典》意义
戒	ca¹	戒除
斤	cin³	斤两
紧	cin⁵	紧张
(缀)京	tɕi¹ cin³	京城
经	cin³	经,经受
(蒜)韭菜	qʷɑŋ⁴ cɯ⁵ tsʰa¹	韭菜
韭菜	cɯ⁵ tsʰa¹	韭菜
救	cɯ¹	救
捐	cɛ³	捐派
军	cin³	士兵
卡	cʰɑ⁵	哨卡
开	cʰɑ³	开
(人苦人)苦	ne² kʰɔ³ ne² kʰɯ⁵	穷苦人
(人苦人)苦	te¹ kʰɔ³ te¹ kʰɯ⁵	苦人儿
快活	kʰʷa¹ xu³	快活
赖	la¹	诬赖,耍赖
赖账	la¹ tɕɑŋ¹	赖账
癞	la¹	癞子
老火	lo⁵调！xu⁵	老火
(缀人)老实	qo¹ ne² lo⁶ ɕi¹	老实人
料理	ljo¹ lji⁶	料理
(缀串)柳旗	qo¹ pla⁶ li⁶ ɲci⁴	柳旗
滤	lji¹	过滤
命	mi¹	命

(续表)

借词分析	词语读音	《词典》意义
难搞	$nε^2 ko^5$	难办
趴	$p^h a^5$	趴
排场	$mpε^4 ṇtɕaŋ^4$	排场
破	$p^h o^1$	说出，道破
漆	$ts^h ei^3$	生漆
起（头）	$c^h i^5 tɯ^2$	起头
（缀）气	$tɕi^3 c^h i^1$	气
气	$c^h i^1$	生气
（缀）巧	$tɕi^3 c^h o^5$	巧妙
撬	$c^h o^1$	撬开
清明	$ts^h ei^3 mi^4$	清明
请	$ts^h en^5$	邀请，让，容许
（缀）劝	$qo^1 c^h ε^1$	劝告
惹	$z̩e^6$	惹，招惹
伤	$ɕaŋ^3$	伤害，损害
商量	$ɕaŋ^3 ljaŋ^4$	商量
赏	$ɕaŋ^5$	奖赏
上（粮）	$ɕaŋ^1 ljaŋ^2$	上粮
赊	$ɕa^3$	赊欠，赊账
石膏	$ɕi^3 ko^3$	石膏
蚀	$ɕe^3$	蚀，亏，损失
蚀本	$ɕe^3 pen^5$	蚀本
世	$ɕi^1$	世，一辈子。往往用来指牲畜。
收	$ɕɯ^3$	收（账）

（续表）

借词分析	词语读音	《词典》意义
收心	ɕɯ³ sen³	收心
受	ɕɯ¹	忍受,经受
受苦	ɕɯ¹ kʰu⁵	受苦
输	ʂɯ³ 声!	输,失败
松活	suŋ³ xu³	轻松,容易
锁	su⁵	锁口,缉口
（缀）炭（缀炭）	qo¹ tʰɛ¹ qo¹ tʰe⁵	各种炭的总称。
围腰	wei² ʐo³	围裙
限	xɛ¹	限定
香炉山	ɕɑŋ³ lɯ² sɛ³ 声!	香炉山
像	tɕʰɑŋ¹	像
心慌	sen³ xʷɑŋ³	心慌
新鲜	sen³ ɕɛn³	新鲜
信	sen¹	信
姓	sen¹	姓,姓氏
学	ɕo²	学
（缀）压	qo¹ ʐa²	压力
压	ʐɑ¹	压
腌	ʐɛ⁶ 调!	腌
阳春	ʐɑŋ² tʰen³	（种）阳春
（果杷）杨	pi³ mpɑ⁴ ʐuŋ²	杨梅
洋火	ʐɑŋ⁴ xu⁵	洋火
洋藿	ʐɑŋ⁴ xu³	洋藿
摇架	ʐo² cɑ¹	摇架

（续表）

借词分析	词语读音	《词典》意义
钥匙	zu² ɕi¹	钥匙
优待	zɯ³ ta¹	优待
冤枉	zɛ³ waŋ⁶	冤枉
炸	tsa¹	炸
榨	tsa¹	榨取
（缀）丈	qo¹ tɕaŋ¹	丈。十尺。
仗	tɕaŋ¹	仗，战斗
帐子	tɕaŋ¹ tsʅ⁵	蚊帐
账	tɕaŋ¹	债务，账目
招	tɕo³	招徕
招呼	tɕo³ xu³	招呼
照到	tɕo¹ to⁵	按照
照镜	tɕo¹ cin¹	镜子
值	tɕi²	值
咒	tɕɯ¹	咒骂
（缀）砖	qo¹ tɕɛ³	砖
自在	tsʅ³ tsa¹	自在

三、苗语黔东方言养蒿苗语里的古汉借词

说明：

（1）我们观察的材料，有张永祥（1990）《苗汉词典（黔东方言）》
（下文简称《词典》）和中央民族学院苗瑶语研究室（1987）编的《苗
瑶语方言词汇集》（下文简称《词汇集》）的黔东方言材料。两种材料

有些借词有所不同,我们都举出来以供参考。因此,本附录包含两种材料各两个表格:《词典》中古层汉借词(共 92 条),《词典》近代汉借词(共 383 条),《词汇集》中古层汉借词(共 133 条),《词汇集》近代汉借词(共 315 条)总共四个表格。

（2）与腊乙坪苗语汉借词一样,表格分三列,体例与腊乙坪苗语汉借词一样。《词典》材料的"词语读音"是《词典》苗文词条的国际音标转写,《词汇集》材料是原书的国际音标,但有部分词条的记音我们根据使用的音系稍作了处理。

（3）养蒿苗语里的汉借词也有不少是合璧词,我们的处理与腊乙坪苗语汉借词一样。

（4）读音不合规律的标记方式、词条排序方式与腊乙坪苗语汉借词词表同。

1.《苗汉词典(黔东方言)》里的养蒿苗语中古汉借词

借词分析	词语读音	《词典》意义
耙	tsɑ²	钉耙
百	pa⁵	百
败	pa⁴	坏,损坏
败方	pa⁴ faŋ¹	地方不安宁。
傍	paŋ⁴	倚靠
傍	paŋ⁶	靠
崩	paŋ¹	崩
(受)疮	ko⁶ sʰɑŋ¹	受伤
(缀)疮	qa¹ sʰɑŋ¹	疮
捣	to³	舂,捣
豆	təu⁸	豆
沸	pu⁵	水开
甘	qɑŋ¹	甜,甘,好吃

(续表)

借词分析	词语读音	《词典》意义
鸠	qo¹	鸽
故	qo⁵	旧
瓜	fɑ¹	瓜
广	fɑŋ³	宽
过	fɑ⁵	经过，过
喝	həu⁷	喝
黄	fɑŋ²	黄（色）
煌	fɑŋ²	煌，亮
（做）价	ɛ⁵ qɑ⁵	订价
价	qɑ⁵	价钱
嫁	qʰɑ⁵声！	嫁
匠	ɕɑŋ⁶	匠
斤	tɕɑŋ¹	斤
金	tɕen¹	金子
（做）酒	ɛ⁵ tɕu³	酿酒
酒	tɕu³	酒
臼	tɕəu⁴	碓
（做）客	ɛ⁵ qʰɑ⁵	开亲，做客
（睡）客	pi⁵ qʰɑ⁵	投宿
客	qʰɑ⁵	客
孔	qʰɑŋ³	洞，窟窿，处所
孔广	qʰɑŋ³ fɑŋ³	宽处
孔早	qʰɑŋ³ so³	清早
孔灶	qʰɑŋ³ so⁵	灶孔

(续表)

借词分析	词语读音	《词典》意义
（父）老	$pa^3 lu^4$	成年人
老	lu^4	长者
勒	γu^8	勒（拉紧）
（果）梨	$tsen^3 \gamma a^2$	梨子
里	li^4	里（长度单位）
力	$\gamma ə^6$	力气
两	$lia\eta^4$	两（重量单位）
龙	$\gamma o\eta^2$	龙
马	ma^4	马
赔	$pəu^2$	偿还
劈	$p^h a^1$	劈，破
漆	$s^h ei^7$	漆
骑	$t\varphi i^2$	骑
（缀）千	$qa^1 s^h a\eta^1$	千把
千	$s^h a\eta^1$	千
（袋钱）钱	$t\varepsilon^8 pi^2 sei^2$	钱包
钱	$sa\eta^2$	钱（重量单位）
钱	sei^2	钱（货币）
（饭）荞	$ka^3 t\varphi u^2$	荞子
（祭）桥	$tia\eta^1 t\varphi u^2$	祭桥
（墩）桥	$to\eta^6 t\varphi u^2$	桥墩
桥	$t\varphi u^2$	桥
茄（汉）	$t\varphi a^2 tiəu^4$	西红柿
（果）茄	$tsen^3 t\varphi a^2$	茄子

(续表)

借词分析	词语读音	《词典》意义
融	$za\eta^2$	融化
收	$\varphi^h u^1$	收,收获
收(拾)	$\varphi^h u^1 \varphi^h a^1$	收拾
送	$s^h o\eta^5$	送
(人)送(信)	$t\varepsilon^4 s^h o\eta^5 \varphi en^3$	邮递员
(土)炭	$ta^1 t^h \varepsilon^5$	炭
炭	$t^h \varepsilon^5$	木炭
铜	$t\partial u^2$	铜
筒	$tio\eta^2$	筒
瓦	ηi^4	瓦
(缀)千(缀)万	$qa^1 s^h a\eta^1 qa^1 va\eta^6$	成千上万
万	$va\eta^6$	万
(地)秧	$ta^1 zi^1$	稻秧地
秧	zi^1	稻秧
羊	$zo\eta^2$	羊
移	za^2	搬,迁移
(块)银	$po^3 ni^2$	银锭
银	ni^2	银子,银元
银两	$ni^2 lia\eta^4$	银两
(父)幼	$pa^3 zu^5$	叔父
(里)园	$tiu^1 va\eta^2$	园子里
早	so^3	早
凿	so^6	凿子,凿
(门)灶	$tiu^2 so^5$	灶门

(续表)

借词分析	词语读音	《词典》意义
（方）灶	$ki^3 so^5$	灶房里
（停）仗	$tan^8 tian^6$	停火
（打）仗	$ti^1 tian^6$	打仗
仗	$tian^6$	仗
中	$tion^1$	中间
箸	tiu^6	筷子
（缀）鬃	$qa^1 son^1$	鬃

2.《苗汉词典（黔东方言）》里的养蒿苗语近代汉借词

借词分析	词语读音	《词典》意义
爱	a^5	喜爱
爱好	$a^5 ho^5$	爱好
鞍	en^1	鞍子
鞍（马）	$en^1 ma^4$	马鞍
耙	pa^2	耙子
败	pa^6	败
包	po^1	包
宝	po^3	宝物
保	po^3	保佑
锛	pen^1	锛子
（厚）本	$ta^1 pen^3$	本钱雄厚
（输）本	$ko^6 pen^3$	亏本
本	pen^3	模式，本钱
本事	$pen^3 sau^5$	本事

借词分析	词语读音	《词典》意义
本鞋	pen³ ha¹	鞋样
丙	tsen³	丙（天干第三位）
卜	pu³	卜算
补	pu³	补
部	pʰu⁵	部，量词
擦	sʰa¹	擦
（缀）层	qa¹ saŋ²	台阶
层	saŋ²	级，层
差	ɕʰa¹	差役
（回）场	tiaŋ³ ɕaŋ²	散场
（赶）场	xʰa³ ɕaŋ²	赶场
（收）场	ɕʰu¹ ɕaŋ²	收市场税
（挤）场	ŋu⁸ ɕaŋ²	集市热闹
场	ɕaŋ²	集镇
（日）辰	n̥ʰɛ¹ ɕen²	辰日
惩	tsʰen² 声！	惩治
尺	tɕʰi⁷ 声！	尺子
（豆）豉	təu⁸ ɕʰi⁵	豆豉
（托）铳	qʰaŋ¹ ɕʰoŋ⁵	枪托子
铳	ɕʰoŋ⁵	枪
（日）丑	n̥ʰɛ¹ ɕʰu³	丑日
丑	ɕʰu³	丑（地支第二位）
穿	tɕʰaŋ¹ 声！	穿（～针）
醋	tsʰu⁵ 声！	醋

（续表）

借词分析	词语读音	《词典》意义
催	$ts^h ei^1$ 声!	催
锉	$s^h u^5$	锉子
(错)错	$s^h a^3 s^h u^5$	差错
错	$s^h u^5$	错
打	tan^5	打(鞋底,袜底)
荡	tan^5	鏜
登场	$ten^1 can^2$	登场
戥	ten^3	戥
(底)底	$qan^1 ti^3$	底子
典	tin^3	典当
点	tin^3	点播
(睡)店	$pi^5 tin^5$	住旅店
(家)店	$tsɛ^3 tin^5$	旅店
店	tin^5	旅店
垫	tin^5	铺,垫
(缀)淀	$qa^1 ten^6$	沉渣,沉淀物
殿	tin^6	宫殿
殿王	$tin^6 van^2$	皇宫
(缀)靛	$qa^1 ten^6$	蓝靛
靛(蓝)	$ten^6 ni^2$	蓝靛
簟	tin^4	簟,竹席
调	$t^h iəu^3$	换,兑换,调换
丁	tin^1	丁
疔	tin^1	疔疮

借词分析	词语读音	《词典》意义
（相）定	φi^5 ten^5 调！	相约，约定
定	ten^5 调！	约定
定	tin^6	稳，稳固
定方	tin^6 $fa\eta^1$	太平
冻	$to\eta^7$ 调！	冻儿
斗	to^3	斗（量词）
（相）赌	φi^5 $t\partial u^3$	互相打赌
赌	$t\partial u^3$	打赌
赌牌	$t\partial u^3$ pa^2	赌博
（口）肚	pu^7 tu^7	肚脐眼
渡	tu^8	传染，渡
端午	$to\eta^1$ vu^4	端午
缎	ten^6	缎
顿	ten^5	餐，顿
（转）反	$tia\eta^3$ $f^h en^3$	反扑
反	$f^h\varepsilon^3$	造反，反对
反方	$f^h\varepsilon^3$ $fa\eta^1$ 声！	造反
方	$fa\eta^1$ 声！	地方，地区
方	$f^h a\eta^1$	方向
（相）防	φi^5 $va\eta^2$	互相提防
防	$va\eta^2$	防备
（?）房	$ts^h\partial u^1$ $f^h a\eta^1$	私房
分	$f^h en^1$	（一）分，分配
（人抬）夫	$t\varepsilon^4$ $qa\eta^5$ $f^h u^1$	脚夫

（续表）

借词分析	词语读音	《词典》意义
（挑）夫	qɑŋ⁵ fʰu¹	当挑夫
夫	fʰu	夫役
俘虏	fu¹ lu² 调！	俘虏
（豆）腐	təu⁸ həu⁵	豆腐
副	fʰu⁵	副
杆（秤）	qɑŋ³ ɬio⁷	秤杆
杆铳	qɑŋ³ ɕʰoŋ⁵	枪杆儿
敢	qɑŋ³	敢
稿荐	ko³ sen⁵	草垫子
告	qo⁵	告状
庚	qen¹	庚
（歌）庚申戊己	ɕha⁷ qen¹ sʰen¹ mu⁶ tɕi⁵	时辰歌（庚申戊己之歌）
（父）弓	pa³ tɕøŋ¹ 声！	弹棉花的工具
弓	tɕøŋ¹ 声！	弹花弓
够	qo⁵	足够
够（力）	qo⁵ ɣɐu⁶	够劲
估	qəu³	估计，猜想
雇	qəu⁵	雇，请
（网）刮	pa⁴ ka⁷	刮网
（不）管	a² fen³	不管
管	fen³	管（过问）
管	qen³	管，管教
癸	qɛ⁵	癸
柜	tɕi⁶	橱柜

(续表)

借词分析	词语读音	《词典》意义
（日）亥	$\eta_{\circ}^{h} \varepsilon^1 ha^5$	亥日
亥	ha^5	亥
（做）害	$\varepsilon^5 ha^5$	危害
害	ha^5	害
（乱）焊	$hu^5 hen^5$	乱焊
合理	$ho^8 li^4$	合理
（方）横	$ki^3 va\eta^2$	横向
横	$va\eta^2$	横（跟"竖"相对）
（家）红砖	$tse^3 fo\eta^1 \varphi en^1$	砖房
壶	$h\partial u^1$	壶
（?）护	$ts^h \partial u^1 h\partial u^5$	拥护
护	$f^h u^5$	偏护
华	fa^1	（歌）华族,汉人
（公）化	$q\partial u^5 f^h a^5$	乞丐,叫花子
划	$x^h o^7$	画,划
（地）荒	$la^6 f^h a\eta^1$	荒地
荒	$f^h a\eta^1$	荒芜
慌张	$f^h a\eta^1 t\varphi a\eta^1$	慌张
（药）磺	$t\varphi a^1 va\eta^2$	硫磺
火镰	$f^h u^3 lin^2$	火镰
（家卖）货	$tse^3 m\varepsilon^4 hu^5$	商店
（人守）货	$t\varepsilon^4 \gamma \partial^3 hu^5$	售货员
（订）货	$tin^3 hu^5$	订货
（识）货	$t\varphi \partial u^5 hu^5$	识货

（续表）

借词分析	词语读音	《词典》意义
货	hu⁵	货
（做）计	ɛ⁵ tɕi⁵	假装，设计
（缀）计	qa¹ tɕi⁵	主意，计策
计	tɕi⁵	计策
（工）技	qəu¹ tɕi⁵	生产技术
（做）忌	ɛ⁵ tɕen⁸ 韵！	忌讳
忌	tɕen⁸ 韵！	禁忌
忌烟	tɕen⁸ ʑen¹	戒烟
加	tɕa¹	加
夹	qei⁷	钳，夹
夹	tɕa⁷	夹
甲	tɕa¹ 调！	甲（天干第一位）
架	qa⁵	架子，架设
架桥	qa⁵ tɕu²	架桥
架榨油	qa⁵ tɕa⁷ ʑu²	榨油架
件	tɕen⁶	件。量词。
（缀粉）浆	qa¹ pen⁵ tɕaŋ⁵	浆糊
浆	tɕaŋ⁵	浆
讲	qaŋ³	讲，说
犟	tɕaŋ⁵	犟
犟棒	tɕaŋ⁵ paŋ⁵	犟棒
角	qo⁵	角儿
轿	tɕəu⁶	轿子
（里）街	tiu¹ qɛ¹	街上

(续表)

借词分析	词语读音	《词典》意义
街	qɛ¹	街
紧	tɕen³	忙,急
惊	tɕen¹	受惊
(屎渣)锯	qa³ ɬʰ ia³ tɕu⁵	锯末
锯	tɕi⁷	锯子
锯	tɕu⁵	锯子
开	qʰa¹	开,修筑,(天)晴
炕(稻)	qʰaŋ⁵ na²	炕箩
壳	qʰu¹	壳儿
壳	qʰu⁵	躯壳
空	qʰoŋ⁵	空,闲暇
眍	qʰəu¹	眍䁖
苦	qʰə³	贫穷
(筒)裤	tioŋ² qʰəu⁵	裤腿
裤	qʰəu⁵	裤子
裤单	qʰəu⁵ taŋ¹	单裤
喇叭	lia⁴ pa¹	喇叭
赖(诬)	lɛ³ mo⁸	诬赖
缆	laŋ⁶	缆绳
浪	laŋ⁶	波浪
浪(水)	laŋ⁶ əu¹	水浪
(里)牢	tiu¹ lo²	牢里
牢	lo²	牢狱
(做缀)礼	ɛ⁵ qa¹ li⁴	客气,讲礼

(续表)

借词分析	词语读音	《词典》意义
（做）礼	$\varepsilon^5\,li^4$	客气，讲礼
（知）礼	$pu^1\,li^4$	有礼貌
礼（老）礼（故）	$li^4\,lu^4\,li^4\,qo^5$	传统礼俗
（照）理	$t\vartheta u^6\,li^4$	按理
（对）理	$tio^6\,li^4$	合理
（骨）理	$s^h o\eta^3\,li^4$	理词
（缀）镰	$qa^1\,lin^2$	镰刀
梁（家）	$li\alpha\eta^2\,ts\varepsilon^3$	房梁
粮	$li\alpha\eta^2$	公粮
（上）粮（上）夫	$t\varphi i^5\,li\alpha\eta^2\,t\varphi i^5\,f^h u^1$	纳粮服夫役
（?）铃	$tu^2\,lin^2$	铃铛
笼	$lo\eta^4$	笼子
（板）楼	$p\vartheta u^2\,lo^2$	楼板
（上）楼	$ku^7\,lo^2$	楼上
（梯）楼	$t^h a\eta^1\,lo^2$	楼梯
箩	lo^2	箩筐
骡	lu^2	骡子
槽（马）	$so^2\,ma^4$	马槽
（帚）毛（鸡）	$ti\vartheta u^1\,mo^2\,qei^1$	鸡毛掸子
毛（鸡）	$mo^2\,qei^1$	鸡毛
（日）卯	$\eta^h\varepsilon^1\,mo^4$	卯日
卯	mo^4	卯（地支的第四位）
卯时	$mo^4\,\varphi^h i^1$	卯时
帽	mo^6	帽子

（续表）

借词分析	词语读音	《词典》意义
帽蓑	$mo^6 s^h o^1$	棕丝斗笠
帽油	$mo^6 ʐu^2$	油纸斗笠
（闷）闷	$en^5 men^5$	闷热
瞄	zo^2	瞄（准）
（家）庙	$tsɛ^3 zo^6$	庙
（有）名	$mɛ^2 zaŋ^2$	出名
名	$zaŋ^2$	名,名望
（做）名方	$ɛ^5 zaŋ^2 faŋ^1$ 声！	扬名
（死）命	$ta^6 zaŋ^6$	丧命
（加）命	$tio^5 zaŋ^6$	增寿
（苦）命	$ɕ^h a^5 zaŋ^6$	命苦
命	$zaŋ^6$	性命,寿命
模	mu^2	模子
磨	mu^6	磨
碾	nin^2 调！	碾
沤	o^5	沤
呕	o^3	呕吐
怄气	$o^5 tɕ^h i^5$	怄气
排	pa^2	木排
排（木）	$pa^2 təu^5$	木排
（打）牌	$ti^1 pa^2$	打牌
牌	pa^2	牌,扑克
牌（字）	$pa^2 tu^3$	字牌
泡	$p^h o^5$	泡,疏松

（续表）

借词分析	词语读音	《词典》意义
（角药）炮	$ki^1 t\varphi a^1 p^h o^5$	装火药的牛角
炮	$p^h o^5$	枪,炮
炮（火）	$p^h o^5 tu^3$	鞭炮
疱	$p^h o^5$	水疱
（相）配	$\varphi i^5 p^h \varepsilon^5$	配制（药）
配	$p^h \varepsilon^5$	配（够格）,配制
（孔）平	$q^h a\eta^3 tsen^2$	平地
平	$tsen^2$	平坦
破	$p^h u^5$	点破,揭露
（鼓）气	$a\eta^5 t\varphi^h i^5$	生气
（缀）气	$qa^1 t\varphi^h i^5$	脾气
气	$t\varphi^h i^5$	生气,气愤
砌	$s^h \varepsilon^5$	砌
（山）铅	$pi^4 \textipa{z}en^2$	化铅厂
（子）铅	$n^h_{\circ} iu^1 \textipa{z}en^2$	子弹
铅	$\textipa{z}en^2$	锡
撬	$t\varphi o^6$	撬
清平	$s^h en^1 tsen^2$	炉山（清平）,地名
区	$t\varphi^h i^1$	区
（块）拳	$po^3 t\varphi en^2$	拳头
拳	$t\varphi en^2$	拳头
（块）拳头	$po^3 t\varphi en^2 to^2$	拳头
拳头	$t\varphi en^2 to^2$	拳头
（相）让	$\varphi i^5 \textipa{z}a\eta^6$	互相谦让

(续表)

借词分析	词语读音	《词典》意义
让	ʐaŋ⁶	让（把方便或好处给别人）
壬	ni²	壬（天干第九位）
（上）任	tɕi⁵ ʐen⁵	上任
伞	sʰaŋ⁵	伞
沙	sʰa⁵调！	沙子
（盒）砂铳	tiu¹ sʰa¹ ɕʰoŋ⁵	钢砂盒
筛	ɕʰa¹	筛
骟	sʰen⁵	骟，劁，阉
伤心	ɕaŋ¹ ɕen¹声！	伤心
（背）赊	a⁷ ɕa⁵	负债
（日）申	n̥ʰɛ¹ ɕʰen¹	申日
申	ɕʰen¹	申
升	ɕʰen¹	升子
石	taŋ⁵	石（容量单位）
（前）时	ten² ɕʰi¹	昔日
（缀）时	qa¹ ɕʰi¹	时间
时	ɕʰi¹	时辰
试	ɕʰi³调！	尝试
收	ɕʰo¹	收拾
受	ɕʰu⁷调 itsei³	受罪
受	ɕʰu⁵	享受（福气）
赎	ɕʰu⁷	赎回
（上）税	tɕi⁵ ɕʰi⁵	上税
（日）巳	n̥ʰɛ¹ se⁴	巳日

（续表）

借词分析	词语读音	《词典》意义
巳	sɛ⁴	巳（地支第六位）
（臭）馊	haŋ⁵ ɕʰu¹	馊
（块）蒜	po³ sʰen⁵	蒜头
蒜	sʰen⁵	大蒜
算	sʰen⁵	计算
算命	sʰen⁵ zaŋ⁶	算命
算账	sʰen⁵ tɕaŋ⁷ 调！	算数
蓑	sʰo¹	蓑衣，棕皮
（聚）锁	qu³ sʰu³	嚼子
锁	sʰu³	锁
锁（铜）	sʰu³ təu²	铜链子
锁（银）	sʰu³ ni²	银链子
锁金	sʰu³ tɕen¹	金链子
糖	taŋ⁸ 调！	糖，点心
烫	tʰaŋ⁵	烫（指用高温液体淋湿其他物体）
趟	tʰaŋ⁵	趟。量词。
（受）套	ko⁶ tʰo⁵	中计
套	tʰo⁵	袜子，捕鸟的圈套
套（手）	tʰo⁵ pi⁴	手套
（刀）剃（头）	tiu⁷ tʰi⁵ qʰo¹	剃头刀
填	tin²	填（土）
条	tɕœ² 声！	条
通	tʰoŋ¹	通（破漏）
（相）同	ɕi⁵ toŋ²	并列

(续表)

借词分析	词语读音	《词典》意义
同（心）	toŋ² xʰi¹	齐心
（树）桐油	təu⁵ təu² ʑu²	桐油树
（果）桐油	tsen³ təu² ʑu²	油桐果
桶	tʰoŋ³	桶。量词。
吐	tʰu⁵	吐
驮	to²	驮
（马）驮包	mɑ⁴ to² po¹	驮马
驮包	to² po¹	驮货
（底）套	tɑ² tʰo⁵	袜底
（子）王	tɛ¹ vaŋ²	王子
王	vaŋ²	皇帝，国王
（做）王（做）（缀）（吏）	ɛ⁵ vaŋ² ɛ⁵ qɑ¹ lɛ⁴	当官做老爷
围	vɛ²	包围
（日）未	n̥ʰɛ¹ mɛ⁶	未日
瓮	oŋ⁵	坛子
（日）午	n̥ʰɛ¹ ŋu² 调！	午日
午	ŋu² 调！	午（地支第七位）
仙（人）	sʰen¹ nen²	神仙
香	ɕʰɑŋ¹	香（火）
想	saŋ² 调！	想，打算
象	sʰaŋ⁵	象
硝铳	sʰo¹ ɕʰoŋ⁵	火硝
销	sʰo¹	销售，卖出
斜	sei²	偏，倾斜

（续表）

借词分析	词语读音	《词典》意义
（底）鞋	$ta^2 ha^1$	鞋底
鞋	ha^1	鞋
鞋筒	$ha^1 t^h oŋ^3$	靴子
鞋鞋套套	$ha^1 ha^1 t^h o^5 t^h o^5$	又是鞋又是袜
写	$\varphi^h a^3$	写，编著
信	$s^h en^5$	信
行	$haŋ^1$	行走
（不）兴	$a^2 \varphi en^1$	不兴
（百）姓	$pɛ^8 s^h en^5$	老百姓
（日）戌	$\underset{\circ}{n}^h ɛ^1 \varphi^h en^7$	戌日
戌	$\varphi^h en^7$	戌
讯	sen^6	问，追问
押	$ʑa^8$	强迫，逼迫，押
（门）衙	$tiu^2 ŋa^2$	衙门
衙	$ŋa^2$	衙门
（断）烟	$tɛ^5 ʑen^1$	戒烟
烟	$ʑen^1$	烟，熏
（蛋）腌	$ki^5 ʑen^1$	腌蛋
（做）样	$ɛ^5 ʑaŋ^6$	做榜样
（对）样	$tio^6 ʑaŋ^6$	像样
（一）样	$tɕu^6 ʑaŋ^6$	一样
样	$ʑaŋ^6$	式样，样子
邀	$ʑəu^1$	邀约
窑（瓦）	$ʑəu^2 ŋi^4$	瓦窑

（续表）

借词分析	词语读音	《词典》意义
窑砖	$\text{z}\text{əu}^2\ \text{ɕen}^1$	砖窑
谣	zo^2	曲调,唱腔
(不)依	$\text{a}^2\ \text{z}\text{i}^1$	不依
依	zi^1	依从
乙	zi^8	乙(天干的第二位)
(里)邑	$\text{tiu}^1\ \text{z}\text{i}^6$	城里
(日)寅	$\text{ņ}^\text{h}\text{ε}^1\ \text{z}\text{en}^2$	寅日
印	zen^5	印章
壅	$\text{z}\text{oŋ}^1$	壅,添加(土)
(不)用	$\text{a}^2\ \text{z}\text{oŋ}^6$	不必,用不着
(花木)油	$\text{paŋ}^2\ \text{təu}^5\ \text{z}\text{u}^2$	桐花
(纸)油	$\text{tu}^3\ \text{z}\text{u}^2$	油纸
(屎)油	$\text{qa}^3\ \text{z}\text{u}^2$	油渣滓
桶(水)油	$\text{t}^\text{h}\text{oŋ}^3\ \text{əu}^1\ \text{z}\text{u}^2$	油桶
油	zu^2	油水
油(米)	$\text{z}\text{u}^2\ \text{mi}^2$	芝麻
游	$\text{z}\text{əu}^2$	游逛
游方	$\text{z}\text{əu}^2\ \text{faŋ}^1\ 声!$	游方
游卯	$\text{z}\text{əu}^2\ \text{mo}^4$	游卯
(日)酉	$\text{ņ}^\text{h}\text{ε}^1\ \text{z}\text{u}^4$	酉日
扎营	$\text{tɕa}^7\ 声!\ \text{z}\text{en}^2$	扎营
榨	$\text{tɕa}^7\ 声!$	榨
(吃)斋	$\text{noŋ}^2\ \text{ɕa}^1$	吃斋
斋	ɕa^1	斋

借词分析	词语读音	《词典》意义
（人）丈	tɛ¹ tɕɑŋ⁶	男人，丈夫
蜇	səu⁵声！	蜇
遮	ɕɑ¹	遮盖
（幼）种	ʑu⁵ ɕoŋ³	品种小
种	ɕoŋ³	人种
重	ɕoŋ²	重（层）
重香	ɕoŋ² ɕʰ ɑŋ¹	小茴香
（日）子	n̥ʰ ɛ¹ sɛ³	子日
子	sɛ³	子（地支第一位）

3.《苗瑶语方言词汇集》里的养蒿苗语中古汉借词

借词分析	词语读音	《词汇集》词语
耙	tsɑ²	钉耙
百	pɑ⁵	百
抱	pəu⁶	孵
抱	pəu⁶	抱（小孩）
抱	pəu⁶	抱（量词）
沉	tɑŋ²	沉没
穿	tɕʰ ɑŋ¹	穿（～针）
穿	tɕʰ ɑŋ¹	串（一～钱）
（缀）疮	qɑ¹ sʰ ɑŋ¹	伤口
得	to⁵	得到
得（娘）	to⁵ niaŋ¹	娶亲
得（利）	to⁵ li⁸	赚

（续表）

借词分析	词语读音	《词汇集》词语
豆	təu^8	豆子
沸	pu^5	沸腾
坟（?）	paŋ^2 liaŋ^2	坟墓
（父）老	pa^3 lu^4	大伯
（父）老	pa^3 lu^4	大姨父
甘（蜜）	qaŋ^1 va^1	甜
甘（心）	qaŋ^1 x^{h}i^1	高兴
甘（心）	qaŋ^1 x^{h}i^1	喜欢
故	qo^5	旧
瓜	fa^1	瓜
瓜（苦）	fa^1 i^1	苦瓜
瓜（水）	fa^1 əu^1	西瓜
广	faŋ^3	宽
广（心）	faŋ^3 x^{h}i^1	宽宏大量
过	fa^5	经过
喝	həu^7	吸（～血）
（莺）黄	tɕa^1 faŋ^2	黄莺
黄	faŋ^2	黄
黄	faŋ^2	亮
黄	faŋ^2	发亮
黄（天）	faŋ^2 vɛ^2	天亮
鸡	qei^1	鸡
价	qa^5	价（～钱）
嫁	q^{h}a^5 声！	嫁

（续表）

借词分析	词语读音	《词汇集》词语
匠	ɕaŋ⁶	师傅
匠瓦	ɕaŋ⁶ ŋi⁴	瓦匠
接	sei⁷	承接
接	sei⁷	迎接
接	sei⁷	娶
斤	tɕaŋ¹	斤
金	tɕen¹	金
鸠	qo¹	鸽子
（疯）酒	len⁶ tɕu³	发酒疯
（祝）酒	po³ tɕu³	祝酒
酒	tɕu³	酒
酒甘（蜜）	tɕu³ qaŋ¹ va¹	甜酒，江米酒
（嘴?）臼	niu² lo² tɕu⁴	碓杵
臼	tɕəu⁴	碓
臼（水）	tɕəu⁴ əu¹	水碾
臼捣（米）	tɕəu⁴ to³ sʰɛ³	舂米碓
嚼	ɕu⁷	嚼
（睡）客	pi⁵ qʰa⁵	借宿
客	qʰa⁵	客人
孔	qʰaŋ³	洞儿
孔臼	qʰaŋ³ tɕəu⁴	碓臼
（人）老	ne² lu⁴	老人（指父母）
（人）老	ne² lu⁴	大人
老	lu⁴	老（人～）

(续表)

借词分析	词语读音	《词汇集》词语
（果）梨	tsen³ ɣɑ²	梨
里	li⁴	里（路）
（用）力	əu³ ɣəu⁶	费劲
力	ɣəu⁶	力气
利	ɣɑ⁶	锋利
两	liaŋ⁴	两（三～重）
龙	ɣoŋ²	龙
龙喝（水）	ɣoŋ² həu⁷ əu¹	虹
笼	ɣu²	笼子
笼（鸟）	ɣu² nəu⁶	鸟笼
笼鸡	ɣu² qei¹	鸡笼
（路）马	ki³ mɑ⁴	公路
马	mɑ⁴	马
买	mɛ⁴	买
卖	mɛ⁴	卖
劈	pʰɑ¹	劈
破	pʰɑ⁵	剖开
破	pʰɑ⁵	嗑（～瓜子）
（树）漆	təu⁵ sʰei⁷	漆树
漆	sʰei⁷	漆
骑	tɕi²	骑
千	sʰaŋ¹	千
钱	saŋ²	钱（一～）
桥	tɕəu²	桥

（续表）

借词分析	词语读音	《词汇集》词语
茄	tɕɑ²	茄子
融	ʑaŋ²	融化
升	ɕʰen¹	升（一～米）
（肉）瘦	ŋi² so⁵	瘦肉
瘦	so⁵	瘦
送	sʰoŋ⁵	送（～客人）
炭	tʰe⁵	炭
炭（石）	tʰe⁵ ɣi¹	煤炭
（丝）铜	ɕen⁶ təu²	铜丝
（盆）铜	kɑŋ⁸ təu²	铜盆
铜	təu²	铜
（家）瓦	tsɛ³ ŋi⁴	瓦房
瓦	ŋi⁴	瓦
万	vaŋ⁶	万（一～）
（缀）巷	qɑ¹ qoŋ⁶	缝隙
（缀）巷（家）	qɑ¹ qoŋ⁶ tsɛ³	小巷
（田）秧	li² ʑi¹	秧田
秧	ʑi¹	稻秧
羊	ʑoŋ²	羊
养	ʑi⁶	养（～鸡）
养	ʑi⁶	喂（～牛）
养	ʑi⁶	喂（～奶）
移	ʑɑ²	搬（～家）
移	ʑɑ²	移动

（续表）

借词分析	词语读音	《词汇集》词语
匠（打）银	ɕaŋ⁶ ti¹ ni²	银匠
银	ni²	银子
银	ni²	银元
（妹）幼	a³ ʑu⁵	妹妹
（路）幼	ki³ ʑu⁵	小路
（父）幼	pa³ ʑu⁵	叔父
幼	ʑu⁵	小
园	vaŋ²	园子
凿	so⁶	凿子
凿	so⁶	凿（～一个孔）
（孔）早	qʰaŋ³ so³	清早
早	so³	早
（间）灶	tɕʰoŋ³ so⁵	厨房
（锅）灶	vi⁴ so⁵	大铁锅
造	so⁶	到达
仗	tiaŋ⁶	仗（打～）
（路）中	ki³ tioŋ¹	当中（三人～）
（缀）中	qa¹ tioŋ¹	中间
（柱）中	toŋ⁵ tioŋ¹	中柱
中	tioŋ¹	中间
箸	tiu⁶	筷子
（缀）鬃	qa¹ soŋ¹ 韵！	鬃（马～）
鬃	soŋ¹ 韵！	鬃
（缀）鬃（猪）	qa¹ soŋ¹ 韵！ pa⁵	猪鬃
（缀）鬃马	qa¹ soŋ¹ 韵！ ma⁴	马鬃

4.《苗瑶语方言词汇集》里的养蒿苗语近代汉借词

借词分析	词语读音	《词汇集》词语
爱	a^5	爱好
鞍（马）	$en^1 ma^4$	马鞍
（巴）得	$po^1 tei^3$	巴不得
扒	$p^h a^1$	扒开
耙	pa^2	木耙子
败	pa^6	败
（轮）班	$t^h\varepsilon^1 pan^1$	轮班
（相）帮	$\varphi i^5 pan^1$	互助
帮	pan^1	帮助
帮补	$pan^1 pu^3$	补助
（缀）帮鞋	$qa^1 pan^1 ha^1$	鞋帮
傍	pan^6	靠（梯子）
（缀）包	$qa^1 po^1$	疙瘩（树～）
宝	po^3	宝物
（缀）宝（菜芋）	$qa^1 po^3 \gamma o^1 vu^6$	芋头
保	po^3	保卫
保	po^3	保护
锛	pen^1	菜刀
（折）本	$s\varepsilon^8 pen^3$	蚀本
本	pen^3	本钱
本	pen^3	本来
本	pen^3	盘川
本	pen^3	模式、式样
本（花）	$pen^3 m̥^h u^1$	花样

（续表）

借词分析	词语读音	《词汇集》词语
（缀）本（酒）	qɑ¹ pen³ tɕu³	酒曲
本鞋	pen³ hɑ¹	鞋样
笔（字）	tsen⁷ lei²	笔
补	pu³	添补
部	pʰu⁵	部（一～书）
擦	sʰɑ¹	擦（～枪）
层	saŋ²	层（一～）
（缀）层（石）	qɑ¹ saŋ² ɣi¹	台阶
层（天）	saŋ² vɛ²	上层
差（汉）	ɕʰɑ¹ tie⁴	差役
（赶）场	xʰɑ³ ɕaŋ²	赶集
场	ɕaŋ²	集市
车	ɕʰɑ¹	车子
车（木）	ɕʰɑ¹ təu⁵	木车
车（水）	ɕʰɑ¹ əu¹	水车
（日）辰	n̥ʰɛ¹ ɕen²	辰日
辰	ɕen²	辰（地支）
尺	tɕʰi⁷声!	尺子
（豆）豉	tə⁸ ɕi⁵	豆豉
（缀砂）铳	qɑ¹ ɕʰɑ¹ ɕʰoŋ⁵	铁砂
铳	ɕʰoŋ⁵	枪
（日）丑	n̥ʰɛ¹ ɕʰu³	丑日
戳	tsʰo⁵声!	锥、戳
（菜）葱	ɣo¹ sʰoŋ¹	小葱

（续表）

借词分析	词语读音	《词汇集》词语
（菜）葱（野）	ɣo¹ sʰoŋ¹ i¹	野葱
（水）醋	ə¹ sʰə⁵	醋
寸	tsʰen⁵声！	寸（一～布）
（衣）单	u³ taŋ¹	单衣
耽（搁）	taŋ¹ ku⁸	耽搁
当	taŋ⁵	当成
荡	taŋ⁵	鏨（即荡刀）
灯	ten¹	灯盏
（缀）镫马	pa³ taŋ¹ ma⁴	马镫
（缀）底	qa¹ ti³	底子
典	tin³	典当
点	tin³	点播
（家）店	tse³ tin⁵	客栈，旅舍
店	tin⁵	店（客～）
（缀）淀	qa¹ ten⁶	沉淀物
殿王	tin⁶ vaŋ²	国都
簟	tin⁴	篾席
簟（晒）（稻）	tin⁴ tsa¹ na²	晒席
雕	tio¹	雕
调	tʰiəu³	更换
调（转?）	tʰiəu³ taŋ⁴	颠倒
丁	tin¹	丁（天干）
定	tin⁶	稳
（草）冬	naŋ² toŋ¹	冬青草

(续表)

借词分析	词语读音	《词汇集》词语
冻	toŋ⁷调！	冻(鱼~)
斗	to³	斗(一斗米)
逗	təu¹	逗(~引)
毒	to⁶	毒(~鱼)
毒	tu⁸	狠毒
堵	təu³	堵(一~墙)
堵(水)	təu³ əu¹	水坝
赌	təu³	打赌
赌牌	təu³ pa²	赌博
(脐)肚	pu⁷ tu⁷调！	肚脐
渡	tu⁸	涉(~水)
渡	tu⁸	传染
端午	təu¹ vəu⁴	端午节
缎	ten⁶	绸子
缎	ten⁶	缎子
顿	ten⁵	顿(一~饭)
多谢	tu¹ sʰei⁵	谢谢
反(身)	fʰɛ³ tɕi³	翻(~身)
反(心)	fʰɛ³ xʰi¹	变心
(缀边)方	qa¹ pu⁵ faŋ¹声！	边境
(四)方	ļo¹ fʰaŋ¹	四方
(里)方	tiu¹ faŋ¹声！	地方
方	faŋ¹声！	地方
方(地)	faŋ¹声！ ta¹	世间、人间

（续表）

借词分析	词语读音	《词汇集》词语
防	vaŋ²	提防
放（心）	fʰen⁵ 韵！xʰi¹	放心
分	fʰen¹	分
分	fʰen¹	分（一～钱）
敢	qaŋ³	敢
稿荐	ko³ sen⁵	稿荐（草垫子）
告	qo⁵	告发
够	qo⁵	够
估	qəu³	估计
估（？）	qəu³ ʑaŋ⁵	猜
雇	qəu⁵	雇（～工）
管	fen³	管（过问）
管	qen³	管辖
柜	ki⁵	柜子
（日）亥	n̥ʰɛ¹ haː⁵	亥日
亥	he⁵	亥（地支）
（做）害	ɛ⁵ haː⁵	危害、伤害
害	haː⁵	害（～人）
焊	hen⁵	焊接
壶	həu¹	壶
划	xʰo⁷	划（～一下）
划	xʰo⁷	画（～图）
荒	fʰaŋ¹	荒芜
慌张	fʰaŋ¹ tɕaŋ¹	慌张

（续表）

借词分析	词语读音	《词汇集》词语
慌张慌(?)	$f^h aŋ^1 tɕaŋ^1 f^h aŋ^1 ta^5$	慌里慌张
火镰	$f^h u^3 lin^2$	火镰
货	ho^5	货物
夹	qei^7	钳住
夹	qei^7	夹(～菜)
夹	$tɕɑ^7$ 声!	夹(～在胳膊底下)
架	qa^5	架(～桥)
(家)架楼	$tsɛ^3 qa^5 lo^2$	楼房
件	$tɕen^6$	件(东西)
浆	$tɕaŋ^5$	浆(～衣裳)
浆	$tɕaŋ^5$	黏(土～)
讲	$qaŋ^3$	讲
讲(口)	$qaŋ^3 lo^5$	夸嘴
睪	$tɕaŋ^7$	固执
(果)椒	$tsen^3 so^1$	花椒
椒(?)	$so^1 ka^8$	花椒
(缀叶)蕉	$qa^1 nəu^2 ɕu^1$	芭蕉叶
(木)蕉	$təu^5 ɕu^1$	芭蕉树
轿	$tɕəu^6$	轿子
(里)街	$tiu^1 qa^1$	街上
街	qa^1	街道
(菜)芥	$ɣo^1 ka^5$	芥菜
紧	$tɕen^3$	紧急
(齿)锯	$m̥^h i^3 tɕu^5$	锯齿

（续表）

借词分析	词语读音	《词汇集》词语
锯	tɕi⁷	锯子
锯	tɕu⁵	锯
（缀）壳	qa¹ qʰu¹	壳儿
壳	qʰu¹	壳（蛋～）
空	qʰoŋ⁵	空（～闲）
扣	kʰəu⁶调！	扣（～钱）
（绳）裤	l̥ʰa⁵ qʰəu⁵	裤带
（底）裤	pə² qʰəu⁵	裤裆
裤	qʰəu⁵	裤子
（缀）喇叭	qa¹ lia⁴ pa¹	唢呐嘴
喇叭	lia⁴ pa¹	喇叭
（猪?）郎	pa⁵ ɕen¹ laŋ²	种猪
牢	lo²	监牢
（做）礼	ɛ⁵ li⁴	客气
（缀）礼	qa¹ li⁴	礼物
（缀）理	qa¹ li⁴	道理
（柄缀）镰	tɕi³ qa¹ lin²	镰刀把
（仓）粮	noŋ⁴ liaŋ²	粮仓
粮	liaŋ²	粮（上～）
（底）楼	qaŋ¹ lo²	楼下
骡	lu²	骡
猫	mo¹	猫
（帚）毛（鸡）	tiə¹ mo² qei¹	鸡毛掸子
（日）卯	n̥ʰɛ¹ mo⁴	卯日

（续表）

借词分析	词语读音	《词汇集》词语
卯	mo^4	卯
帽	mo^6	帽子
帽油	mo^6 ʐu^2	斗笠
瞄	zo^2	瞄
（家）庙	tse^3 zo^6	庙宇
名堂	min^8 taŋ^8	名堂
模	məu^2	模子
模砖	məu^2 ɕen^1	砖模子
磨	mu^6	磨（～面粉）
磨	mu^6	磨子
（水石）墨	ə^1 ɣi^1 maŋ^8	墨水
（石）墨	ɣi^1 maŋ^8	墨
汹	o^5	闷热
呕	o^3	呕
牌	pa^2	牌
牌（石）	pa^2 ɣi^1	石碑
泡	pʰo^5	松（土很～）
泡（水）	pʰo^5 əu^1	水泡
炮	pʰo^5	枪
炮	pʰo^5	炮
炮（火）	pʰo^5 tu^3	鞭炮
疱	pʰo^5	疱
配	pʰi^5	配（～颜色）
偏生	pʰi^1 sʰen^1	偏偏

(续表)

借词分析	词语读音	《词汇集》词语
破	p^hu^5	点破(用话～)
(药)蒲	$tɕa^1\,pu^2$	菖蒲
旗	$tɕi^8$ 调!	旗子
起	$tɕ^hi^3$	起头
(鼓)气	$aŋ^5\,tɕ^hen^5$	生气
砌	$s^hε^5$	砌
(相)让	$ɕi^5\,zaŋ^6$	相让
让	$zaŋ^6$	让
臊	s^ho^1	臊气
(缀块)沙	$qa^1\,tε^4\,s^ha^5$ 调!	沙滩
(缀)沙	$qa^1\,s^ha^5$ 调!	沙子
(筛)筛	$vaŋ^1\,ɕ^ha^1$	筛子
筛	$ɕ^ha^1$	筛(～米)
(鸡)骟	$qei^1\,ɕ^hen^5$	阉鸡
骟	$ɕ^hen^5$	阉割
(相)商	$ɕi^5\,ɕaŋ^6$ 调!	商量
(日)申	$n̥^hε^1\,ɕ^hen^1$	申日
申	$ɕ^hen^1$	申(地支)
审	$ɕ^hen^3$	审讯
石	$taŋ^5$	石(十斗)
时	$ɕ^hi^1$	时辰
赎	$ɕ^hu^7$	赎
(瓜)丝	$fa^1\,s^hε^1$	丝瓜
(日)巳	$n̥^hε^1\,sei^4$	巳日

（续表）

借词分析	词语读音	《词汇集》词语
巳	sei⁴	巳
蒜	sʰen⁵	大蒜
算	sʰen⁵	计算
算账	sʰen⁵ tɕaŋ⁷调！	算数（说话～）
锁	sʰu³	锁（～门）
（间）堂	tɕoŋ³ taŋ⁸调！	堂屋
（树）糖	tə⁵ taŋ⁸调！	甘蔗
糖	taŋ⁸调！	糖
糖（白）	taŋ⁸调！l̩u¹	白糖
糖（黄）	taŋ⁸调！faŋ²	黄糖
套	tʰo⁵	圈套
套（手）	tʰo⁵ pi⁴	手套
剃	tʰi⁵	剃
（刀）剃（头）	tiu⁷ tʰi⁵ qʰo¹	剃头刀
替	tʰi⁵	代替
停	tin²	停脚
通	tʰoŋ¹	穿（～孔）
通	tʰoŋ¹	通（可以穿过）
同	toŋ²	整齐
同（心）	toŋ² xʰi¹	齐心
（树）桐油	tə⁵ to² ʐu²	桐油树
桶	tʰoŋ³	风箱
（缀口）筒烟	qa¹ lo⁵ tioŋ² ʐen¹	烟嘴
筒烟	tioŋ² ʐen¹	烟袋

（续表）

借词分析	词语读音	《词汇集》词语
吐	$t^h u^5$	吐（～口水）
推	$t^h \varepsilon^1$	刨
推	$t^h \varepsilon^1$	刨子
驮	to^2	驮
驮	tu^2	驮运
王	$va\eta^2$	皇帝、王
（日）未	$\underset{\circ}{n}^h \varepsilon^1 m\varepsilon^6$	未日
未	$m\varepsilon^6$	未（地支）
瓮	$o\eta^5$	瓮
瓮（水）	$o\eta^5 \vartheta u^1$	水瓮
（日）午	$\underset{\circ}{n}^h \varepsilon^1 \eta u^2$ 调！	午日
误	$\eta \vartheta u^6$	耽误
稀	$\varepsilon^h i^1$	稀（粥太～）
羡	$\varepsilon^h i^5$	羡慕
香	$\varepsilon^h a\eta^1$	香（烧～）
想	$sa\eta^2$ 调！	想（打算）
象	$s^h a\eta^5$	大象
硝	$s^h o^1$	火硝
销	$s^h o^1$	销（～货）
楔	εen^7	楔子
斜	$s\varepsilon^2$	斜
（缀底）鞋	$qa^1 p^h a^1 ha^1$	鞋底
（底）鞋	$p^h a^1 ha^1$	鞋底
鞋	ha^1	鞋

（续表）

借词分析	词语读音	《词汇集》词语
鞋（布）	$ha^1 t\wp^h u^1$	布鞋
鞋（草）	$ha^1 \wp^h u^1$	草鞋
鞋（木）	$ha^1 t\vartheta u^5$	木板鞋
鞋（皮）	$ha^1 tu^3$	皮鞋
写	$\wp^h a^3$	写
信	$s^h en^5$	相信
（臭）腥	$ha\eta^5 s^h ei^1$ 韵！	腥
行	$ha\eta^1$	走
（日）戌	$\underset{\circ}{n}^h \varepsilon^1 \wp^h en^7$	戌日
讯	sen^6	盘问、询
衙	ηa^2	衙门
（缀头）烟	$qa^1 qo^7 \zeta en^1$	烟头
（肉）烟	$\eta i^2 \zeta en^1$	腊肉
（盒）烟	$tiu^8 \zeta en^1$	烟盒
烟	ζen^1	熏
烟	ζen^1	烟（吸～）
雁	$\eta a\eta^6$	鹅
样	$\zeta a\eta^6$	样子
邀	$\zeta \vartheta u^1$	邀
鹬	ζo^8	鹬
（缀?）椅	$qo^1 zi^4$	椅子
（缀墙）邑	$qa^1 \wp a^2 zi^6$	城墙
（缀口）邑	$qa^1 lo^5 zi^6$	城市
（日）寅	$\underset{\circ}{n}^h \varepsilon^1 \zeta en^2$	寅日

借词分析	词语读音	《词汇集》词语
寅	$ʑen^2$	寅(地支)
隐	$ʑen^3$	躲藏
印	$ʑen^5$	图章
赢	$ʑen^8$调!	赢
甕	$ʑoŋ^1$	甕(～土)
(缀屎水)油	$qɑ^1 qɑ^3 əu^1 ʑu^2$	油底子
(水)油	$ə^1 ʑu^2$	油
(屎)油	$qɑ^3 ʑu^2$	油枯
(布)油	$to^1 ʑu^2$	油布
(纸)油	$tu^3 ʑu^2$	油纸
(水)油(茶)	$əu^1 ʑu^2 tɕin^4$	茶油
(水)油(石)	$əu^1 ʑu^2 ɣi^1$	石油
游(?)	$ʑəu^2 ʑɑŋ^6$	散步
(日)酉	$ṇ̥^hɛ^1 ʑu^4$	酉日
酉	$ʑu^4$	酉(地支)
冤家	$ʑen^1 tɕɑ^1$	冤家
簪(头发)	$sen^5 f^hu^3$	簪子
榨	$tɕɑ^7$声!	榨(～油)
斋	$ɕɑ^1$	斋(吃～)
(人)丈	$tɛ^1 tɕɑŋ^6$声!	丈夫
遮	$ɕɑ^1$	遮盖
蜇	$səu^5$声!	蜇
(家房)砖	$tsɛ^3 foŋ^1 ɕen^1$	砖房
(石)砖	$ɣi^1 ɕen^1$	砖

借词分析	词语读音	《词汇集》词语
砖	ȼen^1	砖
砖（生）	$\text{ȼen}^1\,\text{niu}^4$	砖坯子
（日）子	$\text{ņ}^h\text{ɛ}^1\,\text{sɛ}^3$	子日
子	sɛ^3	子

四、苗语川黔滇方言川黔滇次方言大南山与泰国难府苗语里的古汉借词

说明：

（1）本附录包含大南山苗语和泰国难府苗语里的中古层汉借词（共104条，其中大南山苗语有读音的101条，难府苗语有读音的70条）、近代层汉借词（共521条，其中大南山苗语有读音的360条，难府苗语有读音的371条）两个表格。大南山苗语材料来源主要是鲜松奎（2000）的《新苗汉词典（西部方言）》，部分词条读音参考中央民族学院苗瑶语研究室（1987）《苗瑶语方言词汇集》和王辅世（1994）《苗语古音构拟》，来源于《词汇集》和《苗语古音构拟》的读音我们在读音后标《词汇集》""《构拟》"。泰国难府苗语的材料来源于Lyman（1974）所编词典 *Dictionary of Mong Njua：A Miao（meo）*。

（2）大南山苗语和难府苗语不少借词都比较一致，也为了便于比较，我们放到一个表格里列出，但两个方言也有不一致的，其中一种比较多的情况是一个借词，可能难府苗语没有读音而大南山苗语有读音，或者相反。没有读音的以空白表示。

（3）借词表分四列：第一列"借词"，是对应每个音节读音的词条，第四列有"难府英文释义"，我们不再标出大南山材料《新苗汉词典》的详细释义，只在"借词"列的借词后用括号进行必要的、简单的

释义,组词释义的用"～"代替借词。"大南山读音"和"难府读音"都是词典苗文的国际音标转写。

（4）有些词条有异读,用"/"隔开。

（5）读音不合规律的标记方式、词条排序方式与腊乙坪苗语汉借词词表同。

1. 大南山苗语与泰国难府苗语中古层汉借词

借　词	大南山读音	难府读音	难府苗语英文释义
鞍(马～)	?en^1	?eŋ^1	saddle
百	pua^5	pua^5	hundreds
败(坏了)	pua^4		
拜(拜访)	$\text{pe}^5 / \text{pi}^5$	pe^5	to prostrate oneself (as form of obeisance or salutation)
抱	pua^6	pua^4	to carry in ones arms
绸	tʂo^2		
处(地方)	tɕʰau^5	tɕau^5	place, thing, time, room, platform, shelf
疮(伤口)	tsʰaŋ^1	tsʰaŋ^1	wound, sore
担(一～)	ntan^5		
得(得到)	tou^5	tau^5	to get, obtain, acquire, procure
沸(水开)	mpou^5	mpau^5	to come to a boil
分(～家)	fai^1	$\text{fai}^1 \text{tɕua}^1$	
甘(甜)	qaŋ^1	qaŋ^1	to be delicious, tasty, flavorsome, to be sweet, to be fragrant
隔	qua^7		
瓜(黄～)	tli^1	kli^1	cucumber

（续表）

借　词	大南山读音	难府读音	难府苗语英文释义
广（宽）	tlaŋ³	klaŋ³	to be wide, broad, spacious
逛（游玩）	tlaŋ⁵《词汇集》		
过	tlua⁵	klua⁵	to go, pass, pass over, already, more than
喝	hou⁷	hau⁷	to imbibe, inhale, (esp.) to drink, smoke
皇帝	fua¹ tai⁷ 调！	fua⁵ tai⁷ 调！	king, lord
黄	tlaŋ²	klaŋ²	to be yellow
黄（太阳亮）	kaŋ²	kaŋ²	to be bright, light, shining, clear
鸡	qai¹	qa¹	chicken
计	tɕi⁵	tɕi⁵	wisdom, scholarship
祭	tsʅ⁵		
假（借）	qe³	qe³	to lend, to borrow
价（～钱）	Nqe⁵	Nqe⁵	price, cost, value, fee, wages, debt
嫁	qua⁵		
蕉	tʂaɯ¹	tʃaɯ¹	banana
接（～受）	tsai⁷	tsai⁷	to take, get hold, receive, accept
金（～子）	ko¹	ku¹	gold
酒	tɕaɯ³	tɕaɯ³	liquor, whiskey, wine
臼	tɕo⁴	tɕu⁴	husking-treadle, husking-apparatus for paddy
锯	kaɯ⁵《词汇集》		
开	qʰe¹	qʰe¹	to open, be open
炕	qʰaŋ⁵	qʰaŋ⁵	to dry(meat over a fire)

借　词	大南山读音	难府读音	难府苗语英文释义
渴	Nq^he^7		
客（～人）	q^hua^5	q^hua^5	guest
孔（洞）	q^hao^3	q^hao^3	hole, orifice, aperture, opening, pit
孔窑	$q^hao^3\,zao^2$		
诓		$klaŋ^2$ 调!	to deceive, to lie, tell a lie
老	lou^4	lau^4	to be old, aged
梨	$z̧ua^2$		
犁	lai^2	lai^2	to plow
里	li^4		
力	$z̧o^6$	$3u^4$	strength, energy, power, force, effort
利（锐～）	$z̧ua^6$	$3ua^6$	to be sharp
镰（～刀）	la^1 调!	la^4 调!	curved knife, sickle, scythe
两（一～）	li^4		
廪（仓库）	$z̧o^4$		
龙	$z̧aŋ^2$	$3aŋ^2$	the "Great Serpent", a supernatural snake of immense size possessing occult powers
聋	$laŋ^6$ 调!		
露（～水）	lu^6	$lɯ^4$	dew
马	nen^4	$neŋ^4$	borse
买	mua^4	mua^4	to trade, do business, exchange merchandise
卖	mua^6		
妹	mua^6	mua^4	sister

（续表）

借　词	大南山读音	难府读音	难府苗语英文释义
牛（黄～）	ȵo²	ɲu²	ox, cattle, cow
赔（～偿）	pou²		
劈	tsʰʅ¹调！	tsʰʅ⁷	
破（～开）	pʰua⁵	pʰua⁵	to split, slit
蒲（菖～）	pauɯ²		
七（三～）	tsʰai⁷		
漆	tsʰai⁷		
齐	tsʅ²		
骑	tɕai²	tɕai²	to ride, mount
千	tsʰa¹	tsʰeŋ¹	thousands
钱（一～）	tsa²	tsa²	paper money
荞（～麦）	tɕe²	tɕe²	small kernel, grain, name of a certain herb shose seeds are edible
清（水～）	ȵtʂʰa¹	ȵtʃʰa¹	to be clear(of water)
蚤（蚱蜢）	koŋ²	koŋ²	grasshopper
石（一～）	taŋ⁵		
世		tsʰʅ⁵	life(in sense of life-span)
收（～东西）	ʂou¹	ʃau⁵调！	to gather, collect, pick up
赎	ʂauɯ⁷		
暑（暖和）	ʂo³	ʃu³	to be warm, be warmed up
税		ʃe³/ʃe⁵	taxes, duty
祀（祭奠）	sʅ⁵		
送（～亲）	saŋ⁵	saŋ⁵	to send, deliver, hand over
蓑	sʅ¹		

(续表)

借　词	大南山读音	难府读音	难府苗语英文释义
锁	sou³		
荅	tou⁸ 调！	tau⁸ 调！	bean，pea
豆豉	tou⁸ 调！ʂ̩⁵		
炭（～炭）	tʰen⁵	tʰen⁵	charcoal
铜	toŋ²	toŋ²	malleable light-colored metal，e.g. copper，brass，bronze
桶	tʰoŋ¹ 调！	tʰoŋ¹ 调！	container，such as bucket，pail，tub，cask，barrel，can，tin-can
瓦	vua⁴	vua⁴	roofing-tiles
万	vaŋ⁶（《构拟》）		
鸭（～子）	ʔo⁷	ʔu⁷	duck
秧	ʑo¹	ju¹	seedling，young plant
羊	ʑaŋ²	jaŋ²	sheep
炀（融化）	ʑaŋ²		
养（～鸡）	ʑo⁶	ju⁴	to provide food for，take care of，support(someone)
银（～子）	ȵa²	ȵa²	silver，money
芋（～头）	vauɯ⁶		
园（菜～）	vaŋ²	vaŋ²	fenced-in garden
凿（～子）	tsou⁶	tsau⁴	chisel
早	ntso³	ntsu³	to be early(in the morning)
灶	tso⁷ 调！	tsu⁷ 调！	stove
造（到达）	tso⁶	tsu⁴	to reach，arrive
甑（～子）	tʂo⁵	ʈu⁵	wooden tube-like apparatus for steaming glutinous rice

(续表)

借　词	大南山读音	难府读音	难府苗语英文释义
竹（～子）	ʈaɯ⁸ 调！		
箸（筷子）	ʈaɯ⁶	ʈaɯ⁴	chop sticks
鬃（～毛）	tsoŋ¹		

2. 大南山苗语与泰国难府苗语近代层汉借词

借词	大南山读音	难府读音	难府苗语英文释义
巴（挨近）	pua¹		
扒（～开）	pʰua¹		
疤子	pua¹ tsʅ³		
把（表约数，双～）	pua³		
耙	pʰua²	pʰua²	a rake
白糖	pe² 调！ tʰaŋ²	pe⁸ tʰaŋ²	(white)sugar
摆（放置,讲）	pa³	pa³	to explain, to preach, to speak
败（坏）	pa⁸		
搬	paŋ¹		
板（挣扎）	paŋ³		
板锄（薅草的锄头）	paŋ³ tsʰu²		
办	paŋ⁸	paŋ⁸	to prepare, make ready, to prepare (a meal)
半		paŋ⁸	half
帮		paŋ¹	group, flock, herd, pack
帮	paŋ¹	paŋ¹	to help, aid, assist
（一）帮兵		(ʔi¹) paŋ¹ peŋ¹	

借词	大南山读音	难府读音	难府苗语英文释义
绑		paŋ³	to bind, tie around, wrap and then tie
棒	paŋ⁷调!	paŋ⁸	rod, stick
包(菜)		(zau¹)pao¹	cabbage
包谷	pao¹ku⁷调!	pao¹kɯ⁷调!	maize, corn
宝	pao³	pao³	playing-card, gambling-cards
豹子	pao⁷调!	pao⁸tsʅ³	leopard
杯子		pe¹tsʅ³	tea-cup
碑	pe¹		
北京城		pe⁸tɕeŋ²tʃʰeŋ²	legendary place
本		peŋ³	profit
本己(自己)	pen³tɕi³		
本来	pen³la⁴调!		
本事	pen³ʂʅ⁸	peŋ³si⁸	ability, power
屄(女阴)	pi⁷调!	pi⁸	vagina(of adult women or of animals)
比	pi³	pi³/pe³	to compare
便宜	pʰien²ʐi⁸	pʰeŋ²ji²	to be cheap, inexpensive, of low cost
别		pe⁸	other
别样		pe⁸jaŋ⁸	other
兵		peŋ¹	soldier, warrior, military person
擦	tsʰua⁸	tsʰua⁸	to brush, rub, to wipe, to grate
才	tsʰa²		
财		tsʰa²	wealth, money

借词	大南山读音	难府读音	难府苗语英文释义
仓	tsʰaŋ¹	tsʰaŋ¹	storage place, granary
仓库炮		tsʰaŋ¹kʰuⁱ⁸pʰao⁸	gun-stock
操心		tsʰao¹seŋ¹	to bother, trouble, annoy
层	tsʰen²	tsʰen²	storey, floor, level, layer
叉		tʃua⁸	to fork, part(of trails, stream)
茶(茶,药)	tʂʰua²	tʃʰua²	tea, medicine, drug
茶壶		tʃʰua²fɯ²	tea pot
查		tʃʰua²	to inspect, examin, investigate
差(缺少)	tʂʰua¹		
拆	tsʰe⁸声！ (《词汇集》)	tsʰe⁸	to clear off, pick off, finish off
掺	tʂʰaŋ¹		
吵	tʂʰao³	tʃʰao³	phonemic variant of ʈhao³ "to coax, bother"
吵架	tʂʰao³tɕua⁸		
车	tʂʰeⁱ	tʃʰeⁱ	vehicle
撑	tsʰeŋ⁸声！调！	tsʰeŋ⁸声！调！	to support, hold up, prop up
成	tʂʰen²	tʃʰen²	to change into, turn into, be transformed
尺	tʂʰɿ⁸	tʃʰɨ⁸	Miao forearm-span
冲	tʂʰoŋ¹	tʃʰoŋ¹	to be wafted, be blown(by wind), be carried(by water)
铳	tʂʰoŋ⁶		
仇气		tʃʰaɯ²tɕʰi⁸	enemy
愁	tsʰaɯ²		

（续表）

借词	大南山读音	难府读音	难府苗语英文释义
出	tʂʰu⁸	tʃɯ⁸（tʃʰu⁸）	to exit，leave，emerge，go out，come out
除		tʃʰɯ²	to omit，exclude，reject，be exempt（from）
疮	tsʰaŋ¹	tsʰaŋ¹	wound，sore
凑	tsʰaɯ⁸		
催	tsʰuei¹	tsʰɨ¹	to urge on，hasten
存	tsʰen²		
寸	tsʰen⁸		
撮	tso⁸		
锉子	tsʰo⁸ tsʅ³		
错	tsʰo⁸	tsʰu⁸	sin，falt，wrong
搭	tua⁸	tua⁸	to build，put up，erect
答应		tua⁸ jeŋ⁸	to guarentee
大	tua⁸	tua⁸	big，huge，main，principle
大步	tua⁸ pu⁸		
大侪（大家）	tua⁸ tsʰʅ²		
大朝		tua⁸ tʂʰao²	part of China-perhaps mythical-from which the Miao originally came
代（一～）	ta⁸		
待（招～）	ta⁸		
单（～双）	taŋ¹		
单车	taŋ¹ tʂʰe¹		
胆子	taŋ³ ntsʅ³		

(续表)

借词	大南山读音	难府读音	难府苗语英文释义
但是	$tan^8 \int i^8$	$ta^7 \int i^8$	but
当时		$tan^8 \int i^8$	immediately, strait away, at once, right now
刀		tao^1	in $t\int hi^2 tao^1$ chopper
刀		$ts^h i^2 tao^1$	chopping-knife, chopper
捣	tao^3	tao^3	to mix, stir
到（～头）	tao^8	tao^8	at, towards, to, in, on, by
倒（颠～）	tao^8	tao^8	to purge, let put, clean out
道理	$tao^8 li^4$		
灯	ten^1	ten^1	lamp, flashlight
灯草野（野灯草）	$ten^1 ts^h ao^3 z i^4$		
灯笼灯盏（灯笼火把）	$ten^1 lon^2$ $ten^1 t\underaccent{\dot}{s}^h an^3$		
灯芯		$ten^1 sen^1$	lamp wick
戥	$ten^3 nts \textrm{ʅ}^3$	ten^3	scales(for weighing). Roamn balance, steelyard
东西	$ton^1 s\textrm{ʅ}^1$（《词汇集》）	$ton^1 si^1$	thing, article, trade-goods, merchandise, wares
兜（一～，一泡）	tau^1		
斗	tau^3		
斗烟缸（烟斗）	$tau^3 z en^1 kan^1$		
逗	tau^1		

（续表）

借词	大南山读音	难府读音	难府苗语英文释义
独（～儿）	tu⁸	tɯ⁸	term describing humans or animals who roam singly, go around alone, or who are the last surviving members of their family
读		tɯ² 调！	to read
堵（一～）	tu³		
赌	tu³	tɯ³	to match(two persons or animals) against each other
赌宝		tɯ³ pao³	
堆	tue¹	ti¹	to pile, stack
朵		tɯ³	SL.for clouds
罚	fua⁸		
反		faŋ³	to swing
反心		faŋ³ seŋ¹	to turn against, turn traitor
方	faŋ¹	faŋ¹	side, direction
分		feŋ¹	hundredth of an ounce
分	fen¹	feŋ¹	to prepare, adjust, arrange, put in order
份（一～）	fen⁸	feŋ⁸	part, portion, share
封（闭眼）	foŋ¹	foŋ¹	to cover over, cover up
奉		foŋ⁸	to bestow(a blessing or a curse)
奉阴功		foŋ⁸ jeŋ¹ koŋ¹	to award, to bestow
幅（一～）	fu⁸		
福气	fu² 调！ tɕʰi⁸	fɯ² 调！ tɕʰi⁸	authority, (delegated)power
副（一～）	fu⁸		
该（欠,是）	ka¹		

(续表)

借词	大南山读音	难府读音	难府苗语英文释义
改姓		ka³ seŋ⁸	to change one's clan
杆	kaŋ³	kaŋ³	stem, stalk, trunk, stem-like part of any artifact
赶(~时间)	kaŋ³	kaŋ³	to be on time
赶街	kaŋ³ ka¹		
敢	kaŋ³		
敢	kaŋ³	kaŋ⁸ 调!	to dare to，be willing to
告	kao⁸	kao⁸	to accuse；to sue
供	koŋ⁸	koŋ⁸	to serve, wait upon
汞		koŋ³	ore
共	koŋ⁸	koŋ⁸	to share
估量	ku³《词汇集》	kɯ³ laŋ⁸	probably；approximately
谷		kɯ⁷	clipped form 'of pao¹ kɯ⁷'
股	ku³	kɯ³	part, share, portion
顾	ku⁸	kɯ⁸	to protect, take care of
刮	kua⁸	kua⁸	to cut (vegetation at lowest possible level to the ground)；to grate, scrape
挂	kua⁸	kua⁸	to draw, to mark, to sketch, outline；to write
管	kuaŋ³	kaŋ³	to govern
惯	kuaŋ⁸	kaŋ⁸	to be accustomed to, used to
广芋	kaŋ³ ʐu⁸		
贵	kuei⁸	ki⁸ /kue⁸ /kui⁸	to be expensive, costly
锅铲	ko¹ tʂʰ uaŋ³		

（续表）

借词	大南山读音	难府读音	难府苗语英文释义
锅炉		ku¹ lu¹	opium pipe
还	ha²	ha¹ 调！	and, also, indeed
海子		ha³ tsɨ³	large expanse of water, e.g. lake, ocean
害	ha⁸		
憨	haŋ¹		
焊	haŋ⁸		
焊头		haŋ⁸ tʰaɯ²	solder
号		hao⁸	to mark, make a mark for a certain purpose
合	ho⁸	hu⁸ / fu⁸	to agree, be in concordance with
合理	ho⁸ li⁴		
和尚	ho² ʂaŋ⁸	hu² ʃaŋ⁸ / hoŋ¹ ʃaŋ⁸	Buddhist priest
盒		fu⁸ / hu⁸	box-like container
盒	ho⁸《词汇集》	hu⁸ / fu⁸	small box, any small container
很, 狠	hen³	heŋ³	to be terrible, awful; to be severe, extreme; terribly; awfully, severely
轰包		foŋ¹ pao¹ / hoŋ¹ pao¹	hand-grenade, bomb
侯		haɯ²	a clan name
吼		haɯ³	to shout, yell, cry out
胡子	fu² tsʅ³	fɯ² tsʅ³	beard, moustache
壶		fɯ²	kettle, tea-kettle, teapot
壶		hu¹	jar, (esp.)large water-jar
划		fua⁸	to crave

(续表)

借词	大南山读音	难府读音	难府苗语英文释义
荒	huaŋ¹	faŋ¹	to be overgrown with vegetation
黄旗		faŋ² tɕʰi²	yellow flag, yellow banner
(汉)黄旗		(sua³) faŋ² tɕʰi²	the Chinese living in China who are in a position of power
回		fe¹ 调！	to return, in return, on the contrary
回		fe²	to reverse direction
会		fe⁸	to meet or come across (a person) by chance
火镰	ho³ lien²		
货		hu⁸	goods, merchandise
货郎子	ho⁸ laŋ² ntsʅ³		
挤	tsʅ³	tsi³	to be tight
记	tɕi⁸	tɕi⁸	to remember
记心		tɕi⁷ 调！seŋ¹	memory
祭(供,祭品)	tsʅ⁸		
夹	tɕua⁸ (《词汇集》)	tɕua⁸	to grip, take up, pick up, catch, squeeze
家	tɕua¹	tɕua¹	family, household
家桃		tɕua¹ tʰao²	the guava 番石榴
家业	tɕua¹ ʑen² 韵！调！	tɕua¹ ji⁸	family, household
尖		tɕeŋ¹	(a) sharp pain
间		tɕeŋ¹	domain, place of abode, abiding place
艰难	laŋ² (《词汇集》)	tɕe¹ laŋ²	to be difficult, be a hindrance, be an obstcle

（续表）

借词	大南山读音	难府读音	难府苗语英文释义
煎		tseŋ¹	to fry(in deep fat)
件(一～)	tɕen⁸		
溅	tsaŋ⁸		
将		tɕaŋ¹	to lead forcibly(as with a rope)
将就	tsaŋ¹ tsaɯ⁸		
讲	tɕaŋ³	tɕaŋ⁸ 调！	to argue, debate, discuss
交趾	tɕao¹ tʂʅ¹	tɕao¹ tʃɨ¹	the Vietnamess
椒		(hao³)tsao¹	chilli, chilli peper
焦(愁)	tsao¹	tsao¹	to itch
窖	kao⁸		
揭		tɕe⁸	to turn over and lift
揭(骂,揭短)	tɕe⁸		
街	ka¹	ka¹	market place, market; store, shop; city, town
结(便秘)	tɕe⁸	tɕe⁸	to be constipated
尽(老是)	tsen³		
尽管		tseŋ³ kaŋ³ / tsɨ³ kaŋ³	go ahead and do it
谨(谨慎)	tɕen³		
谨防		tɕeŋ³ faŋ²	to be carefull
九		tɕaɯ³	name for the ninth-born child in the Snicized name series
救	tɕaɯ⁸	tɕaɯ⁸	to save, rescue(a person)
开(付钱)	kʰa¹		
靠	kʰao⁸	kʰao⁸	to rest

(续表)

借词	大南山读音	难府读音	难府苗语英文释义
壳		$k^h u^8$	scale, shell
可怜	$k^h o^3 lien^2$	$k^h u^3 len^2$	to pity, feel compassion, to be kind to
可惜	$k^h o^3 s\gamma^8$		
肯	$k^h en^3$	$k^h e\eta^3$	to allow, permit, let
空	$k^h o\eta^1$	$k^h o\eta^1$	to be empty, hollow
抠(挖)	$k^h a\mu^1$	$k^h a\mu^1$	to scratch, to hoe, to dig
叩头		$ka\mu^3 tau^1$	to welcome
扣	$k^h a\mu^8$	$k^h a\mu^8$	button
扣子		$k^h a\mu^8 ts\dot{i}^3$	button
苦	$k^h u^3$	$k^h \mu^3$	to toil bitterly; to be extremely difficult
苦力		$k^h \mu^3 li^8$	to be tired, fatigued
挎		$k^h ua^8$	to carry slung over the shoulder
宽		$k^h a\eta^1$	to be immense, roomy, broad, big, huge
赖(污蔑)	la^8		
赖毛(赖皮)	$la^8 mao^2$		
癞子	$la^8 ts\gamma^3$		
栏杆	$la\eta^2 ka\eta^1$	$la\eta^2 ka\eta^1$	fence, corral, yard
蓝		$(ji^8) la\eta^2$	to be blue
郎猫(公猫)	$la\eta^2 mao^1$		
榔头	$la\eta^2 t^h a\mu^1$		
浪	$la\eta^8$	$la\eta^8$	without purpose, aimless, vainly, in vain

（续表）

借词	大南山读音	难府读音	难府苗语英文释义
捞（～钱）	lao¹		
捞耙		lao¹ pʰua²	(a)rake
老（总是）	lao⁴	lao⁷	time without end
老三		lao⁷ saŋ¹	
老实（即实在）	lao² 韵！ʂi⁸	lao⁷ ʃi⁸	very，extremely
勒（～死）	le⁸	le⁸	to turn an(object)around
礼（讲～）	li⁴		
李		li⁷	a clan name
理（讲～，～顺）	li⁴		
厉害	li⁸ ha⁸		
沥	li⁶ 调！	li⁸	to filter，to strain，to separate liquid from sediment
荔枝		li⁸ tʃɨ¹	cat-eye fruit
连	lien²		
莲花落（即用竹板打拍子）	lien² hua¹ lao⁸		
链胡		leŋ⁸ fɯ²	whiskers(on the checks)
两	laŋ⁴		
晾		laŋ⁸	to expose to the sun，dry in the sun，to 'sun-dry'
撩（提）	lao²		
灵	lien²	leŋ²	supernatural power
领（～东西）	len⁴	leŋ⁴	to promise，agree（to），commit oneself（to），to acknowledge，to receive
硫磺	liu² huaŋ²	lauɯ² faŋ²	sulphur

借词	大南山读音	难府读音	难府苗语英文释义
聋子(失聪者)	long¹ 调！ntsɿ³		
楼板	lou² 韵！paŋ³		
啰嗦	lou² sou¹		
骡子		lu² tsɿ³	mule
落花生		lau⁸ fua¹ seŋ¹	peanut
马褂	mua⁴ kua⁸		
马鹿		mua⁷ luɯ²	sambar(type of deer)
脉(脉搏)	me⁸ te⁴		
蛮子 (不讲理的人)	maŋ² ntsɿ⁴		
满		maŋ⁷	to be complete, full; last-born
慢	maŋ⁸	maŋ⁸	slowly, gradually, gently
忙		maŋ²	in a hurry, hastuly
毛		mao²	carelessly, aimlessly
冒	mao⁸	mao⁸	to rise(of water)
帽	mao⁸	mao⁸	cap, hat, (esp.) skull-cap
媒公		me² koŋ¹	
媒人		me² ʒeŋ²	marriage broker
闷(心烦)	men⁸	meŋ⁸	to be under(psychological) pressure
闷躁(烦闷)	men⁸ tsao⁸		
明(清楚)	mien²	meŋ²	to be intlligible, distinct, clear
明明		meŋ² meŋ²	
墨	me⁸	me⁸	1.ink, 2.writing implement

借词	大南山读音	难府读音	难府苗语英文释义
墨斗	$me^8 \, tau^3$		
墨盘	$me^8 \, p^h aŋ^2$		
木马	$mo^8 \, mua^4$		
闹(毒)	lao^8	lao^8	to poison，be poisonous
闹热	$lao^8 \, ʐe^8$	$lao^8 \, ʒe^8$	to be entertaining；to entertain
念	$ȵen^8$	$ɲeŋ^8$	to read
捏	$ȵe^8$	$ɲe^8$	to choke(someone)；to grasp
纽襻	$ȵu^4 \, p^h aŋ^8$		
帕(~子,头巾)	$p^h ua^8$	$p^h ua^8$	kerchief，(esp.) turban
排(一~)	$p^h a^2$	$p^h a^2$	line，row
牌(碑)	$p^h a^2$		
派(~谁去)	$p^h a^8$		
攀胸	$p^h aŋ^1 ɕoŋ^1$		
盘(~子)	$p^h aŋ^2$	$p^h aŋ^2$ ($p^h aŋ^2 jeŋ^1$ 盘烟)	plate，dish，tray
盘缠	$p^h aŋ^2 \, tʂ^h aŋ^1$		
胖		$p^h aŋ^8$	to be fat，chubby
炮(枪或炮)	$p^h ao^8$	$p^h ao^8$	gun，fire-arm，rifle，musket
朋友	$poŋ^2 ʐu^4$	$p^h oŋ^2$	
频		$p^h eŋ^2$	often，repeatedly，continuously，frequently， customarily， commonly
凭(倚靠)	$p^h en^1$ 调!	$p^h eŋ^1$ 调!	to lean
期		$tɕ^h i^1$	a period of time when one refrains

借词	大南山读音	难府读音	难府苗语英文释义
期数		$t\varsigma^h i^1 \int u^5$	week
齐	$ts^h \gamma^2$	$ts^h \textit{i}^2$	to be even, be level, be in one unit, simultaneous time
旗	$t\varphi^h i^2$	$t\varsigma^h i^2$	flag, banner
起	$t\varphi^h i^3$	$t\varsigma^h i^3$	to begin
起头	$t\varphi^h i^3 t^h ou^2$ 韵！	$t\varsigma^h i^3 t^h a\text{ш}^2$	in the beginning, at the onset, at first
气	$t\varphi^h i^8$	$t\varsigma^h i^8$	to be angry
砌	$ts^h \gamma^8$		
千		$ts^h e\eta^1$	thousands
呛（打喷嚏）	$ts^h a\eta^8$	$ts^h a\eta^8$	to sneeze
墙	$ts^h a\eta^2$		
抢	$ts^h a\eta^3$	$ts^h a\eta^3$	to snatch away from
敲	$k^h ao^1$	$k^h ao^1$	to knock
桥	$t\varphi^h ao^2$	$t\varsigma^h ao^2$	bridge
桥人		$t\varsigma^h ao^2 nen^2$（人：固有词）	shaman-bridge, wizard bridge
亲亲	$ts^h en^1$	$ts^h e\eta^1 ts^h e\eta^1$	to have the same parents
清	$ts^h en^1$	$ts^h e\eta^1$	to inspect, examin, look for, search for
请	$ts^h en^3$		
求	$t\varphi^h ou^2$ 韵！	$t\varsigma^h a\text{ш}^2$	to ingratiate
觑		$t\varsigma^h i^1$	to look down upon, be disrespectful towards
拳		$t\varsigma^h e\eta^2$	a unit of measure, approximating the width of a fist

借词	大南山读音	难府读音	难府苗语英文释义
劝		tɕʰeŋ⁸	to coax, settle matters, medate
群		tɕʰeŋ²	herd, flock, pack, swarm
让	ʐaŋ⁸	ʒaŋ⁸／ʒaŋ⁷	to forgive, be forgiving, be forbearing, be patient, be long suffering
让心		ʒaŋ⁸ seŋ¹	to forgive, be forgiving, be forbearing, be patient, be long suffering
惹	ʐe⁴		
容易	ʐoŋ² zi⁸	joŋ² ji⁸	to be easy, convenient, handy
肉箱		ʒɯ⁸ saŋ¹	coffin
入		ʒɯ⁸	to enter (someone's) service; to join up with
入禄主		ʒu⁸ nu⁸ tʃɯ³	to enter government service
鳃	sa¹《词汇集》	sa¹	gill (fish)
三	saŋ¹	saŋ¹	name for the third-born child in the Sino-Miao name series
三脚		saŋ¹ tɕu⁸	cooking tripod
三朋四友	saŋ¹ pʰoŋ² sʅ⁸ ʐu⁴		
三月		saŋ¹ ji⁸	March
散糠糠（松散无黏性）	saŋ³ kʰaŋ¹ kʰaŋ¹		
散闷	saŋ⁸ men⁸		
散气	saŋ⁸ tɕʰi		
色		se⁸	color
涩	se⁸	se⁸	puckery taste

（续表）

借词	大南山读音	难府读音	难府苗语英文释义
沙		sua¹	sand, gravel
砂糖	ʂua¹ tʰaŋ²	ʃua¹ tʰaŋ² / ʃua³ tʰaŋ²	unrefined loaf-sugar
扇（一～）	ʂaŋ⁸		
骗	ʂaŋ⁸		
伤	ʂaŋ¹		
伤风		ʃaŋ¹ foŋ¹	influenza
商量	ʂaŋ¹ liaŋ²	ʃaŋ¹ laŋ²	to discuss, confer, come together for conference
上	ʂaŋ⁸	ʃaŋ⁸	to be addicted
赊	ʂe¹		
舍	ʂe³		
廒	ʂe⁸	ʃe¹ 调!	(an animal) coloring characterized by lines or stripes combining white, balck and red
生		seŋ¹	to conceive, germinate, be pregnant, give life (to), give birth (to)
声		ʃaŋ¹	sound, noise, tone
声		ʃeŋ¹	a human speech-utterance which is one syllable in length
剩		çeŋ⁸	surplus, remaining
师傅		si¹ fɯ¹	teacher
时候	ʂɿ² hou⁸	ʃɨ² haɯ⁸	phonetic variant of ʃɨ⁸ haɯ⁸
时候		ʃɨ⁸ haɯ⁸	life time
时频		si² pʰeŋ²	continuously, often, frequently

借词	大南山读音	难府读音	难府苗语英文释义
使	ʂ$ʅ^3$	ʃ$ɨ^3$	to use utilize, employ; to be used; to exert, expend
世	ts^h$ʅ^7$调!	ts^h$ɨ^8$	life(in sense of life-span)
世		ʃ$ɨ^8$	life time
事		s$ɨ^8$	cause, reason; event, accident, happening
试	ʂ$ʅ^8$	ʃ$ɨ^8$	to try out, try, taste; to test, experiment
是	ʂ$ʅ^8$	ʃ$ɨ^8$	for sure, definitely
输	ʂu^1	ʃɯ^1	to lose, be defeated, give in
熟	ʂu^8	ʃɯ^8	to be accustomed to, acquainted with
刷子	ʂua^8 tsʅ^3		
四		s$ɨ^8$	name for the fourth-born son in the Sinicized name series
四方	sʅ^8 faŋ^1	s$ɨ^8$ faŋ^1	square, to be square
四方八面		s$ɨ^8$ faŋ^1 pua^8 meŋ^8	in every direction
四方四面		s$ɨ^8$ faŋ^1 s$ɨ^8$ meŋ^8	rectangular
四朋三友	sʅ^8 p^{h}oŋ^2 saŋ^1 ʐu^4		
搜	saɯ^1		
算盘	suaŋ^8 p^{h}aŋ^2	saŋ^8 p^{h}aŋ^2	to add
随	suei^2	s$ɨ^2$	according to(your wishes)
随便	suei^2 pien^8	s$ɨ^2$ peŋ^8	according to (your wishes), as you please
孙子	sen^1 ntsʅ^3	seŋ^1 ntsi^3	grandchildren
所以	so^3 ʐi^4		

（续表）

借词	大南山读音	难府读音	难府苗语英文释义
胎(投～)	$t^h a^1$	$t^h a^1$	embryo, unborn baby
抬		$t^h a^2$	to lift, to move (something or someone)to a new dwelling place
苔	$t^h a^1$		
贪	$t^h aŋ^1$		
摊子	$t^h aŋ^1 ntsɿ^3$		
瘫子	$t^h aŋ^1 ntsɿ^3$		
毯子	$t^h aŋ^3 ntsɿ^3$		
堂		$t^h aŋ^2$	altar
糖	$t^h aŋ^2$	$t^h aŋ^2$	sugar
掏	$t^h ao^1$	$t^h ao^1$	to back up, withdraw
讨	$t^h ao^3$	$t^h ao^3$	to request, ask(for something), to plead, beg
套	$t^h ao^8$	$t^h ao^8$	pair, couple(of inanimate objects), e.g.shoes, socks
套(?)		$t^h ao^8 q^h ɯ^3$	footwear, (esp.) sock, stocking
藤		$t^h en^2$	rattan
提	$t^h i^2$	$t^h i^2$	hand of bananas
替	$t^h i^8$	$t^h i^2$调!	to take the place of: in place of (another person)
天理	$t^h ien^1 li^4$		
填	$t^h en^2$		
通	$t^h oŋ^1$	$t^h oŋ^1$	through, throughout
同	$t^h oŋ^2$	$t^h oŋ^2$	to be the same, be alike, be similar, to be usual

借词	大南山读音	难府读音	难府苗语英文释义
桶	tʰoŋ¹（调）	tʰoŋ¹ 调！	container, such as bucket, pail, tub, cask, barrel, can, tin-can
头	tʰouɯ² 韵！	tʰaɯ²	1.chief, chieftain, the head of 2.first, the first
头兵		tʰaɯ² peŋ¹	military commander
头层		tʰaɯ² tsʰeŋ²	first of all
透	tʰaɯ⁷ 调！	tʰaɯ⁷ 调！	to soak
图	tʰu²	tʰɯ²	to covet
图（钱）害（人）	tʰu²（tsa²）ha⁸（nen¹）		
图财	tʰu²（tsa²）	tʰɯ² tsʰa²	to covet other's wealth
土	tʰu³	tʰɯ³	the earth Demon
土地		tʰɯ³ ti⁸	the earth Demon
土墼（土坯）	tʰu³ tɕi¹		
退	tʰuei⁸	tʰe⁸	to pay
吞		tʰeŋ¹	to swallow something dry
吞烟		tʰeŋ¹ jeŋ¹	
万	vaŋ⁸	vaŋ⁸	tens-of-thousands
王		vaŋ²	king, sovereign
王（姓～）	waŋ²	vaŋ²	a clan name
王首		vaŋ² ʃaɯ³	to proclaim oneself king, in the sense of taking over the kingship of a nation which never before had a king
网		vaŋ⁴	net, (esp)fishing net
望	vaŋ⁸	vaŋ⁸	to hope(that), hope for

(续表)

借词	大南山读音	难府读音	难府苗语英文释义
望靠		van^8 k^{h}ao^8	to trust, rely upon
围	wuei^2 声!	ve^2	to surround, encircle, enclose
为	wuei^8 声!	ve^8（vi^8）	because
蚊帐		ve^2 tʃaŋ^8 （vui^2 tʃaŋ^8）	mosquito-net
稳	ven^4		
乌龟		vau^1 ki^1	tortoise, turtle
捂（闷热）	vu^4	vu^3	to cover; to roof
喜欢		çi^3 faŋ^1	to be happy, joyful
虾		çua^1	shrimp
瞎	ɕua^8		
吓	he^8	he^8	to scare, terrify, frighten
掀	ɕen^1	çeŋ^1	to shove, push(small objects only)
闲	ɕen^2		
嫌弃	ɕen^2 tɕ^{h}i^8		
香	ɕaŋ^1	çaŋ^1	spirit-offering
箱		saŋ^1	tin box or trunk for storing personal things and clothes
想	saŋ^3	saŋ^3	to think, reflect, ponder, meditate
巷	haŋ^8		
宵夜		sao^1 je^8	supper
硝		sao^1	unrefined powder
小朝		sao^3 tʃ^{h}ao^2	small-sized nation

借词	大南山读音	难府读音	难府苗语英文释义
孝	ɕao^8	ɕao^8	to render obeisance to a dead person
斜	se^2	se^2	to squint
心		sen^1	to be uneasy, dicontented, ill at ease
心焦	$\text{sen}^1\text{tsao}^1$	$\text{seŋ}^1\text{tsao}^1$	unsettled heart
醒	sen^3		
姓		sen^8	clan
熊		ɕoŋ^2	a clan name
修（建）	saɯ^1		
学	ɕo^8		
驯	ʂen^2	ʃeŋ^2	to be tame
押（逼,强迫）	ʑua^8	jua^8	to compel, force
鸦片烟	ʑa^4调! $\text{pin}^8\text{ʑen}^1$	（ja^2jen^1）	opium
烟杆	$\text{ʑen}^1\text{kaŋ}^1$	$\text{jeŋ}^1\text{kaŋ}^1$	(opium) pipe
烟筒	$\text{ʑen}^1\text{t}^\text{h}\text{oŋ}^2$	$\text{jeŋ}^1\text{t}^\text{h}\text{oŋ}^2$	bamboo tobacco-pipe
烟针		$\text{jeŋ}^1\text{tʃeŋ}^1$	iron needle
酽（浓,稠）	ȵen^8		
阳间	$\text{ʑaŋ}^2\text{tɕen}^1$	$\text{jaŋ}^2\text{tɕeŋ}^1$	
洋	ʑaŋ^2	jaŋ^2	foreign, stranger
洋火	$\text{ʑaŋ}^2\text{ho}^3$	$\text{jaŋ}^2\text{hu}^3$	matches
洋盘		$\text{jaŋ}^2\text{p}^\text{h}\text{aŋ}^2$	flat eating plate
洋铁		$\text{jaŋ}^2\text{t}^\text{h}\text{e}^8$	tin-can
洋烟（鸦片）	$\text{ʑaŋ}^2\text{ʑen}^1$		

（续表）

借词	大南山读音	难府读音	难府苗语英文释义
洋芋	$zaŋ^2 zu^8$	$jaŋ^2 ju^3$ 调!	potato
样子	$zaŋ^8 ntsʅ^3$	$jaŋ^8 nzɨ^3$	symbol, type, example, pattern, likeness
摇	zao^2	jao^2	to move, sway
要		jao^3 调!	have to, must
钥匙	$zo^8 ʂʅ^2$	$ju^8 ʃɨ^2$	lock, key
依	zi^1	ji^1	to agree
因为		$ji^8 ve^8$	because
阴功	$zen^1 koŋ^1$	$jeŋ^1 koŋ^1$	merit, reward; good luck
阴间	$zen^1 tɕen^1$	$jeŋ^1 tɕen^1$	
印子	zen^8	$jeŋ^8 nzɨ^3$	symbol, drawing
应	zen^8	$jeŋ^8$	to agree, consent, aquiesce, give in
应该	$zen^8 ka^1$		
鹦哥		$jeŋ^1 ku^1$	non-talking parrot
营盘	$zen^2 pʰaŋ^2$		
赢	zen^2	$jeŋ^2$	to overcome, to conquer
用	$zoŋ^8$	$joŋ^8$	to use
冤家	$zen^1 tɕua^1$		
圆		$jeŋ^2$	a circle
月		je^8 / ji^8	month
晕		$joŋ^1$	confused
杂种	$tsua^8 tʂoŋ^3$		
再	tsa^8		
在	tsa^8		

（续表）

借词	大南山读音	难府读音	难府苗语英文释义
攒	tsaŋ³		
錾子	ʦaŋ⁸ ntsɿ³		
遭孽（可怜）	tsao⁸ ȵe⁸	tsao⁸ ɲe⁸	to be poor
扎实（实在）	tʂua⁸ ʂʅ⁸		
铡刀	tʂua⁸ tao¹		
炸	tʂua⁸		
榨	tʂua⁸		
沾（接触）	tʂaŋ¹		
占	tʂaŋ⁸		
张（姓～）	tʂʰaŋ¹	tʃaŋ¹	a clan name
长		tʃaŋ³	to increase（in number）, multiply, add to
掌（驾驶）	tʂaŋ³	tʃaŋ³	to rule, govern, manage, order, to drive
掌车	tʂaŋ³ tʂʰe¹	tʃaŋ³ tʃʰe¹	to drive a car
丈（一～）	tʂaŋ⁸		
仗		tʃaŋ⁸	phonemic variant of ʈaŋ⁸ "to fight"
胀	tʂaŋ⁸	tʃaŋ⁸	to be abnormally distended; to swell up
照	tʂao⁸	tʃao⁸	glass which reflects light
照	tʂao⁸	tʃao⁸	to shine; to illuminate, shine light on or through; to look through
照顾	tʂao⁸ ku⁸	tʃao⁸ kɯ⁸	to protect, look after, watch over
罩灯	tʂao⁸	tʃao⁸ teŋ¹	lamp chimney
罩子（灯～）	tʂao⁸ tsɿ³		

（续表）

借词	大南山读音	难府读音	难府苗语英文释义
折（丢失，亏损）	ʂe^8		
折本	$\text{ʂe}^8\,\text{pen}^3$		
真	tʂen^1	tʃeŋ^1	to be sure, certain; to be firm, stable; to be ture, real
整	tʂen^3	tʃeŋ^3	to dress, make ready, prepare (something)
正	tʂen^8	$\text{tʃeŋ}^5/\text{tʃeŋ}^7/\text{tʃeŋ}^8$	in the act of, continue to…, still, in the process of
正月		$\text{ʈeŋ}^1\,\text{ji}^8$	January
值（～钱）	tʂɿ^8	tʃɨ^8	to be important; to be correct
止		tsi^3	to prevent, hinder
制	tʂɿ^8	tʃɨ^8	to build, construct
中人		$\text{tʃoŋ}^1\,\text{ʒen}^2$	witness
众	tʂoŋ^8	tʃoŋ^8	all people
众人		$\text{tʃoŋ}^8\,\text{z̩en}^2$	the people
重	tʂʰoŋ^2	tʃʰoŋ^2	storey or floor(of a house)
烛	tʂu^8		
主（官，主人）	tʂu^3		
抓	tʂua^1	tʃua^1	to scratch
砖	tʂuaŋ^1		
赚头		$\text{tʃaŋ}^8\,\text{tʰau}^2$	to gain(in business)
装（假～）	tʂaŋ^1		
准		tʃeŋ^3	be permitted
子		tsi^3	noun suffix
字	tsɿ^8	tsi^8	Chinese character, letter

(续表)

借词	大南山读音	难府读音	难府苗语英文释义
走肾(隐睾症)	tsauɯ³ ʂen⁸		
走阴(一种迷信活动)	tsauɯ³ ʑen¹		
祖宗		tsɨ³ tsoŋ¹	ancestors
罪	tsuei⁸	tse⁸	fault, guilt, sin
作料		tsu⁸ lao⁸	spice, condiments, flavoring for food
作揖	tso⁸ ʑi⁸		

五、苗语川黔滇方言惠水次方言甲定苗语里的古汉借词

说明：

（1）本附录包含甲定苗语中古层汉借词（共 121 条）、近代层汉借词（共 295 条）两个表格。材料来源是我们的调查。

（2）其他体例与苗语湘西方言腊乙坪苗语汉借词表一致。

1. 甲定苗语里的中古层汉借词

借词分析	词语读音	词 条
耙	pu²	耙
(子女)抱	təŋ¹ mpʰe⁵ pu⁶	养女
(子)抱	təŋ¹ pu⁶	养子
(?)惭	ȵtʂʰe⁵ sō²	害羞
成	tɕɛ²	成
穿	tɕʰō¹	穿,扎
(缀)疮	qō³ sʰō¹	疮

(续表)

借词分析	词语读音	词　　条
（缀疤）疮	qe³ plɛ¹ sʰō¹	灼痕
得	tɑ⁵	得到
（记）得	tɕe¹ tɑ⁵	记得
断	təŋ⁵	断
豆腐（干）	tɯ² hɯ³ qʰɑ³	豆腐干
豆腐（烂）	tɯ² hɯ³ lɯ²	豆腐乳
酒甘（蜜）	tɕəˀ³ qō¹ ʐɑ¹	江米酒
瓜（丝）	kɑ¹ naŋ¹	丝瓜
瓜（丝）	kɑ¹ naŋ¹	洗锅刷
广	kō³	宽
广	kō³	宽敞
龙（鬼）	ʐaŋ² tlō³	巫师
（去）过	məŋ⁴ ku⁵	离开
（难）过	sɑ³ ku⁵	难过
喝	hə⁵	抽
和尚	wu² sʰaŋ⁵	和尚
龙喝（水）	ʐaŋ² hə⁵ ō¹	虹
哄	qʰaŋ¹	哄
（地）黄	tæ¹ qō⁶	黄土
黄（天）	qō² Nqəŋ⁶	天亮
（冠）鸡	wi¹ qe¹	鸡冠
（窝）鸡	ʐæ⁴ qe¹	鸡窝
价活	Nqɑ⁵ hu¹	工钱
价（路）	Nqɑ⁵ kæ³	路费

（续表）

借词分析	词语读音	词　　条
剪	$s\varepsilon^3$	裁
剪	$s\varepsilon^3$	剪
（子）匠	$tə\eta^1 sa\eta^6$	师傅
（子）匠	$tə\eta^1 sa\eta^6$	手艺人
接	sa^5	接
（半）斤	$p^h e^5 t\varepsilon\varepsilon^1$	半斤
斤	$t\varepsilon\varepsilon^1$	斤
金	$kə\eta^1$	金子
杯酒	$t\underset{.}{s}ə\eta^1 t\varepsilonə^3$	酒杯
（写）鸠	$n\bar{o}^6 qu^1$	鸽子
（缀）臼	$kə^3 t\varepsilonə^4$	碓
（缀嘴）臼	$kə^3 \underset{.}{n}t\varepsilonə^2 t\varepsilonə^4$	臼
孔（菜）	$q^h \bar{o}^3 z\underset{.}{.}o^1$	草丛
（哥）老	$to^4 lo^4$	哥哥
（哥）老	$to^4 lo^4$	堂哥
（果）梨	$pi^3 z\underset{.}{.}u^2$	梨
（木果）梨	$hu^1 pi^3 z\underset{.}{.}u^2$	梨树
里	li^4	里
（做）力	$u^5 z\underset{.}{.}ə^6$	动
力	$z\underset{.}{.}ə^6$	力气
（缀）镰	$q\varepsilon^3 l\varepsilon^6$	镰刀
（二）两	$a^1 la\eta^4$	二两
两	$la\eta^4$	两
龙（印）	$z\underset{.}{.}a\eta^2 \underset{.}{m}^h i^3$	巫婆

（续表）

借词分析	词语读音	词　　条
聋（耳）	laŋ² mplæ⁶	失聪者
（菜艾）马	z̧o¹ s̺ʰ u³ min³	艾草
（赌）马	tɯ³ min⁴	划拳
（子）马	təŋ¹ min⁴	马驹
卖	məŋ⁶	卖
赔	po²	还
（缀）劈（火）	qe⁴ pʰ i¹ tə⁴	劈柴
（雷）劈	s̺ʰ ə¹ pʰ i¹	霹雷
破	pʰ u⁵	破
鸡破	qe¹ pʰ i⁵	骗鸡
破	pʰ i⁵	阉
漆	s̺ʰ e⁵	漆
（木）漆	hu¹ s̺ʰ e⁵	漆树
千	s̺ʰ ɛ¹	千
钱幼	sɛ² jɯ⁵	零钱
钱	sɛ⁶	钱
钱	sɛ²	钱
（找）钱	naŋ⁵ s̺ɛ²	挣
荞	tɕæ²	荞麦
（缀）蚤	lo̅⁴ ko̅²	蚱蜢
融	jo̅²	化
收	s̺ʰ ɯ¹	收
收	s̺ʰ ɯ¹	收拾
送（鬼）	s̺ʰ aŋ⁵ tlo̅¹	法术

（续表）

借词分析	词语读音	词　条
送	$s^h aŋ^5$	送
送（鬼）	$ş^h aŋ^5 tlõ^1$	做道场
（软）馊	$Nqo^1 ş^h ə^1$	馊
馊	$s^h ə^1$	酸
蓑	$s^h i^1$	蓑衣
（毛）蓑	$plo^1 s^h i^1$	棕皮
炭	$t^h in^5$	炭
铜	$tõ^2$	铜
桶（水）	$t^h õ^1 õ^1$	水缸
（橡）瓦	$tʂæ^3 wa^4$	橡子
瓦	wa^4	瓦
万	$waŋ^6$	万
（一）万	$i^1 waŋ^6$	一万
狭	Nqe^2	窄
（蛋）鸭	$qæ^5 ə^5$	鸭蛋
鸭（野?）	$ə^5 sæ^2$	野鸭
（看）秧	$n̥tɕe^6 jəŋ^1$	保
插秧	$sɑ^1 jəŋ^1$	插秧
（子）羊	$təŋ^1 jaŋ^2$	羔羊
羊（月）	$jaŋ^2 t^h_e a^5$	四月
养	$jəŋ^6$	养
养（猪）	$jəŋ^6 mpɑ^5$	养猪
（郎）小	$wo^3 ju^5$	妹夫
园（菜）	$wõ^2 z̩o^1$	园子

（续表）

借词分析	词语读音	词　条
园竹	wŏ² tʂə²	竹丛
凿	ɳtʂɑ⁶	凿
凿	sɑ⁶	凿子
（靠）早	sʰə³ ɳtʂə³	上午
（上午）早	ɳtʂʰe⁵ ɳtʂə³	早晨
孔灶	qʰō³ so⁵	灶
（鬼地缀）灶	tlō¹ tæ¹ qo³ so⁵	灶神
（缀）算甑	qɛ³ ple¹ sən⁵	甑算子
甑	sən⁵	甑子
蒸	tɕən¹	蒸
（?）中（月）	sɑŋ⁴ ɳtʂɑŋ¹l̥ʰɑ⁵	月中
（缀）中	qɑŋ⁴ ɳtʂɑŋ¹	中间
竹（前）	tʂə² mple⁶	金竹
竹	tsə²	竹子
（索）苎	l̥ʰɑ⁵ ntu⁶	麻绳
（筒）箸	sʰɑŋ¹ tʂə⁶	筷筒
箸	tʂə⁶	筷子
鬃马	ʂō¹ min⁴	马鬃

2. 甲定苗语里的近代层汉借词

借词分析	词语读音	词　条
鞍（马）	in¹ min⁴	鞍子
爱	ɳɛ⁵ 声!	爱
爱	ɳɛ⁵ 声!	疼

（续表）

借词分析	词语读音	词　　条
安	ŋan¹	安
按	nɛ̃⁵	按
按	nɛ̃⁵	压
（缀）疤（疮）	qɛ³ plɛ¹ sʰō¹	疤
（?）坝	sɑ³ pɑ⁵	坝
耙	pɑ⁵	耙
摆	pæ³	摆
拜	pæ⁵	拜
拜	pæ⁵	跪
搬	pɛ¹	搬
（缀）壁板	qɑ³ pɑ² pɛ⁶ 调！	板壁
板老	pɛ⁶ 调！lo⁴	棺材
（缀骨）包谷	qaŋ³ sʰaŋ³ puɯ¹ kuɯ⁶	玉米芯
（缀）本钱	qɛ⁴ pɛ³ sɛ²	本钱
折本	sʰæ⁴ pɛ³	亏本
比	pi³	瞄
（杖）笔	tɕu² pi⁵	笔
（缀）算（甑）	qɛ³ plɛ¹ səŋ⁵	甑算子
（缀）壁（园）	qɑ³ pɑ² wō⁶	篱笆
扁	piɛ³	扁
变	plɛ⁵	变
病（轻了）	plɛ⁵ sʰi³ la⁴	病轻了
（看）病	n̠tɕɛ⁶ plɛ⁵	看病

（续表）

借词分析	词语读音	词　条
操	sʰo¹	练
茅厕	mɑ² sʰɯ¹	厕所
（?）叉	tɕɯ² ŋtʂʰɑ¹	叉子
（缀）叉（木）	qɑ³ ŋtʂʰɑ¹ hu¹	树丫
插秧	sɑ¹ jəŋ¹	插秧
查	tʂʰɑ²	问
差（点）	tsʰɑ¹ me⁶	差点儿
差	tʂʰɑ¹	欠
掺	tsʰaŋ¹	掺
勺铲饭	tle³ tʂʰaŋ³n̥ʰō⁵	饭锹
（勺）铲	tle³ tʂʰaŋ³	锅铲
车	sʰu¹	车
（里）城	ŋtʂō⁶ tʂʰin²	城里
（坝）城	ntin⁶ tʂʰin²	城市
豆豉	tɯ² sʰi⁵	豆豉
（?）铳	sɑ⁵ sʰəŋ¹ 调！	箭
铳	tsʰəŋ⁵ 声！	鸟枪
（缀肚）铳	qəŋ'n̥əŋ³ tʂʰəŋ⁵ 声！	枪膛
（坏）丑	sɑ³ ʂʰu³	丑
（缀）窗（扣）	qaŋ³ tʂʰaŋ² 调！ təŋ⁵	窗
（缀）窗（?）	qaŋ³ tʂʰaŋ² 调！ ʂəŋ¹	窗
寸	sʰin³ 调！	寸
（缀）锉	qu³ sʰu⁵	锉
搭	tɑ⁶ 调！	搭

（续表）

借词分析	词语读音	词　条
袋包	tæ² po¹	口袋
袋包（大）	tæ² po¹ l̥ʰ ə¹	麻袋
（缀）包袋	qo³ po¹ tæ⁶	围嘴儿
挡	taŋ³	挡
挡（云）	tō³ ō⁵	云
挡客（的子人）	tō³ qʰ a⁵ ti¹ təŋ¹ nin⁶	接亲的客人
灯	tō¹	灯
灯笼	tō¹ ləŋ⁶	灯笼
（家）店（饭）	plæ³ te⁵ n̥ʰ ō⁵	饭馆
（家）店（睡）	plæ³ te⁵ pɯ⁵	旅馆
（不）懂	mæ³ tō⁵	不懂
懂	tō⁵	懂
斗（打）（稻）	tə³ ntə⁵ mplæ²	谷桶
斗笋	tə³ lu²	谷篓
（放）（缀）毒	sō⁵ qə³ tɯ⁶	放蛊
毒	tɯ⁶	狠毒
赌	tɯ³	赌
（带子）肚	l̥ʰ ō¹ tə⁵	脐带
顿	tɛ⁵	顿
多	tu¹	多
差（不）多	tsʰ a¹ mæ³ tu¹	快
恶	ŋō⁶	恶
翻	haŋ¹	翻
四（?）四方	plo¹ ɳtʂō⁶ plo¹ haŋ¹	方

（续表）

借词分析	词语读音	词　　条
桌（四）方	tʂu¹ plo¹ haŋ¹	四方桌
分	hɛ̄¹	分
（钩）粪	Nqæ⁵ hɛ̄⁵	钉耙
粪	hɛ̄⁵	粪
封	hō¹	封
浮	hə¹	浮
告状	ko⁵ tʂaŋ⁵	告状
（方）隔	ʂʰō¹ kɯ⁶	隔壁
（做破）嗝	u⁵ tə⁶ qə²	打嗝
（做）工	u⁵ qō¹	干活儿
（脏）垢	kʰən⁵ ko³ 调！	污垢
（缀）包谷	qɑ³ pɯ¹ kɯ⁶	玉米秸
刮	kɑ¹	刮
刮	kɑ¹	削
（做鬼做）怪	u⁵ tlō¹ u⁵ kæ⁵	邪法
怪	kæ⁵	责怪
（不）管	mæ³ ke³	不管
管	ke³	管
柜	ki⁵	柜子
贵	ki⁵	贵
炉锅	lu² ku¹	鼎锅
咳	kʰi³	咳嗽
还	haŋ¹	还
合	hu²	合

(续表)

借词分析	词语读音	词 条
合	huɯ²	像
和尚	wuɯ² sʰɑŋ⁵	尼姑
恨	hɛ̃⁵	恨
恨	hɛ̃⁵	忌妒
壶(茶)	wuɯ² ki⁴	茶壶
壶(酒)	wuɯ² tɕə³	酒壶
护(林)	hə⁵ z̧õ³	护林
叫化	tɕu⁶ ha⁵	乞丐
换	we⁶	换
(地)荒	lõ⁵ hõ¹	荒地
(石)灰	z̧æ¹ hi¹	石灰
货	huɯ⁵	货
急	tɕi¹	急
急	tɕi¹	忙
(缀)夹(锅)	qa³ tɕa¹ we⁴	端锅布
夹	tɕa¹	夹
(郎)假	wo³ tɕa³	伴郎
笕(水)	tɕɛ³ õ¹	水笕
犟	tɕaŋ⁵	犟
交	tɕo¹	交
(花)蕉	põ² ʂə³ 调!	芭蕉花
轿	tɕo⁵	轿子
教	tɕo¹	教
接	tɕe⁶ 调!	接

（续表）

借词分析	词语读音	词　条
（长）街	ntæ³ qæ¹	街道
（菜）韭	ʐo¹ tɕɯ³	韭菜
救	tɕɯ⁵	救
（粉末）锯	plo³ kə⁵	锯末
扛	qʰɑŋ²	扛
炕	qʰõ⁵	烘
炕	qʰõ⁵	烤
考	kʰo³	考
巴壳	pa² kʰo³	锅巴
客（娘）	qʰɑ⁵ ȵɑŋ¹	结婚
空	qʰõ¹	空
空	Nqʰɑŋ⁵	空闲
辛苦	sʰɛ¹ kʰɯ³	辛苦
（缀脚）裤	qə³ tə⁵ Nqʰə³ 调！	裤腿
（腰缀）裤	tlu³ qə³ Nqʰə³ 调！	裤腰
（在凉）快	ȵõ¹ la² kʰæ⁵	乘凉
困	kʰɛ⁵	困
困	kʰɛ⁵	累
牢	lo²	牢
礼	li⁴	礼物
（相）礼（酒）	si³ li⁴ tɕo³	祝酒
理	li⁴	道理
（缀）利	qe⁴ li⁶	利息
着凉	tʂu⁶ lɑŋ⁴ 调！	着凉

(续表)

借词分析	词语读音	词　　条
（?）梁	po⁵ laŋ²	梁
晾	laŋ⁵	晾
晾（竿）（竹）	laŋ⁴ 调！ Nqɑ² tʂə²	竹竿
楼	lɯ²	楼
（板）楼	pɛ⁶ lɯ²	楼板
（缀）掳	qɯ⁴ lɯ²	强盗
（缀）掳	qɯ⁴ lɯ²	土匪
（缀）笅	qɯ³ lu⁶	斗
（缀）笅	qɯ³ lu⁶	笅筐
麻	mɑ²	苎麻
赌（马）	tɯ³ min⁴	划拳
慢	mlɛ⁴ 调！	慢
（缀）猫	qō³ nō¹	猫
（缀母缀）猫	qɛ⁴ mɛ² qō³ nō¹	母猫
（笠缀）帽	kɯ⁵ qɑ³ mō⁶	草帽
帽犁（?）犁	mō⁵ le² pɛ⁶ le²	犁铧
帽	mō⁵	帽子
（笑）眯（齿）	tʂə⁵ mlin⁴m̥ʰ ɛ³	笑眯眯
（家）庙	plæ³ mlō⁵	祠堂
（家）庙	plæ³ mlō⁵	寺庙
清明	sʰ ɛ¹ mlɛ⁶	清明
（好）命	z̧ō⁵ mlɛ⁵	害喜
（子断）命	təŋ³ təŋ⁵ mlɛ⁵	自杀
（水）墨	ō¹ mō⁶	墨

（续表）

借词分析	词语读音	词　　条
（碗水）墨	te⁴ ō¹ mō⁶	砚台
（水）碾	ō¹ nɛ⁶	水碾
（果）杷	pi³ pɑ²	枇杷
拍（摸）	pʰlæ¹ pʰləŋ¹	拍马屁
牌	pʰi¹ 调！	碑
（打）牌	ntə⁵ pʰæ²	打扑克
推刨	tʰi¹ pʰo⁵	刨子
陪	pʰi²	陪
平	pʰlɛ²	平
（坝）平	ntin⁶ pʰlɛ²	平坝子
菩萨	pə² sʰɑ¹	菩萨
骑	kʰi²	骑
气	kʰi⁵	赌气
气	kʰi⁵	气
（匠）砌砖	sɑŋ⁶ ʂi⁵ tʂɛ¹	泥水匠
（果）铅	pi³ tɕʰɛ¹	子弹
（缀）钳	qe³ tɕe²	火钳
敲	kʰo¹	捶
敲	kʰo¹	敲
翘	tɕʰo³ 调！	翘
请（子）工	sʰin² təŋ¹ qō¹	雇佣
请	ʂʰin²	请
求	tɕʰɯ²	祈福
求	tɕʰɯ²	求

(续表)

借词分析	词语读音	词　　条
劝	tɕʰɛ⁵	劝
润(年)	z̞en⁵ sʰō⁵	闰年
撒(屎)	sʰɑ³ qu³	拉屎
撒(尿)	sʰɑ³ z̞ɑ⁴	撒尿
(斗笠)伞	qə⁵ ʂʰɑŋ³	雨伞
(滩)沙	te⁶ sʰɑ¹	沙滩
沙	sʰɑ¹	沙子
伸	sʰɑŋ¹	伸
升	sʰɛ¹	升
(子)甥	təŋ¹ sʰəŋ¹	外甥
时(哪)	sʰi¹ tɯ⁶	什么时候
老实	lo⁴ sʰi¹	老实
(布)寿	nto¹ ɕo⁵	寿布
(梳)梳	z̞ɑ⁶ ʂʰɯ¹	篦子
输	sʰɯ⁵ 调！	败
输	sʰɯ⁵ 调！	输
(线)丝	sʰə³ sʰɯ² 调！	丝线
松	sʰō¹	松
搜	sʰɯ¹	搜
(菜)馊	z̞o¹ ʂʰə¹	酸菜
算	ʂʰō⁵	打算
算	sʰō⁵	算
算命	ʂʰō⁵ mlɛ⁵	算命
(背)索	qə² z̞ʂʰə¹ 调！	圈套

（续表）

借词分析	词语读音	词　条
（背）索	qə² ʂʰə⁵ 调！	套索
锁	sʰu³	锁
（杖）锁	tɕu² sʰi³	钥匙
（杖）锁	tɕu² sʰu³	钥匙
堂歌	tʰɑŋ² ŋko² 调！	歌堂
堂屋	tʰɑŋ¹ ɯ¹	堂屋
（石）糖（红）	ʐæ¹ tɑŋ⁶ lɛ¹	红糖
（石）糖	ʐæ¹ tɑŋ⁶	糖
淌	tʰlɑŋ⁵	淌
趟	tʰɑŋ⁵	趟
套	tʰlõ⁵	套
提	tʰe²	提
替	tɕʰe⁵	代替
替	tɕʰe⁵	替
添（寿）	tʰiɛ¹ sæ⁵	做寿
填	tʰie⁴	填
捅	tʰõ⁵	捅
吐	ntʰu⁵	吐
陀螺	tu⁴ lu⁶	陀螺
砣（石秤）	tʰu² ʐæ¹ si⁵	秤砣
（？做）玩	sɑŋ⁵ u⁵ we⁶	开玩笑
（做）玩	u⁵ we⁶	玩儿
（相）围	sʰə⁴ wə²	围
为（种）（什么）	wi⁵ sõ³ tɕɑ³	为什么
喂	ɯ⁵	喂

借词分析	词语读音	词　条
端午	tɯ¹ wɯ⁴	端午
匣（蜂）	ɕa¹ mō⁴	蜂箱
匣	ɕa¹	箱子
下	ɕa⁵	一会儿
下	ɕa⁵	下
籼（?）	ʂʰɑŋ¹ ŋkə¹	籼稻
闲	ɕɛ²	闲
香	ɕaŋ¹	香
想	sʰɑŋ² 调！	想
楔	sɑ⁵	楔子
（纸）写	ntə³ ʂʰæ³	书本
辛苦	sʰɛ¹ kʰɯ³	穷
（郎）新	wo³ sʰɛ¹	新郎
信	ʂʰin⁵	信
学	ɕu¹	学
丫杈	ja² 调！ ɳtʂʰa¹	叉子
豆芽	tə² ja²	豆芽
烟丝	jɛ¹ sʰɯ¹	烟丝
（鱼）腌	mplæ⁴ jɛ¹	咸鱼
腌	jɛ¹	腌
（匠纸）阴阳	ʂɑŋ⁶ ntə³ jə⁶ 调！ jaŋ⁶	风水先生
（样）样	ẓɑŋ² jaŋ⁵	相貌
窑（缀薯）	jo² qu⁴ ntu²	薯窑
窑	jo²	窑
爷皇	jə⁶ kō²	皇帝

(续表)

借词分析	词语读音	词　条
（山）野	pæ⁴ je⁴	荒山
便宜	pʰi² ji¹	便宜
移（葬）	ja² ȵtʂō⁵	二次葬
（不）用	mæ³ jō⁴调！	甭
用得	jō⁴调！tɑ⁵	可以
润（月）	z̻en⁵ₕʰɑ⁵	闰月
炸	tʂɑ⁶	炸
（做）斋	u⁵ tʂæ¹	打斋
张	ʂaŋ¹	张
（子）丈	təŋ¹ tɕō⁶	男人
（打）仗	ntə⁵ tʂɑŋ⁵	打仗
胀	tʂɑŋ⁵	胀
招（来的郎）	so¹ lə⁴ ti¹ wo³	入赘
招（郎）	so¹ wo³	招赘
（缀）真	qɛ⁴ sɛ¹	真
（相）争	sɛ³ sɛ¹	争
值	si¹	值得
盅（茶）	tʂəŋ¹ ki⁴	茶杯
盅（酒）	tʂəŋ¹ tɕə³	酒杯
烛	tʂɯ⁶	蜡烛
（缀）主（家）	qə⁴ sə³ plæ³	主人
砖	tsɛ¹	砖
（家）砖	plæ³ tʂɛ¹	砖房
赚	tʂō³调！	赚

后　记

本书在我承担的教育部课题的成果基础上修改而成,也保留了博士论文的部分内容。课题的名称为《苗语汉借词的历史层次及其反映的苗汉音韵现象研究》,博士论文标题为《苗语汉借词与苗汉关系词研究》,本书最后定名为《苗语汉借词研究》。

从 2010 年开始读博士算起,我从事苗瑶语研究有十余年了,这本书可以说是我这些年来学习和研究的一个阶段性总结。本阶段我主要做了苗瑶语共同词、苗语共同词里的关系词和汉借词研究,以及苗语四个方言点汉借词的层次梳理。下个阶段还需拓展到其他苗语方言点,并且还需同当地汉语方言的调查研究和历史更迭研究一并进行。这个课题对研究苗瑶语的变迁、苗瑶族群的发展、南方汉语方言的更替、汉语历史音韵演变,都有重要意义。希望本书能对这方面的研究有所助益。

苗语不是我的母语,能踏入苗瑶语研究这个领域我觉得很幸运。研究母语之外的另一种语言,就像进入了另一个丰富多彩的世界,并且,南方不少民族语言本来就是与汉语同源的或者至少是相互交融的,研究清楚民族语,有助于研究清楚汉语,反之亦然。眼下,我们身处一个剧烈变动的时代,不少苗瑶语方言跟汉语方言一样,都在经济的发展、人口的流动过程中迅速衰微,年轻一代有很多人已经不能熟练使用这些民族语了。语言是一种宝贵的文化资源,又是一种脆弱的生命,尤其是像苗语这种缺少文献记录的语言,一旦得不到传承,就会永远消亡。对此,语言学者虽然不能挽救,但也可以做一些记录工作,使之得以部分保存。这是我坚持从事这项研究的动力所在。

　　回顾这二十年来求学和研究的历程,我要感谢的人有很多,首先是引领我进入语言学学术殿堂的老师们。我要感谢本科阶段的沈建明老师、马艳老师等,硕士导师薛才德老师,硕士老师陈忠敏、钱乃荣、余志鸿等,博士导师杨剑桥老师,博士老师游汝杰、龚群虎、陶寰、戴耀晶等,访学期间的堪萨斯大学张杰、Jongman 老师等。我从大学开始,在沈建明、马艳老师的引领下,开始对语言学感兴趣,但真正踏入语言学研究领域,首先要感谢我的硕士导师薛才德先生。跟随薛老师,我初步系统地学习了历史语言学、方言学等知识,尤其是方言调查方面,薛老师对我和同门严格训练,使我受益终身。正式课堂之外,薛老师还安排我和同门每周见面答疑,答疑的时候,薛老师对我微末的见解,都表示十分的肯定,使我慢慢建立了研究自信。薛老师还总是说我能大胆反对他,反对前人的意见,他很高兴,现在想来自己当时是不知天高地厚,但也是在薛老师的鼓励下,我知道研究要认真吸取前人的成果,但绝不能盲从。博士阶段,我有幸投拜杨剑老师门下,跟随杨老师,我深入学习了音韵学知识。杨老师著作缜密严谨,学术视野开阔。我和同门求教杨老师时,他总是认真倾听,指点问题时总能一针见血。杨老师虽然主要研究音韵学,但是对学生的研究方向并不限制,我博士论文选择苗语汉借词进行研究,杨老师也很支持,经常关心我的调查工作。杨老师在我博士毕业后还一直帮助我,提点我。本书出版,也承蒙杨老师为我撰写序言,杨老师还认真审读了我书稿的部分内容,帮我纠正了一些错误,提供了宝贵的参考意见。我还要特别感谢陈忠敏老师,他是我硕士阶段的老师,硕士时我就跟随他学习历史语言学、语音学。陈老师是从美国学成回来的著名学者,我是在陈老师的课上开始接触西方学者最重要和最新的研究成果,觉得很新鲜,很有意思。后来我去复旦大学读博,陈老师也正好调到复旦,我又有幸继续跟随他学习。陈老师儒雅谦逊,对待学生如同朋友,毕业以后我仍经常向陈老师讨教,本书的诸多地方就有陈老师的指点和帮助。这本书的写作和这个课题的研究,乃至我踏入苗语的研究领域,我最要感谢的是潘悟云老师。潘老师是我爱人的导师,我从硕士开始听潘老师的音韵学课,前后听了几轮。通过听潘老师的课,我认识到民族语研究对汉语研究的重要性,也消除了我对民族语研究的畏惧。我和爱人第一次去贵州调查,就是潘老师资助的。毕业以后,潘老师一直在学术上提携我和我爱人。我们跟着潘老师做了多项音韵学、民族语的学术工作。我和爱人每次登门拜访,潘老师谈得最多的就是学术,每次谈话,我们都感到收获巨大。我还要感谢求学路上其他诸多的良师益友,在此不一一罗列。

　　我的苗语调查得以顺利开展,要特别感谢贵州民族大学龙海燕、龙耀宏老师,他们为我提供调查场地,多次为我寻找合适的发音人,为我安排调查期间的食宿。可以说,没有他们的帮助,我的调查工作是无法展开的。我还参与了龙海燕老师的重大项目"贵州省少数民族语言资源有声数据库建设"(项目编号 14ZDB104),得到不少材料,也在调查中得到很大的锻炼和提升。还要感谢贵州民族大学李锦平、潘胜春、吴秀菊、罗兴贵等老师的帮助,他们都是苗语母语人,也是苗语研究的学者,我在跟他们的合作调查中收获良多。也感谢苗语发音人王道锡、罗廷仁、蓝文书、龙志荣、龙见锋、李玲等的耐心配合和辛劳付出。我与罗廷仁老师有过多次合作,他除了担当过我的发音人,还帮我寻找其他发音人,对我帮助很大。田野调查工作很艰辛,我在调查过程中不仅收获了材料,还收获了友谊,更有机会深入了解一个又一个村寨、一个又一个地区的文化,深化了我关于语言、文化甚至人生的体悟,让我觉得所有的艰辛都是值得的。

　　感谢我的工作单位嘉兴学院为我提供研究条件,感谢文法学院各位同仁和领导对我的关心和支持,本书的出版还得到了学院出版基金的资助。还要感谢复旦大学盛益民老师,盛老师初步审读了我的书稿,提供了诸多重要的修改意见。感谢上海教育出版社的编辑对书稿的认真审读,改正了我书稿中的不少错误。

　　最后,我要感谢我的家人。感谢我的爱人毕谦琦,20年来我们相互鼓励,相互扶持,相互学习,这本书稿的多个章节都和他一起讨论改进。感谢我的两个孩子,于我个人来说,她们是我最大的成果,也是我最大的课题。很多时候我忙于工作,对她们经常疏于照顾,希望以后能有更多的时间陪伴她们。

　　本书各部分内容是在不同时段完成的,整理书稿的时候在统一音系、符号等方面花费了不少力气,内容方面也有不少的增删、修正。尽管如此,书中可能还是会有不成熟之处和错漏的地方,恳请学界师友不吝批评赐正。

王艳红

2022 年 12 月

图书在版编目（CIP）数据

苗语汉借词研究 / 王艳红著. —— 上海：上海教育
出版社, 2023.5
ISBN 978-7-5720-1988-3

Ⅰ.①苗… Ⅱ.①王… Ⅲ.①苗语－借词－研究
Ⅳ.①H216.3

中国国家版本馆CIP数据核字(2023)第090140号

特约编辑　王　鹏
责任编辑　徐川山
封面设计　周　吉

苗语汉借词研究
王艳红　著

出版发行　上海教育出版社有限公司
官　　网　www.seph.com.cn
地　　址　上海市闵行区号景路159弄C座
邮　　编　201101
印　　刷　上海叶大印务发展有限公司
开　　本　890×1240　1/32　印张15　插页1
字　　数　390千字
版　　次　2023年5月第1版
印　　次　2023年5月第1次印刷
书　　号　ISBN 978-7-5720-1988-3/H·0064
定　　价　72.00 元

如发现质量问题，读者可向本社调换　电话：021-64373213